사도행전

사도행전

2014년 3월 20일 초판 1쇄 발행

지은이 | 게르트 뤼데만
옮긴이 | 김충연
펴낸이 | 박영호
펴낸곳 | 도서출판 솔로몬

주소 | 서울시 동작구 사당로 155, 신주빌딩 B1
전화 | 599-1482
팩스 | 592-2104
직영서점 | 596-5225

등록일 | 1990년 7월 31일
등록번호 | 제 16-24호

Gerd Lüdemann: Das frühe Christentum nach den Traditionen der Apostelgeschichte
Göttingen,1987

ISBN 978-89-8255-517-6 03230

초기 기독교의 역사적 재구성

사도행전

게르트 뤼데만 | 김충연 옮김

솔로몬

이 책은 내가 괴팅엔 대학에서 1984년 2월 1일부터 강의하였던 자료들을 근거로 해서 만든 것이다. 이 책의 첫 번째 원고는 1984년 2월부터 4월까지 밴더빌트 신학교(Vanderbilt Divinity School)에서 외래교수로 일하는 동안 쓴 것이고, 나머지 초안은 같은 연구소에서 머물렀던 1985년 안식학기 동안에 쓴 것이다. Dean Jack Forstman은 네쉬빌(Nashville)에 있는 모든 동료 교수들의 대표자였는데 나는 이 지면을 통해 그가 보여준 깊은 우정에 감사를 드린다. 덧붙여서 고마움을 전하고 싶은 분들은 Jürgen Wehnert, Silke Röthke 그리고 학생으로서 함께 수고해준 Astrid Berger, Andrea Kaiser, Gebhard Löhr, Vera Lohrmann, Rainer Reuter 그리고 Heike Wehnert 그리고 Dr. Friedrich Wilhelm Horn(괴팅엔)이다. 또한 감사를 드리고 싶은 분들은 이 책에 대한 비평을 해주신 Dr. Christoph Burchard(Heidelberg)교수와 이 작업을 위한 구상과 초안에 대한 견해를 피력해 주신 Dr. Ulrich Luz(Bern)교수이다. 그리고 학문적인 필요성으로부터 나온 끊임없는 관심과 이 주석 시리즈에 출판을 허락한 발행인 Dr. Arndt Ruprecht에게도 감사를 전한다. 끝으로 나의 아내 Elke와 우리의 네 딸 Amrei, Eyke, Marei 그리고 Reiga schulde에게 전하는 감사의 마음은 말로 표현 할 수 없다.

기술적인 부분에 대하여 말하자면, 그것 자체로는 이해할 수 없는 단축어들은 RGG^3의 표기 그리고/또는 TRE(Berlin-New York 1976, ed. S. Schwertner)의 표기를 따른다. 번역들은 출판과정에서 다르게 기록되지 않는 한 나의 책임임을 밝힌다.

1986년 6월 29일 괴팅엔에서

게르트 뤼데만

옮긴이 글

내가 이 책을 처음 접한 것은 독일에서 유학시절 신학을 공부할 때였다. 나는 그 당시 누가문서에 깊은 관심을 갖고 있던 차였다(그래서 박사논문도 누가문서로 썼다: '누가복음에 나타난 예수의 율법이해' 2008). 이 책을 접했을 때 특별히 내 눈을 사로잡은 것은 다른 사도행전 주석이나 연구서와는 달리, 이 책은 전통적인 본문 연구나 분석에 그치지 않고, 그것을 토대로 하여 초기 기독교의 모습을 역사적으로 재구성하려 한다는 점이었다. 참고로 저자인 뤼데만은 현재 괴팅엔 대학교 신학부 교수이면서, 특별히 '초기 기독교 연구'에 많은 공헌을 한 신학자이다. 그러므로 이 책의 독자는 저자의 연구를 통해 자연스럽게 초기 기독교의 모습을 그려볼 수 있게 된다는 커다란 기쁨을 경험하게 된다.

저자는 '주석의 기초와 방법'에서도 밝히지만, 사도행전의 본문을 크게 네 단계로 나누어서 접근한다. 첫 번째는 본문의 구성(목차)을 살펴보면서 전체적인 윤곽과 줄거리를 확인하는 것이며, 두 번째는 언어분석적인 작업을 통하여 누가적인 편집의 의미관계를 살펴보는 것이다. 특별히 이 과정에서 저자는 헬라어 원문을 영어 알파벳(이탤릭체)으로 음역하여 기록할 뿐, 그 단어의 뜻은 따로 기록하고 있지 않다. 그래서 헬라어에 대한 지식이 충분하지 않은 독자들을 위하여 역자가 헬라어 음역 옆에 그 뜻을 적어두었다(예: *mou*[나의]). 그리고 세 번째로 각 단락에서 전승적인 부분과 관련하여 더욱 집중하여 연구를 하고, 마지막 네 번째 단계에서는 이렇게 재구성된 전승들이 역사적인지 아닌지에 대하여 묻는다. 이것을 위해서 저자는 바울서신이나 여러 전승(고고학적 자료와 문헌)들의 도움을 받는다.

이 책을 번역하고자 생각하게 된 결정적인 계기는 한국에 돌아와 신학대학에서 두 차례 '사도행전'을 강의하면서이다. 그때마다 느낀 것은 국내에는 유감스럽게도 '사도행전'에 대한 학문적인 주석서가 매우 적다는 것이었다. 그리고 특별히 번역서는 더 열악하다. 그래서 학위논문을 쓰려는 학생들이 너무 많은 어려움을 토로하고 있다.

이 책은 사도행전을 연구하려는 신학생이나 연구자들에게 본문연구와 초기 기독교의 모습을 위한 원천자료(Informationsquelle)로써 큰 도움이 되리라 생각한다. 또한 사도행전을 깊이 있게 읽기를 원하는 분들이나 목회자들에게도 본문의 의미와 깊이를 이해하고, 초기 기독교의 역사성을 아는 데 있어 큰 도움이 되기를 바란다.

2014년 2월 3일

서울 베다니 교회에서

김충연

차 례

CONTENTS

부설:

사도행전의 역사적 가치

I

A. Harnack이 1897년 사도행전을 바울서신과 유세비우스의 교회사와 함께 초기 기독교의 역사적 통찰을 위한 하나의 기둥이며, 기원으로서 가치가 있는 것으로 주장했을 때, 사람들은 전승을 향해 거꾸로 올라가 가장 오래된 기독교의 원자료(Quelle)에 대한 비평 가운데 있게 되었고(1897:X), 이러한 그의 주장은 후대에 많은 논쟁을 불러일으켰다.[1]

Harnack은 그의 주장을 위한 증거를 1906년부터 1911년에 걸쳐 3개의 그의 훌륭한 논문에서 제시하였다: Ⅰ. 의사 누가(1906), Ⅱ. 사도행전(1908), Ⅲ. 사도행전에 대한 새로운 연구(1911). 이 연구들은 19세기 비평적 사도행전 연구(actaforschung)의 마지막을 장식했다(비교. McGiffert, Beg. II: 363-433; Mattill 1959: 20-206; Kruänkl 1972: 16-36; Gasque 1975: 21-106). 그의 마지막 연구인 '사도행전에 대한 새로운 연구'는 F.C. Baur에 대한 비평과 함께 시작한다. Baur의 연구는 사도행전과 바울서신의 역사적인 자료에 대한 비교의 토대 위에서 다음과 같은 결론에 이르렀다: "이 두 자료의 비교는 두 입장의 커다란 차이 속에서 역사적 진실은 단지 어느 한 쪽이든지 다른 한 쪽이든지 둘 중 하나뿐 일 것이라는 확신으로 이끈다."(1845: 5). 1845년 그의 바울서적의 서문에서 밝힌 이러한 원칙은 첫 번째 부분(1845:15-243; 1866:19-272)에서 사도행전의 각각의 장(章)을 위하여 사용되거나 또는 기초가 된다. Baur는 여기서 "사도 바울의 삶과 사역"을 다루는데, 사도행전의 순서를 따른다. 이러한 과정에서 사도행전의 역사적 요소들을 벗겨내기 위한 주석의 방법이 형성된다. 역사적 가치에 대한 조사의 탐구는 바울서신들과의 비교를 통해서 이루어지는데, 이때 종교사적인 비

---

1) 옮긴이: 당시 사도행전 연구에서는 많은 학자들에 의하여 사도행전의 보도를 역사적 가치가 적은 것으로 보고 있었다.

교, 문학비평 그리고 경향비평(Tendenzkritik)이 사용된다. 그럼에도 Baur의 설명에 따르면 단지 사도행전의 몇몇 부분만이 역사적 가치가 있다. 이 가치는 사도행전의 저자가 바울서신을 사용함으로 계속적으로 감소된다. 다른 한편으로 그에 의하면 사도행전에서 사용되는 전승들은 커다란 중요성을 갖고 있다. Baur는 그러므로 다음과 같이 기술한다: 사도행전은 "사도시대의 역사를 위한 가장 중요한 원천 자료이지만, 그러나 한편으로는 엄격한 역사적 비평을 통하여서만 그 속에서 묘사되는 인물과 관계들의 진정한 역사적 모습을 얻을 수 있는 자료이다"(1845: 13; 1866: 17). 엄격한 역사적 비평은 사도행전의 목적에 관한 경향비평적인 질문을 이용한다. Baur에 따르면 사도행전은 2세기에 기록되어졌으며 그 목적은 바울 파(헬라기독교)와 유대기독교들 간의 상호 적대적인 것을 화해하기 위함이다(1845: 5 이하; 1866: 8 이하). 이러한 경향비평적인 시각은 그 다음 세대 Baur의 제자들인 A. Schwegler(1846: 73 이하)와 E. Zeller(1854: 318)가 동참하면서 힘을 얻게 된다. 그리고 이들은 사도행전에서 묘사되는 것들에 관한 역사적 원자료로서의 사도행전의 가치에 대하여 질문한다. 거기에다 이러한 Baur적인 사도행전 비평은 튀빙엔 학파 출신의 F. Overbeck을 통하여서 1870년에 눈에 띄게 심화되어진다. 예컨대 Overbeck은 사도행전의 목적을 Baur와는 다르게 규정한다. 사도행전의 저자는 유대-이방 기독교인들 사이의 그 오랜 분열과는 거의 상관이 없고, 이방기독교인으로서 저술하면서 고유한 상황들을 선입견 없이 사도 시대의 상황 속으로 다시 옮겨 쓰고 있다는 것이다(비교. Schmidt의 주석 1910: 32 이하). 사도행전은 "원시기독교적인 유대주의로부터 이미 강하게 영향 받은 이방기독교가 과거를, 특별히 그의 고유의 형성과 그의 처음 창시자인 바울을 설명하려는 하나의 시도이다"(Overbeck 1870: XXI). 그럼에도 초기 기독교를 순수 역사적인 방식으로 연구하려는 내적인 의무감에 있어서 Overbeck은 Baur와 일치한다. Baur를 넘어서 그는 이미 그보다 앞서있던 Zeller처럼(1845: 489-524) 자료비평적인 방법을 세련되게 하였다(비교. 그의 "우리-자료"에 대한 설명: 1870: XXXVII-LII). 하지만 그는 Baur나 Zeller와 같이 누가의 묘사에 대한 역사적 가치에 관하여 크게 의미를 부여하지 않았다.

만약 Baur와 Overbeck과 같은 사도행전 비평이 19세기에 마치 일반적인 것으로서 받아들여진 것처럼 보인다면, 그러한 인상은 확실히 잘못된 것이다. 사실은 그 반대이다. 이들의 그러한 비평은 일정한 간격 속에서 학문적이든 그렇지 않든 비평의 표적이 되었다. 동시에 놓치지 말고 보아야 할 것은 여기서 Harnack에 의한 세찬 반대일격이 행해지기 전까지는, 튀빙엔 학파의 사도행전비평이 10년이 넘도록 비평적 진보 진영을 대변하는 당연한 출발점으로 남아있었다는 것이다. Harnack은 고대 교회 전승의 높아지는 신빙성에 관하여 처음에 인용한 선언 이후에 1906-1911년에 걸쳐 3권의 누가를 위한 변호서를 출간했고 누가적 묘사의 역사적 가치를 튀빙엔 학파와 그들을 따르는 진보적 신학자들보다 비교가 안될 만큼 높게 책정하였다. Harnack에 따르면 고대 기독교 전승(비교. 185년, 이레니우스)은 바울의 동반자였던 누가가 누가복음과 사도행전의 저자라는 사실에 한하여 정당성을 갖고 있다. 그의 신분은 사도행전의 2번째 부분에서 다른 본문들과 함께 어느 한 목격자의 유용하고, 역사적으로도 정확한 보도 인 '우리-문장'에서 소개된다는 것이다. 사도행전 1-12장에서 보도되는 사건들의 묘사에 있어서 목격자인 누가는 당연히 거기에 함께하지 않은 것이며, 후반부(13장 이후)에 비해 여러 가지 다양한 자료들로부터 온 것이며, 그것들의 역사성 또한 떨어진다고 보았다.

사도행전의 역사적 가치에 대한 평가에 있어서 Harnack과 Baur학파 사이의 차이점은 그렇기 때문에 크다고 할 수 없을 지도 모르겠지만, 사람들은 이 두 연구를 약 100년간 독일 개신교 연구에 양대 상반되는 연구로서 표기하려 하고 있으며, 실제 튀빙엔 학파와 Harnack의 사도행전 연구 사이에는 많은 중재적 입장들이 있다. Baur학파와 Harnack은 나에게도 당연히 오늘날까지 서로에게 있어서 큰 반대자로 보인다: Harnack의 연구방식은 A. Wikenhauser(1921)에 의하여 계속 진행되었는데, 그는 오늘날 까지도 유용하게 사용되는 그의 책에서 사도행전의 역사적 가치를 E. Meyer보다 더 많이 아주 높게 책정하였다. 그는 바울의 동반자인 누가의 저작에 대하여 분명하게 증명한다: 사도행전은 "고대로부터 우리에게 전해오는 가장 의미 있는 역사책 중 하나이다"(Meyer: I: X). 그의 책 3권 "기독교의 근원과 시작(Ursprung und Anfänge des Christentums")은 실제적으로 사도행전의 토대 위에서 초기 기독교의 "역사"를 제공해주고 있다(비교. Dibelius의 비평 1924). 사도행전에 대한 Harnack의 공헌은 특별한 반향을 가져왔으며 앵글로 색슨 지역에서는 오늘날까지도 그것을 경험하게 된다. 그리고 마침내 현대 독일 연구의 많은 부분에 있어서 사도행전의 역사적 가치를 아주 높게 보려는 경향을 갖도록 하였다.

한편으로는 Baur의 후계자들 속에서 특별하게 문학비평적인 작업들도 발견되는데, 이러한 작업을 한 대표적인 사람은 J. Wellhausen(1907, 1914)이다. 그는 사도행전을 폐허더미로 간주하였고, 그 속에서 찾아낸 전승들과 자료들을 무시함으로 사도행전의 역사적 가치를 간과하였다. 거기에 속하는 또 다른 연구자는 M. Dibelius인데, 그는 사도행전에 대한 양식비평적인 방법을 사용함으로 효과적으로 그의 연구를 수행하였다. 이러한 연구경향은 북미의 광범위한 지역에서 강조되었는데 특히 H. J. Cadbury의 주도하에 K. Lake와 F. J. Foakes Jackson은 5권으로 된 "기독교의 기원"(1920-1933)은 비평적 사도행전 연구의 기념비적인 작업이며, J. Konx(1936, 1939, 1950)나 D. W. Riddle의 연구 속에서는 사도행전의 이차적 특성이 강조되었다. 그리고 나서 H. Conzelmann(1972, 1977)과 E. Haenchen(1977)에 의해서 누가-행전과 특히 사도행전에 있어서의 편집사적인 연구가 시작되었다. 이러한 연구 방식에서는 누가의 독자가 되는 것, 즉 보도의 누가적 의미를 밝혀내는 것이 중요하며, 그래서 부가적으로 덧붙인 것을 작성한 기록자의 의도를 비평적으로 밝혀내는 것이 중요하다-Conzelmann(1978)은 어찌됐든 초기 기독교의 역사를 저술하였다. 오늘날까지 유럽에서 영향력을 끼치고 있고, 그리고 북미에서 활짝 핀 편집사적인 연구는 사도행전에서 보도 된 것과 관련된 역사적인 질문에 대하여 전반적으로 소홀 하도록 만들었다. 이러한 소홀은 한편으로는 누가가 쓴 거의 모든 것에 대한 커다란 의구심 위에 그 근거를 두고 있으며, 또 다른 한편으로는 역사의 재구성이 신학적으로 불가능하고, 중요한 것은 무엇보다도 케리그마라는 설득력 위에 그 근거를 둔다. 이러한 소홀에 반대하여 역사성에 대한 질문이 제기된 이후에 초기 기독교 역사의 재구성은 케리그마의 이해를 위해 필연적인 것이며, 그의 이해를 위한 절대적 전제라는 사실이 주장된다. 사도행전 스스로가 초기 기독교에 관한 역사적 보도로서 이해되기 때문에(비교. 눅 1:1-4), 학문으로서의 신학은 이러한 문서들의 역사적 가치를 항상 주제화 하여야만 한다.

II

이 주제와 관련하여 사도행전 저자의 목격자 증언에 대한 질문은 매우 큰 의미가 있으므로 여기서 다시 한 번 언급하려 한다. 저자가 목격자인 경우에 사도행전은 바울서신과 나란히 배치되며 초기 기독교를 위한 본질적인 자료로 인정되어진다. 그러나 반대로 저자가 목격자가 아니라고 한다면, 사도행전은 단지 2차적인 자료에 머무르며 그것의 역사성은 일반적으로 바울서신의 본질적인 자료보다 가치가 더 떨어진다. 바울서신들은 원시 기독교 역사를 전하여 주거나 추론하도록 해주는 한, 직접적인 당사자의 보도이며, 대부분의 경우 문학적으로 완전한 근원적 자료이다. 반면에 사도행전의 경우에는 그러한 면에 있어서 적어도 더 이상 존재하지 않는 미확인 경로를 통하여 작성했다고 할 수 있다. 그렇기 때문에 두 개의 자료들 사이에는 질적인 차이가 존재한다고 할 수 있다. 이러한 증거들과 위에서 언급한 결과들을 통하여 바울이 편파적이며 그렇기 때문에 그의 보도가 더 이상 객관적인 자료로서 볼 수 없다라는 것은 의미가 없는 주장이다. 이러한 인식은 단지 근원자료(Primärquelle)에 대한 비평적인 사용법을 경고하는 것이며 많은 경우에 있어서 역사적 사실의 이차자료를 근본자료보다도 더 가치 있는 것으로 여겨도 된다는 것을 의미하는 것이다. 그럼에도 불구하고 누가의 증언이 목격자의 것이 아니라면 사도행전의 역사적 가치가 바울서신 보다 더 낮게 평가된다는 것은 의심할 것 없이 분명하다.

그럼에도 우리가 어떠한 기준 위에서 여기서 제기되는 질문들에 대하여 이론의 여지가 없는 결론에 도달할 수 있을까? 이 질문에 답을 얻기 위하여 하나의 출발점이 존재하는데, 그것은 바울의 신학과 사도행전(그중에서도 특별히 사도행전의 바울)을 서로 비교 하는 것이다. 만약 여기에 하나의 커다란 차이점이 등장한다면, 사도행전의 저자가 바울의 동반자라는 사실은 효력을 잃게 될 것이다. 그러나 이러한 방식은 배제돼야 한다. 왜냐하면 바울과 누가의 신학적인 차이는 이러한 질문의 결정에 무용지물이기 때문이다. 게다가 그러한 사실은 다음과 같은 판단을 생각하도록 하는데, 즉 바울신학이 이미 사도들의 동시대 사람들로부터 매우 다른 방식으로 이해됐다(비. 롬 3:8 과 고전 6:12)라는 것과 다음 세대에는 단지 표면적이거나 또는 더 이상 이해되지 않았다(비. 벧후 3:15 이하)라는 것이다. 그렇기 때문에 누가의 비(非)바울적인 신학이 역사적 바울의 동행자에 의하여 그려졌다는 것이 처음부터 배제되어서는 안 된다.

문제의 해결을 위한 유용한 논증들이 '누가의 목격증언'(Augenzeugenschaft)과 관련하여 특히 역사적인 고려들로부터 얻어진다. 즉 누가는 바울서신에서는 분명하게 보이는 그러한 분쟁들에 대하여 침묵하고 있다는 것이다. 예를 들면, 누가는 자신의 할례문제 때문에 예루살렘 회의에서 논쟁이 일어나게 된 이방 기독교인 디도에 관해서도 언급하지 않고, 바울서신이 증언하는 바울의 공동체 안에 있는 위기에 대하여도 언급하지 않는다. 그럼에도 그러한 논증은 실제로 믿을 수 있는 것은 아닐 것이다. 사도행전의 저자가 '분노도 편견도 없이'(sine ira et studio) 쓴 것은 아니다. 이미 사도행전을 편견 없이 읽을 때에 다음과 같은 사실이 추론된다: 누가는 그가 보도한 것 보다 더 많이 알고 있었다. 즉 그는 확실히 어떠한 특별한 의도로부터 어떤 개별적인 사안들을 생략했을 것이다. 예를 들면, 사도의 사형집행이나 바울의 마지막 예루살렘 방문시의 헌금의 "전달"과 같은 것들 말이다. 그렇다고 이것들의 생략이 누가의 목격증언에 반대하는 논증으로서 이론의 여지가 없이 받아들여질 수 있는 것은 아니다.

'누가의 바울 동행설'에 반대하는 결정적인 논증은 맨 먼저 사도행전의 저자가 바울에 대하여 개인적으로 알지 못하고 있었다는 사실에 근거한다.

예를 들어, 살펴보면: 바울 서신에서 간직하고 있는 자료가 사도의 예루살렘 여행의 횟수를 확실하게 가늠하도록 한다는 것은 바울 연구를 위한 커다란 행운에 속한다. 갈라디아서 1:15-24은 바울이 회심(15절)하고 예루살렘 회의(2:1-10절) 사이에 단지 한 번만(18절) 예루살렘에 있었다고 말한다(20절). 헌금협정(갈 2:10)에 대한 보고와 바울 공동체 안에서의 헌금 이야기는 다음과 같은 주장을 강하게 뒷받침 한다. 즉 바울은 헌금을 전달하기 위하여 예루살렘 회의 이후에 단지 한번만 예루살렘에 있었다는 것이다.

방금 위에서 제시된 주장의 전제는 바울의 공동체 안에서 이루어진 헌금모금이 헌금협정이후 곧 바로 이루어진 것이지(Georgi 1965) 오랜 시간동안 정지되어진 것은 아니라는 것이다(안디옥에서의 불화를 통하여). 만약 협정과 모금사이에 시간적으로 바로 이루어진 것이라면, 공식적으로 헌금여행에 관한 이야기가 언급될 수 있었을 것이며, 그렇다면 바울이 헌금을 전달하기 전에 예루살렘으로 한 번 더 떠났다(게다가 빈손으로)는 주장은 아마도 설득력이 떨어질 것이다.

즉, 바울은 그가 회심한 이후 거의 확실하게 단 세 번 예루살렘으로 여행했다. 거기에 반해 사도행전은 적어도 5회 이상의 예루살렘 방문을 보도하고 있다(9장, 11장, 15장, 18:22; 21장). 이러한 자료들은 누가가 바울의 삶에 관하여 사적인 관찰이 없었다는 것을 의미한다. 이러한 주장에 반대하는 사람은 왜 누가가 더 나은 자료에 반대하여 두 번의 추가적 예루살렘 여행을 생각해 내었는지에 대하여 수긍이 가도록 설명해야만 할 것이다. 그가 아무리 부분적으로 예수와 바울의 활동에 여행이라는 구조와 틀(Rahmen)을 주어도, 역사적 사실에 반대하는 그러한 포괄적인 위반은 우리로 하여금 누가를 거의 신뢰하지 못하도록 한다. -더우기 세 번의 회심 보도(9장; 22장; 26장)에는 유사점이 없다. 왜냐하면 단지 첫 번째 보도만이 설명체(Erzählung)이고, 두 번째와 세 번째는 그에 반해 강연(Reden)에 속한다.

그 밖에 누가가 초기 바울에 관하여 더 많이 보도했더라면, 누가의 바울 동행자설은 더욱 힘을 얻었을 것이다.

그렇기 때문에 누가의 목격증언에 대한 주장은 더 이상 사용되어져서는 안 될 것이다. 아무리 지금까지의 연구가 그러한 가정을 받아들인다고 해도 말이다. (Harnack 1911: 21-28, Harnack은 누가의 바울 동행설에 대하여 확실하지 않은 근거들을 연구의 대상으로 다루고 있다).

이미 전 장에서 '누가는 그가 보도하는 것 이상으로 알고 있었다.'는 사실이 암시적으로 언급 되었었다. 더 나아가서 누가는 서언(눅 1:1-4)에서 스스로가 적어도 이미 예수와 관련하여 작업한 선배들이 있었다는 것을 기록하였다. 그들의 작업을 누가는 공개적으로 그의 누가-행전에서 사용하고 있다. 즉 누가는 전승을 받아들이고 그것을 사용하고 있는 것이다. 그렇다면 사도행전에서 사용하는 전승은 어디로부터 전해 받은 것인가? 누가 그것을 누가에게 전해주었을까? 그리고 어떻게 그것이 재구성 되었을까?

사도행전에 등장하는 바울의 부분들 속에서 전승의 기원에 대한 질문과 관련하여 세 가지의 가능성이 제시되어진다:

1. 누가는 바울서신을 알고 있었고 오직 그것만을 사용하였다.
2. 누가는 단지 바울서신외의 전승만을 사용하고 있다.
3. 누가는 서신과 전승 모두 사용하고 있다.

우리에게 제시된 이러한 질문들에 대한 해답의 관심을 갖고 각각의 가능성을 시험해 보자. 우리는 먼저 세 가지의 가능성 중 첫 번째 부분과 함께 시작할 것이다: 사도행전의 저자는 바울서신들을 알았고 그리고 사용했는가?

III

누가가 바울서신에 관해서 알고 있었다는 가정은 누가-행전의 연대가 늦어지면 늦어질수록 더 이론의 여지가 없어지는 아주 잘 만들어진 가설이다. 누가가 예를 들어 기독교의 제 3세대에 속한다면, 그는 다음과 같은 사실들에 직면했을 것이다. 즉 그는 스스로를 바울의 제자로서 이해하였을 것이고, -조심스럽게 판단하건대- 바울의 전승 영역에 속하였을 것이며, 바울 서신의 존재에 관하여 거의 확실하게 잘 알고 있었을 것이다. 이 경우에 질문은 누가가 바울의 서신들을 알았는가 몰랐는가 라고 묻지 않는다. 오히려 그가 그것을 그의 작품의 작성에 있어서 사용했는지 안 했는지를 묻는다.

이것은 단지 바울서신의 사용에 대한 확실한 흔적이 발견되어질 때에만 결정될 수 있다(비교. Lindemann 1979: 165). 즉 우리는 사도행전과 바울서신 사이에서 일치점들을 발견해야 하고, 그것들이 사용가설을 통하여 최선의 설명이 가능한가를 계속해서 질문해야 한다.

다음은 지금까지의 연구에 있어서 '누가가 바울서신을 사용하였다'는 가정을 위한 가장 중요한 근거들이다:

1. 사도행전에 바울의 활동 체류지로서 등장하는 모든 장소와 지형은 가이사랴, 다소, 구브로와 베뢰아를 예외로 하고 바울의 저작(Corpus Paulinum)에서 명명되어진다(Lindemann 1979: 165).

2. 사도행전의 바울의 여행정박지는 바울서신들로부터 재구성한 곳들과 어느 한 지점에서 매우 놀라울 정도의 일치점을 드러낸다: 바울은 각각 빌립보로부터 데살로니가와 아덴를 거쳐 고린도로 여행한다(비. 행 16장과 살전 2장 이하).

3. 바울의 다메섹으로부터의 모험적인 탈출에 관한 보도인 고린도후서 11장과 사도행전 9장 사이의 일치점은 두 보도 모두 같은 장소에서 중단한다는 것 이상으로 더 주목할 만한 가치가 있다: 바울은 성곽을 통하여 광주리에 담겨 내려진다.

4. 사도행전에서 불려지는 바울의 동역자의 이름들이 바울서신의 자료들과 많은 부분에서 일치하고 있다.

5. 사도행전 19:21 이하(비. 롬 15:14 이하) 그리고 사도행전 26:17이하(비. 갈 1:16)같은 독자적 보도와 또는 사도행전 9:21의(비. 갈 1:23) *portbein*[파괴하다/멸하다]과 사도행전 22:3의(비. 갈 1:14) *zelotes*[열심]과 같은 표현은 문학적인 종속관계로 볼 때 매우 가까이 놓여있다.

6. 누가복음 21:34-36은 디모데전서 5:1-11에 종속되었다고 한다(Aejmelaeus 1985).

위의 주장들에 대한 논의는 다음과 같은 결과를 낳았다:

1-2에 대하여: 여행과 선교의 정박지의 광범위한 일치에 대하여 다른 주장이 제기 될 수 있는데, 예를 들면 상호 의존성의 일치이다. 더구나 1의 논증은 결함이 있다, 왜냐하면 예를 들어 말타(행 28:1-10)는 바울 서신에 등장하지 않기 때문이다.

3에 대하여: 여기에 고려해야 할 것이 있는데, 누가가 그 뒤에 계속되는 구절을(즉, 고후 12:1-10), 그의 묘사를 위하여 빠뜨렸다는 것이다. 이것은 누가가 고린도후서 11:32 이하를 직접적 으로 사용하였다는 가정을 위해서는 거의 이해될 수 없는 것이다. 그리고 사도행전 9:23-25은 사도행전의 편에서 보면 고린도후서 11:32 이하를 통하여 전달되어진 전승에 기인할 수 있다.

4에 대하여: 바울의 동역자들의 이름들은 당연히 바울 공동체를 잘 알고 있다는 소중한 요소이긴 하지만 그렇다고 이것이 바울서신의 사용을 증명한다고 할 수는 없다.

5에 대하여: *portbein*[파괴하다/멸하다] 또는 *zelotes*[열심]의 표현들은 이미 갈라디아서 1장을 통하여 구전 전승의 요소로서 증명되었다. 또한 사도행전 19:21 이하의 바울의 여행에 대한 지식이 서신의 사용을 확실하게 전제하는 것은 아니다.

6에 대하여: 디모데전서 5:1-11이 여러 전승들로부터 온 것이라는 것이 받아들여진다면, 왜 누가복음 21:34-36이 비슷한 전승의 요소들을 사용했다는 전통적인 견해가 이해되지 않는가? 핀란드 신학자인 Aejmelaeus의 소위 '사용가설'(Benutzungshypothese)은 너무 단순하게 보인다.

이처럼 인용된 근거들이 모두 주목할 만한 일치점들을 제시하고 있지만, 그럼에도 불구하고 누가가 바울서신을 사용했다는 것을 증명하기 위한 확실한 증거를 가져다주지는 못한다. 그렇기 때문에, 이미 개별적인 점에서 보이는 것처럼, 그 현상은 다음의 가정, 즉 누가가 바울 선교영역의 전승들을 사용한다라고 하는 것, 그리고 그 전승들 중 어느 것들은 '바울서신의 읽음'을 통하여 온 것일 수 있다라는 가정을 통하여 더 잘 설명되는 것이 아닌가 하는 의문이 제기된다. 우리는 앞으로 '전승가설'(Tradisionshypothese)을 시험적으로 옳은 가설로 전제한다.

비록 바울서신들이 누가에게 알려졌음에도 불구하고, 왜 누가가 그것을 사용하지 않았는지에 대한 질문이 여기서 토론되어 질 수는 없다(비. Bauernfeind 1980: 295-298). 이단적 가설들에 대한 다양한 해석들은 하나의 가능성을 준다(참. Kümmel 1973: 153 이하). 시간적으로 앞선 최근의 이단적 가설이 Schmithals의 1982년 연구에서 보인다: 누가는 바울서신에 근거를 둔 초기 마르시온적이며 열광적 바울주의였던 영지주의와의 투쟁속에 있었다고 한다. 그렇기 때문에 바울서신들은 누가가 사용하기 위해서는 의심스러운 것이다. 그것들은 "그에게 이단교사들과의 토론속에서 역시 부분적으로…알려졌다"(16)는 것이다. 이러한 가설을 위한 논쟁을 위하여는 사도행전 20:17-38에 대한 설명인 355 이하를 참조하라.

또 하나의 다른 설명은 바울서신은 모두가 가까이 할 수 있는 것이었기 때문에 누가가 바울서신의 사용을 단념하지 않았는가 하는 것이다. (사람들은 정경속에서 사도행전의 위치를 살펴본다: 그 위치상으로 사도행전은 바울서신의 서론으로서 읽혀 질 수 있다.) 타키투스는 그래서 세네카의 공표된 최종적인 커다란 담화를 그의 작품속에 포함하는 것을 포기한다. 왜냐하면 이것은 후에 출판되고(Ann XV 63), 그리고 살루스트는 카틸리나에 대항하는 시세로의 대화를 생략하기 때문이다(Cat 31:6). 그러나 위에서 언급한 저자들은 누가와는 달리 이러한 생략을 명확하게 표시한다.

IV

위에서 인용된 구절들이 바울서신의 사용으로부터 온 것이 아니라면, 그것들은 일반적으로 말해서 '전승'의 사용을 통한 것이라고 설명되어질 수 있으며, 그 전승들의 연대, 출처와 장소들은 이제 비로소 확정되어졌다. 이 과정에서 '전승'이라는 개념을 가능한 한 넓게 이해하는 것은 그 결과들을 미리 예단하지 않기 위하여 추천할 만하다: '전승'은 이하의 문서적 자료들안에서는 구전 전승을 의미하지만, 또한 누가의 일반적인 정보들 역시 전승에 포함된다(사도행전에서 "전승"이라는 개념의 사용에 있어서 어려움에 관하여는 비. Jervell 1984: 69).

이것과 관련하여 이제 사도행전의 역사적 가치에 대한 질문도 역시 새롭게 정의되어져야 한다. 우리는 본질적으로 사도행전의 역사적 가치 그 자체에 대하여 질문해서는 안되고, 사도행전 안에 있는 전승의 역사적 가치에 대하여 질문해야 한다. 즉 누가가 그에 의해서 묘사되어진 사건들에 대하여 사적인 견해를 갖고 있지 않았더라면, 그러한 누가의 설명 위에서 사도행전의 역사적 가치를 조사하는 것은 거의 의미가 없었을 것이다. 오히려 누가의 작가적 행위는 전승들을 서로 서로 연결시키는 것에 있다. 즉 전승들의 기초 위에서 이어지는 설명을 합성하는 것이다. 그것으로부터 첫 번째 과제로서 편집과 전승을 서로서로 분리해야 하는 과제가 형성된다. 그리고 두 번째 과제는 전승의 역사적 가치를 조사하는 것에 있다.

그런데 사도행전 안에 있는 전승들의 연구는 현저한 어려움에 부딪히고 있다. 그 이유 중 하나는 사도행전의 문학적 성격 때문이고, 또 다른 이유는 사도행전이 누가복음과는 달리 남겨져 있는 견본(누가에게 있어 마가복음 같은)이 없다는데 있다. (물론, 구약의 인용과 누가복음을 다시 사용하는 것은 제쳐 놓고 말이다). 이러한 사도행전의 특수한 성격 때문에 문학비평의 고전적인 방식들이 항상 성과를 내는 것은 아니다. 가령 단어통계(Vokabelstatistik)는 미미한 성과밖에 얻을 수 없는데, 그 이유는 누가가 자신이 사용한 견본들을 그의 언어 속에서 녹여 다시 사용했기 때문이다. 또한 (단어나 문장을 관찰할 때에)의심이 갈 때마다 이론의 여지없이 하나의 견본(Vorlage)으로 소급하려 해서는 안되는데, 왜냐하면 그것은 작가의 변형에 기인할 수 있기 때문이다(비. Ropes 1901; 예를 들어, Schmidt 1910: 285 의 기준은 충분하지 않다). 이 두 개의 방법론의 가치에 대하여 질문하지는 않겠지만, 전승에 대한 누가적 가공(加功)의 사실이 또 다시 강조되어진 것처럼, 사도행전의 연구에 있어서 위에서 행한 제한들은 유념해야 한다. 다른 한 편으로 누가적인 언어와 양식은 누가가 어떠한 전승도 사용하지 않았다는 것을 증명하는 것은 아니다.

이하에서 우리는 시험 삼아 몇몇의 본문들을 연구해 보려 한다. 이 본문들은 무의식적으로 사도행전의 바울부분에서 떼어낸 것이 아니다. 왜냐하면 여기에 상대적으로 편집사적이고 역사적인 질문들이 바울서신들을 통해 촉진될 가능성이 종종 놓여 있기 때문이다.

다음의 본문진술들이 분석을 위하여 차례를 기다린다.

a) 고린도의 바울(행 18장);

b) 사도행전에서의 바울의 여행(행 16장 이하, 18장 이하 그리고 27장);

c) 예루살렘의 바울(행 21).

우리는 개별적으로 하나씩 다룰 것인데, 먼저 편집사적인 의미가, 그리고 나서 전승적인 성격이 그리고 마지막으로 개별적 전승들의 역사적 가치가 결정된다(상세한 개별적 분석은 뒤에 나오는 주석을 참조하라).

a) 고린도의 바울(행 18장)

이 본문은 고린도에서 행한 바울의 선교에 관하여 보도하는데, 사도는 먼저 안식일에는 회당에서, 그리고 인접한 곳에 위치한 디도 유스도의 집에서 자신의 일을 수행한다. 실라와 디모데는 마게도냐로부터 와서 바울을 만난다. 그때 바울은 그의 고린도의 체류기간동안 브리스길라와 아굴라 곁에서 일하고 있었다. (이 사람들은 글라우디오 에딕테스의 박해로 로마를 떠나야만 했고 고린도로 이주했다.) 여기서 갈리야 총독앞에서 행해졌던 바울의 그 유명한 '소송'이 등장한다. 갈리오는 바울에 대항하는 유대인들의 고소를 기각했다(행 18:12-17).

이 본문에는 누가에 의한 편집상의 특징들이 자세히 보인다: 매 안식일 회당에서의 바울의 설교(유대인들과의 연결)와 갈리오의 긍정적인 반응은 -

그의 행동에서 로마인들이(유대인들과 달리) 기독교인들에게 어떻게 행하였는지가 보인다- 사도행전의 다양한 평행구문들로 인해 누가에게로 소급된다.

그 밖에 전승들을 반영하는 보도들은, 글라우디오의 유대칙령 후 고린도에서의 브리스길라와 아굴라 곁에서 사도의 활동; 마게도냐로부터의 실라와 디모데의 도착; 디도 유스도의 집에서의 바울의 설교사역; 회당장 그리스보의 회심; 갈리오 앞에서의 '소송'; 회당장으로서의 소스데네의 활동이다. 언어적인 근거들이 전승일 것이라는 가정으로 이끌지는 않는다. 그러나 위에서 기술한 정보들의 구체성과 후에 개별적으로 논증된 흔적들의 구체성은 전승의 흔적을 보인다.(정보들의 상당히 많은 부분들이 적어도 바울서신을 통하여 증명된다).

덧붙여 말해야 할 것은, 무작위로 언급된 그 개별적인 보도들은 H. Conzelmann이 무비판적인 사도행전 주석에 대하여 그의 'Karl-May-Regel'(비. J. Wehnert, "Karl-May-Regel" in der neuentestamentlichen Wissenschaft, in: Karl-May-Gesellschaft 16. 1984, 61권, 42쪽) 속에서 잘 요약한 그 기준에 따르지 않고 있다는 것이다. 그는 "하나의 정확한 환경묘사 또는 언어적인 담화의 광범위한 재현 역시 역사성과 묘사되는 사건의 '사실성'을 절대로 증명하지 않는다"라고 말한다(H. Conzelmann/A. Lindemann, Arbeitsbuch zum Neuen Testament, 1985, 43쪽). "그 결말과 함께 마침내 Karl May가 한 설명들의 역사성 역시 증명된다"(H. Conzelmann, Besrp. von Gasque 1975, Ersamus 28, 1976, 65-68쪽). 이러한 근거로부터 우리는 사도행전의 역사적 연구를 위하여 누가의 설명에 의존하지 않으려하며, 실제로 그 뒤에 있는 개별적인 전승들에 열중할 것이다.

사도행전 18장 본문에 대한 조망을 하는 동안 그것과 함께 관련된 질문이 만들어진다: 즉 언급된 전승들이 여기서 연대기적으로 올바른 장소를 갖고 있는지, 그리고 그것들 모두가 고린도에서 바울의 동일한 방문에 기인하는 것인지 하는 것 말이다. 이러한 이중 질문은 세 가지 근거들로부터 거절된다:

1. 본문은 11절과 12절 사이에 하나의 균열이 있음을 가리킨다. 11절은 시간에 대한 정보를 최종적으로 준다: 바울은 고린도에서 18개월 동안 머물렀다. 그 이후에 새로운 노정이 삽입되는데 거기에는 다음과 같은 서론으로 시작한다: "갈리오가 아가야 총독 되었을 때". 즉 이미 두 개의 동질성은 표면적으로 중단되어진다.

2. 8절은 회당장이 그리스보임을 알려주며, 17절은 그에 반해 소스데네가 회당장임을 보도한다. 회당장의 직위는 거의 한 사람에 의해서 수행되기 때문에, 두 개의 단락은 다양한 시간적 정황을 암시한다.

3. 전승에 포함되어있는 시간에 대한 정보는 서로 간에 약 10년의 차이를 가리킨다. 갈리오가 총독으로 있는 시기는 51-52년인 반면에, 2절에서 전제되어있는 유대인들의 로마 추방은 -국제적인 연구자의 대다수가 여기에 동의한다- 약 41년경에 일어난 일이다.

이러한 시점에서 제시된 전승을 분석을 통하여 살펴보면 누가는 바울의 보도에 관하여 그에게 알려진 개별적인 정보들을 이야기의 형태로 다른 자리에 배치하여 보도했다는 사실들을 알 수 있다. 바울이 이후에 같은 장소를 다시 한 번 방문했을 때, 누가는 그것에 관해 대략적으로 간추려서 보도한다.

그것은 고린도에서도 마찬가지다(18:1 이하), 비록 그가 여기서 이후 여행에서 3개월 동안 머무르지만(20:2이하), 바울이 후에 다시 한 번 머물게 되는 데살로니가에서도(17:1 이하), 그리고 바울이 후에 2번 더 여행하는 빌립보(16:12 이하)에서도 이것은 마찬가지이다. 루스드라의 이야기도 마찬가지로 여기에 속하는데, 왜냐하면 14:8-20은 전승들을 포함하고 있는데, 그에 반하여 사도행전 14:21은 사도가 여행 중에 통과 했음을 대략적으로 보도한다(행 16:1-3은 약간 다르다); 비교. 에베소에서도 마찬가지이다. 사도행전 19장에서 이 도시에서 바울의 행동에 관한 많은 전승들이 발견되는데, 18:19 이하는 단지 19장에서 묘사하는 에베소 체류로 가는 누가의 변속장치로 보인다.

이러한 관찰들로부터 찾아낸 전승들을 각각 연대기적으로 배열해야 할 필요성이 대두된다. 그 필요성은 위에서 분석한 사도행전 18장에서 발생한다. 그 분석에 따르면 18장은 사도의 다양한 방문을 보여주는 전승들을 보존하고 있다: 그 하나의 전승구역은 아마도 41년 일 것이다. 그때 바울은 그의 고린도에서의 첫 번째 선교 기간 동안에 브리스길라와 아굴라 곁에서 일하였었다. 그리고 다른 전승구역은 약 51-52년으로 갈리오가 아가야의 총독 이었을 시기이다.

만약 우리가 전승들의 역사적 가치에 대하여 재심사한다면, 그러한 결과는 긍정적이다: 바울 역시 그의 서신으로부터 알 수 있는 브리스길라와 아굴라와의 밀접한 관계가 고린도에서 공동체의 기초를 닦을 때(비. 고전 16:19 이하) 고린도에서 첫 번째 선교 기간 동안에 실라와 디모데가 그에게 왔다는 소식처럼 사도행전의 보도를 통하여 똑같은 정도로 확인하게 된다. 왜냐하면 이것들은 마게도니아 형제들과 밀접한 관계 속에서 일어난 것이기 때문이다. 고린도후서 11:9 이하에 따르면 바울은 이들로부터 고린도에서 재정적으로 후원을 받았다(비. 살전 3:6). 51-52년에 대하여는 고린도에서 기초를 다지기 위한 방문으로부터 다양한 계속되는 사도의 체류에 이르기까지 바울서신으로부터 발견된다. 그것은 사도가 예루살렘 회의에서의 결정과 일치시키기 위해서 감행한 헌금모금의 시기에 속한다. 만약 말하여진 것들로부터 사도행전 18장의 전승들의 높은 역사적 가치가 뒤따른다면, 이 가치는 여전히 더 많이 높아질 것이다. 그러한 경우 J. Knox와의 연결 속에서 제안된 나의 바울의 최초선교의 조기연대설(Frühdatierung)은 바른 것으로서 증명되어질 것이다. 왜냐하면 사도행전 18장의 전승 요소 중 하나가 바울의 고린도 방문에 관한 연대기적으로 정확한 정보를 포함하기 때문이다; 그것은 클라우디우스가 유대인을 -브리스길라와 아굴라도 그들 중 하나- 로마로부터 추방할 시기로 생각해 볼 수 있기 때문이다. 그해는 41년이다.

그러나 사도행전 18장 안에 포함되어 있는 전승들과 마찬가지로 그 동일한 역사적 가치는 누가의 편집으로 받아들여질 수 없다. 누가는 구속사적 이면서 신학적인 이유로 인해 -바울의 세계 선교는 예루살렘 회의(행

15장) 이전에는 시작될 수 없다. 왜냐하면 거기서 그 선교가 최종적으로 인가 되기 때문이다- 고린도에서의 그 첫 번째 선교를 예루살렘 회의 이후의 시간으로 미루어 놓고, 10년 이상 서로 떨어져 있던 사건들을 한 이야기 안에서 보도하면서, 그는 그리스에서의 바울의 선교를 약 10년 뒤의 사건으로 '기록한다'. 연구의 대다수는 당연히 그 같은 의견에 동의한다.

b) 사도행전 16장, 18장 그리고 27장에서의 바울의 여정

누가는 바울의 선교를 로마를 최종 목적지로 하는 여행으로 소개한다. 이 여행은 그를 다메섹 근처에 있는 회심의 장소로부터 출발하여 다메섹으로 이끌고(행 9:26), 그리고 시실리아(행 9:30; '다소'), 안디옥(행 11:26) 그리고 예루살렘(행 11:30), 그 후에 흔히 말하는 첫 번째 선교여행(행 13-14)이 구브로를 거쳐 남 갈라디아 그리고 다시 안디옥으로의 귀환으로 마쳐진다. 그리고 나서 예루살렘으로의 세 번째 여행이 뒤따르고(행 15:3 이하), 이어서 흔히 말하는 두 번째 선교여행(행 15:40-18:22)이 안디옥에서 소아시아, 그리스를 거쳐 다시 예루살렘으로의 귀환으로 마쳐진다. 마침내 동일한 정박지를 돌아보는 세 번째 선교여행이(행 18:22-21:15) 다시 한 번 놓여진다. 마지막으로 로마로의 그 위험한 항해(행 27장)가 소개된다.

실제로 바울의 여행은 한편으로는 복음이 예루살렘에서 로마까지 전파되는 배경위에서 작성된 누가의 묘사 방식이다. 이러한 묘사 방식은 마가복음에 대한 누가의 편집의 흔적을 볼 수 있는 '예수의 여행' 속에서(눅 9:51-19:28) 그 일치점을 찾아 볼 수 있다. 다른 한편으로는 다음의 세 가지 장소에서 전승들을 찾아 볼 수 있다:

1. 우리는 기억한다: 데살로니가전서 2장 이하와 사도행전 16장 이하의 장소들의 동일한 배열(빌립보, 데살로니가, 아덴, 고린도)로부터 때에 따라서 누가가 바울서신들을 사용하였다고 추론한다. 만약, 이러한 가설 역시 앞서 언급한 근거들에 의거하여 확실한 것이라고 할 수 없더라도, 그럼에도 불구하고(이러한 가설의 원인을 제공하는) 동일한 장소의 배열이라는 그러한

분명한 자료는 설명되어야 한다: 내 생각으로는(가장 적절하다고 여겨짐), 사도행전 16장 이하는 늘 그러하듯이 양식사적으로 설명할 수 있는 전승적인 여행정박목록의 기초를 포함하고 있다. 여기에서 (그리고 사도행전의 많은 다른 곳에서) 바울서신 만이 그러한 전승들을 증명하도록 허락한다(비. 누가복음을 위해서 마가복음이 그러한 역할을 하듯이). 그럼에도 제한적으로 추가된다: 단지 믿을만한 전승들만이 바울서신을 통하여 확인되어 질 수 있다. 역사적인 정황을 완전히 왜곡하는 보도들은 원 자료에 근거하여 거의 전승으로서 받아들여 질 수 없다.

2. 사도행전 18장 이하는 에베소서로부터 가이사랴와 예루살렘으로, 그리고 여기서부터 안디옥, 갈라디아의 브루기아, 에베소의 여정을 묘사한다.

J. Wellhausen은 이 여행의 특별한 특징을 다음과 같이 묘사한다: "'에베소로부터 시작하여, 가이사랴에 도착하고 거기서 올라가 형제들에게 인사하고, 다시 내려와 안디옥으로, 그리고 갈라디아와 브루기아로 되돌아옴'. 이와 같은 묘사는 마치 오늘날 비행 중에 간략하게 메모하듯 간결한 문체로 보도한다. 어떠한 미국인도 그것을 이보다 더 잘 할 수는 없다"(1907: 14). 나의 견해로는 이러한 2,000Km 이상의 거리의 간격을 덮어두는 여행보도의 개요 식의 문체는 전승의 수용임을 증명한다. 왜냐하면 그것은 "왜 저자가 이 전체의 여행을 모든 역사적인 이유 없이 고안해 냈는지, 그리고 그럼에도 불구하고 그렇게 단지 피상적으로 보도해야만 했는지에 대하여 바르게 이해되지 않기 때문이다."(Pfleider 1902: 514)

3. 사도행전 27장은 위험천만한 항해에 대하여 묘사한다. 재난의 예언자와 위기의 구원자인 바울 주변에 대한 묘사인 9-11. 21-26. 31. 33-36(.43)은 스스로를 본문으로부터 제외되도록 한다. 배의 침몰과 그럼에도 별 탈 없는 결말에 관한 보도는 위의 '바울 주변에 대한 묘사' 뒤에 남는다. 누가가 사도행전 27장에서 하나의 문학적인 원 자료를 사용하고 있으며, 이 자료는 바울의 모습을 부유하게 한다는 Wellhausen의 결론을 부정할 수 없는 것처럼 보인다(Wellhausen 1907: 18).

우리는 이제 위에서 재구성된 세 개의 (여행-)전승에 대한 역사적 평가

의 자리에 이르렀다:

1. 사도행전 16장 이하의 여행에 관하여: 바울서신들로부터 얻어진 것과 일치하는 여행 정착지의 배열은 역사적 가치를 요구할 수 있다. 마치 데살로니가전서 2장 이하에서 보여주듯, 바울은 실제로 그리스에서의 선교에서 빌립보로부터 데살로니가와 아덴을 거쳐 고린도에 도착했을 수 있다. 그럼에도 불구하고 다시금 누가를 통한 그 여행의 시간적인 배열에 있어서 비판이 제기된다. 바울 고유의 증언을 토대로 로마로부터의 유대인들의 추방과 고린도에서의 첫 번째 선교(행 18장)의 시간적인 일치로 인해 그 창립 여행은 사도행전에서보다 10년 더 일찍 있었을 것이다. 사도행전의 틀 안에서라면 그것은 사도행전 9장과 11장에 위치되어져야 할 것이다.

2. 사도행전 18장 이하의 여행에 관하여: 18장 이하의 결과들은 16장 이하의 결과들과 닮아 있다. 바울 고유의 증언들을 결합해보면 사도가 그리스로부터 예루살렘으로의 여행(행 18장의 여정과 일치하는)을 계획하였다(비교. Lüdemann 1980: 169-173)는 결론을 암시한다. 이점에 있어서는 앞에 놓여 있는 전승은 역사적으로 가치가 있다. 그럼에도 그것의 시간적인 배열에 대해서는 심각한 의구심을 갖게 된다. 그것은 바울이 -헌금여행의 가운데에서 보여지듯- 2,000Km가 넘는 직선거리에 직면하여, 그의 공동체들 안에서 헌금을 계속하기 위하여, 팔레스타인으로의 여정에 가장 어려운(원래 예정에 없던)곳을 들러서 가려한다는 것을 전제로 한다.[2] 그것은 있을 수 없는 일이다. 그럼에도 불구하고 바울서신을 통하여 재구성할 수 있는 역사적 장소를 옛 상태로 복귀시킨다면, 사도행전 18장의 여행전승의 역사적 가치는 분명하다: 여행전승은 바울이 예루살렘 회의(갈 2장)에 참석하기 위하여 그리스에서 출발하여 팔레스타인으로 계획한 여행에 관하여 일

2) 옮긴이: 바울의 목적지는 안디옥이었으며, 그가 예정에 없었던 가이사랴에 간 것을 두고 하는 말임. 가이사랴에서 안디옥까지는 거리로 약 400Km 떨어진 곳이다. 바울이 가이사랴로 간 것에 대하여 학자 들 간에 견해차이가 있지만, Lüdemann의 견해와 달리 이것이 만약 역사적 사실이라면 그것은 아마도 '북동풍의 영향으로 안디옥에 직접 갈 수 없었거나, 가이사랴의 공동체를 돌보기 위함 일 것이다. 누가는 여기로 간 것을 예루살렘에 잠간 방문한 데 대한 암시로 받아들인다.

치하게 보도한다. (바울 고유의 증언인 갈 2:1 이하는 바울이 바나바와 같이 예루살렘으로 이동했다고 말한다. 그럼에도 불구하고 그것은 위에서 말한 가설에 확실한 논증은 아니다. 왜냐하면 갈 2:1은 바울과 바나바가 어디로부터 예루살렘으로 이동했다는 장소에 관하여 진술하지 않고 있으며, 그들이 회의 직전에 함께 일했다라는 것에 대하여도 전제하지 않는다.)

3. 사도행전 27장 여행에 관하여: 1.과 2.에서 이야기된 여행들과 다른 하나의 묘사가 27장의 항해에서 생겨난다. 바울이 그의 마지막 예루살렘 방문 이후에 로마로 향한다는 것은 거의 확실해 보인다(클레멘트 1서 5). 그럼에도 항해 보도는 로마로 향하는 바울의 여정이 왜 발생하였는지에 관한 어떠한 상황도 기록하고 있지 않다. 왜냐하면 누가는 스스로 항해보도를 하나의 문학적 원 자료로부터 인용하였기 때문일 것이다. 그것은 누가가 그가 갖고 있었던 자료들을 읽으면서 만들어낸 독서의 결과(Lesefrucht)[3]로써 표기되며 따라서 비역사적이다. (물론, 여기서 바울이 배를 통하여 보내졌다라는 것은 누가가 이미 알고 있는 사전 지식이라는 사실이 추론된다.)

c) 사도행전 21장(예루살렘의 바울)

사도행전 21장은 바울의 예루살렘 도착에 대하여 보도한다. 그는 여기서 헬라인 나손의 집에 머무르려 하며, 야고보와 이방선교의 성과에 대하여 보고받은 장로들에 의하여 따뜻하게 영접 받는다. 그럼에도 야고보는 바울에게 유대 관례의 수용을 통하여 바울 자신이 갖고 있는 율법의 신실성을 증명할 것을 충고한다. 왜냐하면 율법에 대한 기독교적 열광주의자들은 이방사도에 관하여 다음과 같이 들었기 때문이다: 그는 이방인 가운데 사는 모든 유대인들에게 모세를 배반하라고 가르쳤으며, 그들은 자신들의 자녀들을 할례하지 말고, 유대적인 전통에 따라서 변화시키려고 하지 말라고 그가 말했다는 것이다. 바울은 이러한 충고를 따른다.

---

3) 독서를 통해서 얻은 것을 자기의 지식으로 만드는 것

다음의 본문들은 누가의 편집 흔적을 분명하게 보여준다: 바울은 예루살렘 공동체와 그들의 지도자 야고보와 좋은 관계를 갖고 있다. 동시에 그는 마지막까지 율법의 일획도 어기지 않았다. 그렇다 유대적 충고를 따름으로 그는 그의 율법에 대한 신실성을 증명했다.

이제 본문 단락에 있어서 두 가지가 흥미롭다:

1. 17절에서 예루살렘 공동체는 바울과 그의 동행자들에게 인사를 한다. 그럼에도(전체) 공동체 중에서 다음 절(20-22절)에서는 바울에 관하여 적대적인 소문을 들었던 많은(zelotischen: 열심인) 형제들이 언급되어진다. (이들은 그 공동체에 속하지 않았는가?)

2. 게다가 율법에 대하여 비판적이라는 바울에 관한 소문이 퍼졌다는 사실은 더구나, 절대로 사도행전에서 묘사하는 바울의 모습들로부터는 그러한 소문들을 위한 어떠한 근거도 찾을 수 없다는 점에서 주목할 만하다. (사도행전에서 묘사하는 바울의 모습은 친 율법적이다)

그러므로 다음과 같은 결론은 자명하다. 둘 다, 즉 바울이 반대편의 기독교인들에 대하여 조심스럽게 행동하고, 바울이 율법에 대하여 비판적으로 설교했다는 소식들은 사도행전 저자가 그의 신학적인 의미속에서 변형한 전승의 한 부분일 것이다. 하지만 그렇다고 모두를 제거할 수는 없다. (바울이 나실인에 참여했었다는 것이 전승인지 아닌지에 대한 질문은 21:23에 대한 개별적 주석참고.)

그러한 전승의 역사적 가치는 어떠한가? 내 생각으로는, 사도행전 21:21의 내용이 바울서신들을 통해 증명되기 때문에, 그것의 역사적 가치는 매우 높게 어림잡을 수 있다. 하지만 보다 정확히 말하면 바울의 율법에 대한 설교는 21:21에서 설명하는 원칙과 일치하지 않는다. 바울은 유대인이든 이방인이든 모든 사람들이 그들의 자리에 그대로 머물러 있는 것에 동의했다(고전 7:17-20). 그럼에도 최초 이방기독교인들로 구성된 바울 공동체(비교. 갈 2:11 이하; 5:6; 6:15; 고전 7:19)의 이러한 고상한 원칙에 관한 실행(Praxis)에는 크게 영향을 준 것 같아 보이지는 않는다. 바울 공동체의 많은 유대 기독교인과 그들의 자녀들은 실제로 바울 공동체 안에서 소수만이 모세의 율법으로부터 떨어져 지낸 것처럼 보인다. 21:21에서 보이는 소문은 그러므로 아마도 역사적으로 신뢰할 만한, (바울 공동체 안에서 부분적으로 벌어지는) 보도이다. (여기서 "부분적으로"라는 그러한 제한은 중요하다. 왜냐하면 그러한 소문은 아무래도 적대적인 방식 안에서 특수한 경우들을 일반화한 것이기 때문이다.)

그러나 사도행전 21장에 있는 전승의 다른 구성요소, 즉 예루살렘에 바울에 적대적인 유대 기독교인들이 많이 존재하고 있었다는 것 역시 역사적인 것으로 불려진다. 바울은 스스로 로마서 15:31에서 예루살렘 그리스도인들은 그에게 그렇게 좋게 여겨지지는 않았다고 언급한다. 덧붙여서 바울의 공동체 안에 있었던 그의 적대자는 주로 그들의 근원을 예루살렘에 두었다(비교. Lüdemann 1983: 103-165). 결론적으로 바울의 누가적인 묘사에 따르면 예루살렘과 가이사랴에서의 그의 감금(監禁)은 예루살렘 기독교인들을 통하여 어떠한 지원도 받지 못하였다는 것에 대하여 분명하게 언급한다. 이것은 예루살렘 공동체의 대다수가 바울을 거절한 것을 통하여 설명될 수 있다.

우리는 사도행전 21장의 바울의 예루살렘 도착에 관한 누가의 보도는 오래된, 그리고 역사적이라고 불리는 전승을 잘 보존하고 있다고 요약하여 말할 수 있다.

V

마지막으로 이제 지금까지 해온 작업들에 대하여 간단하게 살펴보고 사도행전의 역사적 가치에 대한 몇몇의 앞서 있었던 관점들에 관하여 요약해 보자:

우리가 사도행전의 역사적 가치에 대하여 활발하게 작업한 양식사에 관한 통찰력을 갖고 지금까지의 연구를 살펴보면, 이 연구의 가장 높은 자리에는 F. C Baur의 급진적인 비평이, 중간에는 A. Harnack을 통한 전승으로의 회귀가, 그리고 그 끝에는 한편으로는 역사적 질문에 대하여 약간의 흥미를 보인 편집사적인 연구가, 그리고 또 다른 한편으로는 사도행전의 역사적인 신뢰성을 옹호하려는 최근의 연구경향이 자리한다. 이러한 연구경향을 잠간 회상해보면, 현대까지 영향을 주는 Baur학파와 Harnack은 사도행전의 역사적 가치와 관련하여 고전적으로 정반대의 입장을 취하고 있다고 말할 수 있다. 그렇기 때문에 두 개의 서로 배타적인 Baur와 Harnack의 입장에 대한 설명과 견해가 주어진다. 이러한 목적으로 우리는 먼저 대체 가능한 가설들 즉, 사도행전의 저자가 목격자인가, 아니면 바울서신을 사용한 것인가에 대하여 분석하였다. 전자가 사도행전의 광범위하게 긍정적인 역사적 가치를 주장한다면, 후자는 아주 소량의 역사적 가치를 말한다. 이제 두 가설은 거의 논박할 수 없는 것으로서, 그리고 그들의 입장에서 누가가 그의 작품에서 전승들을 다른 방식으로 가공하였다는 것을 전제한다. 그것은 다음과 같은 사실을 의미한다: 사도행전의 역사적 가치는 사도행전 안에서 가공된 전승들의 역사적 가치에 대한 물음으로서 먼저 토론되어져야 한다. (편집 안에 역사적으로 정확한 전승을 보유하고 있는지에 대한 질문은 37쪽을 보라.) 이러한 과제에 관해서 우리는 세 가지 다양한 본문을 선택하였고 각각 편집, 전승 그리고 원본의 역사적 가치에 대하여 질문하였다. 비록 그것을 위하여 사도행전에서 단지 작은 본문 조각들이 분석 되었지만, 얻어진 결과들의 토대 위에서 이미 몇몇의 공통적인 결론들이 보인다:

1. 사도행전은 바울서신과 함께 초기 기독교의 역사를 위한 중요한 원자료이다.

2. 왜냐하면 사도행전에서 사용하는 다양한 전승들 중 많은 것들이 역사적으로 신뢰할 만하며 바울서신을 통해 알려진 우리의 원시 기독교에 관한 인식을 풍부하게 한다.

3. 하지만 바로 제한되어져야 하는 것은 이러한 판단은 특별히 사도행전 안에서 가공된 전승들을 위하여 유효하다는 사실이며, 이러한 전승들의 시간적인 틀은 부차적으로 각각 바울서신들로부터 재구성되어야 한다는 것이다.

4. 서신들의 비평적 분석에 근거하여 얻어진 연대기만이 사도행전 전승의 배열과 평가에 없어서는 안 될 전제이다.

5. 재구성할 수 있는 전승들은 종종 더 이상 정확히 양식사적으로 배열될 수 없고, 단지 그들의 특징 속에서 만 재구성 되어질 수 있다.

6. 뿐만 아니라 우리는 전승의 재구성에 있어서 누가가 매우 많은 부분에서 원자료(70인역과 누가복음은 제외하고)를 읽으면서 만들어낸 결과(독서의 결과: Lesefrüchte)들임을 고려해야만 한다. 이러한 것들은 사도행전 27장에서 보이며 다른 장으로도 흘러들어 갔다(비. 행 16:25-34; 19:13-16; 20:7-12; 28:3-6).

7. 위에서 특별히 논하지 않은 사도행전의 부분들은 하나의 특별한 문제를 제시하는데, 이러한 부분들을 위해 바울서신은 어떠한 역사적 증언도 하지 않는다. 이것의 분석은 아직 끝나지 않았는데, 누가복음 안에서 행하여진 전승들에 대한 가공의 양식과 방법으로부터 그리고 바울서신들을 통하여 밝혀진 사도행전의 부분들 속에서 중요한 힌트들이 기대되어진다. 전방위에 걸친 누가의 작업 때문에 사도행전의 부분들 속에서 면면히 흐르는 원자료를 재구성한다는 것은 당연히 가망 없는 모험으로 보인다. 여기서도 역시 단지 개별적인 전승들만이 재구성 될 수 있으며, 많은 경우에는 부족한 조사가능성 때문에 그것들의 역사성에 관한 평가가 낮은 개연성의 등급만을 갖게 된다.

8. 사도행전의 비평적 분석은 그 안에 있는 전승들과 그것의 역사적 가치에 대한 질문의 특별한 관심 하에 사도행전 연구의 편집사적인 범람 이후에 등장한 하나의 중요한 과제이다. 그것은 위의 검사들이 예로 보여준 것처럼 가능성이 없는 것은 아니다.

asked him for letters to the synagogues in damascus, so that if he found any there who belo
whether men or women, he might take them as prisoners to jerusalem.
as he neared damascus on his journey, suddenly a light from heaven flashed around
he fell to the ground and heard a voice say to him, "saul, saul, why do you persecute
are you, lord?" saul asked. "i am jesus, whom you are persecuting," he replied.
"now get up and go into the city, and you will be told what you must do."
the men traveling with saul stood there speechless; they heard the sound but did not see a
l got up from the ground, but when he opened his eyes he could see nothing. so they led him by
damascus.
for three days he was blind, and did not eat or drink anything.
damascus there was a disciple named ananias. the lord called to him in a vision, "ananias!"
ered.
rd told him, "go to the house of judas on straight street and ask for a man from tarsus name
is praying.
in a vision he has seen a man named ananias come and place his hands on him to restore his
" ananias answered, "i have heard many reports about this man and all the harm he has done
in jerusalem.
and he has come here with authority from the chief priests to arrest all who call on your na
lord said to ananias, "go! this man is my chosen instrument to carry my name before the gent
and before the people of israel.
i will show him how much he must suffer for my name."
anias went to the house and entered it. placing his hands on saul, he said, "brother saul, the
who appeared to you on the road as you were coming here—has sent me so that you may see a
filled with the holy spirit."
ately, something like scales fell from saul's eyes, and he could see again. he got up and wa
fter taking some food, he regained his strength. saul spent several days with the disciples in d
he began to preach in the synagogues that jesus is the son of god.
e who heard him were astonished and asked, "isn't he the man who raised havoc in jerusalem a
who call on this name? and hasn't he come here to take them as prisoners to the chief priests?
aul grew more and more powerful and baffled the jews living in damascus by proving that jesu
christ.
after many days had gone by, the jews conspired to kill him,
saul learned of their plan. day and night they kept close watch on the city gates in order to kil
llowers took him by night and lowered him in a basket through an opening in the wall.
came to jerusalem, he tried to join the disciples, but they were all afraid of him, not believin

사도행전 주석

주석방법의 실행에 있어서 처음 해야 할 것은 사도행전의 전체분석이다. 이것은 각각의 개별적인 단락을 그리고 어쩌면 그 안에 있을 수 있는 전승을 자세히 살펴보고, 그리고 난 후에 경우에 따라서는, 그것의 역사적 가치에 대하여 하나의 근거 있는 판결을 내리는 것을 목적으로 한다. 그 분석은 현대 연구의 주요한 성향, 즉 사도행전을 특별히 저자의 의도를 밝혀내려는 그러한 성향에 대하여 반대하고 있다.

비. 특별히 Schneider 1982: 누가에 의하여 사용된 원 자료를 원문 속에서 다시 복원하는 그 어려움 또는 불가능은 해석자를 그의 "고유의 과제로 이끈다. 해석자는 그럼에도 저자가 말하려고 의도하는 것을 끌어내야 한다(quid scriptor dicere intenderit: Divino afflante Spiritu, Athanasius 의 관련 언급 참조, Contra Arianos I 54)"(5)

사도행전 연구를 함에 있어 편집사적 연구의(그리고 이것의 발전적 모습인 새로운 문학비평 연구의) 학문적 의미를 모두 인정함에도 불구하고, 앞선 작업은 그 다섯 권의 "기독교의 기원"의 관심사를 다시 수용한다. 그의 발행인(F. J. Foakes Jackson과 K. Lake)은 사도행전에 있는 역사적 사실들을 밝혀내는 것을 기독교 기원의 설명에 있어서 더 중요한 것으로 간주하였고, 다른 자료들(Quellen) 예를 들면, 복음서와 같은 것들을 그들의 역사적 가치와 관련하여 기독교의 기원을 위하여 다룰 것을 분명하게 계획했다. 만약 그것이 밝혀지지 않은 이유들로 인해 연구 계획이 지속되지 못한다 하더라도, 역사적 관점 아래에서의 사도행전 분석의 목표설정과 진행은 "기독교의 기원"속에서 충분히 의미심장한 것으로 남아있게 된다. "기원"에 관하여 발행인이 갖고 있는 프로그램과의 조화속에서 우리는 새로이 사도행전으로부터 얻어진 역사적 사실, 즉 원시 기독교에 관한 하나의 확실한 지식의 기초라고 선언할 수 있는 사건에 대하여 질문한다.

그런데 "사건" 또는 "사실"이라는 개념은 매우 애매하기에, 이제 더 가깝게 규정되어져야만 한다-아마도 가장 최선의 방법은 J. G. Droysen(1958)의 설명에서 찾을 수 있을 것이다. Droysen은 다음과 같이 서술한다:

> "그것은 우리의 학문이 다룰 수 있는 사건의 자연의 상태(사람의 손길이 가해지지 않은)를 의미한다. 만약에 그것은 객관적인 사건들과 관련이 있는 것이라고 생각한다면 그것은 오해하는 것이다. 객관적인 사건들은 그들의 실재성속에서 우리의 연구에 존재하지 않는다. 어느 한 과거의 시간에 객관적으로 일어난 것은 사람들이 역사적 사건으로 명하는 것과는 아주 다를 수 있다. 일어난 것은 원인과 반응 그리고 목적과 실행의 복합체로서, 연계된 과정으로서의 이해를 통하여 하나의 사건으로 비로소 짧게 이해되고, 결합하여 하나가 된다. 그리고 이 동일한 개별적인 일들은 다른 사람에 의해서 다르게 이해되며, 이것들은 다른 사람에 의해서 다른 원인과 반응 또는 목적들과 연계될 수 있다"(133 이하)

Droysen에 의하여 실행된 객관적 사건과 역사적 사건의 차이점은, 즉 res gestae(이루어진 일)로서의 역사와 opinio rerum getarum(사건의 기술)로서의 역사 사이의 차이점은 여기서 더 이상 언급하지 않아도 된다. 왜냐하면 그것은 Droysen에게서도 역시 객관적 사건 또는 res gestae로서의 역사에 대한 의구심에도 불구하고, opinio rerum getarum를 다시 확인 할 수 있느냐의 문제이기 때문이다. 즉 그것은 역사 과정의 확증적인 묘사와 관련이 있는 것이다. 그러한 역사모습(Geschichtsbild)이 이제 역사와 일치하든지 안하든지 -우리의 목표를 위해 중요한 것은 단지 역사적으로 증명할 수 있는 실재 사실 의 객관적인 특징이다.

Droysen의 다른 주장은 우리의 작업을 위해 매우 중요하다: 그의 주장에 따르면, 한 과거 속에서의 객관적 사건은 사람들이 역사적 사건으로 부르는 것과는 약간은 다르다. 이것은 원인과 반응의 복합적인 이해를 통하여 비로소 역사적으로 그리고 다양한 개별적인 것들로부터 형성된 사건으로서 이해되지만, 그 외에 영역에서는 다르게 이해되고, 다른 원인들(또는 영향과 목적들)과 함께 결합되어진다.

그런데 그 각각의 일어난 것은 그의 원인들, 목적들… 즉, Droysen에 의하면 합력하여 비로소 하나의 사실을 이루는 것들이, 여기서 다뤄지는 원자료에 있어서 일찍이 누가의 틀과 각각의 이야기의 그의 편집적인 부분들 속에서 발견되어진다. 그럼에도 불구하고 원인이나 목적은 고유의 역사적 질문에 있어서는 관찰의 대상이 아니며, 대부분 각각 -누가의 틀과 편집을 제거한 후에- 개별적인 전승의 역사적 가치에 대한 재고(再考)와 관련되어 있다. 그리고 나서 각각의 일어난 것은 그것의 이유들과 목적 그리고 영향들과 함께 전승의 단계에서 발견되고, 그리고 그것은 그것의 이유들, 목적들(기타 등등의) 안에서 종종 편집을 통하여 다르게 이해된다. 저 각각의 전승조각들에 대하여 우리는 그것의 역사적 신뢰성에 대하여 물을 것인데, Droysen이 경고한 내용 즉 우리는 더 이상 bruta facta(벌거벗은 사실)에 마주하지 않고, 역사적 사실들에 마주한다는 것을 참작하여 물을 것이다.

동시에 이하에서는 외적인 것뿐만이 아니라, 내적인 것이 사실로 간주된다는 것이 강조된다. 만일 어떠한 것들이 역사적 개연성이 있는 것으로 만들어질 수 있는 것이라면, 예를 들어, 바울의 욥바에서의 선교행위(행 9장) 뿐만 아니라 바울을 보내는 환상도 역시 -만일 그것들이 역사적으로 개연성이 있게 만들어질 수 있을 경우에- 사실이라고 불려질 수 있다(비교. 행 16장).

'사실' 또는 '실재'라는 개념은 이하에서는 만일 그것들이 역사적으로 틀림없는 사실이라면, 인간들과 그들의 신학적 전제들에 관한 문서적인 또는 구전적인 견해나 입장들 역시 지칭한다(예를 들어, 편지들과 아울러 성서해석 같은 사도행전의 담화).

여기서 다루어질 방법에 관한 고려들은 사도행전 전체 텍스트에 대한 집중적인 연구를 전제로 하며 이 책의 원고가 완성되는 끝 무렵에 비로소 씌어졌는데, 그 이유는 연구의 방법론은 활발히 움직이는 최근의 방법을 따라가려 했기 때문이다.

아래에 분석은 사도행전을 그것의 본문의 순서를 따라 분석해 나갈 것이다. 그것의 자세한 목록은 처음 작업의 단계에서 밝혀진다. 이 단락 I은 이중적 과제를 갖고 있다. 그것은 본문의 내용을 상기시키고, 그 이후에 비로소 본문의 구조에 대한 통찰을 하는 것이다. 동시에 문장들과 문장 성분 그리고 의도된 진술들의 의미 관계가 예시된다. 둘 다 다음의 단락 II에서 편집 분석으로 주제화 된다. 여기서는 먼저 일반적으로 누가적 언어요소의 짧은 분석이 있게 되고, 그 이후에 본문의 편집적 의미 관계와 그것과 함께 의도된 진술이 논의의 대상이 된다. 단락 III는 각각 경우에 따라서 존재하는 전승요소와 관련하여 질문을 제시한다. 만약 그것을 위한 참조사항이 때때로 II에서 이미 얻어지면(가령, 편집적 의도에 기인하지 않는, 또는 비누가적 진술을 통하여), 경우에 따라서 그 단락의 전승적인 특징은 따로 입증하게 될 것이다. 서두에서 분명히 해둔 것처럼, 특별히 사도행전 16-21장 안에서의 전승에 대한 가정은 잘 증명되었다. 그러나 그 외에 사도행전 1-5; 6-12; 21-28장 안에서의 전승의 문제는 사정이 다르다. 왜냐하면 이것들은 16-21장에서 와는 달리 바울서신들과의 비교를 통하여 확인되거나 분석될 수 없기 때문이다. 이것은 각각의 부분들(행 5장; 8장; 12장)을 위하여 누가 외적인 보도들이 비교자료로써 사용되더라도 마찬가지이다. 경우에 따라서는 전승의 요소가 개별적인 단락들의 기초 위에서 밝혀지는 것이지, 보편적인 자료설들과 관련하여 밝혀지지 않는다는 것을 다시 한 번 강조한다(이것은 당연히 보편적 자료군의 존재 가능성을 배제하는 것이 아니라, 그 가능성을 부분적으로 그것의 요소들 안에서 증명한다). 마지막으로 다시 한 번 이미 언급한 전승개념의 광범위한 이해가 언급된다.

읽는데 도움을 주기 위하여 여기서 짧게 사도행전의 일반적인 기초자료(누가복음, 70인역, 독서를 통하여 알게 된 것들과 누가에 대한 일반적 지식은 별도로 하고)를 위한 나의 고유의 가정이 다음에 오는 주석의 전제와 결과임을 밝힌다. (비. Schneider 1982: 82-103; Plümacher 1984: 120-138.)

a) 누가는 사도행전 15:40-21:36(?)을 기록할 때 개별적인 에피소드를 가지고 풍부한 "Itinerar"(여행자들을 위한 모든 여행정보)를 사용했다. 아마도 이러한 자료에는 부분적으로 바울의 초기시대로부터 유래한 자료들(행 9장)과 아마도 예루살렘 회의에 관한 소식들(행 15장)이 속할 것이다. 사도행전 13-14장과의 관계에 대하여는 "Itinerar"과 관련한 14장의 개별적 주석을 참조하라.

b) 누가는 페스투스 치하의 가이사랴에서의 바울의 여정에 관한 보도를 갖고 있다. 이 자료는 예루살렘으로부터 가이사랴로의 바울의 이동에 관한 소식, 바울에 대한 소송, 그의 로마 시민권을 증거로 들면서 행하는 황제에 대한 항소등을 포함한다. 그러나 그러한 자료의 존재에 대한 개연성은 a)의 것에서보다 훨씬 적다. 왜냐하면 바울서신들은 조절기관으로서의 기능을 더 이상 하지 않기 때문이다. 이것은 다음의 3가지 자료가설에도 동일하게 적용된다.

c) 누가는 헬라영역으로부터 온 다양한 문서전승들을 소유하고 있었다(행 6-8장; 11장; 13-14장).

d) 누가는 다양한 문서로 그리고 구전으로 된 바울이야기들을 사용했다(행 3장; 5장; 12장).

e) 사도행전 1-5장에서 누가는 초기 예루살렘 공동체로부터 온 구전적 개별 전승에 의지했다.

f) 모든 "우리-자료"(행 16:10-17; 20:5-15; 21:1-18; 27:1-28:16)를 포함하여, 완벽하게 만족시키는 그러한 가설은 나에게 알려지지 않았다. 이러한 절들은 그렇기 때문에 어떤 타당한 이론이나 기준 없이 분석되었다. 하나의 설득력 있는 성과가 적어도 사도행전 27장에서 얻어진다(해당 주석참조 S. 401 이하).

단락 IV는 각각의 재구성된 전승들이 역사적인지 아닌지에 대한 재심사의 과정으로 이끈다. 여기서 역시 바울서신들은 하나의 특별한 역할을 한다. -개별적 정보에 관해서 뿐만이 아니라 바울 연대기의 틀과 관련해서도 마찬가지이다. 그 전승들이 역사적인지 아닌지에 대한 질문은 가설적으로 재구성된 전승의 기초 위에서 제기 된다는 점이 강조되어야 한다. 즉 많은 개별적인 결과들에 관하여 논쟁될 수 있는 것이다. 그럼에도 불구하고 사람들은 앞선 주석들이 너무 친가설적 이라는 일반적인 부정적 비판에 대하여 이의를 제기하지 않는다. 왜냐하면 역사적 가설 없이는 사도행전의 연구가 불가능하기 때문이며, 그렇지 않으면, 사람들은 유감스럽게도 너무나 자주 사도행전 보도의 재현을 제한하게 된다. 오히려 여기서 가장 좋은 가설에 대한 질문이 제기 된다; 이 가설은 사도행전의 각각의 개별단락을 위하여 얻고자 애써지며, 또한 논쟁을 위하여 제시된다.

> 나는 어떻게 해도 그리고 우리의 지식이 '불완전하다'라는 고백에도 불구하고 역사성의 질문을 "대부분의 경우 해결되지 않은 상태로 놔두도록"(Stuählin 1980: 8) 못 하는데, 이것은 Stuählin에 의하여 다음의 문장에서 분명해 진다: "다른 한편으로는 전체적으로 누가의 진술에 대하여 크게 의심하는 경향이 보편적인 것이 되었다는 것과 더불어서, 그리고 아마도 그에 의하여 보도된 것의 매우 중요한 한 부분이 많은 또는 완전한 부분에서 그 사건의 경과에 일치한다라는 사실도 언급되어야만 한다"(위의 책).

앞으로 진행 될 사도행전 연구는 편집분석을 중심으로 전념하고 그리고 집중적으로 이차문헌을 토론하는 그 위대한 주석들을 대체할 수도 그리고 그렇게 하려고도 하지 않는다. 그러한 주석들 역시 계속된 번역 없이는 꾸려나갈 수 없으며, 단지 개별적으로 중요한 번역 문제에 대한 질문들이 논의되지만, 그러나 그것은 독자적이며, 하나의 새로운 주석의 보충 그 이상이다. 그것은 당연히 예외 없이 사도행전의 그리스어 본문의 사용을 전제로 하며, 다시금 말하지만, 다른 사람들에 의하여 이미 말하여진 것은 종종 생략할 것이다. 이차문헌에 대하여 논의된 논쟁은 상대적으로 충분하지 않다. 단지 근거가 있는 개별적인 경우에 한하여서만 새로운 문헌들과 상대적으로 자주 잊혀질 것 같은 우려가 있는 오랜 문헌들 위에서 다루어질 것이다.

양식사에서 계속 이어지는 분석의 자리에 관하여 도입 부분에서 정보를 줄 것이다. 부록에서 사도행전의 담화를 다루려던 원래의 계획은 생략됐다. 왜냐하면 역사적 성과가 보잘 것 없다고 여겨졌기 때문이다. 그렇기 때문에 담화들의 주석은, 예외적 경우가 있긴 하지만, 상대적으로 적을 것이다. 이미 앞서 말한 것의 반복에 지나지 않기 때문이라면, 결론부의 요약은 불필요 할 것이다.

교정문: 지난 수 년 간의 사도행전 연구를 위해서는 F. Hahn의 논문을 참조하라: Der gegenwärtigen Stand der Erforschung der Apostelgeschichte. Kommentare und Aufsatzbände 1980-1985, in: ThRv 82. 1986, 177-190.

사도행전 1:1-14

I 목차

- 1-2절: 헌정과 서론
- 3-8절: 예수의 고별행동과 고별사
- 9-11절: 감란산으로부터의 예수의 승천
- 12-14절: 초기 공동체
- 12절: 제자들의 예루살렘으로의 귀환
- 13-14절: 다락방에서의 초기 공동체

II 편집

1-2절

이 단락은 누가-행전 두 번째 부분의 서론이다. 누가적인 언어는 다음과 같은 곳에서 보인다: 1절: *panton...hon. te kai.*[모든 것…그것. 그리고] 2절: *anelemphthe*[올려지다]. 1-2절은 분명하게 누가복음과 관련이 있다(=*protos logos*[먼저 쓴 글]), 그것의 내용은 예수의 행함(*poiein*)과 가르침(*didaskein*)으로서 표현되고 있다. 만약 사람들이 그 명령들이 고별만찬(눅 24:41-43)동안에 주어졌다고 주장한다면(Reicke 1957: 10), 예수가 그의 제자들에게 승천 전에 준 '명령'들(*enteilamenos*)은 누가복음 24장의 명령과(24:46-49) 일치하지 않으므로, 이것은 결과적으로 옳지 않다. 2절에서 보도되는 제자들의 선택은 누가복음 6:13에서 보인다. 여기서 지시되고 동시에 13절에 이어지는 제자들의 명단이 준비된다.

3-8절

언어적으로 누가적이다: 3절: 관계대명사+*kai*[그리고]; *parestesen*[나타내다]+3격(비. 9:41), *pathein*(예수의 고난과 죽음의 표시로서[고난]), *legon ta peri tes basileias*([하나님 나라에 관한 것을 말하다] 비. 눅 9:11). 5절: *ou...pollas*([많은…않아서] Jeremias 1980: 240). 6절: *men oun*[이제]. 7절: *eipen...pros*[…에게 말하다].

3절: 비. 6절 이하. 4a(*synalizomenos*[함께 먹다]: 비. 다른 곳에서는 번역의 다양함이 존재하는데 10:41 "함께 있다" -비. 주석)는 누가복음 24:41-43의 내용을 받아들인다. 예루살렘을 떠나지 말라는 명령과 함께 4b는 누가복음 24:49에 기인한다: 거기서 이미 제자들이 위로부터 힘이 채워질 때까지 예루살렘에서 머물 것이 명령됐다. 4절: 끝은(*hen ekousate mou*[나로부터 들은 것]) 나머지 절과의 관계 속에서 24:49을 생각나도록 하며, 인칭의 변동에도 불구하고(3인칭 대신 1인칭) 다음절의 이야기 도입으로 이해되지는 않는다. 5절: 부활하신 예수는 과거의 중심적인 사건("요한은 물로 세례를 행하였다")과 연관을 맺고, 동시에 세례자가 약속한 아직 오지 않은 부분의 머지않은 성취를 알린다(눅 3:16). 이것은 사도행전 2장에서 일어난다. (*ou meta pollas tautas hemeras*[많은 날이 지나지 않아서]은 이러한 목적을 위한 연결고리이다). 다시 한 번 눅 24:49로의 회귀(사람들은 제자들이 두 구절에 따르면, 예루살렘에서 머물렀다는 것을 유념한다)에서 예수는 세례말씀을 상기시키고, 그것은 동시에 사도행전 2장의 '성령 부으심'과 관련하여 현실화된다. 사도행전 11:16은 5절에서 예수의 말씀을 회고한다. 6절 이하는 계시적 '임박한 기대'를 수정한다(비. Gräser 1977: 204-207; 1979). 하늘나라의 즉각적인 도래에 대한 질문은 받아들여지지 않는다. 그 자리에 성령이 위치한다. ('하나님 나라'에 관한 예수의 설교가 등장하는 3b는 이러한 성령론-교회론적인 의미에서 해석되어야 한다). 재림의 시점은 그러므로 알려지지 않은(그러나 막연한 것은 아니다: 11절; 17:31) 미래로 옮겨진다. 모든 중심은 전 세계로의 복음전파를 미리 가리키는 8절(비. 눅 24:47 이하)에 놓여있다. 이 복음전파는 성령의 역할이며, 그의 오심은 7절에서 이미 언급됐다. 거기에 그들이 예수의 증인이 되어야 한다는 사도로서의 임무가 규정된다. 사도의 사역은 13번 째 목격자인 바울과 그의 행보 안에서 보인다(비. 22:15; 26:16-18 -Burchard 1970: 130-135를 보라). 사람들은 8절에서 아마도 사도행전의 계획과 구성의 도식을 깨닫게 된다(Conzelmann 1972: 22). 거기에서 "세상 끝까지"라는 표현은 로마를 상징한다; 비. PsSal 8:15 그리고 사도행전의 '예루살렘에서 로마로 향하는' 지리적 조명.

9–11절

이 단락은 언어적으로 누가에 의해 만들어진 것이다: 비. 특별히 10절: *atenizontes*[자세히 ,호기심에 찬], 대체용법(Coniugatio periphrastica[4]), 절대 소유격(Genitivus abs.), *kai idou*[그리고 보라]. 11절: 관계대명사 + *kai*[그리고]. 더 나아가 특별히 *eis ton ouranon*[하늘로]의 4번의 반복은 편집자의 가공을 가리킨다. 파루지(재림)에 대한 전망은 편집적이기도 하고 6절 이하의 역사와 연결되기도 한다. 6절로부터 말하여지고 7절에서 거절된 임박한 기대는 하나의 먼 기대가 된다(그러나 단념이나 포기가 아니라 희망으로).

12–14절

12절: *hypostrephein*[돌아오다]은 누가가 가장 좋아하는 단어 중 하나이다.[5] 이 절은 다음의 역사와 연결된다. 거기에 승천의 장소가 감람산으로 그리고 거기와 예루살렘의 거리가 안식일에 가기 알맞은 길이라는 내용이 덧붙여서 주어진다. 이 두 개의 정보는 누가적인 것으로 보아도 된다; "안식일에 가기 알맞은 길"이라는 내용은 제자들이 머문 다양한 정착지 사이에서 연결점을 제공해 준다. 누가에게는 특히 예루살렘 모티브가 중요하다. (제자들은 예루살렘 근처의 한 장소에서 예수 승천의 증인이며 다시 예루살렘으로 돌아온다) 장소 표기인 "감람산"을 위해서는 누가복음 19:29과 마가복음 11:1을 참조(마태는 21:1에서 베다니를 생략함). 누가는 마가복음으로부터 감람산과 베다니가 지리적으로 서로 가까이 놓여 있으며 또한 장소언명(Ortsangabe)에 있어서 동일하다는 것을 알고 있었다. 그래서 그는

---

4) 옮긴이: 분사+*eimi*(헬라어 be동사)를 통하여 정형화된 동사를 대체하여 사용하는 용법.

5) 옮긴이: 누가복음 다섯 번, 사도행전 다섯 번 그밖에 신약성서에는 등장하지 않는다.

여기서 장소 표기를 베다니로부터 승천이 일어났다는 누가복음 24:50-53과의 관계 속에서 변화시킨다. 산(山) 모티브는 게다가 '사라지는 이야기'(Entrückungsgeschichte)와 잘 어울린다.

13-14절: 언어적으로 *proskarterountes*[힘쓰다, 고수하다], *homothymadon*[한마음으로] 그리고 *proseuche*[기도]는 누가적이다. 누가는 내용적으로 기도에 전념하는 첫 번째 공동체의 상황에 대하여 요약적으로 묘사해 준다. 이러한 묘사는 뒤따르는 보궐선거와 다음의 개괄적이고 교화적인 초기 공동체의 묘사를 전제한다. 처음 공동체에 여인들이 소속되어 있었다는 묘사는 편집에 기인할 것이다. 그렇다면 어떠한 여인들이었을까? 예수를 뒤따르는 자들로서의 여인인가 또는 사도의 부인들로서의 여인인가? 그것을 위해서, *syn gynaixin*[여인들과 함께](14절)이 사도의 부인들을 가리킨다라는 것(Lack/Cadbury, 4권: 11쪽)은 다음과 같은 것을 말한다: 제자들의 부인이 여인들 속에서 보인다는 것이 순수 언어적으로 매우 가깝다. 그들이 예수의 여 제자들이라고 한다면, 사람들은 *gynaixin*[여인들]앞에 관사를 기대했을 것이다. 더 나아가 예수의 여 제자들은, 누가복음에서 그들에 관한 이야기를 다룰 때에는 거의 매번 더 상세히 정의 내려졌다(비. 눅 8:2 이하; 10:38-42; 23:49. 55; 예외: 눅 24:10). 그밖에도 누가는 예수를 갈릴리로부터 뒤 따라온 이 여인들과 관련하여 사도행전에서 계속해서 언급하는 것에 관해 특별한 관심을 갖고 있지 않다. 왜냐하면 이들은 사도행전에서 그 외에 언급되고 있지 않기 때문이다. 만약 이들이 그럼에도 14절에서 언급되는 것이라고 한다면, 그것은 단지 "갈릴리로부터 온 여인들"이라는 주제를 그것에 의해서 "잘라내기" 위한 것이다-그러므로 필요한 경우 완벽함을 위하여. 그것이 이와 반대로 "사도들의 부인"과 관련된 경우에는(그래서 Kodex D는 확실하게 *syn gynaixin*[여인들과 함께]뒤에 *kai tekonis*[그리고 아이들]를 첨가한다), 14절에서 제자들의 가족 그리고 주의 가족은 "거룩한 초대공동체가족"의 방식으로 묘사되어진 것이다. 만약 이러한 제안이 옳다면, 사도행전 1:14은 누가복음 1-2장의 가족 이야기와 평행으로 보인다. 결론적으로 사도들이 부인을 갖고 있었다는 것은 공동체 안에서 알려져 있었다

(비. 고전 9:5). 비. 더 나아가 누가복음 4:38(베드로의 장모는 베드로가 아내가 있었다는 것을 의미한다). 더 나아가 부인으로서의 여인의 편집적 암시로의 평가를 위해서는 다음을 보라. (비. Schüssler-Fiorenza 1983: 52. 여기 주장에 따르면, 예수의 형제에 대한 명명 역시 14절 전체묘사의 표시를 목적으로 한 것으로 편집이다.)

부설: 사도행전 1:3 이하의 '보간법'(Interpolation: 써넣은 것)에 관한 질문

사람들은 편집자가 3절부터 원문에 수정을 가했다고 자주 생각했다(비. 특별히 힘을 주어 Norden 1913: 311-313: Meyer I: 34-42; Bauernfeind 1980: 312 이하).

다음의 이유들은 이러한 가설들을 위한 근거를 제공한다:

1. 1절의 *men*이후에 *de*로 이어지는 후문장이 기대된다.

2. 3-8절의 보도는 누가복음 24:36-53에서 설명한 사건을 단순히 계승하는 것이 아니라, 그 앞으로 소급한다. 왜냐하면 예수와 그의 제자들의 동거는 24:36-53의 하루에 비해서 승천까지 40일 간이라는 시간을 넘어서기 때문이다.

3. 4절 이하는 전에 비해서 하나의 직접화법을 포함한다.

4. *dia pneumatos hagiou*[거룩한 영을 통하여](2절)라는 어법은 적절하지 않은 곳에 위치해 있다.

5. 2절과 4-9절은 같은 날 발생했다(눅 24장도 마찬가지). 예수께서 그의 제자들에게 40일간 보였다는 3절의 보도는 거기에 시간상으로 모순되는 것이다. 그럼에도 이러한 주장들의 어느 것도 실제로 이론의 여지가 없는 것은 아니다.

1에 대하여: 사도행전의 다른 곳에서도 *men*이 다음의 *de*없이 사용된다(3:21; 4:15: 22:21). *hois kai*[이들에게 그리고](3절)은 게다가 누가적인 양식이다.

2에 대하여: 이 주장은 만약 누가복음과 사도행전이 근원적으로 한권의 책으로 형성됐을 때에만 옳다고 여길 수 있다. 그러나 그것은 사도행전 1:1

에서 보여지 듯, 그 경우가 아니다. 그러나 저자가 다시 한 번 전에 기록한 것을 회상하면서 삽입하고, 제자들 앞에서 예수의 현현에 관한 이야기를 도구로 하여, 하나의 더 나은 연결점을 얻기 위해 첫 권 끝의 내용에 관한 보고를 주는 것이라고 한다면, 그것은 받아들여진다.

3에 관하여: 사도행전의 다른 곳에서도 역시 갑작스런 간접화법으로의 변경이 등장한다(비. 17:3; 23:22).

4에 관하여: 당연히 *dia pneumatos hagiou*[거룩한 영을 통하여](2절)의 위치가 반드시 '보간자'(Interpolator: 써넣은 자)에 기인한다고 할 수 없다. 이러한 어법은 선취(Antizipation)의 기능을 갖는다(참조. F. Rehkopf, Göttingen). 그래서 그것은 *hous exelxato*[선택한 자들에게]와 관계있다. (Conzelmann 1972: 24 *dia pneumatos hagiou*[거룩한 영을 통하여]를 하지만 *enteilamenos*[명령하다]와 연결한다)

5에 관하여: 13:31("갈릴리로부터 예루살렘에 함께 올라간 사람들에게 여러 날 보이셨으니 그들이 이제 백성 앞에서 그의 증인이라")은 1:3과 관련이 있으며, 그것은 3절의 근원적 소속이 사도행전에 속한다는 것이 개연성이 있도록 한다.

전승

사도행전 1:3 이하에서 보간법의 가설을 배제한다 하더라도, 누가가 그의 각각의 단락에서 전승들을 가공했다는 것은 확실하다:

1. 고난 이후에(3절) 예수의 '스스로 살아있음을 증명함'과 40일 동안의 현현(3b)이 나란히 보도 속에 놓인다. 전자의 표상은 바울에게 알려진 고양된 하늘의 예수와 일치하며, 후자는 예수께서 부활 이후 그의 제자들과 함께한 정해진 기간에 관한 묘사와 함께 작성된다. 여기서 누가에 의해 조합된 이 두 개의 표상은 아마도 구전전승에 기인한다.

2. 예수의 재림(Parusie)을 통해 주어질 이스라엘을 위한 왕국에 대한 기대는 전승이다. 이러한 기대는 6절의 표현에서 온다("주께서 이스라엘을 회복하심이 이 때니이까 하니"). 이것이 전승인 이유에 대하여는 앞 선 주석 II에서

밝힌 바 있다.

9–11절: 여기에 하나의 전승이 기초를 이루는데, 그 전승의 형식은 더 이상 알려지지 않는다. 그것은 예수의 놀라운 승천에 대하여 보도한다. 거기에 속한 모티브는 "구름"과 일어난 사건의 해석자로서 "빛나는 옷을 입은 두 사람"(비. 눅 24:4)이다(누가에 의해 더 세부적으로 작업된 또 다른 이본 [異本]이 눅 24:50-53에 놓여있다). 그 전승은 부활로부터 어떠한 시간적 간격을 전제하지 않으며 장소에 대한 자료도 제공하지 않는다. 기껏해야 "갈릴리 사람"이라는 호칭이 갈릴리를 암시한다.

12–14절

누가는 사도들의 명단(눅 6:14-16)을 순서를 바꾸며 작성한다. 중요한 차이가 놓이는데 그것은 사도행전의 명단 속에는 요한이 두 번째 자리에 위치한다는 것이다. 복음서에서는 안드레가 두 번째였고 요한은 세 번째였다. 그 변화는 베드로와 요한이 사도행전에서 한 쌍으로 등장하는 것에 기인할 것이다(비. 행 3-5장). 더 나아가서 누가는 이미 복음서의 다른 곳에서 베드로와 요한을 함께 명명하고 있다는 것이다; 비. 누가복음 22:8(막 14:13: "제자들 중 둘", 마 26:17: "제자들"); 누가복음 8:51(막 5:37: "베드로, 야고보, 요한"); 누가복음 9:28(막 9:2/마 17:1: "베드로, 야고보, 요한")

"다락방"(*hyperoon*)이라는 표현 뒤에는 아마도 예루살렘 공동체의 집합 장소였던, 전승적인 장소언명이 숨어있다(비. 12:12). 그럼에도 불구하고 다른 측면에서는 9:37. 39; 20:8을 비교하라.

예수의 형제가 원시 공동체에 속하였다는 전승은 거의 상술되지 않는다. 이것은 누가의 일반적 정보의 요소이다.

14절: *proskarterountes...te proseuche*[힘쓰다…기도에]의 연결은 로마서 12:12; 골로새서 4:2 때문에 전승이라 볼 수 있다. "여인들"이 전승의 요소라는 점에 대하여는 II의 주석을 보라.

1-8절

이 본문은 편집사적인 형태로 볼 때 비역사적이다. 왜냐하면 누가는 그가 마가복음으로부터 알고 있었던 갈릴리에서의 첫 번째 현현에 대하여 침묵하고 있기 때문이다. 가장 오래된 이 현현들은 마가복음 16:7; 마태복음 28:16 이하; 요한복음 21장에 반영되고 있다.

위에 등장하는 개별적인 전승들은 역사적인 것과 비역사적인 것이 서로 뒤섞여 있다.

1. (위의 다른 전승들에 의하면, 갈릴리에서) 승천한 예수의 현현은 실제로 예루살렘에서 발견된다. 이것은 확신하건데 야고보의 환상(고전 15:7)으로부터 기인한 것이다. 왜냐하면 주의 형제는 더 늦은 시점에서야 초대 공동체와 비로소 합류하기 때문이다. 비교). 더 나아가서 5백여 형제 앞에서의 현현(고전 15:6), 엠마오 이야기(눅 24장) 그리고 요한복음 20장은 예루살렘의 현현 전승을 위한 자료들이다.

무덤 이야기 마가복음 16:1-8(평행구절들)은 그것의 가장 오래된 형태 속에서는(막) 여자들 앞에서의 예수의 현현에 대하여 알지 못하며(그러나 마 28:9 이하; 요 20:14-18은 다르다), 이러한 이야기들은 여기서 사용되지 않는다.[6]

다른 면에서 보면 40일 간의 제자들과의 동행에 대한 전승은 한 명의 제자의 소개에 근거를 하고 있으며 그럼으로 이것은 비역사적이다. "40"이라는 수는 성서에서 가장 잘 애용되는 수라는 것을 통하여서 설명될 수 있다(이스라엘은 40년 광야에 있었고, 모세는 40일 동안 시내 산에 있었고, [예수도 40일 간 광야에서 있었다]).

2. 예수의 재림을 통하여 곧 있을 이스라엘을 위한 하나님 나라의 도래

6) 옮긴이: 막 16:1의 여인목록은 일반적으로 후대의 첨가로 본다. 그 이유 중 하나는 이른 새벽에 향료를 사러가지는 않기 때문이다.

에 대한 기대는 예루살렘의 유대 기독교인에 의하여 공유되었을 것이다. 그렇지 않고는 유대 기독교의 큰 부분이 수년간 예루살렘에 머물렀다는 그리고, 그들의 신학적인 의미를 엄격하게 지켰다는 그러한 현상들이 설명되지 않는다. 그들이 후에 단지 이방선교에 주저하며 동의한 것은(갈 2:9), 그들의 근본적인 기대감은 예수의 재림이 이스라엘을 위한 왕국의 회복을 가져올 것이라는 것을 반영한다. 이러한 관점에서 성령이 제자들에게 임하여 이방인들에 대하여 선교할 것에 대하여 명령하는 누가의 설명은 당연히 비역사적이다. 예루살렘의 초대사도들에게 바울과 헬라인들을 통하여 이방선교가 겨우 허락된다. 그들은 스스로 베드로의 예외적인 경우를 빼곤(행 10장) 일반적으로 단지 유대선교만을 생각했었다.

9–13절

예수 승천 이야기는 비역사적이다. 왜냐하면 이것은 당시의 시대적인 상상을 반영한 것이기 때문이다. 즉 구름을 타고 올라가는 것(눅 24:51; 행 1:11)은 이미 그 당시에는 하늘로의 영접으로서 그리고 빈 무덤은 이미 죽은 자의 "사라짐"을 위한 증거로서 여겨졌다(Marshall 1980: 60은 한편으로는 승천의 상징주의에 관하여 말하고, 실제 일어난 것의 역사성에 대하여 말하는데, 결론적으로 '일어난 것'은 단순하게 언어적으로 묘사한 것 이상이라고 말한다. "이러한 방식으로 예수의 승천의 이야기는 가장 잘 이해될 수 있다")

덧 붙여 말하자면, 예수 승천의 신학적인 의미는 그것의 역사성에 관한 비판으로부터 분리되어야 한다. 물론, 다른 극단으로 치닫거나 다음과 같이 주장하여서는 안 될 것이다: "누가에 의해서 보도되어진 사건들을… 단순히 역사적으로 발생한 일로 해석하려는 사람은, 결코 그것을 누가의 의식 속에서 '문자 그대로' 받아들이는 것이 아니다. 매우 정확하게 저자의 신학적인 의도에 대하여 질문할 때만, 이러한 양식의 설명들을 "문자 그대로" 받아들게 된다(Lohfink 1971: 250). 왜냐하면 누가는 그 당시의 관념에 사로잡혀 있었고 실제로 예수가 하늘로 들려 올라갔다고 생각했었다(동기:

빈 무덤).[7]

13–14절

13-14절의 틀(Rahmen)은 확실하게 비역사적이다. 예수의 제자들의 이름들이 대부분은 확실하게 역사적이며, 특히 이들은 서로 독립된 공관복음서의 병행구들에 의해서도 지지된다.(당연히 주목해야 할 것은, 막 3:16-19의 열두 명의 명단은 누가의 다대오(누가: 야고보의 아들 유다) 그리고 가나안인 시몬(누가: 셀롯인 시몬)과 다르다. 비록 13-14절에는 등장하지는 않지만(13-14절의 편집에 대한 해당설명 참조), 초대 예루살렘 공동체의 회원으로서 여제자들의 존재 역시 역사적인 사실이다.

---

7) 옮긴이: 즉, 누가가 그것을 역사적 사실로 생각하였고, 또 그렇게 기술하였다고 해서 그것이 반드시 '역사적 사실'인 것은 아닌 것이다.

사도행전 1:15-26

I 목차

- 15절: 상황설명
- 6-22절: 베드로의 설교
  16-17절: 도입
  18-20절: 유다의 죽음과 구약의 관련성구
  21-22절: 보궐선거의 필요성
- 23-26절: 보궐선거

II 편집

15절

이 절은 누가적 어법(*en tais hemerais tautais*[이 날에])을 가지고 뒤에 이어지는 에피소드와 이 전의 에피소드를 시간적으로 연결해 준다. 내부의 연결은 누가가 방금 11명의 사도와 다른 공동체 구성원들과의 일치된 기도에 관하여 보도했던 것(13절 이하)의 결과로서 생긴다. "약 120명"이라는 수의 언명은 13절 이하와 비교하여 볼 때 몇 배의 '증대'로 보인다. 그럼에도 그것은 전체 공동체에 대한 각 절들의 다양한 가능성 있는 의미를 전제(예를 들어. 예수를 따르는 여인들) 한다.

16-22절

호칭 *andres adelphoi*[너희 형제들아]는 사도행전에서 *pateres*[아버지]처럼 혹은 비슷하게 23:1과 28:17의 대화 시작에 부가설명 없이 나타난다. *edei plerothenai ten graphen*...[성경은 이루어져야만 한다]: 일어난 일의 필연성에 대한 생각은 확실히 누가이전의 것이고, 예수 고난의 정당성이 첫 번째 기독교인들에 의해서 구약성서와 관련 하에 교육되었다(비. 막 14:21. 49). 16절에서 신적인 *dei*[…해야만 한다, …은 필요하다]아래에 유다의 배반이 적절하게 언급되며, 그리고 특별히 그것을 통하여 성령이 다윗을 통해 배반(비. 시 41:10)에 대한 예언을 한다는 누가적인 특징을 포함한다. 유다의 배반에 관한 문장들은(16절 끝-17절) 누가복음 22:47. 3과 관련이 있다. 18-20절: 이 부분은 전체적으로 전승이다. 그럼에도 *kai gnoston egeneto pasin tois katoikousin Ierousalem*[그리고 그것은 예루살렘에 사는 모든 이들에게 알려졌다]은 누가적 언어를 반영한다(4:16; 9:42; 19:17). 20절의 끝은 보궐선거로 이어진다; 절의 중간 부분은 대체(Ersatz)가 주제인 시편 109:8(70인역 108:8)을 *labeto*[취하다]까지 문자적으로 인용한다. 누가-행전의 전체적인 요약 속에서 유다의 모습은 하나의 중요한 경고적 기능을 한다. 사단은 예수를 시험한 이후에(눅 4:1-13) "정한 시간"까지(*achri kairou* 4:13) 예수로부터 떠나간다. 그 "정한 시간"은 사단이 유다 안에 "들어왔을" 때(눅 22:3) 도래했다. 그리고 그를 예수에 대한 도구로 사용하였다. 이제 유다의 운명에서 보이는 것은, 마치 사단의 도구로 공동체 안에서 반포된 것처럼, 누가-행전의 독자들은 사단에게 어떠한 자리도 내어주지 말 것에 대한 경고를 받는다. 시편 69:26의 예정적인 해석은 그것에 대하여 모순되지 않는다. 21-22절: *dei*[…이 필요하다]에 대하여는 비. 16절(*edei*[…해야만 한다, …이 필요하다]). *arxamenos apo*[~부터 시작하여](22절)은 언어적으로 누가의 것이다, 비. 누가복음 23:5; 24:27. 47; 사도행전 8:35; 10:37(신약성서에서는 단지 마 20:8; 요 8:9). *anelemphthe*[기도]는 1:9(비. 눅 24:51)과 관련된다. 이 절들은 a) 구속사에서 세례요한의 역할의 누가적 이해를 위하여 그리고 b) 사도직의 누가적 이해를 위해 중요하다:

a) 사도행전에서 요한은 여전히 10:37과 13:24 이하 두 곳에서 등장한다. 두 번 다 세례 요한의 등장과 예수의 등장은 서로서로 분리되는데, 그것은 두 개의 서로 다른 시기와 관련되어 있다는 인상을 갖게 한다(비. 원자료인 마가복음으로부터 세례요한의 감금에 관한 다른 설명[눅 3:19-20]이 예수의 세례 이전에[눅 3:21-22] 놓임. 예수의 세례 받음은 마가복음 1:9과 다른 것인데 더

이상 요한을 통하여 이뤄지지 않는다.) 그러한 인상은 누가복음 16:16을 통하여 더욱 강해진다: 요한은 여기서 하나의 시간 안으로 포함되는데, 그 시간은 요한 이후에 시작되는 분명하게 경계 지어진 시간이다(*apo tote*[그때로부터]). Conzelmann은 그래서 누가의 세례의 위치에 관하여 설득력 있게 상술한다:

> "더 이상 새로운 시대의 시작은 요한을 통하여 표시되지 않으며, 계속되는 역사의 두 시대 사이에 분기점이…요한 이후에 하나의 마지막사건이 갑자기 시작하지 않고, 구원과정 속에서 하나의 새로운 단계가 이르며, 요한은 스스로 두 시대의 첫 번째 시기에 속하다"(1977: 17)

이러한 가설은 Conzelmann이 생각한 것처럼 그렇게 순탄하게 받아들여지지는 않는다. 왜냐하면 사도행전 1:21은 요한의 세례가 증인들에게는 중요한 예수 삶의 시작점이기 때문이다, 즉 요한은 여기서 "예수 시대"에 포함된다(Conzelmann에 반대 1977: 17 A1). 그러므로 누가복음 16:16 *mechri Ioannou*[요한까지]를 포함하여(inklusiv: 요한은 율법과 예언자의 시대에 포함된다.-Conzelmann)로 해석할 것인지 아니면, 제외하고(exklusiv: 요한은 율법과 예언자의 시대에 벗어난다)로 해석하여할지가 불분명하다. 위에서 말한 두 가지 이유로 인해 세례 요한을 전적으로 하나의 또는 다른 시기에 배분하는 것은 불가능하다.

b) 예수와 함께 요한의 세례로부터(눅 3:7. 21) 승천까지(연속적으로) 함께 한 사람은 사도로서 인정받을 수 있다. 누가는 제자들의 도주를 생략한다: 마가복음 14:50; 예수를 아는 모든 지인들은 누가복음 23:49에 의하면 예수의 십자가 곁에 있었고, 그리고 -신적인 임명을 통하여- 그의 부활의 증인들이 되었다(22절). 사도의 수가 알려진 대로 "열 둘"로 제한되며, 바울을 포함하는 것은 배제된다(그러나 이에 반대하는 것은 14:4. 14). 다음에 나오는 보궐선거는 열 두명의 사도가 성령의 부으심 전에 맛디아의 선거를 통하여 다시 완성된다(흥미로운 사실은 세베대의 아들 야고보의 죽음 이후에 어떠

한 보궐선거도 보도되지 않는다는 것이다. 12장과 함께 열두 사도의 시대는 누가의 묘사에서 끝이난다; 그 자리에 야고보와 장로들이 더불어 등장한다).

23-26절

23절: *kaloumenon*[불려지다]과 *epeklethe*[별명을 갖은]는 언어적으로 누가적이다. 24절: 기도(의 모티브)는 편집이다(비. 1:14과 공동체기도 4:24-30). 25절: 이 절은 17-18절과 관계된다(두 번다 *tes diakonias tautes*[이런 봉사를]로 말하여진다). 26절: 열 한명의 사도에 관한 이야기는 열두 사도의 누가적인 구상을 전제로 한다.

III 전승

유다

이 이름과 가롯 유다의 제자도는 전승으로 보인다. 더 나아가 그의 예수 배반도 전승에 포함된다.

의심 없이 베드로의 설교(16-22절)중에서 유다의 죽음에 관한 설명(18-20절)은 전승에 기인한다. 이러한 설명 외에도 유다의 마지막에 관한 광범위한 설명들은 마태복음 27:1-10에 존재하고 그리고 아폴리나리스에 의하여 잘 보존된 파피아스[8]의 단편(Papiasfragment)이 중요하다. 마태의 텍스트는 유다의 후회에 대하여 보도하고 그가 돈을 되돌려 주고 스스로 죽음을 저지르도록 한다는 점에서 사도행전의 절들과 파피아스로부터 구별된다. 거기에 반해 누가와 파피아스는 반역자의 놀라운 죽음의 방식에 대하여 묘사한다. 마태와 사도행전이 특별하게 서로 가깝기는 하지만, 모든 이 세 개의 보도는 유다의 관계에 대하여 하나의 기초자료 즉 '피밭'이라 명하는 자료를 공동으로 사용하고 있다. (행 1:19의 피밭이라는 아람어적인 표기 *hakeldamach*[아겔다마]는 음성학적으로 정확하게 전승된 것이다 : 비. Hengel

---

8) 옮긴이: 2세기 초(60-130년?)에 활동한 프리지아 헤에라폴리의 주교. 그의 저서인 '예수 그리스도의 말씀 해설'(Explanation of the Sayings of the Lord)은 원시 그리스도교의 역사와 이해를 위한 중요한 자료이다.

1983: 161). 마태복음 27:7에 따르면 대제사장은 유다에 의하여 되돌려진 은 30냥으로 밭을 산다. 7절: *agros kerameos*[무덤의 밭: 묘지]-8절: "오늘까지 '피밭'이라고 불려지는", 왜냐하면 그는 '피의 값'으로(6절) 얻었기 때문이다, 누가에 의하면 유다는 그의 임금으로 밭(*chorion*)을 산 것이다(막 14:11/눅 22:5은 그의 정확한 액수를 알지 못한다 -마 26:15의 30이라는 숫자는 슥 11:12 이하로부터 얻는 것이다. 이러한 배경 위에서 아무래도 그의 잔인한 종말이 그에게 발생한 것 같다). 파피아스는 어떻게 유다가 잔인하게 '그의 땅에서'(*en idion chorio*) 죽었고 그리고 거기로부터 그의 부패된 시체의 악취가 도처로 퍼져나갔는지에 대하여 설명한다. 파피아스와 누가의 표현은 다음의 두 가지 점에서 서로 가깝다: a) 사도행전은 유다가(사건의 결과로) 파열했고 그의 창자가 나왔다고 보도한다. 파피아스에 의하면 유다는 엄청나게 부풀어 오르고 -사람들은 그렇게 보충해도 된다- 그 결과로 파열한다. 그리고 그 결과로 창자가 나온다. b) 파피아의 이야기속에서 유다의 신체가 끔찍하게 부풀어 오르는 것은 시편 109:18/108:18(70인역)과의 연계속에서 묘사된 것이다: "그가 저주하기를 좋아하더니 그것이 자기에게 임하고 축복하기를 기뻐하지 아니하더니 복이 그를 멀리 떠났으며 또 저주가 물같이 그의 몸 속으로 들어가며 기름 같이 그의 뼈 속으로 들어갔나이다." 이러한 그의 육체의 부풀림과 그의 눈꺼풀이 너무 나빠져서 유다는 완전히 맹인이 된다. 신을 떠난 자가 시력을 잃게 된다는 묘사는 시편 69:23/68:23(70인역)에서 재차 읽혀진다: "그들의 눈이 어두어 보지 못하게 하시며". 시편 109편 뿐만이 아니라 시편 69편도 사도행전에서의 유다 이야기 연구에 사용되기 때문에, 누가 전 단계에서 이미 두 시편의 자료가 유다 이야기와 함께 엮어져 있었던 것은 아닌지 하는 질문이 형성된다.

아무리 유다전승 위에서 세 이야기의 비교의 결과를 통하여 그것의 태생적인 상관성을 확정한다고 하여도, 세 표현들의 기초로서 유다의 죽음에 관한 그러한 다듬어진 이야기들에 관하여는 말할 수 없다. 그것은 전승의 요소로서 생기게 된 것이다(잔인한 죽음, 시편 구절들의 풍부한 언급하에서 죽음의 장소로서의 들판).

12제자와 사도

더 나아가서 본문에서 열둘 또는 사도로서 불리는 예수 그룹에 대한 표현들은 전승이다. 열 두 명의 제자들은 그리스도의 현현을 목격한 자로서 고린도전서 15:5에서 등장하며, 더 나아가 오늘 우리 본문 외에서도 공관복음서의 열두 명의 목록(막 3:16 이하; 마 10:2 이하; 눅 6:14 이하) 과 사도행전 6:2에서도 등장한다. 사도들은 고린도전서 15:7에 등장하며, 그것은 물론 전승의 요소이고, 그밖에 갈라디아서 1:19은 예루살렘 공동체의 크기와 중요성에 대한 표현이다. 두 그룹의 결합은 마가복음 6:7, 30절에 먼저 등장하고 그 뒤에 누가에 의하여 위에서 언급한 절들에서 누가 문서의 틀 안에서 등장한다.

23절

요셉 바사바와 맛디아스라는 두 명의 후보자의 이름은 전승일 것이다.

Lohfink는 "사도행전 1:15-26에 맛디아의 보궐선거에 관한 하나의 팔레스타인적인 설명이 가공되고 있다"고 생각했다(1975: 249). 그 근거로서 그는 *edokan klerous autois*[제비뽑아 그들에게 주었다](26절)의 사용을 든다. *edokan*[주었다]은 히브리적이며 *autois*[그들에게]는 이해의 여격(Dativus commodi)이다. 세속적 헬라주의에 대하여 그리고 70인역의 언어사용이 다음의 문장들에서 기대된다: *kai ebalon klerous kai epesen ho klerso epi Matthian*[그리고 제비들을 던졌고, 한 제비를 맛디아 위에 떨어뜨렸다](248). 추첨의 경과는 추측해야만 한다. 두 개의 표식이 즉, 하나는 "맛디아를 위하여", 또 다른 하나는 "요셉을 위하여"가 한 용기에 담겨져 있었고, 먼저 뽑혀진 표식이 하나님에 의하여 선출된 사람을 공포하였다(248), 비. 레위기 16:8.

IV 역사성

위에서 상술한 유다의 죽음과 관련한 전승들의 설명들은 전승의 단편적인 성격을 뚜렷하게 한다: 그것은 항상 동일한 모습으로 분명하게 드러난다: 1) 제자 가룟 유다 2) 그의 예수에 대한 배신 3) 한 특정한 장소에서의 그의 죽음

우리는 다음에서 전승의 요소들을 개별적으로 자세하게 살펴보도록 하겠다: 1) 제자 가룟 유다는 의심할 것 없이 역사적인 인물이다. 2) 배신자의 개념을 복음서에서와는 달리 자세하게 묘사하지 않는 것은 누가적인 형식이다. 예를 들어, (역사적이라고 한다는 가정 하에) 베드로의 배신 역시 누가는 다루고 있지 않다. 즉 한 "배신자"는 여전히 공동체의 회원으로서 예수의 부활 이후에도 남아 있을 수 있었다. 그러나 왜 어느 정확한 시점에 열두 명의 회원 중 하나가 예수의 적대자로서 보이게 되었는지에 대하여는 명확하게 설명되지 않는다. 그러나 사람들은 다음과 같은 가정 하에 그것을 가장 적절하게 이해할 것이다: 예수의 제자인 유다는 예수가 유대 관원들의 손에 잡혀가도록 도움을 주기로 결정했다는 것이다. 그 "유다의 배신은 하나의 역사적인 사건이다, 왜냐하면 소문이라면 그것이 완전히 이해할 수 없는 것이어야 하기 때문이다."(Wrede 1907: 132). 3) 신의 적대자가 죽는 것은 고대 문학에서는 하나의 고정된 이미지이기 때문에(비. Nestle 1968: 567-598), 사람들은 유다의 급작스런 잔인한 죽음을 하나의 확실한 역사적인 사건으로서 간주할 수 있었다. 우리는 그렇게 단순하게 그의 배신과 예수의 죽음이후에 그 제자와 관련하여 무슨 일이 일어났는지 알 수 없다.

유다의 소속과 관련하여 12구성원은 어떠한 상태에 있었는가? 우리가 그것에 대한 대답을 시도하기 전에, 먼저 사도와 열두제자 구성원과 몇 개의 문제들을 설명해야만 한다:

공동체의 초기 시기에 12구성원의 존재는 고린도전서 15:5을 통하여 보도된다. 바울은 여기서 단지 그것을 언급만 하고 있는데, 왜냐하면 그 12구성원은 그가 고린도교회를 설립하는 설교에서 고린도 교인들에게 보고했었던 전승을 되풀이 하는 것이기 때문이다. 바울 스스로는 12구성원에 대한 개인적인 지식을 갖고 있지 않았다. 그의 첫 번째 예루살렘 방문동안에 그는 12구성원의 수장인 게바를 만나지만, 그 시기에 이미 사도위원회

는 예루살렘 공동체의 협의회로서 생겨났고(갈 1:19), 그 안으로 12구성원은 적어도 부분적으로 넘어 갔을 것이다. 놀라울 정도로 빠르게 바울의 시각으로부터 사라져버린 12구성원 전승의 흔적들은 서로서로 독립적인 복음서의 12제자 명단(막 3:16 이하/마 10:2 이하/눅 6:14 이하)과 로기온 Q에 근거한 마태복음 19:28에서 발견되어진다. 로기온은 12구성원의 초안을 설명한다: 12명은 미래의 거룩한 보좌위의 이스라엘 12지파를 상징한다. 그러나 *hoi dodeka*[거룩한 열둘]라는 표현은 "단지 정결한 숫자 12명의 개별적인 인격체들을 표현하는 것이 아니라, 마지막 시기에 12족속의 대표자 구성원을 상징한다"(Jeremias 1971: 224). 그것은 하나의 규정된 크기이다.

이 12구성원이 부활절 이후 만들어졌다는 주장은 시간적으로 매우 부족하다. 만약 그것이 형성 이후 오래지 않아 다시 그의 의미를 잃어버렸거나 사라졌다면, 이러한 주장이 옳을 수 있다. 그렇기 때문에 그들을 예수에게로 소급하는 것이 더 개연성이 있어보인다(최근의 주장은 Sanders 1985 a: 98-106). 베드로는 아마도 갈릴리에서 예수에 의해 구성된 12구성원을 재건했을 것이고 그들과 함께 예루살렘으로 이동했을 것이다. 그 이후 그리스도의 현현(고전15:7)을 통하여 설립된 사도그룹은(예루살렘의 사도직) 곧바로 12구성원의 자리를 대체하지는 않았을 것이다. 가룟 유다가 12구성원에 속해 있었는가에 대한 질문은 연구의 큰 영역에서 강하게 부정되는데 이것은 고린도전서 15:8의 부르심 하에서 볼 때 더욱 그러하다. 만약에 유다가 12구성원의 구성원이었었다고 한다면, 바울은 그리고 그의 전승들은 단지 열 한명 앞에 나타나신 예수의 현현에 대하여 애기할 수 있었을 것인데, 그 이유는 그의 배반 이후에 그는 그 열두 구성원에 속하지 않았기 때문이다. 바울이 그것에 대하여 말하지 않는 것으로 보아 유다는 12구성원에 속하지 않았다는 것이다. 이들 주장에 의하면 고린도전서 15:5은 12구성원 앞에 나타난 예수의 현현에 대하여 보도하는데, 거기서도 유다는 그들에게 속하지 않았다는 것을 증명한다는 것이다(비. Wellausen 1911: 138-147; Vilehauer 1965: 68-71; Klein 1961: 34-38). 이 주장은 그러나 설득력이 없다. 왜냐하면 열둘은 하나의 확정된 '숫자'이기 때문이다. 만약에 한 구성원이 탈퇴하면, 그 구성은 그럼에도 불구하고 계속 존속되며 반드시 바로 채워져야 하는 것은 아니었다. 고대 역사가인 E. Meyer는 시사하는 바가 많은 고대의 유사한 예들을 제시한다: "안토니우스와 옥타비아누스는 레피두스가 파면된 뒤에도 3두 정치(triumviri)가 남아있었다"(Meyer I: 297 A2). 12구성원에 대한 Meyer의 인용을 사람들은 그 밖에서도 동의할 수 있다.

분명한 것은 다음과 같은 내용들이다: 이미 마가복음 14:10은 "마가 이전 전승"을 통하여 유다가 12명 중의 한 명이었음을 말한다(비. 더 나아가 막 14:20, 43 병행구). 역사적으로 개연성이 있는 것은 예수의 부활 전으로 거슬러 올라가는 12구성원에 유다가 포함되어 있었다는 것이다.

맛디아의 보궐선거와 관련하여 우리는 역사적으로 매우 접근하기 어려운 상황에 놓여있다. 왜냐하면, 그 사건에 대하여 대조 가능성이 매우 희박하기 때문이다. 더 나아가서 고려되어야 할 것은, 12구성원이 존재했음에도 불구하고, 즉 -누가가 소개하는 바와 같이- 결원 부분이 바로 다시 충원되었다는 것은 순전한 것이 아니었다(다른 자료들, 즉 복음서에서 이것에 대하여 언급하고 있지 않다). 결론적으로 그것은 아마도 12구성원의 빠른 쇠락과 관련하여서 기억돼야 할 것이다. 그래서 그 질문에 대한 답변의 어려움이 추가되는데, 만약 맛디아의 보궐선거가 짧은 시간에 이루어졌다면, 어떻게 12구성원들 속에서 맛디아의 보궐선거 전승이 존속될 수 있었는가 하는 것이다. 그렇기 때문에 사람들은 맛디아의 보궐선거에 대한 역사성에 대하여 부인할 것에 귀를 기울인다(반대의견 Lohfink 1975 a; Weiser 1981: 72). 그러나 이러한 자료들을 통하여 맛디아와 요셉같은 예루살렘 그리스도인들의 역사적 존재까지도 부인되어서는 안 된다.

사도행전 2:1-13

I 목차

II 편집

1-4절

이 단락은 다음의 누가적인 언어특징과 양식특징을 반영한다: 1절: *en to*[…안에] + 부정사(비. Jeremias 1980: 28), *symplerousthai*[이르다, 성취되다](신약성서에서 단지 눅 8:23; 9:51이 일치), *hapantes*[모든 사람들이], *epi to auto*[같은 장소에](비. 1:15). 2절: *aphno*[갑작스럽게], *echos*[소리], pnoes[바람], *eplerolsen*[가득하다], 완곡용법(Coniugatio periphrastica[9)]). 3절: *diamerizomenai*[갈라지다], *hosei*[마치], *hena hekaston*[각자에게 하나씩]. 4절: *eplesthesan*[채워지다], *pantes*[모든 것], *pneumatos hagiou*[거룩한 영], *erxanto*[시작하다], *heterais*[다른]. -*pentekoste*[오순절](1절)은 20:16의 편집적인 연계속해서 나타나며, 여기서 역시 누가적이라 할 수 있다. 그것은 1:3에서 언급한 40일과 연결된다. 더 나아가 7번 나란히 줄지어 있는 *kai*[그리고]는 누가로부터 기인한 것이다. 그것은 보고하려는 누가의 직무 속에서 존재하며 5절부터 *de*[그러나]에 의하여 사라진다(5.6.7.12.13절). 누가가 그의 복음서에서 마가적인 *kai*[그리고]를 종종 *de*[그러나]를 통하여 대

9) 완곡용법/용장활용: 동시에 하나 또는 여러 개의 보조 단어들을 활용하여 문장을 형성함.

체한다는 것은 여기서는 통용되지 않는다. 왜냐하면 1-4절의 *kai*는 70인역의 모방에 기인하기 때문이다(비. 비슷한 상태가 눅 1:57-62; 2:22-39에서 보인다). 그 밖에도 아래의 두 개의 관찰이 그것이 누가적인 가공이라는 주장을 제시한다.

a) 2-3절은 거의 완벽한 평행으로 구축된다.

A: 그리고 갑자기 하늘로부터 강한 소리가 왔다

A1: 그리고 갈라진 혀들이 그들에게 나타난다

B: 하나의 사나운 바람 같은

B1: 불의 혀 같은

C: 그리고 그들이 앉은 전체의 집이 가득해졌다

C1: 그리고 그들 중 모든 이 위에 임하였다

b) 2절 이하의 표현양식은 시나이에서의 신현현 묘사와 비교된다(비. 출 19:16-19; 신 4:11-12). (3절 이하의 비교는 특별히 신 11:25). 누가는 다른 곳에서도 70인역을 모방하였다(Plümacher 1972: 38-50. 69-72). 본문의 통일성으로부터 다음의 문장이 형성된다: "그들이 다 성령의 충만함을 받고 성령이 말하게 하심을 따라 '다른 언어들로'(*heterais glossais*) 말하기를 시작 하니라"(4절). "다른 언어들"이라는 표현은 문맥에 의하여 판단해 보면, 거기에 있었던 사람들이 영에 의하여 충만해진 제자들이라는 것을 암시한다. 비. 11절: "어찌 우리가 다 '우리의 각 언어'(*tais hemeterais glossais*)로 하나님의 큰 일을 말함을 듣는가?"(비. 6.8절). 4절은 언어 기적을 표현하며 그리고 내용적으로 다음 절들에서 이야기적으로 상술된다.

5-13절

이 단락은 누가적인 언어특징과 양식특징을 포함하고 있다: 5절: 완곡용법(Conjugatio periphrastick), *katoikountes*[거주하다], *andres eulabeis*[경건한 남자들](비. 8:2 -형용사로는 비. 눅 2:25; 행 22:12), *hypo ton ouranon*[하늘 아래](눅 17:24; 행 4:12 -비. 골 1:23). 6절: 절대 소유격, *synelthen*[함께 오다], *to plethos*[무리]. 7절: *existanto*[놀라다], *ethaumazon*[신기하게 여

기다], *idou*[보라]. 7-11절의 언어상의 표현은 누가적인 구성에 기인한다.(이것은 각각 *existanto...legontes*[놀라다…말하다/7절. 12절]로 이끌어진다.) 이것을 가지고 누가는 그 장면에 생동감을 부여한다. (비. 1:4-12; 5:1-11; 25:12. 22; 26:32). 11절: *ta megaleia*[위대한 일](비. 눅 1:49 마찬가지로 동사 *megalyno*[큰 일을 행하다]: 눅 1:46. 58; 행 5:13; 10:46; 19:17). 12절: *existanto*, *dieporoun*[놀라고 당황하다]; *ti thelei touto einai*[이것이 어찌 된 일인가?]에 대하여 비. 17:20.

이 단락은 바로 직전의 단락과 조화를 이루며 능숙하게 연결된다. 6절은 2절과 관련된다(*phone*[빛]은 *echos*[소리]를 연상시킨다.). 6절, 8절 그리고 11절은 4절과 연결되고 사건을 '언어의 기적'으로 나타내 보인다. 5-13절의 내용적인 통일성속에서 다양한 민족의 열거는 *akouomen*[듣다](8절. 11절)을 통하여 하나의 틀에 끼워진다. 이중으로 표시된 청중의 반응(12+13절)은 누가적인 설명양식에 일치한다(비. 17:32 이하; 28:24).

1-13절이 문맥에서 갖는 기능에 대하여

제자들의 성령 받음에 관한 보도와 함께 1:8의 내용은 성취된다(비. 눅 24:29). 약간 번거로운 듯한 시간언명 "오순절 날이 이르매"은 다음과 같은 사실을 지시한다: 그것은 이하에 예수에 의해서 말하여진 1:8의 약속의 성취와 관련이 된다. 연이어지는 베드로의 설교(14-40절)가 성령 받음 사건(17-18절)에 배치되는 것은 우연이 아니다. 성령 받음은 그리스도인들을 위하여 장차 확고하게 된다(비. 특별히 8:14-24; 19:1-7). 하지만 그것의 세부적인 영향에 대하여는 아직 규정되지는 않았다(비. Jervell 1984: 96 이하).

누가의 의도는 성령 받음의 묘사와 더불어 오순절 사건의 표시 안에서 역시 언어기적의 표현으로서 나타난다. 만약 이미 그리스도 종교의 창립일에 성령에 의하여 새로운 운동의 회원들이 모든 다른 민족들의 언어로 무장한다면, Zeller가 1854:114 잘 보았듯이, 그 안에 이미 그리스도교의 보편적 사명에 관한 누가적인 신념이 기초를 이룬다. (후에 누가는 그 언어적 질문을 소홀히 하는데, 그것은 당연히 모든 사람들이 설교자들을 이해한다는 것을 전제로 한다 -Dibelius 1951:153.) 사람들은 그것에 반대하여 누가가 복음의 세계로의 전파에 대한 생각을 여기서는 아직 강조하지 않으려 한다고 이의를 제기해서는 안된다(참조. Roloff 1981:39). 왜냐하면 이러한 생각은 이미 1:8절에서 두드러졌기 때문이다. 물론 복음전파의 보편/만인구제설이 이 자리에서는 이방선교의 의미에서 표현되고 있지는 않다. 왜냐하면 이 구절이 청중을 디아스포라 유대인으로 묘사하기 때문이다. 거기에서 "이 디아스포라 유대인은 어느 정도까지 그들 안에 적어도 잠재적으로 존재하는 세계 민족의 대표자로서 여겨진다"(Schneider 1980:251), 예를 들어, 레위인 바나바 *kyprios to genei*[구브로 출신](4:36; 비. 11:20); 비. 더 나아가 *apo pantos ethnous*[모든 민족들로부터](2:5) 그리고 *te idia dialekto*[방언으로] (2:8).

III 전승

마지막 두 단락 안에서 구절의 짜임새가 분명해진다. 전승에 대한 질문은 먼저 앞에 존재하는(단락 사이의) 갈라진 틈을 지적하고 그리고 거기로부터 나온 전승요소를 상술할 것이다.

1. 1-4절에서 묘사하는 사건은 한 집에서(2절) 일어난다. 그러나 그 다음의 사건 5-13절은 분명하게 옥외에서 일어난다.

2. 9-11절은 사고의 과정을 중단시키고, 하나의 원본으로 소급한다. 왜냐하면 민족목록은 그럼에도 불구하고 5-13절에 잘 맞으며, 그것은 누가의 편집을 위한 하나의 간접 증거가 될 수 있기 때문이다.

부설: 사도행전 2:9-11의 민족 목록

서문: 유대의 위치(9절)가 눈에 띄며, 메소포타미아와 갑바도기아 사이에 위치해 있다는 것이 흥미롭다. 뿐만 아니라 유대는 내용적으로 맞지 않다: 어떻게 팔레스타인지역의 유대인들이 갈릴리의 예수 제자들을 이해하지 못했을까? 사람들은 그래서 "유대"를 "Armenien" 또는 "Galatien"과 같이 원래의 독법(Lesart)의 누가 이후의 수정으로 이해했다. 유대 사람은 성서 독자들에게 항상

가까이 놓여있다. (그러나 아마도 그러한 수정은 누가에 기인한다고 할 수 있다.)

9-11절의 전승사적 해명을 위한 결정적 연구를 Weinstock 1948이 이루어냈다(비. Brinkmann 1963 -Metzger 1970의 반대 논의는 반향을 일으키지 못하였다). Weinstock은 9-11절 안에서 거명되는 명단을 Paulus Alexandrinus(주후 4세기)의 점성술에 의한 목록을 가지고 커다란 유사성을 증명하였다. Paulus는 다음과 같이 호명한다: 숫양/페르시아; 황소/바빌론; 쌍둥이/갑바도기아; 게/아르메니아; 사자/아시아; 처녀/헬라와 이오니온; 저울/리비아과 크레네; 전갈/이탈리아; 사수/길리기아와 크레타; 산양/시리아; 물병/이집트; 물고기/홍해와 인도. 이것들 중에 Paulus Alexandriuns에 의하여 언급된 지역들이 발견된다 -당연히 다른 배열 속에서- 사도행전 2:9-11과 같이: 갑바도기아, 아시아, 리비아, 크레네, 크레타, 이집트. 다른 것들은 실제적으로 일치한다(그것의 다양성은 다양한 정치적 별자리를 반영한다): 페르시아는 바대인, 메대인, 엘람인과 일치한다(9a); 바빌론은 메소포타미아; 이탈리아는 로마; 홍해와 인도는 대략적으로 아라비아; 아르메니안은 정확하지는 않지만 본도와 일치한다, 그럼에도 두 지역은 북쪽의 소아시아 안에서 이웃국가이다. 게다가 4세기에 아르메니아 지방, 아르메니아 I의 지방 그리고 아르메니아 II의 지방은 본도의 교구 아래에 속하였다(Irmscher 1985: 456). -위의 비교는 놀랍게도 유사성을 보여준다. Paulus Alexandrinus의 목록으로부터는 9-11절에서 단지 헬라와 시리아와 이오니온에 대응하는 것을 발견하지 못한다. 9-11절로부터 브리기아와 밤빌리아는 Paulus Alexandrinus의 목록으로부터 단지 표면상으로 대응하는 것을 발견하지 못한다. 왜냐하면 4세기에 밤빌리아와 브리기아 지방은 아시아와 함께 아시아의 교구로 계산되었다(Irmscher 1985: 456). 태생적인 관계로 인하여 그러한 가설은 그렇기 때문에 수긍이 간다. Paulus의 목록은 지리적인 목록으로부터 가져온 것이라고 여겨진다. 누가는 9-11절의 놓여진 목록을 하나의 비슷한 자료에 신세를 지고 있다. 그에겐 5절을 위한 하나의 예증으로서 유대인들이 사는 가능한 많은 지역들을 명명하는 것이 관심사이다("그때에 경건한 유대인들이 천하 각국으로부터 와서 예루살렘에 머물러 있더니"). 이러한 목적을 위하여 그는 9-11절에 포함된 목록들을 이용한다. 유대와의 관련성을 확

실하게 하기 위하여(비. 5절) 누가는 "유대인과 개종자"들을 첨가한다.

1-4절과 5-13절 사이의 그 불일치성은 하나의 점에서 심화된다. 4절은 제자들이 "다른 언어로" 말하였다고 증언한다. 사람들은 "다른"(*heterais*)을 편집이라고 간주한다, 그래서 언어기적으로부터 하나의 말이 혀로, 즉 우리가 고린도전서 14장에서 알고 있는 방언이 된다. 그렇다면 1-4절은 소규모 제자그룹 속에서 있었던 한 집에서의 황홀경의 경험에 관한 편집을 보도했고, 그리고 세계선교의 생각을 준비하기 위해 누가는 이러한 전승을 언어기적의 의미에서 해석하였을 것이다. 이러한 제안을 위하여 그러한 의견은 누가가 그 근원적인 방언을 아마도 알지 못하였을 것이라고 말한다. 누가는 19:6에서 방언과 예언을 동일시한다(비. 10:46). 그것을 통하여 "그 종합(Synthese)은 언어기적을 가지고 완화된다"(Conzelmann 1972: 32). 사람들은 전승분석(Traditionsanalyse)의 형식 안에서 방언(*Glossolaie*: 1-4절)과 언어기적(Sprachenwunder: 5-13절)을 구분한다.

방언은 일반적으로 이해할 수 없는 황홀경적 언어와 관련된다. 고린도의 방언과 관련하여 보면 특별한 점에서 차이가 있는데 그것은 외국어로서의 언어가 아니라는 것이다; 그것은 방언으로 번역되어야만 하지만(고전 14:5), 그러나 외국어로서가 아니라(Haacker 1970: 127), 이해할 수 없는 현상으로(비. 고전 14:19. 23) 번역되어야 한다. -바울의 세계상: 천사의 언어로(고전 13:1[비. 고후 12:4]).

언어기적(5-13절)의 전승분석에서 특별히 시나이에서의 언어기적의 랍비적 표상이 언급된다. 거기에 따르면 하나님의 음성이 70개의 세계 언어로 나눠지고 모든 민족들이 율법을 알게되지만 단지 이스라엘만 그것을 수용한다(비. Weiser 1981: 84).

더 나아가 주목할 만한 것은 사도행전 2:1-4의 신현현의 편집적 모티브가 시나이에서의 묘사 속에서도 마찬가지로 하나의 평행구문을 갖는다는 것이다.

비. Philo, Dec 46(출 19:16 이하에 관하여): "하나의 목소리가 하늘로부터 내려온 불 가운데에서 울리기 시작했다…그리고 화염이 듣는 자에게 친밀한 울리는 소리로 변화되었고, 그 사이에 말하는 것이 분명하게 울리어 사람들은 듣는 것보다 보는 것을 오히려 믿었다"

"이러한 형성 속에서 특별히 누가의 오순절 보도(행 2:1-4)와 일치하는 불, 소리, 언어의 혼합이 흥미롭다"(Weiser 1981: 84). 그리고 결과적으로 편집적 시간언명인 "오순절"(1절) 역시 시나이 모티브와 일치한다. 그러한 경우 누가의 오순절 축제는 이미 계약체결의 축제로서 이해된 것이다.(비. Conzelmann 1972: 32 이하 [본문과 참고문헌]; Sanders 1985b: 634 A31.)

전승분석의 요약

전승들로서 다음과 같은 것들이 드러났다: 1) 예루살렘에 있는 한 집에서 있었던 제자들의 군중 황홀경에 관한 이야기(아마도 13절 역시 거기에 포함된다). 2) 민족목록. -언어기적은 독자적 전승이 아니라, 누가가 그것을 시나이 전승의 지식에 근거하여 가공한 것이다(그의 언어기적에 관한 관심은 이미 민족목록을 통하여 보인다).

다른 가능성 즉, 언어기적이 전승의 기초 또는 원석이라는(Conzelmann 1972: 32)것은 불확실하다. 그렇다면 이미 방언에 관한 보도의 전승 단계에서 이미 그것에 덧붙여져서 생긴 것이라는 사실이 받아들여져야만 하고, (누가는 -위에서 본바와 같이- 그것에 관한 견해가 없다) 그리고 그러한 제안은 두 번째 등급의 가설 위에 기초를 둔 것으로 추정된다.

IV 역사성

이 단락의 시작에 대하여 새로운 시대로부터 두 개의 판결이 등장한다: Reicke 1957는 다음과 같이 기록한다: "그리스도교 공동체의 첫 번째 오순절에서 어떤 특별한 것이 발생했다는 것에 대해 한 번도 의심한 적이 없는 사람은, 순수하게 경험적이고 이성적으로 생각할 것을 요구한다: 왜냐하면 들뜬 오순절축제가 예수의 부활에 대한 제자들의 기쁨을 하나의 특별한 감격으로 높였다는 것은 매우 납득이 가는 것이기 때문이다."(28절)

Roloff 1981는 다음과 같이 상술한다: "사람들은 하나의 작은 그러나 확실한 역사적 핵심과 마주친다. 그 핵심은 '오순절'과 '영으로 채워짐'이라는 사실을 통하여 확정된 것이다. 여기에 아마 십중팔구는 예수의 죽음 이후 첫 번째 오순절 축제에 예수의 제자들을 통하여 성령에 의한 사로잡힘으로 이해되어진 그 '사건'에 관한 하나의 기억이 놓여진다."

두 명의 연구가는 내 견해로는 오순절 기간이 전승에 속한다는 오류를 전제로 한다. 그 밖에도 두 개의 견해는 역사적으로 구체적이지 못하며, 대단히 형식적이고 보편적이며 교화적이다.

첫 번째 여기서 제기하는 질문은, 예루살렘에 있는 한 집에서 있었던 제자들의 황홀경에 관한 보도가 믿을 만 한가이다. 여하튼 바울은 스스로 방언의 현상에 대하여 증언한다. 그는 고린도 사람보다(고전 14:18) 더 방언을 말한다고 스스로 주장하며, 데살로니가전서 5:19은 그의 개종자들이 방언하도록 공식적으로 격려한다. 이방기독교적인 고린도 사람들이 방언을 어떻게 이해했는지에는 상관없이 바울에게 그것은 설득력 있게 받아들여졌고, 또한 그는 그 안에서 "종말론적으로 주어진 천사들과 함께 하나님을 찬양하고, 하늘의 비밀을 경험하는 가능성을 보았다.(고전 14:2)"(Dautzenberg, RAC XI: 237). 그 안에서 바울은 천사의 언어를 가지고 자신의 심중을 표현했다(고전 13:1). 유사한 현상을 우리는 욥의 유언(TestHiob) 48:2; 49:1: 50:2에서 발견한다. 팔레스타인 기독교에서의 비슷한 현상들로는 빌립의 예언하는 딸들이 추측된다. 우리는 전승이 1-4절 뒤에서 그것을 묘사한 것처럼, 확실하게 하나의 사건을 좋은 것으로 가능한 간주한다(비. Dunn 1975: 189-193).

"오순절 사건"을 500여 형제 앞에서의 현현과 함께(고전 15:6) 동일시하려는 그러한 제안은 자주 만들어졌다. 이에 대항하여 당연히 이의를 제기

한다: "그리스도현현으로부터 신현현으로의 발전은 그렇게 쉽게 상상할 수 있는 것은 아니며, 특히 성령의 부활절-그리스도현현의 더 오래된 표현 안에서는 언급되지 않는다"(Conzelmann 1972: 33). 이와 반대: 요한복음 20:21 이하는 여하튼 그리스도현현과 영의 수여의 연결을 제시하며(참고. Kremer 1973: 224-228), 신현현의 특징들은 -만약 역사의 전승기초로서 방언을 간주해도 된다고 한다면- 사도행전 2장이 아마도 누가에 의해 처음으로 기입된 것이다. 나는 그래서 500여 형제 앞에서의 현현이 사도행전 2:1-4 이후의 전승과 함께 발생학적으로 연계되었다는 것을 최소한 가능은 한 것으로 간주한다. 이러한 경우 당연히 500이라는 숫자와 단지 소수만이 들어갈 수 있는 현현장소인 "집안" 사이의 모순을 설명해야하는 편집사적인 연결고리가 가정된다. 마치 전승의 분기점과 마찬가지로(여기 그리스도의 현현-거기 영의 수여).

사도행전 2:14-47

I 목차

- 14-40절: 베드로의 설교
  14a: 윤곽에 대한 묘사
  14b: 인사말
  14c: 들어줄 것에 대한 호소
  15절 이하: 청중들의 오해에 대한 규명(사도의 과소평가)과 그들의 호소
  17-21절: 성경인용: 요엘 3:1-5/2:28-32
  22a: 새로운 인사말과 들어줄 것에 대한 새로운 호소
  22b-24: 그리스도교적인 케리그마
  25-31: 성경적 증명과 해설
  32절 이하: 중단된 그리스도교적 케리그마의 속행
  34절 이하: 성경적 증명의 재개(25-31절과 같은 도안 속에서)
  36절: 예루살렘에서 십자가 처형을 당한 그 사람이 바로 그리스도이다
  37절: 청중의 질문
  38절: 회개로의 요청과 구원의 선포
  39절: 명확한 복음의 범위
  40절: 설교의 결말
- 41절: 후기
- 42-47절: 요약

II 편집

베드로의 설교(14-40절)에서 흥미로운 것은, 세 개의 구약성서 인용이 각각 인용형식을 통하여 그리고 하나의 새로운 인사를 통하여 제한된다는 것이다(16/22절; 25/29절; 34/36절). 첫 번째 설교의 인용(17-21절)은 초기에 앞의 오순절 기적의 보다 상세한 해석을 주고 두 번째 부분에서는 기독론적 단락(22절 후반)을 준비한다.

요엘서 인용의 첫 번째 부분에 관하여(17-18절)

인용문 앞에 영에 의해 사로잡힌 자들이 술에 취한 것이라는 추측에 대

한 반박이 놓인다: 즉 겨우 삼시라는 것이다. 동사 *apophtheggesthai*[설명하다](14절)는 4절로부터 다시 수용하고(그렇지 않으면 신약성서에서 행 26:25에 한 번 등장한다), 그리고 그것과 함께 있던 일들과 베드로의 설교가 갖는 연관성을 알게 하도록 한다.

이방 민족의 구성원이 술주정이라고 비난하는 것이 아니라, 오순절 사건에서 언급되지 않은 사람들이 비난한다는 것이 주목할 만하다. 그렇기 때문에 그 사람들이 술 취했다는 비웃음속에서 오순절 사건의 누가적 해석은 반영되지 않는다. 오히려 그러한 비웃음은 아마도 오순절 설화의 원자료 속에 포함한 요소(13절)를 연결하고, 그 행동을 추진하는 구성적 도구이다(비. Schneider 1980: "청자의 오해라는 정형화된 주제는 3:12와 14:15에서 역시 문학적 도구로서 사용된다"[267]).

요엘서 인용은 4개의 차이점을 제외하곤 70인역의 어법과 일치한다:

1. 17절은 "이러한 것 이후에"(Kodex B도 역시) 대신에 "마지막 날에"로 기록되어 있다. 아마도 Kodex B가 더 오래된 표현법일 것이다(비. 특별히 Rese 1969: 51 이하)-그렇지 않은 경우, 편집사적 질문을 위한 그 성과는 보잘 것 없는 것이다, 왜냐하면 "마지막 날에"라는 사용은 이미 세련된 것이기 때문이다(비. 예를 들면, 딤후 3:1). 사람들은 단지 조건적으로만 다음과 같이 말할 수 있다: "영의 부으심으로 마지막 시간을 위한 하나님의 약속이 성취되었다"(Schneider 1980: 268).

다음과 같은 정보는 더욱 효과적이다: "누가는 당연히 '마지막 날'을 하나의 오랜 시기로 이해했다…영의 부으심과 함께 일어난 사건, 특별히 예언적 은사는 이미 시작된 '교회의 시간'이 갖는 특징이다"(Schneider 1980: 268; 비. 역시 Kränkl 1972: 190-193).

2. 17절은 더 나아가 "늙은이-젊은이" 대신 "젊은이-늙은이" 의 순서를 가져온다. 그것은 하나의 객관적인 개선에 기인한다.

3. 18절은 "남종"과 "여종"뒤에 두 번 *mou*[나의]를 첨가한다. 이렇게

함으로 하나님의 남종과 여종은 규정된 사회 공동체의 대변인이 된다.

4. 18절은 더 나아가 요엘서 인용문에 "그리고 그들은 예언할 것이다"를 첨가한다. 이러한 표현은 누가에게 중요하다, 왜냐하면 이 표현은 이미 요엘서 인용에서 발견되기 때문이다([17절c]; 재차사용=강조?). 누가는 오순절 사건을 예언의 능력으로서(비. 19:6) 가리키고, 언어기적으로서(2:5-13) (표현하는) 오순절 사건에 대한 자신의 표현이 모순되지 않는 이해임을 지시한다.

요엘서 인용의 두 번째 부분에 관하여 (19-21절)

ano[위], *semeia*[표적], *kato*[아래]의 첨가를 예외로 하더라도 단어적으로 70인역에 일치한다. 아마도 누가는 의식적으로 인용문 위에 다음의 반절(욜 3:5b/2:32b[70인역])을 생략한다: "…왜냐하면 주께서 말씀하신 것처럼, 시온산 위에서 그리고 예루살렘에서 그는 구원받을 것이고, 주를 부르는 자는 그 기쁜 소식을 들을 것이다" 그것과 함께 이방인들이 구원에 있어서 제외된다는 것이 처음부터 명확하게 제시된다(비. Rese 1969: 50; Dupont 1967: 393-419).

현재로부터 "누가복음 21장의 묘사와 일치하는 종말론적 미래로" (Conzelmann 1972: 34)의 이행(19-20절)은 영을 통하여 규정된 것으로서 교회의 특징적 묘사를 계승한다. 다시 현재와 연결되는 21절은 인용의 핵심에 이른다(Roloff 1981: 53): "누구든지 주(예수)의 이름을 부르는 자는 구원을 받으리라." 즉 구원의 제시는 보편적이다. 사람들은 요엘서 인용의 "종말론적 부분"이 이미 기독론적-케리그마의 부분(22b-24절)에 연결된다는 것에 대하여 부정하지 말아야 한다. *semeia*[표적](70인역 본문에 추가)라는 표현과 *terata*[기사]는 거기서(22b) 의식적으로 받아들인다.

Roloff는 분명하게 다르게 말한다: "아마도 누가는 '하늘 위로부터의 기적'을 하늘로부터의 영의 오심으로(33절) 그리고 '이 땅 아래에서의 표시'를 다시금 영을 통한 방언의 기적으로 생각했다. 이와 반대로 예수의 기적과의 관련은 거의 고려되지 않지만"(1981: 53), "주"로 바꿈을 통하여 표현의 일치에 대하여는 말한다.

22a: 이 절의 양식은 14b 이후에 두 번째 인사말이고, 분석을 위한 편집적 목차표시의 기능을 갖는다.

22b-24절: 22b: *dynameis*[권능], *terata*[기사] 그리고 *semeia*[표적]의 명명은 누가복음으로부터 기인한다. 거기서 예언자 예수의 기적증거는 기독론을 위한 구성에 속한다: "그것은 누가복음 4:16이하의 묘사에서 설명하는 것처럼 성서의 성취를 증명하는 행위들이다."(Conzelmann 1977: 178). 비. 누가에게 있어서의 기적에 대한 이해를 위해서는 Busse 1979 참조.

> "사람들이 '기적'을 그렇게 자주 언급하더라도, 누가에게 있어서 기적의 역할은 충분하게 설명되지 않았다. 확실히 이것은 어느 정도 관심은 있더라도 하나의 시대현상이다. 그러나 거기에서 간과해서 안 되는 것은, 그가 동시에 계획적으로 기독론적인 기적의 관계를 그의 전체 생각의 틀 안에서 이해할 것을 찾는다는 점이다. 예수의 행위는 그에게 그리스도와 함께 '나타난' 구원시간의 징후이다"(Conzelmann 1977: 179).

23절: 누가 신학에 의하면 수난은 하나님의 계획에 따라 행하여진다(Conzelmann 1977: 141 A2, 141-144). 이 절은 누가복음 23:18-25에 상응한다(유대인들은 로마를 통한 예수의 유죄판결을 유발한다.) 비. 수난설화에 대한 다양한 변형은 3:15; 4:10; 5:30; 7:52; 10:39(참. Wilkens 1974: 109-137).

24절: "하나님께서 죽음에게 명령하여 예수를 다시 되돌려 주도록 했다"(Stählin 1980: 46). (긍정적인 구원의 행위로서[20:28] 예수 죽음의 이해는 더 나중에 놓인다.) 이러한 방식으로, 다음 절에서 더 자세히 묘사되는 것처럼 하나님의 구원 계획은 실현된다.

25-31절: 이 단락은 25-28절의 인용문 안에서 완벽하게 70인역과 일

치한다(시 16[15]: 8-11). 결론 부분인 31절은 27절을 수용한다. 편집적인 해석은 다음과 같은 것에 놓여 있다: 다윗은 이미 메시야 예수라는 사람을 바라보면서 말하고 있다. 하나님은 이 사람에게 보증했다. 그의 영이 하데스(음부)에 머물러 있지도 않을 것이고, 그는 스스로를 무상(無常)에게 내어주지도 않는다. (13:35 이하에서 누가는 인용의 재사용을 통하여 다윗과 예수 사이의 어떠한 차이가 있는가를 분명히 한다.) 이것은 24절을 위한 성경증거로 사용된다.

32-33절: 그러므로 하나님은 사도가 증언한 대로 그를 죽음에서 깨웠고 그를 그의 오른편에 높이셨다. 여기서부터 예수는 아버지로부터 성령의 약속을 받았고 이것을 베드로의 청중들이 스스로 보고 들을 수 있는 것처럼 부어준다. 그것과 함께 누가는 1:4과 연결하며 거기서의 표현, 즉 제자들이 그것을 예수로부터 들었던 대로 아버지의 약속을(성령의 부으심) 기다린다는 것을 상술한다.

34-35절: 이 구절들은 이미 25-31절에서처럼 동일한 도식 안에서 성경증언을 수용한다. 그 도식은 이르기를: 다윗에게서는 그 예언이 이뤄지지 않았으며, 그러므로 다른 이를 염두해 두고 있는데, 즉 성서는 그리스도를 증언한다. 왜냐하면 그리스도에게서 그 예언이 이루어졌기 때문이다.

36절: 이 구절은 이 설교를 표면상으로 마무리 하도록 한다. 그 이유는 중간에 끼워 넣을 막간질문(37절)을 가능하게 하기 위해서이다.

37절: 이 구절은 일종의 문학적 문예도구로서 하나의 '중단'을 설정한다(비. 10:44). *ti poiesomen*[우리가 무엇을 해야하는가?]을 위해서는 비. 누가복음 3:10. 12. 14(37절처럼 회개의 맥락을 유념하라).

38절: 베드로의 대답은 다음과 같은 누가적인 안목을 포함한다. 어떻게 인간이 그리스도인이 되는가, 즉 회개를 통하여, 죄의 용서함을 받는 세례를 통하여 그리고 성령의 수여를 통하여(Conzelmann 1977: 215 이하).

39절: 이 구절은 저자가 간적접으로 베드로의 설교 속에서 생략된 구절인 요엘 3:5b/ 2:32b(70인역)을 넌지시 암시한다는 점에서 누가적이다. -이사야 57:19의 첨가를 통하여 의미하고자 하는 바는 이방선교의 보편화는 보증되어야만 한다는 것이다. 이러한 점에서 이 구절은 베드로의 설교와 연결된다.

40절: 베드로가 군중들에게 "많은 다른 말을 가지고" 말하였다는 것은 하나의 문학적 도구이며 그렇기 때문에 편집이다: "저자는 자유롭게 행동할 그리고 설교자에게 저자의 계획 속에 놓여진 것을 말하도록 할 수 있는 능력이 있으며, 동시에 독자에게는 설교자가 더 많이 그리고 다르게 말하고 있다는 것을 암시하도록 할 능력도 있다"(Dibelius 1951: 153). 마지막 호소인 40b("이 패역한 세대에서 구원을 받으라")의 *sothete*[구원을 받으라]는 요엘서 인용의 마지막 단어(*sothesetai*[구원을 받을 것이다])와 연결된다(21절).

41절

men oun[이제]은 누가가 좋아하는 불변화사이다. *apodechesthai*[받아들이다]는 신약성서에서 단지 사도행전에만 등장한다(눅: 2번, 행: 5번); *prostithemi*[더하다]와 *hosei*[대략]는 언어적으로 누가의 것이다. 3,000이라는 숫자는 그 사건의 광대함을 구체적으로 설명하려는 누가에 상상력에 기인한다. 1:15("대략 120")에 비하면 그리스도인의 숫자가 엄청나게 증가하였다.

42-47절

이 절은 4:32-35과 5:12-15에서 그 일치점을 발견할 수 있는 누가적인 요약이다. 42-47절은 언어적으로 누가의 절대적인 편집이며, 이전 보도와 관련(비. *terata*, *semeia*[기사, 표적 43절]과 19.20절 그리고 *apostolon*[사도들 43절]과 37절 *prosetithei*[더하다 47절]과 41절)이 있으며, 내용적으로 하나의 좋은 편집적 해석을 보여준다. 원시 공동체는 그 안에서 아름다운 광채를 비춘다. 독자들은 영적인 시각으로 한편으로는 일반화되고 규격화된 예루살렘 공동체의 존재를 시류에 영합하지 않는 공동체로 보게 되며, 덧붙여서 이러한 묘사들은 독자들에게 그리스적인 이상에 대한 기억들을 생각하도록 한다(Mönig 1978: 74-86). 다른 한편으로 이러한 요약은 하나의 교훈적인 기능을 갖고 있으며 이것은 중요한 누가의 묘사도구이다.

III 전승

우리는 다음에서 지금의 형식속에 보이는 사도행전의 연설들은 편집자 누가의 펜으로부터 나온 것이라는 사실을 전제한다. 이것은 위의 편집사적 분석으로부터 알 수 있다. 그것과 함께 일반적으로 다뤄지지 않은 연설양식(예외: 아레오바고 설교)과 연설의 개별적 요소들은 전승에 기인한다는 것이 배제되지 않는다. (24절의 부활진술은 여기서 다른 담화 속에서처럼 의도적으로 제외된다; 비. M. Rese NTS 30. 1984, S. 335-353.) 특별히 담화의 두 가지 요소를 누가가 아마도 규정했을 것이다:

1. 21절의 요엘 2:32의 사용. 왜냐하면 바울은 로마서 10:13에서 같은 내용을 사용하고 그리스도인은 일반적으로 "주를 부르는 자"(고전 1:2)로 명명할 수 있다. 바울의 그러한 당연한 사용이 보여주는 것처럼, 요엘 2:32은 이미 고린도전서 1:2 전에 기독교 케리그마의 해석으로 사용됐을 것이다(Rese 1969: 64; Bultmann 1984: 127 이하).

2. 기독론적 논의의 틀 안에서 시편 109(70인역)/110편의 사용은 마치 그 평행구절이 보여주는 것처럼(고전 15:25; 막 12:36 등등.) 34절 이하에서 전승적이다. 그 곁에 *lysas tas odinas tou thanatou*[사망의 고통에서 풀었다](24절)는 부활진술과의 연계성 속에서 폴리캅과 일치 하므로(2Phil 1:2 폴리캅은 사도행전을 알지 못했을 것이다) 전승으로부터 기인한다고 말할 수 있다. *prospexantes aneilate*[못박아 죽였다](23절) 비. 5:30의 해당 설명.

42-47절의 요약 속에서 42절은 전승에 기인할 것이다(Roloff 1981: 65 이하, 그는 43절도 전승으로 간주한다). 비. 로마서 12:12 이하. 그밖에 *koinonia*[교제]는 여기 외에는 누가/행전에서 등장하지 않는다. 그리고 42절은 부분적으로 46절에서 다시 사용된다(*proskarterountes*[힘쓰다], *klontes arton*[떡을 떼다]). 요약 안에서 그러한 주제의 중첩은 낯선 것이며, 다른 요약에는 등장하지 않는다. 누가는 여기서 초기 공동체의 생활, 특별히 공동식사와 사도들에 의한 가르침에 관하여 보도하는 하나의 전승 조각을 가공

했다. 그들의 출처는 예루살렘에 있는 역사적인 근거들로부터 발견된 것이다. 완전히 배제할 수 없는 것은 당연히 다른 가능성의 존재인데, 즉 누가가 바울처럼(롬 12:12 이하) 교훈적 전승들을 바울의 선교 영역으로부터 사용했으며 그리고 그것을 처음으로 예루살렘 공동체에 옮겼다는 것이다.

소유를 파는 것에 관한 진술의 전승토대는(45절) 4:36 이하와 5:1 이하처럼 전승된 소식일 수 있다.

IV 역사성

확실히 오순절 사건에 관한 사도행전의 보도는 지금의 양식 속에서 비역사적이다. 베드로는 예루살렘의 오순절 첫날에 어떠한 설교도 하지 않았으며 사도행전 2장이 그를 재연하는 것처럼 그러한 내용의 어떤 것도 갖고 있지 않다. 이 단락에는 동시에 네 개의 역사적 사실들이 기초를 이루고 있다:

1. 베드로는 직접적으로 예수의 죽음 이후에 예루살렘 공동체 안에서 리더 역할을 소유하고 있다. (비. Lüdemann 1983: 67-73).

2. 요엘 2:32(70인역)은 초기 기독교에서 매우 일찍 관련 본문을 양성했다.

3. 시편 109편(70인역)은 이미 매우 일찍 기독교의 논의 속에서 사용되었다.

4. 예루살렘 공동체는 함께 모여 식사하고, 함께 행동하였다. 아마도 사람들은 이 두 가지를 서로 연결하여 공동체는 특별히 공동 식사에서 구체화된다고 말했을 것이다. (더 나아가 예수와 그의 제자들과의 공동식사 또는 예수의 마지막 만찬의 끊임없는 재연 또는 일반적인 유대의 식사). 그럼에도 예수 죽음이 그들의 만찬에서 가운데에 놓였다든가 또는, 게다가 주(主)가 마치 바울의 공동체에서처럼 빵과 포도주의 기부자로써 현재적으로 생각된다고 하는 그런 진술들은 불가능하다. 집합장소로서 예루살렘 공동체의 개별 성도들의 집들은 마리아의 집처럼(행 12:12) 논의의 대상이 된다.

 사도들에 의한 훈계 역시 역사적인 것으로 여겨지는데, 그 이유는 사도들은 예루살렘 공동체의 초기 지도자들이었기 때문이다. 그래서 바울은 자기보다 앞선 사도들이 있었다고 말할 수 있었다(갈 1:17).

42절에 관하여 III 이하에서 고려한 그 가능성이 옳을 경우, 위에서 제시한 역사적 전승들은 당연히 근거 없는 것이 된다.

사도행전 3장

서문: 이 단락은 원래 3:1-4:37(그 사이에 두 개의 요약문)에 이른다. 이 단락의 너무 크기 때문에 우리는 단락의 통일성을 유지하기 위해 장으로 나누어 진행해 가겠다.

I 목차

- 1–10절: 성전에서 병자의 치료
- 11절: 솔로몬 행각에서 베드로, 요한과 함께 한 병자. 백성들의 놀라움
- 12–26절: 베드로의 설교
  12a: 인사말
  12b: 오해에 대한 논박
  13–15a: 예수의 죽음에 대한 예루살렘 사람들의 책임과 그에 대한 성서인용
  15b: 예수의 소생과 사도들의 증언
  16절: 병자치유에 대한 소급
  17절: 새로운 인사와 무지의 모티브
  18절: 예언자들의 예언
  19–21절: 회개에로의 요청과 종말론적 전망
  22–26절: 회개를 위한 성서증명

II 편집

1–10절

다음에 나오는 기적사화는 우연히 여기에 자리하고 있는 것이 아니다. 아무리 그것이 2:43의 직접적인 맥락에서 설명한다고 하더라도, 그것은 특별히 성령 부음의 기적을 증명한다(*dynamei*([권능] 3:12)는 1:8과 2:22의 증명이다).

1절에서 사도들은 누가적인 방식 안에서 기도시간을 지키는 율법에 충실한 유대사람으로 보인다(시간에 대한 언명은 "정각 구시에" 비. 10:3. 30: "구시에"; 10:9: "육시"). 여기서 요한의 언급은 3. 4절(또는 8:14절)처럼 편집이

다. 요한은 언제나 대사를 맡지 않는 단역이고 4절(*eipen*[말하다])과 7절의 동사(*egeiren*[일으키다])는 단수이다. 누가는 후에 두 명의 증인을 대제사장 앞에서 필요로 한다. 그 밖에도 그는 두 명씩 쌍으로 보내는 것(눅 22:8 [막 14:13과는 다르게] -Schille는 위의 가설에 대하여 반대했지만 이 절을 간과했다. 1983: 136; 비. Weiser 1981: 108)을 좋아한다. 4절은 아마도 편집(*atenisas*[주목하다 4절]와 *epeichen*[바라보다 5절]는 언어적으로 누가의 것이다)이다. 그 편집적인 이음매는 *labein*([받다] 3절과 5절의 끝)이다. 그럼에도 동시에 누가가 하나의 원본을 단지 덧붙이는 방식으로 가공했다는 것도 가능하다. 가령 "요한과 함께" 그리고 "나를 보았다" 대신에 "우리를 보았다"를 첨가하는 것을 통하여 말이다. 6절: "은과 금은 내가 없지만"이라는 표현은 2:44 이하에서도 묘사한 소유관계로부터 기인한다(비. 6절의 메아리는 20:33에서 [바울에 의하여] 그리고 동시에 4:32 이하를 준비한다. 8b는 8a를 수용한다: *exallomenos*[뛰다]와 *periepatei*[이리저리 걷다]. 치료받은 자의 하나님 찬양(*ainon ton theon*[하나님을 찬양하다])은 공동체가 행한 그 동일한 것에 대하여 보도하는 2:47을 참조하도록 지시한다. 마지막 부분에 3개의 분사는 누가적인 설명양식과 일치한다. 왜냐하면 그 밖에도 그러한 동사의 부분은 편집을 가한 11절을 준비하기 때문에, 사람들은 그것을 모두 누가의 것이라고 생각한다. 9-10절은 약간의 누가적인 흔적을 간직하고 있다: 비. *ainounta ton theon*[하나님을 찬양하다]은 2:47을 가리키는 8절과의 연결.

11절

이 절은 앞의 기적장면을 다음의 베드로의 설교와 연결하는 연결문이다. *ekthamboi*[크게 놀라다]는 *thambous*([놀랍게 여기다] 10절)를 연결한다. 다음에서 우리는 누가가 공공연하게 성전구역의 안쪽이라고 상상하는 솔로몬의 행각에 놓이게 된다. 거기에 "미문"(2절)은 입구이다.

누가는 성전내부의 여러 다양한 영역을 구별하지 않는다 "그리고 '미문'을 성전 담의 바깥쪽에 소개한다. 사건이 일어난 후 사람들은 솔로몬의 행각에 모인다"(Conzelmann 1972: 38; 비. Hengel 1985: 154-156). 서방본문들은 하나의 '개정판'을 제공한다. 그 본문들에 따르면 베드로와 요한은 성전을 떠난뒤 비로소 솔로몬의 행각에 등장한다: 비. Dibelius 1951: 77.

"누가가 지리적인 정보를 알고 있지 않다"(Conzelmann 1972)는 그러한 가설은 옳은 것이다. 왜냐하면 "그는 성전의 내부에서 다양한 구역을 구별하고 있지 않기 때문이다"(위의 책). 이것은 그가 예루살렘 성전에서 일어난 사건들의 묘사(행 3-5; 21-22)에 있어서 자세하게 하였기 때문에 여기서도 그러할 것이라고 기대하였던 것과는 사뭇 다른 것이다. 그것은 그에게 적어도 장소에 대한 채색이 있었음을 의미하는 것이다(참. 17:16-34; 19:23-40). 그렇지만, 그에게 후대의 순례자의 지형적 호기심에 대한 책임을 전가할 수는 없다(Hengel: 1983; 157은 위에서 언급한 Conzelmann의 가설에 대하여 판정을 내리는 것에 대해 거부한다. 왜냐하면 그러한 결정을 내리기 위해서는 헤롯 성전에 대한 우리의 지식이 너무 단편적이기 때문이다). 근원적인 질문은 누가의 보도에 대하여 진실이 입증되어야만 하는 것이냐는 것이다. 아니면, 반대로 누가의 보도는 만약 그것이 확실하게 거짓으로 증명될 수 있을 때에만 단지 바르지 않은 것인가이다. Conzelmann은 전자를, Hengel은 예외 없이 후자를 받아들인다. -Hengel은 그러나 장소의 언명인 "미문"은 전승이라고 여긴다: 1983: 157.

12-26절

12a: *idon...laon*[보고…백성들에게 말하다]은 다음의 연설을 11절과 연결한다. 인사말인 *andres Israelitai*[이스라엘 사람들아]는 2:22a와 일치한다.

12b는 오순절 설교처럼(2:15) 인사말 이후에 오해를 반박한다.

13-15a는 -2:23보다 더 분명하다- 누가복음 23:16. 18-25에 대한 지시이다.(참. 개별적인 증명은 Wilckens 1974: 128 이하). *pais theou*([하나님의 종]13절)는 예수의 명칭으로서 26절; 4:27. 30절에도 각각 등장한다, 신약성서에서는 단지 마태복음 12:18에만 등장. (비. Kränkl 1972: 125-129; Wilckens 1974: 163-167).

15b는 2:24처럼 '죽은 자를 살리는 묘사'를 포함하며, 그리고 그것을 누

가적인 증인 모티브와 연결시킨다(비. 2:32과 1:22의 '증인으로서의 12사도'에 대한 설명 55쪽).

16절은 인위적으로 기적사화와 관련을 맺는다. "누가는 믿음 없이는 기적이 없다는 것을 첨가한다. 아울러 그러한 언급은 청자에 대한 호소와 같이 작용한다"(Schille 1983: 128). 고양된 자의 현존의 방식으로서 예수의 이름에 대하여는 비. Kränkl 1972: 177-180.

Wilckens에 의하면 그 문장은 "지나치게 상세하고 어울리지 않게 작성되어서 사람들이 그것을 누가의 작성이라고 받아들이기 어렵게 한다"(1974: 40). 비. 이와 반대. Schneider 1980: 320 이하. 더 나아가 Roloff 1981: 75 이하에 의하면 치료받은 자의 믿음에 관한 담화가 아니라, 베드로의 믿음에 관한 담화이다. 또한 지나치게 많은 장식의 작성은 누가가 전승에 그의 신학을 각인하는 데 있어서의 어려움을 보여주는 것이다(비. 누가복음에서 믿음의 개념 위에서 해석한 기적사화 5:20; 7:9. 50; 8:48; 18:42).

17절: *kay nyn*[그리고 이제]은 목차를 위한 표시이다(비. 20:22. 25). 수난과 관련하여 무지의 모티브는 누가적인 것이다(비. 눅 23:34[근원적인 것일 경우]; 행 13:27).

18절: 그리스도의 고난은 누가의 신학에 따르면 성서적인 것이다(비. 눅 24:26 이하 등등); 예언자들의 증거는 21b와 24절에서 여전히 등장한다.

19-21절: 19절은 긍정적인 경우에는 죄의 용서를 가져오는, 누가적인 회개에로의 요구이다. 이 구절은 분명하게 -비누가적- 돌이킴과 미래적 구원의 실현의 내면적 연계성을 전제로 한다. 즉 미래의 구원은(유대인의) 회개를 통하여 이뤄진다(비. 벧후 3:12); *hopos an*[이같이 하면]은 여기서 정확한 마지막 의미를 갖는다. 누가가 여기서 전승의 영향아래에서 작성하였다면, 그 편집적인 해석은 다음과 같을 것이다: 유대인들은 예수의 죽음에도 불구하고 재림 전에 계속해서 회개에로의 가능성을 갖고 있다. 비록 그리스도의 고난이 성경적이기는 하지만, 그럼에도 부활과 재림 사이의 설교

를 위해서(눅 24:44-47) 그리고 재림 자체를 위하여(=*apokatastasis*[회복]의 시간) 그것 또한 유효하다(21절). 이 점에 있어서 그 모든 것은 여전히 앞서 언급한 구원사에 포함된다. 누가는 더 나아가 21절에서 재림지연을 전제하고 있음을 보여준다(그 기간은 물론 확정되었다. 비. 1:7). 그리스도의 고난(18b)과 만물의 회복의(미래의) 시간을(21b) 예언한 예언자들에 관한 묘사는 회개에로의 외침과 종말론적 전망을 하나의 틀에 끼운다.

22-26절은 계속해서(20-21절의 선견에 대조적으로) 성서적 증명과 회개에로의 경고와 함께 역사적 예수를 회고하는 방식을 가져온다. 22-24절은 서로 밀접한 관계를 맺고 있다. 모세 뒤에 있는 *men*([이지만] 22절)은 *pantes*[모든]뒤에 있는 *de*([그러나] 24절)를 통하여 절들을 연결한다. 모세는 여기서 예언자로 여겨진다. 그것으로부터 그는 18절과 21절에서 명명된 예언자에 속하는 결과를 가져온다. 그들의 선포는 "이 때"(24절)와 관련이 되어있다. "성경은 여기서 '예언과 성취'의 형식 안에서 사용되지 않는다"(Rese 1969: 69). 25절은 아마도 창세기 22:18(70인역)을 근거로 할 것이다. 여기서 누가는 작은 것들은 별도로 하고 *panta ta ethne tes ges*[땅의 모든 민족이]를 *pasai hai patriai tes ges*[땅의 모든 족속이]로 변형한다. 이러한 변형은 꼭 필요한 것이다. 왜냐하면 사도행전과 관련하여 이 담화는 단지 유대인만을 겨냥했기 때문이다. 사도행전에서 *ta ethne*[민족]는 이방인을 의미한다. *patriai*[족속]라는 표현은 이와 반대로 유대인들을 다 포함한다. 그들에게 축복은 *proton*([먼저]3:26)에서 보이는 것처럼, 특별한 방식 안에서 유효하다. 누가는 유대에게 향한 베드로의 설교의 맥락에서 그 인용을 맞춘다(비. Rese 1969: 73).

결과적으로 사도행전 2장과 3장의 베드로 설교의 연계성은 다음과 같이 강조된다: 1) 이미 2:21은 인용문 안에서 은혜의 소식을 주를 부르는 모든 자들에게 약속했다. 그래서 3:23 이후에는 복음을 받아들이지 않는 자들(비. 2:21: *kai estai*[그리고 ~될 것이다]+구원선물; 3:23: *estai de*[그러나 ~될 것이다]+위협)을 위한 멸망의 협박이 등장한다. (3:23의 사용은 아마도 의식적으로 2:21에 기인할 것이다). 2) 2장에 의하면 돌이킴의 결과는 성령의 수여이다(38절) -그것이 3장 이후에 예수의 재림 안에서 완성된다(20절 이하). 3) 두 개의 담화는 성서적 증명을 가져온다: 요엘뿐만 아니라 나머지 예언자들 역시 지금의 시간에 관하여 말하였다. 만약 사람들이 그렇게 하려면, 두 개의 베드로 담화는 그래서 하나의 유일한 커다란 설교이다.

III 전승

1-10절은 하나의 완전한, 양식에 맞춰 작성된 기적사화를 포함한다. 1-2절은 장소언명("미문")과 함께 서론을 형성한다. 병자의 행동을 언급하는 3절은 본론(6b-8절)을 이끌고, 동시에 3-6a의 대화는 양식사적으로 볼 때 남는 부분을 나타내는 것으로 여겨진다. 기적행동과 치료를 포함하는 6b-8절은 양식에 맞춰 다음의 요소들을 포함한다: 치료의 말(6b), 치료의 행위(7a), 순간적인 치료의 발생(7b), 증명(8a). 9-10절은 결론부분을 이루며 거기에 있는 군중들의 반응을 묘사한다.

사도행전 14:8-10(루스드라에서 못 걷는 자를 바울이 고침)과 누가복음 5:17-26(못 걷는 자를 예수가 고침)의 이야기를 갖고 있는 병행구절들은 전승분석을 위하여 시사하는 바가 많다. 비. Schneider 1980: 307; 사도행전 14:8-10의 주석(164 이하). 누가복음 5:17-26(막 2:1-12)과 우리 이야기 (1-10절)의 평행은 분명 유사한 상황 속에서 근거를 두고 있지만, 14:8-10과는 너무나 많은 단어적인 일치를 보이기 때문에, 태생적인 관계를 가정하게 한다(비. 14:8-10과의 개별적인 비교는 해당 쪽을 참고). 또한 사도행전 3:1-10의 믿음의 모티브는 명확하게 설명되지 않고 있으며, 그렇기 때문에 3:16은 누가에 의한 부가문이며, 동시에 그것은 14:9 뿐만 아니라 누가복음 5:20의 구성 요소이기도 하다. 그것의 작성자는 이 두 경우 모두 -마가복음 2:5에서 이미 그것을 발견한- 누가일 것이다.

사도행전 3장과 14장의 두 치료사화는 평행적으로 구성되었고, 많은 단어적인 관련성이 보이기 때문에, 하나의 태생적인 관계가 그 둘 사이에 정해진 것으로 보인다. 베드로의 설명이 분명 근원적인 것으로 보이는데 그 이유는 그것이 누가적인 믿음의 모티브를 아직 보존하고 있지 않기 때문이며(이것은 분명하게 누가가 행 14장과 3장을 막 2장의 기초 위에서 만들었다는 다른 가능한 가설들에 반대한다.), 그리고 추측컨대 그것은 이미 장소언명 즉, "미문"을 제시했을 것이다. 사람들이 그 문을 확인할 수 없다는 사실이 이러한 가설에 힘을 실어준다(비. Hengel 1983: 157). 아마도 11절의 "솔로몬의 행각"으로부터 나온 장소언명 역시 여전히 이야기의 전승적인 자료에 속한다. 어떠한 경우에든 이것은 예루살렘을 장소로 갖는다. Harnack(1908: 146)은 그것을 사도행전 2장과 경쟁하는 오순절 이야기의 구성요소로 간주한다. 그럼에도 이러한 가설은 Harnack의 자료분리(Quellenscheidung)가 옳다는 것을 전제로 한다(비. 이에 비판적 견해 Conzelmann 1972: 5).

12-26절

베드로의 이야기는 다음의 절들에서 전승적인 요소들이 보이므로 누가적인 가공이다:

13절: *pais theou*[하나님의 종]로 예수를 표시하는 것은 어휘 통계적 자료에도 불구하고 누가에게로 소급되지 않는다. 왜냐하면 초기 기독교적 문서에서 2세기 중반까지 *pais theou*[하나님의 종]의 광범위한 확산이 설명될 수 없기 때문이다(비. Wilckens 1974: 165; Kränkel 1972: 125 이하).

(19)20-21절이 종말론적인 구원의 일원이 되기 위한 선제조건으로서 이스라엘의 돌이킴을 제시하는 것은 유일한 것이다. 더 나아가 회복의 시간이 오는 것과 예수의 오심에 대한 비교는 눈에 띄게 흥미롭다. 그 모든 것은 그들의 자리를 한 유대 기독교 공동체에서 갖고 있는 원시 기독교적 회개전승으로서 표현되는데, 그들의 신앙은 강하게 미래로 향하고 있었다(비. Hahn 1979: 129-154; 유대교에서의 회개와 구원의 시간의 연결에 대하여 비. Bill. I. 162-165. 519).

25절: 이 구절에서 아브라함의 씨가 예수에서 성취된다는 해석은 이미 갈라디아서 3:16에서 마주친다. 이러한 평가들에 대한 다음의 설명들은 생각해 볼 여지가 있다: 1) 바울과 누가는 서로 독립적으로 하나의 전승에 기원을 두고 있다. 2) 누가는 3:16을 이용하고 있다. 3) 누가는 3:16에 기원을 둔 바울의 선교영역에 있는 전승을 사용한다.

Ⅳ 역사

1-10절

이 기적사화의 전승은 어떠한 역사적 사건을 기반으로 하지 않는다. 어려서부터 걷지 못하는 자는(일반적으로) 다시 건강해지지 못한다. 그럼에도 불구하고 이 이야기는 한 기독교 공동체의 존재를 반영한다. 그 공동체는 예루살렘에서의 베드로의 커다란 영향력에 대하여 또는 베드로의 기적을 보도하는 것에 대하여 알고 있었다.

전승의 형성은 예수의 십자가 사건 이후 처음 10년 안에 소개됐을 것이다. 즉 베드로가 예루살렘 공동체에서 지도력을 발휘하고 "기적"을 행할 때이거나(비. 5:1-10절 주석 참고), 또는 좀 더 후대일 수도 있다. 왜냐하면 베드로가 원시 기독교의 리더중 하나로 여겨졌기 때문이다(그렇다면 장소언명인 "미문"은 누가에 기원을 둔다).

13절: 비. Ⅲ의 설명 참조.

19-21절: 재림(Parusie)사상과 전승에서 유대 민족의 역할이 갖는 의미에 직면하여 사람들은 그것을 가장 빠르게 예루살렘의 초기 기독교와 결합시켰다. 다른 가능성은 19-21절에 놓여 있는데 그것은 재림지연이 반영하는 것을 보는 것이다. 재림지연은 이스라엘에게 강한 회개의 요청으로 이끈다. 이 경우 전승의 출처는 알 수 없고, 그것의 형성은 위에서 맨 먼저 언급한 가능성보다 더 이른 시기일 것이다.

25절: 창세기 22:18의 기독론적 의미의 전승은 분명히 누가 이전의 것이다. 왜냐하면 그것은 70인역을 따르고 있으며, 헬라어를 사용하는 공동체에 잘 어울린다. 그것의 연대의 결정은 위 Ⅲ 이하에서 본 세 개의 가능성 중 어떤 것에 우선권을 주어야 할 것인가에 대한 결정에 달려있다(내 견해로는 세 번째).

사도행전 4:1-31

I 목차

- 1-3절: 제사장들, 성전 맡은 자 그리고 사두개인들이 한 밤에 베드로와 요한을 투옥
- 4절: 설교의 큰 효과: 공동체가 5,000명으로 성장함
- 5-22절: 공회 앞에서
  - 5-7절: 다음 날: 베드로와 요한을 앞에 세우고 유대 관청들이 그들의 권세에 대하여 질문함
  - 8-12절: 베드로의 증언
  - 13-22절: 설교의 금지와 베드로와 요한의 거절. 태어나서 40년 동안 걷지 못하던 자의 치유를 통하여 하나님을 찬양하는 군중들 때문에 사도들을 풀어줌
- 23-30절: 제자들의 복귀와 공동체의 반응
  - 23-24a: 베드로와 요한이 모인 공동체로 감
  - 24b-30절: 공동기도
    - 24b: 하나님을 부르고, 기도를 시작함
    - 25a: 인용
    - 25b-26: 시편 인용
    - 27절 이하: 예수의 수난에 대한 인용의 해석
    - 29절: 선포를 위한 담대함의 요청
    - 30절: 표적의 요청
- 31절: 요약보도: 지진, 성령의 충만함, 담대히 복음을 전파함

II 편집

이 행동은 첨예화된다. 환자가 치유된 이후에 베드로는 자기의 설교를 군중들에게로 향하는데, 이것이 모순을 생기게 한다. 즉 사도가 체포된 것이다.

1-3절

1a는 앞의 베드로의 설교를 두 사도에게로 소급한다. 1b-3절은 언어적

으로 그리고 양식적으로 볼 때 누가의 편집이다: 비. 2절: *dia to*[~ 통하여] + 부정사; *kataggellein*[선포]; 3절: *epebalon tas cheiras*([잡다, 손을 묶다]눅 21:12의 성취로서 [마가복음과는 다름]), 비. 5:18; 12:1; *ethento*[구금하다]. 이 단락은 다음의 심문을 위한 전조이다. 세 부류의 사람들(제사장, 성전 맡은 자, 사두개인)은 모두 베드로와 요한이 백성을 가르치는 것에 대하여 반감을 느꼈다. 그럼에도 누가는 이미 여기서 그리스도인들에 대한 유대인 무리들의 저항이 일치하지 않았음을 암시한다; 사두개인들만이 사도들이 죽은 자들의 부활에 대하여 선포하는 것에 대하여 흥분했다(하나의 비슷한 편집 23:6).

4절

공동체의 성장은 놀랍게 계속 진행되었다. 120명 이후에(1:15) 약 3,000명(2:41)이 되고 이제 5,000명의 신앙공동체가 된다. 바울이 그의 마지막 예루살렘 방문에서 야고보에게 인사했을 때는(21:20) 더 많아졌다: 만 명.

5-7절은 심문의 서문이다. 이끄는 *egeneto*[~되다, 발생했다] + AcI[10] 비. Radl 1975: 403.

7절은 3:12. 16(비. 3:6)에 대한 회고이며, 그 질문은 사도들에게 다음의 설교를 위하여 필요로 하는 것처럼 제시된다: "무슨 권세와 누구의 이름으로 이 일을 행하였느냐?" 독자는 그에 대한 답을 이미 알고 있다. 베드로의 다음 설교인 8-12절은 편집적으로 사도행전 3장에서 보도되는 기적과 기독교 케리그마를 결합한다. 부가적으로 지금까지 사도행전에서 사용되지 않았던 시편 118:22에 대한 참조(비. 눅 20:17/막 12:10 -아마도 여기에는 이 장면에 대한 의식적인 회고가 놓여 있을 것이다)가 보인다. 8절은 베드로 설교의 서론이며 언어적으로 누가적이다. 9절은 구원사적인 관계를 도입한다: 거기에서 구원사와 앞서 있었던 연설과의 언어적 일치를 분명히 밝힌다: *gnoston esto*[알게 할 것이다](=2:14); "나사렛 예수의 이름으로"(=3:6);

10) 헬라어 문장형식의 하나로, Accusativus cum infinitivo를 가리킴.

"너희들이 십자가에 못 박았던"(=2:36); "하나님께서 죽은 자들로부터 깨우신"(=3:15). 11절은 시편 118:22과의 연결 속에서 케리그마를 위한 성서적 증언을 제시하며, 12절은 인사말의 상황으로 다시 이끈다. 13-22절은 사도들이 설교금지에 불순종하는 것 안에서 정점을 이룬다. 13절: 중심어인 *parrhesia*[담대하게]는 다음의 29+31절에서 누가가 하나의 사건에 대하여 통찰력을 갖고 있다는 표시를 나타낸다: 유대인들의 위협에 대한 선포의 자유. (그것은 로마 국가 안에서 선포를 자유롭게 할 수 있었다는 것에서 그것의 일치를 갖는다 -비. 사도행전의 끝). 고소자들이 이제야 비로소 제자들과 예수와의 긴밀한 관계를 폭로하는 것이 흥미롭다(*epeginoskon*[알게되다]). 그것은 사도들의 교육받지 못함에 관한 놀라움(13a)과 마찬가지로 허구이다(비. 4:1 이하!). 후자는 베드로의 성령 충만한 설교와의 대조 속에 놓여있고, 전자는 이 드라마를 고조시킨다(고소자들은 이 사건이 무엇과 관련된 것인지를 비로소 발견한다). 14절은(*anteipein*[반대하여 말하다]은 아마도 눅 21:15에 대한 회고이다) 3:1-11을 갖고 선포의 장면에 도구로 사용한다. 그리고 동시에 사도들에 대항할 다음의 행동에 관한 보도를 준비한다. 거기에 치료받은 자는 사도들의 곁에 서있고 이들에 대한 유대 관원들의 다음 행동에 대한 원인이 된다. 16절 이하는 다시금 지금의 심문을 -사도들이 없는 가운데서(비. 15절)- 앞서 보도되어진 기적을 통하여 일어나도록 한다; 16b는 유대 관원의 입을 통해 누가에 의해서 의도적으로 사용된 누가적인 언어이다: 사도들을 통해 예루살렘의 거주자들 모두를 위한 분명한 표적이 발생한다. 17절 이하: 설교금지는 단지 불복종할 것이라는 것을 전제하고 그 위에 선포된다. *phtheggesthai*[선포하다]는 2:4. 14과 연결된다(apophtheggesthai[말하다]). 19절 이하는(비. 5:29), "하나님 앞에서 너희의 말을 듣는 것이 하나님의 말씀을 듣는 것보다 옳은가 판단하라"(19절) 소크라테스에 대한 암시를 포함한다. 그는 이와 비슷한 상황에서 그의 재판관에게 다음과 같이 말했다: "내가 너희들에게 순종하는 것보다 신에게 순종할 것이다"(Plato, Apol 29D). 누가는 이것을 가지고 그의 그리스 독자들에게 고유의 헬라적 교육을 제시한다(비. Plümacher 1972: 18 이하). 동시에 그는 예루살렘에서의 선교의 필요성을 입증한다. 21절은 17절 이하를 보완한다: 유대관원들은 복음전파를 방해하려고 하지만, 그러나 할 수는 없다. 22절은 그 치유의 놀라운 방식을 다시 한 번 돋보이면서, 3:1에서 시작되는 전체 장면을 완성시킨다: 그 병자는 40세 이상이었다, 즉 그는 그렇게 오랜 동안 병에 의해서 지배되어왔다.

23-30절

23-24a: 이 절은 누가의 언어적 채색을 지니고 있다(*apolythentes*[놓이다], *apeggeilan hosa*[모든 것을 말하다], *homothymadon*[한마음으로]). 이 단어들은 바로 직전의 장면과 공동의 기도인 24b-30절을 연결한다. 24b: *despota*[주여]는 하나님을 부르는 호칭이며, 이것은 신약성서에서 시므온의 기도, 누가복음 2:29과 사도행전 6:10에서 등장한다. 하늘과 땅과 바다의 창조자로서의 하나님에 대한 관념은 구약성서로부터 기인한다. 25a는 망가져서 복구가 어렵다.

Schneider 1980에 대하여: 본문을 복원하려는 그의 시도는 거의 설득력이 없다; 그는 묘사하기를: "25a의 문법적으로 지나치게 과장된 구조는 아마도 다음에 나오는 인용문을 신적인 약속으로서 증명하려는 누가의 의도에 기인하다. 인용문의 도입은 다음의 개별적 구성요소들을 포함하고 있다: *ho...eipon*[그가…말하다](즉, 하나님의 고유의 표현이 인용되었다), 더 나아가: 하나님은 동시에 '하나님의 종이었던, 우리 조상 다윗의 입을 통하여' 그리고 '성령을 통하여' 말씀 하신다"(357). 그것은 문법에 부딪혀서 실패로 돌아간다. 비. Rese 1969: "근원적인 본문의 복원은, 망가져 버린 본문의 생성을 설명하려는 그러한 시도가 무익한 것과 같이, 거의 가능성이 없어 보인다.(94). Haenchen은 25a에 후대에 삽입된 두 개의 첨가문이 놓여있다고 생각한다: *tou patros hemon*[우리 조상의]과 *{dia} pneumatos hagiou*.[거룩한 영을{통하여}]. 1977: 223

25b-26은 시편 2:1이하(70인역)를 어휘적으로 인용하며 그래서 그런 이유로 편집으로 소급한다. 27-28절: 27절은 인용문에서 기인한 동사 *synechthesan*[함께 모여]과 함께 삽입이라는 범주아래에서 해석을 가져온다. 인용문에서 명명된 4개의 단위(*ethne*[민족, 이방인], *laoi*[백성], *basileis*[왕], *archontes*[관리])중 세 개는 누가의 수난설화의 빛에서 볼 때 다음과 같은 것을 의미한다: 헤롯 안티파스는 *basileis*[왕]를 위한 대리인으로 서있고, 빌라도는 *archontes*[관리]를 위한, 이스라엘은 *laoi*[백성]를 위한 대리인으로 서있다. 그러므로 *ethne*[이방인]는 로마 군인들을 위한 것으로 봐도 될 것이다. 27절은 편집이며, 누가복음 23:12과 관계있다. "그 판결은 그렇지만 여기서 누가복음의 수난설화에서와는 다르다: 거기서 빌라도는 -옹호적으로- 책임이 면제되지만, 여기서는 근본적으로 구원사적인 관점에서 책임이 강조된다"(Conzelmann 1972: 43). 두 개의 관찰 형태는 누가적이다. *paida sou*[너의 종]에 대한 것은 3:13의 주석을 참고.

25b-27절은 그 밖에도 교차배열법의 형태로 배열되었다. 이것은 *ethne*[이방인]와 *laoi*[백성]에 의하여 에워싸여 있다. 그리고 나서 *basileis*([왕]=헤롯 안티파스)와 *archontes*([관리]=빌라도)에 의하여 에워싸이고, 중앙에는 주(하나님과 그의 기름부음을 받은 자)가 위치한다. 어휘적인 70인역-인용문 때문에 그리고 예술적인 교차배열법의 구조 때문에 25b-27의 구성은 -그것의 기초를 이루는 전승을 당연히 배제하지 않는다- 누가에 소급한다.

28절은 언어적으로 그리고 내용적으로 누가적이다. 언어적으로 *cheir sou*[당신의 손]와 *boule sou*([당신의 뜻] 눅 7:30; 행 2:23; 13:36; 20:27)은 누가의 표현들이다. 내용적으로 하나님의 계획에 대한 사상은 편집이다: "흥미로운 특징은 *pro*[접두어]와의 많은 단어조합이다"(Conzelmann 1977: 141; 비. 141-143). 29절은 24절 이후에 시작된 기도를 공동체의 현재적 위기로 향하게 한다: *kai ta nyn*[그리고 이제]은 누가가 화제를 돌릴 때 사용하는 어법이다: 신약성서는 단지 5:38; 20:32; 27:22(17:30=*ta nyn*[이제];

20:22. 25=*kai nyn*[이제]). 하나님은 17절과 21절에서 언급되어진 유대 관원들의 위협을 듣게 된다. 30절은 다시 예수의 이름으로 행하여진 치유와 기사를 지시한다; *iasis*[치료]는 걷지 못하는 자의 구체적인 치유와 그리고 *semeia*[표적]와 *terata*[기사]는 사도행전 1장 이후로 보도되었던 이적들과 관련이 있다. 이 이적들은 누가복음에서 설명된 기적(비. 행 2:22)을 계승한다. 기도의 성취는 5:12; 6:8에서 요약적으로 보도된다.

31절

이 절은 누가적 표현인 절대 소유격(Genitivus abs.)으로 시작되며, 기도의 장소가 진동하는 가운데에서 구체화되는 기도의 응답을 묘사한다. 그리고 두 번째 오순절의 양식에 대하여 보도한다. 모든 그리스도인들은 성령에 의하여 충만해진다.

23-31절을 요약하면 누가에 의한 계속되는 편집적인 구성이 두드러진다.

III 전승

11절

시편 118:22은 유대인에 대한 원시 기독교적인 변호의 전승적인 구성요소이다: 비. 마가복음 12:10 병행구절. (비. Lindars 1973: 169-186).

24b- 30절

자주 제기되는 가설, 즉 24b-28이 오래된 공동체 기도의 부분이라는 것(Roloff 1981: 85)은 여기서는 기도의 양식이 아니라 주석의 양식(시 2:1 이하)이 우세하다는 사실에 부딪쳐서 받아들여지지 않게 된다. 이것과 함께 이 기도가 유대적 그리고 구약의 문서들에 있는 틀에 완전히 일치한다는 것에는 이론을 제기하지 말아야 한다(비. 토비아 3:11-15; 8:5-7 그리고 특별히 사 37:16-20). 그리고 이러한 사실로부터 누가 이전 기독교적 전임자가 가졌었을 것이라는 사실에 대하여 이의를 제기하지 말아야 한다.

> "먼저 하나님은 하늘과 땅의 주인과 창조주로서 찬양된다. 그리고 나서 그는 조상들에게 주어진 그의 약속을 기억한다. 거기에 기독교적인 기도가 그 위에 예수를 통한 성취를 부가한다. *kai ta nyn kyrie*[그리고 이제 주]의 사용을 통하여 간구자의 특별한 요청이 시작되고 하나님께 그의 놀라운 도우심을 간청한다"(v. d. Goltz 1901: 235).

여기에 위에서 인용된 편집적인 특징 때문에 그 기도가 누가적인 구성으로 표기될 것이 추천된다(v. d. Goltz에 반대).

동시에 누가에 의하여 형성된 기도의 개별적 구성요소가 전승에 기인한 것인가라는 질문은 여전히 의미 있는 것으로 남는다. 그것은 어느 한 경우에 기도 드려졌을 것으로 보이는데, 그 이유는 헤롯과 빌라도와 관련하여 시편 2:1 이하의 해석이 그 기도에 기초를 이루기 때문이다 -비. 마찬가지로 누가복음 23:6 이하. 여기서도 보도되는 장면들이 이미 놓여있는 시편 2:1 이하의 해석의 기초 위에서 헤롯과 빌라도와 관련하여 형성된다(비. Dibelius 1915; Wilckens 1974: 230f). 빌라도의 다양한 표시는 이러한 가설에서 어느 것도 바꿀 수 없다; 반대 Kränkl 1972:

> "사도행전 4:25-27과 나머지 누가의 작품 사이의 모순은 사람들이 작가가 여기서 자신의 고유의 구성에 이미 존재하는 전승조각을 수용하였다는 것을 가정하면 쉽게 이해될 수 있다."(110).

IV 역사성

11절

초기 기독교의 변호(Apologetik)로서 시편 118:22의 사용은 이미 마가전(vormarkinische)의 것이다. 그럼에도 이 해석이 이론의 여지없이 베드로에게로 소급되는 것은 아니다. 왜냐하면 이것은 전승의 구성요소가 아니기 때문이다.

25b-28절

수난설화라는 틀 안에서 시편 2:1 이하의 사용은 우리에게 알려진 초기 기독교적 본문들 안에서 독특한 것이다(비. 그러나 23:6 이하). 그것은 누가나 또는 그의 공동체의 문서화된 구약주석으로부터 기인하는 것이지, 1세대로 소급되는 것은 아니다.

사도행전 3-4:31에서 누가의 일반적인 지식에 대하여

사도행전 3-4:31 안에 있는 전승들의 역사적 분석의 부정적인 결과에도 불구하고 여전히 다음과 같은 질문이 남는다. 즉 원시 공동체 시대에 관한 누가의 일반적인 지식이 역사적 가치로부터 온 것이 아니지 않는가 하는 물음이다. 사람들은 그것을 아마도 그의 원시 공동체와 제사장 계급 사이의 분쟁에 대한 흔적이 올바른 역사적 가정에 기인하기 때문에 '예'라고 대답할 것이다. 왜냐하면 예루살렘에 있는 원시 공동체의 선교적 효과는 예수의 십자가 사건 이후에 오래지 않아 사두개파의 무리들에게 경각심을 불러 일으켰다(비. 62년에 야고보에 대한 사두개파 아나누스의 행동[요세푸스, 유대고대사 XX 199-203]), 그래서 그것은 적어도 예수 공동체에 대한 행동들에 관하여 고려한 것으로 보인다(비. Roloff 1981: 80). 그것은 다음과 같은 것을 의미한다: 비록 사도행전 3-4:31에서 이야기되는 개별적 사안들은 역사적으로 가치가 없지만(참. Judge 1964: 63), 그러나 이야기의 구성 틀은 몇몇의 일치하는 역사적 기반 위에 즉, 사실에 근거한다. 그것들의 출처는 더 이상 알려진바 없다. (또는 누가가 그것을 마가복음의 기초 위에 스스로 준비했을 가능성도 배제할 순 없다)

사도행전 4:32-37

I 목차

- 32절: 공동체의 하나됨
- 33절: 사도들의 부활의 증언과 모든 사람 위에 깃든 은혜
- 34-35절: 소유의 매각과 사도들을 통한 수익의 분배
- 36-37절: 바나바의 예

II 편집

32절

이 구절은 공동체의 하나 됨을 부각시킨다. *plethos*[무리]와 *hyparchonta*[수중에 있는]는 언어적으로 누가의 것이며, *pisteusanton*[믿음을 가진 자]와 *hapanta koina*[모든 것을 함께]는 2:44를 생각나게 한다. 32b는 개별적인 공동체 일원의 지속적인 소유를 명료하게 전제하고 있다(누구도 그의 소유에 관하여 자기의 것으로 명하지 않았다), 그럼에도 소유자가 공동체 안에서 고유한 소유권을 양도함으로, 그들에게는 모든 것이 공동의 것이 되었다(*autois hapanta koina*[서로 모든 것을 함께]). 누가는 이 절에서 원시 공동체의 표시를 위하여 성서적 표현("한 마음과 한 뜻", 비. 신 6:6)을 그리스적 이상들(Ideale)을 가지고(*hapanta koina*[모든 것을 함께]의 비교를 위해서는 Aristoteles, NE IX 8:2 "*koina ta philon*[친구와 함께]"을 보라. 아마도 이러한 이상은 이미 Pythagoras에 기원을 둘 것이다.) 작업하고 있다. 그러나 신분이 같지 않은 사람과의 연합에 관한 사상은 오히려 그리스적이라기 보다는 유대적이기 때문에, 그것은 누가의 삽입에 더 무게가 있어 보인다. 즉 이러한 공동생활은 그리스적 이상(Ideal)의 유대-기독교적 해석이다(비. Klauck 1982: 48-52; Klauck의 연구는 초기기독교 공동체의 "공동생활"에 대한 충분한 자료를 가지고 있으며 읽어보기에 충분한 가치가 있다).

33절

33a는 원시 공동체의 묘사를 중단하고 사도들을 통한 부활하신 예수의 누가적인 증언을 매우 강조한다. 이것은 큰 권능으로 발생한다. 33b는 모든 사람 위에 커다란 은혜가 존재하고 있었음을 상술한다.

34-35절

34a는("그 중에 가난한 사람이 없으니", 비. 신 15:4) 33b가 묘사한 것 즉, 모든 사람 위에 커다란 은혜가 있었다는 것을 증명한다. 33절의 중단과 34a를 통한 32절의 반복적인 재생으로부터 다양한 원 자료들이 추론된다. 누가는 원시 공동체의 내면적인 삶과 그들의 사도들이 갖는 특별한 기능을 동시에 묘사하려 한다.

34b-35절은 32절과 달리 예루살렘 공동체 구성원들의 완전한 소유포기를 전제로 하는 것처럼 보인다. 밭과 집을 가진 자는 이것을 팔아 그 판 값을 사도들의 발 앞에 두었고, 사도들은 각 사람의 필요를 따라 그것을 나누어 주었다. 그럼에도 소유자들이 그들의 전체 소유를 판 것은 강제적으로 전제되는 것은 절대로 아니었다. 그래서 32절의 차이는 소유포기(34절 이하)와 소유권의 양도(32절) 상호간의 구별 속에서만 형성된다. 하지만 누가의 핵심은 이러한 작은 것 안에 놓여있는 것이 아니라, 35절의 *kathoti an tis chreian eichen*[각 사람의 필요에 따라]라는 목표지향적인 것 안에(비. 2:45), 그리고 구약 성서적이고 그리스적인 이상이 예루살렘 공동체 안에서 실현되는 것 안에(비. 32절) 놓여있다.

누가의 의미는 아마도 다음의 관찰에서 뚜렷이 부각된다: 35절과 37절은 동일한 문장을 기록한다, 즉 그리스도인들(또는 바나바)이 공동체를 위하여 판 것을 사도들의 발 앞에 놓았다. 이런 동일한 사용은 편집적인 성격이 강하게 드러나는 5:2과 5:10에서도 받아들여진다,

이와는 다르게 Schille 1983: 145: "그 세 번(4:34. 37; 5:2)의 반복은 '사도들의 발 앞에 놓았다'는 이미 형성된 상투적인 표현이 사용된 것처럼 보인다". Schille는 5:10은 다루지 않고 넘어간다. 이런 편집적인 설명은 너무 단순하다, 그리고 덧붙여서 말하자면 Schille는 다음의 질문에 답해야만 한다. 즉 도대체 누가는 어디에서 그러한 상투적인 표현을 받았는가 하는 것이다. Horn 1983: 40도 역시, "누가 이전의 전승이 사도의 발에 돈을 가져다 두는 것에 대한 관심을 가지고 있다"라고 생각한다." 그러나 사도행전 2:44에서 이러한 상투적인 표현이 사용되지 않는다는 것에 대한 그의 안내는 충분한 근거가 되지 않는다. 왜냐하면 이러한 것은 2:45에서 이미 전제가 되고 있기 때문이다.

처음 두 개의 긍정적인 그리고 그 다음 두 개의 부정적인 예들은 누가가 의도하는 바가 무엇인지를 보여준다: 그것은 앞에 2:45에서 사도들에게 분배의 과제가 의무인 것처럼, 가난한 자들을 위하여 부자들이 자신의 소유를 매각하는 것이다. 이 속에서 "누가의 구체적인 이상사회"(Schottroff/Stegemann 1978: 149)의 한 부분이 보이며, 소유한 자들이 많이 포기함으로 인해서 "공동체 안에는 부자도 가난한 자도 존재하지 않았다"(위의 책 153; 비. Horn 1983: 39-49; 이 두 개의 연구는 개별적인 사항에서의 차이에도 불구하고 분명하게 이상화된 관점에 대하여 요약자의 교훈적인 의도를 강조하는 것이라는 점에서 일치한다. 비. Horn 1983: 300 이하 A49).

35b: *kathoti an tis chreian eichen*[각 사람의 필요에 따라]은 어휘적으로 2:45c 와 일치하며 방금 언급한 누가적 관심사의 강조점을 재연한다(비. Horn 1983: 43.45.48 이하). "누가는 그가 그의 공동체로부터 기대한 것을 원시 공동체의 시간으로 되돌려서 모범적으로 투영하고 있다"(Horn 1983: 43).

36절: *apo ton apostolon*[사도들의 앞에]은 확실하게 편집이다. 지금까지 사도행전에서는 여전히 예루살렘적인 관점이 지배하고 있었다. 바나바는 여기서 11:22에서처럼 예루살렘에 편집적으로 분류된다. 37

절: *hyparchontos*[수중에 있는]는 언어적으로 누가의 것이고, 누가의 *hyperchon*([존재하는, 수중에 있는] 34절)를 연상시킨다. "사도들의 발 앞에 놓았다"는 편집적인 사용을 위해서는 비. 4:35; 5:2. 10.

III 전승

요약의 "전승적인" 구성요소들을 위해서는 비. 2:42-47의 설명.

36-37절

누가는 바나바가 예루살렘 공동체를 위하여 밭을 팔았다는 것에 관한 하나의(구전적인) 전승을 앞서 발견했을 것이다. (근거: 누가적인 틀은 밭의 매각에 관한 자료가 특수하며, 긴장 속에서 그러한 틀에 있는 것을 일반화한다.) 마찬가지로 "구브로인"(*Kyprios to genei*) 이라는 출신표시 역시 전승이다. 그것은 바나바의 출신지가 구브로인 것을 의미하거나(비. 15:39: 바나바와 마가 요한은 구브로로 여행한다), 또는(단지) 그의 가족이 거기에 근거를 둔 사람이라는 것을(비. 11:20; 21:16: 구브로사람 나손) 의미한다. "위로의 아들"이라는 바나바의 이름의 파생 뒤에 전승이 있는지는 결정할 수 없다. 또한 그 전승의 파생 또한 불확실하다(주석을 보라).

IV 역사

예루살렘 공동체를 위하여 바나바가 밭을 매각한 것에 대한 역사성은 의심할 것 없이 가능하다. 예루살렘 공동체 역시 후에 이방 기독교 공동체를 위하여 기부를 지시하였었다. 아마도 바나바의 행동은 이러한 사랑의 선물의 한 형태일 것이다. 그럼에도 불구하고 공동체를 위하여 언제 밭의 매각이 실행되었는지는 결정되지 않는다. 그것은 초기 이기는 하지만, 그럼에도 불구하고 -안디옥 공동체와 바울 공동체들이 헌금모금을 계획했을 때인- 사도회의 이후에 이루어졌을 것이다.

사도행전 5:1-11

I 목차

- 1-2절: 발단: 아나니아와 삽비라가 토지를 매각하고 그것의 일부를 숨김
- 3-6절: 아나니아와 그의 징계
- 7-10절: 삽비라와 그녀의 징계
- 11절: 교회와 무리의 반응

II 편집

1-2절

1절: *aner de tis onomati*[~라 불리워지는 남자]는 누가의 사용법이다. *epolesen ktema*[소유를 팔아]는 바나바가 토지를 판매하는 장면인 4:37과 다시 연결된다. 거기서 누가는 동일한 동사를 사용한다. 2절: "사도들의 발 앞에" 라는 표현은 이미 4:35.37절에서 나타난다(비. 5:10에도 사용됨). 이러한 편집적인 방식으로 누가는 4:32-37이 5:1-10과 짝을 이루도록 만들고, 내용적으로 같은 표현을 만든다.

3-6절

3절: "성령"이라는 개념은 누가로부터 기인할 것이다. 왜냐하면 누가는 그 개념에 특별한 주의를 기울이기 때문이다. 4절은 완전히 누가의 것이다. 외형적으로 누가는 독자들을 위한 설명으로서 틀을 형성하고, 내용적으로는 의무에 따른 소유 포기의 사상을 지시하며, 토지 매각의 자율성과 판매 금액의 인도를 강조한다(비. Schneider 1980: 375). 4c의 문장(*ouk epseuso anthropois alla to theo*[사람에게 거짓말한 것이 아니라 하나님에게 한 것이다)은 게다가 누가의 편집인 5:29의 베드로의 말과 역시 누가의 편집인 5:38 이하의 가말리엘의 충고를 상기시킨다. 두 번 모두(4c에서처럼) 인간과의 연결에 대한 하나님과의 연결과 관련이 된다.

7-10.11절

7-10절은 편집적으로 앞의 에피소드를 복제한 것처럼 보이는데, 그것은 거기서의 표현을 강력하게 보조하기 위한 것이다. (또는 두 개의 에피소드는 4:32-37에 대하여 부정적인 실례로 삽입된다.) 7절: "3"이라는 수의 언명은 편집이다. 8절: 베드로는 그 판매 금액이 전부인지에 대하여 질문한다. 왜냐하면 그는 이미 판매대금과 총액이 같지 않음을 알고 있기 때문에, 그 질문은 2-3절에서처럼 같은 것을 목표로 하며, 그 은닉한 것을 만천하에 드러나도록 만든다. 9절: 처음부분인 *ti hoti*[어찌…하였는가?]는 4b를 다시 인용한다. 10절은 삽비라가 베드로의 발 앞에 쓰러진다는 표현을 가지고 "사도의 발에"(4:35.37; 5:2)라는 세 번의 사용을 넌지시 암시한다. 이러한 수사적인 기교 역시 화자인 누가에게로 소급된다. "11절에서 *ekklesia*[교회]가 (여기서는 예루살렘의 유일한 공동체) 사도행전에서는 처음으로 등장하는데, 이것은 8:2; 9:31의 관계 속에서 확실히 신중하게 누가의 손에 의하여 등장하게 된다"(Weiser 1981: 146). 이 절은 5b에서 반복되는데, 그러나 여기에 "온 교회"(*holen ten ekklesian*)가 첨가된다. 아마도 그것을 가지고 다음과 같이 표현될 것이다: 4:32-5:11의 에피소드는 누가의 교회를 위해서는 매우 중요한 것이다(비. Schmithals 1982: 57). 비록 *ekklesia*[교회]가 본문에서는 예루살렘 공동체를 지칭하지만, 전체 교회를 염두 한 것일 수 있다.

사도행전 5:1-11은 4:32-37과 상대적으로 밀접한 관계 속에 위치해 있다. 왜냐하면 누가는 여기서 4:34.36 이하 이후에 세 번째 경우에 관하여 보도하기 때문이다. 거기서 땅을 판 돈은 사도들의 발 앞에 가져와진다. 그리고 아나니아와 삽비라의 경우에서는 성령에 반대하여 부정한 짓을 한 사람이 어떠한 경험을 하게 되는지를 보게된다. 이러한 이야기는 당연히 누가의 공동체를 위한 행동지침이 아니라, 원시 기독교시대로부터의 교훈적인 예이다. 이 이야기는 그러나 누가가 원래 무엇을 이야기하려 하는지를 보여준다: 원칙으로서의 소유 포기가 아니라 하나님에 대한 완전한, 꾸밈이 없는 희생 즉, 하나님을 속이지 않는 것이다. 아나니아와 삽비라는 그들의 모든 소유를 다 포기하지 않아서 또는 단지 그들의 소유의 한 부분만을 헌납해서 벌을 받은 것이 아니라, 그들이 거짓된 행동을 교묘하게 속이고, 또 그것을 가지고 그들의 부당한 성향을 백일하에 드러냈기 때문이다. "아나니아와 삽비라의 죄는 누가에 의하면 물질적인 재산의 이기적인 사용에 있다"(Weiser 1981: 146). 누가가 공동체에 해가되는 행동의 예를 들면서, 공동체와 바나바의 모범적인 행동을 추가적으로 계속해서 조명한다(비. Horn 1983: 42).

III 전승

편집적인 분석은 누가가 단지 4절만을 전승에 첨가한 것이 아니라, 이야기 전체를 재 작업했음을 밝힌다. 전승적인 요소들은 아나니아와 베드로의 이름들, 동사 *nosphizomai*[감추다], 그리고 아나니아의 행동에 대한 베드로의 심판을 통한 그의 죽음이다. 그 전승은 실험적으로 처벌하는 규범기적(Normenwunder)으로서 표기될 수 있다. 아나니아는 기독교 공동체의 규범에 반대하여 부정한 짓을 행하였고, 그것을 위해 베드로의 도움을 받아 그의 생명을 통해 참회를 해야 했었다. 동사 *nosphizomai*[감추다]는 아마도(Weiser 1981: 144) 하나님께 바쳐진 전리품을 훔친 아간의 이야기로부터 유래하였을 수 있다(수 7장). 그것에 대한 회고하에 이 이야기는 고대기독교적-유대적 공간(Raum)속에서 이야기될 것이다. 내용적으로 이 이야기는 유대적 규범기적들에 일치한다.

> "유대적 규범 기적들안에서는 거의 항상 생명과 죽음이 관계되었다: 규범의 이탈은 죽음을 가져왔고, 규범의 성취는 죽음으로부터 그를 보호했다. 율법은 비난하지 않고, 죽인다. 그것은 우리에게 진부하고 비인간적으로 보인다. 특히 사소한 과실에도 신적인 의지의 성취와 관련하여 매우 진지하게 반응한다; 하나님 앞에는 생명과 죽음의 문제이다"(Theißen 1974: 118).

아나니아는 구체적으로 무엇을 위반한 것인가? 이것에 대하여는 여전히 상술되지 않는다. 누가는 겨우 본문의 정황을 통하여 "은닉"을 설명한다. 만약 우리가 이것을 간과한다면, 일반적으로 규범에 대한 위반 또는 공동체의 거룩한 법에 대한 위법만이 남는다. 그러한 위법행위는 아마도 재정적인 것과 관련이 있었겠지만, 그러나 어떠한 경우에도 마치 누가가 그것을 진술하는 것처럼 그렇게 보이지는 않는다. 어쨌든 분명한 것은 초기 기독교에 거룩한 법에 대한 위법행위와 유사한 어떤 것이 있었다는 것이다. 바울은 공동체를 다루는 어느 단락의 마지막에서 다음과 같이 서술한다: "악한 사람은 너희 중에서 내쫓으라"(고전 5:13b). 신명기 17:7로부터의 이러한 인용(비. 신 19:19; 21:21; 22:21.24; 24:9 70인역])과 그리고 바울에게 있어서 그것의 사용은 사도행전 5장의 전승 환경을 설명한다.

바울은 동일한 맥락에서 근친상간을 다루었었으며(고전 5:1-5) 그리고 그를 사탄에게 내주라고 결정한다(비. 행 5:3: 사탄) -육신을 멸함으로 영은 심판의 날에 구원받기 위해서(고전 5:5b). 확실히 고린도전서 5장과는 달리 앞의 전승은 죄인의 미래적인 상태를 반영하는 것이 아니며, 그리고 베드로를 통한 죄인의 사단에게로의 넘겨줌은 명확하게 보도되지 않는다. 그럼에도 그러한 표상의 관계는 동일하다. 한 "거룩한" 남자가 -베드로나 바울처럼- 죽음의 결과를 가져오는 죄인에 대한 거룩한 법을 집행한다. 이러한 것과 함께 베드로는 아마 전승의 구성 요소일 것이라는 사실이 제기된다.

Roloff 1981는 다르게 생각함: 내용과 형식에 근거하여 볼 때, 사도행전 5장 안에는 어떠한 베드로 신화나 전설이 존재하지 않는다. "비록 공동체 안에서의 그의 중심적인 위치와 그의 놀라운 학식이 강조되지만, 그러나 자세히 살펴보면 근본적으로 화자의 관심은 그에게 놓여있지 않다"(92).

IV 역사성

전승은 예루살렘 공동체 안에서 형성되었는데 보다 정확히 말하면 베드로가 그들의 수장이었을 가장 초기 시대에 형성되었다. 고린도전서 5장과의 병행으로 인해 유사한 과정이 역사적 핵심으로서 기초를 이룬다: 공동체의 한 구성원이 거룩한 법을 어겼고 그래서 공동체의 수장으로부터 저주를 받고 축출을 당했다(Stählin 1980: 85은 하지만 돌이킴의 기회 없이 죽음을 가져오는 그러한 행동이 바울이나 예수의 영과 함께 사용되는 것은 부적합한 것으로 여긴다. 그럼에도 고전 5장은 생각할 것을 준다!). 그가 죽었는지 하는 것은 그러나 불확실하다(Reicke 1957: 89는 다르게 생각함). 확실한 것은 그가 거룩한 법에 따르면 죽어야 한다는 것이다. 그렇게 "하나님의 판결은 죽음의 결말을 가져오는데 그것으로 가는 과정의 단계는 민족적 전승의 율법에 일치한다"(Roloff 1981: 93). (죽음의 결말을 이끄는 저주의 역사성에 대하여서는 Remus 1983: 93 이하를 참조.)

결말부분에 다시 한 번 강조되는 것은 아나니아의 범죄가 더 이상 정확하게 분명하지 않다는 것이다. 그리고 이 단락은 "원시 공동체의 공유재산을 위한 증거"로서는, Jeremias가 생각한 것처럼(1969: 146 A4), 전혀 해당되지 않는다. (Jeremias, 위의 책: "아나니아의 죄는 그의 거짓말이 아니라, 하나님에게 헌납된 재산의 은닉이다".)

사도행전 5:12-16

I 목차

- 12a: 사도들의 표적과 기사
- 12b: 솔로몬 행각에서의 일치단결한 그리스도인들의 모임
- 13절: 그리스도인들에 대한 주변인들의 태도
- 14절: 공동체의 점차적인 증가
- 15절: 베드로의 그림자를 통한 병 고침
- 16절: 예루살렘 근처로부터 모여드는 환자들의 병 고침

II 편집

이 단락은 사도들의 기적의 능력을 묘사하는데, 이들의 능력은 소멸하지 않는 폭풍처럼 기독교 공동체로 흘러간다. 그리고 이 단락은 사도행전에서의 마지막 자세한 요약이다. 실제로 그것은 사도들의 기적에 관한 그의 묘사들 안에서 모든 다른 요약들을 가려 주목받지 못하게 한다.

이 단락은 다양한 긴장들을 내 보인다: 12a와 12b는 내적인 아무런 관계도 없이 서로 연결되어있다; 13a와 13b도 마찬가지이다. 13a에 따르면 나머지 사람들 중 그 누구도 공동체에 상종할 것을 엄두도 못 냈으며, 13b에 따르면 그들은 그리스도인들을 칭송한 것처럼 보인다. 15절은 12a와 관련이 있는 것처럼 보이는 *hoste*[그래서]와 함께 시작되는데, 지금의 맥락에서는 관계없이 사용된다. 이러한 현상은 이 단락에서 원 자료와 전승들을 가공한 것이라는 사실을 암시하지 않는가? 그런데 언어적인 현상뿐만 아니라 내용적인 현상도 이에 반대하여 말한다. (단원 III과 IV는 그러한 이유로 제외한다.)

12a

semeia kai terata polla[많은 표적과 기사]는 언어적으로 누가의 것이다. 이 절은 2:19.22.43; 4:30과 연결되어 있고, 여기서 다시 한 번 요약적으로 사도들의 기적을 분명히 밝힌다.

12b

homothymadon[한마음으로]는 언어적으로 누가의 것이다. 그리스도인들이 한마음으로 솔로몬 행각에 모여 있었다는 소식은 이미 성전에서 그리스도인들이 한마음으로 함께 한다는 2:46로부터 알려진 생각을 변화시킨다. (이미 3:11에서 언급한 솔로몬 행각은 누가에 따르면 성전 안에 존재한다.)

13절

kollasthai[상종하다]는 *emegalynen*[칭송하다]과 마찬가지로 언어적으로 누가의 것이다. 주민들의 두려움의 표시를 통하여 누가는 5:1-11과 연결시킨다; 비. 특별히 11b: "그것에 관하여 들은 모든 사람들이 크게 두려워하였다" 다른 한편으로 백성들을 통한 그리스도인의 존경은 다음의 에피소드를 위해서 필요하다.

14절

prosetithento[더하여지다], *pisteuontes*[믿음을 가진 자], *plethe*[무리], 남자들 특별히 여자들에 대한 언급은 누가에게 있어서는 자주 있는 일이다. 내용적으로 공동체의 성장에 관한 메모들은 시종일관 그들의 공적인 행동에 관한 보도들과 연결된다.

15절

이 절은 12-14절에서 묘사하는 사건들의 영향을(*hoste*[그래서]는 *mallon*[더 많이, 14절]과 연결되지 않고, 12-14절과 연결된다) 보여준다. 15a+b는 저자가 누가복음에서는 건너뛰고 여기서 첨부하는 마가복음 6:56과 일치한다. 베드로의 기적적인 그림자에 관한 보도인 15c는 바울의 손수건에 관한 메모인 19:12에서 병행을 갖는데, 이것은 아마도 저자의 의도일 것이다.

16절

synercheto[함께 모이다]와 *plethos*[무리]는 언어적으로 누가의 것이다. 이 절은 복음 설교의 전파에 관한 계속되는 보도를 전해준다: 예루살렘 외부의 전 도시가(누가는 6:17에서처럼 멀리 떨어진 유대 도시를 생각했다) 그들의 병을 고치기 위하여 수도로 왔다. 이러한 표현으로 누가는 다음의 장(章)을 미리 준비하는데, 그 안에서 복음이 "밖으로" 전파 된다(행 1:8). "사람들이 근처의 도시들로부터 모여든다는 언급은 사회문화적 환경과 완전히 일치한다. 거기서부터 그리고 그 안에서 누가는 예수, 사도 그리고 선교사들의 사역을 도시선교로서 본다"(Weiser 1981: 150). (Judge 1964: 12 이하. 그는 16절을 공개적으로 역사적으로 신뢰할 만한 것으로 인정한다.)

사도행전 5:17-42

I 목차

- 17-18절: 발단: 대제사장과 사두개인을 통한 사도들의 체포
- 19-21a: 기적적인 구출과 사명의 위임
  - 19절: 주의 천사를 통한 감옥으로부터의 구출
  - 20절: 성전 안에 있는 백성을 가르치라는 지시
  - 21a: 지시의 이행
- 21b-40절: 산헤드린 공회 앞에서의 사도들
  - 21b: (산헤드린의 회의 이후에) 감옥으로부터 끌고 오라는 지시
  - 22절: 시종들이 사도들을 발견하지 못함
  - 23절: 산헤드린에 보고
  - 24절: 성전 맡은 자와 제사장들의 당혹함
  - 25절: 성전 안에서 옥에 갇혔던 자들이 가르침
  - 26-27a: 사도들을 끌어와 산헤드린 앞에 세움
  - 27b-40: 심문
    - 27b-28절: 고소
    - 29-32절: 변호: 베드로와 사도들의 연설
    - 33절: 듣는 자들의 분노의 반응
    - 34-39b: 가말리엘의 연설
    - 40a: 가말리엘의 연설에 대한 동의
    - 40b: 사도들의 처벌과 석방. (복음전파를 다시금 금지함)
- 41-42절: 그리스도의 이름으로 고난당하는 것에 대한 사도들의 기쁨과 성전에서 다시금 전파함

II 편집

이 에피소드는 사도행전 3-4장의 주제를 변경한다. 유대교 관원은 그리스도의 전파에 대한 반감을 가지며, 사도들에게 설교를 금지한다. 그리고 이것은 계속하여 앞으로 진행된다(비. 행 4:18-20).

17-18절

anastas[일어나다], *eplesthesan*[가득하다], *epebalon tas cheiras epi*[~의 손을 묶다], *demosia*[구금]는 언어적으로 누가의 것이다. 이 절은 사도들의 구금이 유대 관원들의 *zelos*(시기)에 근거함을 보도한다. 사도들의 선포가 큰 성과를 가져오자 이에 관한 불쾌함이 저변에 깔려있다. 비. 4:2의 평행본문, 여기서 유대 귀족들이 백성들의 가르침에 대하여 불쾌감을 갖는다(*diaponoumenoi*[불쾌, 격분하다]). 5:18의 구금에 관한 보도는 4:3과의 비교 속에서 역시 평행구이다.

19-21a

천사를 통한 감옥으로부터의 사도들의 구출에 관한 이야기는 사도행전 4장에서 어떠한 평행구도 갖고 있지 않다. 그 대신에 12:4-10과 16:23-34의 구출기적과 일치함을 보여준다. 물론 5장의 구출기적 사건에 대한 설명이 12장이나 16장과는 달리 상대적으로 구체적이지 못하다. 본문은 기껏해야 구출기적의 개별적인 특징만을 담고 있다. 그 특징은 누가가 여기서 처음부터 사도들을 위한 하나님의 개입을 강조하기 위하여 이야기 정황상 삽입시킨 것이다. 이하에서는 구출기적은 더 이상 관계가 없다. 오히려 대제사장은 심문을 하면서 4:18의 금지, 즉 더 이상 예수의 이름으로 가르치지 말라는 것을 연상시킨다. 그래서 구출기적에 대한 보도는 서술영역에 있어서 다른 영역 위에 놓여있는데, 그것은 저자-독자-영역(Autor-Leser-Ebene)이다(비. 38절 이하에 대한 설명).

21b-40절

이 단락은 확실히 누가의 것이다. 비. 다음의 단어들은 언어적인 그리고 내용적인 증거들로서 누가가 그 장본인임을 제시하는 것들이다: 21절: *paragenomenos*[오다]. 22절: *paragenomenoi*[오다], *apeggeilan*[보고하다]. 23절: 언어적인 화법은 이야기 전개에 활기를 준다. 24절의 *an*과 함께 사용되는 잠재적 희구법은 10:17절에서도 비슷하게 발견된다. 25절:

paragenomenos[오다], *apeggeilan*[보고하다], *idou*[보라]. 26절: 백성들을 고려함. 비. 4:21과 비슷. 27a는 다음단계로 넘어가는 도입 역할을 한다(*agagontes*[이끌다]는 26절의 *egen*[이끌다]을 취한다). 28절: 고소는 사도들이 금지되어 있음에도 불구하고(비. 4:18) 백성들을 예수의 이름으로 가르쳤다(28a)는 것이며, 사실 예루살렘은 기독교적인 가르침으로 가득찼다(28b). 이어지는 설명, 즉 그들이(아마도) 인간의(예수) 피를 그들의(공회의 회원들) 수장에게 돌리기 위함(28c)이라는 것은 이야기의 긴장감을 높인다. 동시에 그것과 함께 "독자는 산헤드린의 이어지는 행동방식에 주목하게 된다. 산헤드린에게 예수의 처형뿐만 아니라 사도들에 대한 대응이 하나님에 의해 처벌받을 죄를 이끄는 것으로서 우회적으로 보인다."(Schneider 1980: 394). 28절은 4:18에 근거하여 편집으로서 이미 증명된다. 29-32절: 베드로와 사도들의 이어지는 연설은 앞의 단락 사도행전 4장과 관계된다. 비. 29절: "사람보다 하나님께 순종하는 것이 마땅하니라"와 4:19: "하나님 앞에서 너희의 말을 듣는 것이 하나님의 말씀을 듣는 것보다 옳은가 판단하라?!" 30-32절은 소크라테스를 생각나게 하는(비. Plato, Apol 29D) 베드로의 문장을 통하여 기독론적인 부분을 보완한다; 이 문장은 이미 앞선 장에서 보여준 칭호를 포함한다: 30절: 예수의 죽음에 있어서 핵심 역할을 한 유대인들에 관한 묘사(비. 2:23; 3:14 이하; 비. 특별히 30b와 10:39 마지막 부분의 언어적인 일치: *kremasantes epi xylou*[나무에 매달다]);(죽은 자의) 일으켜 세움의 묘사(비. 2:24; 3:15). 31절: *archegos*[다스리는 자]로서의 예수에 대한 표현(비. 3:15: *archegos tes zoes*[생명의 주]); 예수를 하나님의 오른편에 높이 올리심(비. 2:33).

높여지신 예수의 사명은 회개함과 죄의 용서함을 주는 것이며(31절), 그러한 사명은 사도행전에서 다시는 나타나지 않는다. 사람들은 그래서 때에 따라서 여기서 하나의 전승적인 표현을 발견할 수 있지 않을까라고 생각한다. 왜냐하면(11:18에서처럼) 회개는 다른 곳에서는 인간의 측면에서 첫 번째 행동으로 제시되지만, 여기서 "회개는 주어진 구원의 선물로서 이해되기" 때문이다(Conzelmann 1977: 214 A1). 그럼에도 이러한 구분은 지나치게 세심한 것이다. 나 역시 앞의 사용을 편집적인 것으로 본다. 왜냐하면 첫째로 회개와 용서는 누가가 자주 한 쌍으로 사용하는 용법이며, 둘째로 31절은 내용적으로 2:33과 일치한다: 하나님의 오른편에 높여지신 예수는 성령을(선물로서) 부어준다.

사도의 증인됨에 대한 보도인 32a는 누가의 것이다; 비. 같은 표현 2:32; 3:15(기독론적 표현의 관계속에서). *rhematon touton*[이 말씀에]은 하나님의 구원행위를 가리킨다(=죽음에서 깨우심, 승천, 예수를 통한 회개선물), 즉 *rhema*[사건, 말씀]는 여기서 종종 누가에게서 발견 되듯이 "핵심"이다(비. Schneider 1980: 397). 32b: 성령도 사도들과 함께 독립적인 증인이라는 표현은 누가에만 있는 독특한 것이다. 비록 Conzelmann에 의하면 "사도와 영의 함께하는 증언이 사도행전 2:32 이하와 누가복음 24:48 이하를 통하여 설명되지만"(1972: 48; 그를 따름 Schneider 1980: 317), 그럼에도 언급된 위의 절들에서는 어떠한 병행구도 놓여있지 않다(Schille 1983: 162). 군중들의 성난 반응이 보이는 33절은 사도들의 연설에 대하여 흔히 보이는 반응이다. 34-39절은 편집적으로 이해할 수 있게 만들어졌다. 덧붙여서 34절은 사도행전 4:15에 일치한다: 이 두 경우에 사도들은 회의에 앞서 그 장소를 떠난다. 가말리엘의 충고인 38절 이하는 누가의 호교론적 프로그램을 포함한다 (Conzelmann 1972: 49). "하나님으로부터 났다"는 기독론적인 계획은 독자의 입장에서는 당연히 이미 오래 전부터 분명한 것이다. "하나님은 그의 놀라운 개입(구출기적사건)을 통하여 사도들의 말과 행동의 선포를 그의 것으로 만들었다"(Kratz 1979: 454). 누가는 그와 동시에 바리새인들을 기독교인 곁으로 밀어 옮긴다. 왜냐하면 두 집단은 사두개인과 달리 죽은 자의 부활에 대하여 가르쳤기 때문이다(비. 23:6-9). 그렇기 때문에 사두개인은 적대자로서 그리고 기독교인들의 핍박하는 자로 보여진다. 가말리엘의 충고는 두 개의 역사적 사건의 예를 통하여 지지되는데, 드다와 유다의 봉기가 그것이다. 이 사건들은 여기서 누가로부터 기인한 것임이 틀림없다. 드다는 기원후 44년에 비로소 등장한다(비. Josephus, Ant XX 97-99). 비록 누가가 인구조사에 대한 잘못된 표상을 갖고 있다고 하더라도, 유다의 인구조사에 대한 편입은 역사적으로 옳은 것이다. 누가는 가말리엘의 연설을 그것에 역사적 암시를 부여하기 위한 기회로 이용한다. 그러나 만약 이것을 편집적인 재료라고 볼 수 있다면, 가말리엘이라는 인물 또한 누가가 삽입한 것이 틀림없다. 당연히 "고위지도층"으로 비유되는 가말리엘에 대한 표현방식은 그에 의하여 주어진 충고와 매우 잘 맞는다. 그럼에도 불구하고 -가말리엘의 역사적인 파악에 대한 어려움을 제외하더라도- 그것에 대한 증거자료들은 그것에 대조적이다. 즉(누가의 설명에 따르면) 가말리엘의 제자였던 바울은 그의 선생에게 묘사된 것처럼 분명히 그렇게 관용적이지 못하였다. 그럼으로 다음과 같이 사실들이 남는다: 인물과 가말리엘의 연설은 여기서 누가적인 창작이다(5:38 이하에서 역사적인 핵심을 발견하기 위해서는 IV를 보라). 40절은 5:28과 4:18을 언어적으로 의지한다. 가말리엘에 대한 산헤드린의 동의에도 불구하고 사도들이 여전히 채찍질 당하였다는 사실이 흥미롭다. 이러한 긴장은 편집적으로 가장 잘 설명된다: 사도들의 고난은 누가의 시대에는 모범적인 특징이다. (비. 41-42 에서도 역시.)

41-42절

이 절들은 언어적으로 그리고 내용적으로도 확실히 누가의 것이다. 이들은 다시 한 번 유대교 안에서의 원시 공동체의 뿌리 내림을 표시한다(비. 성전 안에서의 설교). 그러나 고난(비. 14:22)의 모토(Motto)를 통하여 누가의 교회와 그 안에서의 기독교 존재의 현재적 실존이 무엇인지를 암시한다.

요약해서 판단해보면, 구출기적(19절 이하)을 제외하고는 사도행전 5:17-42은 사도행전 3-4장의 변형이다. 거기서 사도 베드로와 요한은 그들의 기적행위와 설교행위 때문에 체포되었고, 공회 앞에 끌려왔으나 빈약한 법률상의 이유 때문에 경고 조치 이후에 다시 풀려났다. 누가는 5장에서 모든 사도들이 그들의 효과적인 사역 때문에 유대 관원들로부터 새로이 잡히고, 그러나 모든 시간에 그의 선교사들을 위하여 개입할 수 있는 하나님에 의해서 놀랍게 풀어지게 된다는 사실을 통하여 이야기를 고조시킨다. 공회 앞에서의 새로운 심문 속에서, 예수의 이름으로 행해지고 하나님이 원하시는 사도들의 전파에 대한 어떠한 인간적인 금지에도 효과적으로 반대할 수 있다는 것이 표현된다. 가말리엘은 계획적으로 기독교적인 사건이 *theomachos*[하나님에 대항하는 자] 즉, 누구도 무너뜨릴 수 없는 것이라는 사실을 강조한다(저자-독자-영역). 이 장은 순교와 끊임없는 복음의 전파에 대한 간접적인 전망과 함께 끝이난다.

III 전승

누가는 위에서 언급한 근거로부터 구출기적의 요소들을 그의 손으로 끼워 넣는데, 그 기적은 사도행전 12장과 16장의 구출기적과 함께 유사한 것을 제시한다. 그 기적은 여기서 그의 근원적인 자리를 갖지 못하며, 다음에 오는 행동은 더 이상 그것과 관계를 갖지 않는다. 그 외에 이 전체 장은 누가에 의해서 가공된 것으로 드러난다. 구출기적의 요소들이 12장, 16장과 비기독교적인 유사한 것들과의 비교에서 제시한 것처럼, 전승에 기인한다.

30절은 신명기 21:22 이하(70인역)를 암시한다. 21:22 이하는 기독교 이전 시기에 있었던 근원적인 의미와는 달리(여기서는 돌로 쳐서 죽인 다음 죽은 자를 나무에 다는 것을 의미한다) 십자가를 암시할 수 있다(비. Tempelrolle, Kol. 64,6-13). 이러한 암시는 예수의 죽음에 관한 누가의 고유한 생각이라고 거의 할 수 없고(비. 그러나 눅 23:39[마가와는 다름]), 예수의 죽음과 관련한 전승이다(비. 갈 3:13)-당연히 공동체의 신학적 성명으로써가 아니라, 회당의 반대 논증으로써 이다(비. Dietzfelbinger 1985: 36 이하; 다름 Friedrich 1982: 122-130).

드다와 유다에 관한 정보는 문서라든가 구전으로 내려오는 정보들에 기인한다(이 질문에 대해서는. Dibelius 1951: 159-160). 가말리엘이라는 인물은 바울이 살았던, 기독교 이전 시대의 전승으로부터 누가에게 알려진 것이거나(22:3), 또는 그의 일반적인 지식의 한 구성요소였을 것이다.

IV 역사성

구출기적 전승의 요소는 누가에 의해서 이 자리에 비로소 삽입된 것이다. 이 요소들은 역사적 사건과는 아무런 관련이 없다.

30절의 전승적인 특징에 대하여 위에서 말하여진 것으로부터 다음과 같은 결론이 도출된다: -역사적으로 판단되는 것- 신명기 21:22 이하와 관련된 유대적 언급은 예수 메시야성의 기독교적 주제에 반대되는 논증이며 그리고 예수의 부활에 대한 기독교적인 예증은 기독교적인 대답을 제시한다. 사람들은 덧붙여서 바울 스스로가 그의 기독교 이전의 시대에 21:22 이하를 회당의 반기독교적인 논증으로써 잘 알고 있었음을 전제할 수 있다. 이러한 추측의 정당성은 바울에게 있어서의 십자가의 신학이 갖고 있는 예리함과 그 윤곽을 설명한다.

5:38 이하의 가말리엘의 충고를 Roloff는 최근에 신중하게 역사적 사건으로 소급한다(비. 역시 Hengel 1976: 82). 그러한 주장이 정당성을 얻기 위해서는 여기서 다시 연구돼야 한다:

> "가말리엘의 연설은 전승의 사용 없이 성공적으로 존재하기는 쉽지 않다. 그것이 비록 그 이전의 형식 속에서 누가에 의하여 가공된 연설의 모든 특징들을 지니고 있지만; 그럼에도 그가 본문 속에서 그 연설의 위치와 내용에 대하여 전승 속에서 그러한 발판 없이 작성했었다는 것은 거의 생각할 수 없으며, 게다가 우리가 완전히 확정할 수 있는 것에 이의를 제기한다. 적어도 예루살렘 공동체 안에 저명한 바리새인인 가말리엘의 입장표명, 즉 그리스도인들에게 대하여 인내할 것을 충고하는 그러한 견해는 전승으로 내려오고 유대 반대자들과의 논쟁 안에서 한 유명한 유대 권위자의 긍정적인 증언으로써 인용됐다는 것이 추측된다. 사람들은 여기서 38절 이하에 대하여 자세하게 생각해야만 한다. 장로 가말리엘은 주후 25-30년에 바리새적 유대교의 지도자 중 한 사람이었다. 그 유명한 랍비 힐렐의 손자로서 그는 진보적이고 관용과 인도주의적인 정신을 가진 율법에 충실한 자로 말한다.…그것은 저 진보적인 바

리새주의의 정신에 일치한다. 이단적으로 알려진 모임에 대한 경고가 너무 경솔하다 생각하여 하나님의 역사의 주권에 대하여 두려움으로부터 충고한다"(1981: 100 이하).

덧붙여서

1. 누가가 중요한 연설을 스스로 만들 수 없다는 그러한 추측은 확연하게 편집적인 밀레에서의 바울의 연설(행 20:18-35) 때문에 의문스럽다.

2. 유감스럽게도 우리는 역사적 가말리엘 I세에 관하여 Roloff가 안다고 잘못 생각한 것처럼 그렇게 많이 알 수 없다. 가말리엘은 힐렐의 손자도 아니었고, 힐렐과 가말리엘 I세 사이의 연결점은 충분히 확실하지 않다(Neusner 1971[1권]: 375). 일반적으로 Roloff의 진보적이고 관용과 인도주의적인 정신을 가진 율법에 충실한 자의 대변인으로서의 힐렐에 대한 성격규정은, 호평에도 불구하고 신약성서 저자들에게는 더 이상 받아들여지지 않은 랍비적 문헌의 무비판적인 사용으로부터 유래한다; 비. Neusner 1971(3권): 320-368(비. 진보적이고, 박애적인 의무가 있는 힐렐에 대하여는 특별히 338. 340). 결론적으로 랍비적인 문헌들로부터 사도행전 5:38 이하의 가말리엘의 충고와 비슷한 문장이 언급된다: MAboth 4:11: "신발(샌들) 수리공인 R. Johanan(아키바의 제자)는 말한다: 하나님의 이름으로 거행되는 저러한 조합은 언젠가 반드시 발생한다. 그러나 하나님의 이름으로 이뤄지지 않는 것은 끝내 일어나지 않는다"(비. MAboth 5:17).

최종결론: 사도행전 5:38 이하의 분명한 누가적인 맥락 때문에 그리고 역사적 불가능성 때문에, 랍비적 문헌들로부터 발생한 "가말리엘의 충고"를 편집적인 것으로 보이게 한다. 분명히 위에서 새겨진 결론은 5:38 이하를 편집적인 것으로 보이도록 증명한다. Roloff가 주장한대로(1981: 101) 가말리엘의 충고를 시간적으로 아그립바의 박해시기로 옮기는 것은 누가의 진술을 더욱 신빙성 없게 만든다.

사도행전 6:1-7

I 목차

- 1절: 발단: 헬라 과부들이 등한시 여김을 받는 문제
- 2-6절: 분쟁해결: 7인의 선발
- 7절: 전체적인 요약과 공동체와 관련하여 제사장들에 관한 메모

II 편집

6장과 함께 사도행전에서 새로운 장이 시작된다. "6:1 이하의 집사들의 제정에 관한 보도를 통한 설명이 도입된다. 공동체의 공산주의적 구조에 관한 묘사는 2:44 이하와 4:32-5:11을 계승한다."(Meyer III: 154). 지금까지 예루살렘에 국한되어 있던 선교는(5:16의 암시이후에) 헬라인들의 선포를 통하여 주변 지역에 퍼지게 된다. 다음에서(6:1-8:3) 스데반이라는 인물은 후에 빌립이라는 인물이 등장하는 8:4-40에서처럼 중심에 서있다. 누가는 한편으로는 헬라파와 예루살렘 교회 지도자들과의 화해를 묘사하지만, 다른 한편으로는 예루살렘 사람들과 헬라파 공동체 사이에 존재하는 분쟁을 완전히 없앨 수는 없다.

1절

이끄는 말로 쓰인 "그 날에"라는 사용은 누가의 것이다. 이러한 가정을 위하여 절대적 소유격(Genitivus abs.)이 새로운 에피소드를 위한 이끄는 말로서(비. 4:1 등) 그리고 일반적인 시간언명을 위한 그 평행구들(비. 눅 2:1; 행 11:27; 12:1; 19:23 등)이 사용된다. 1절은 4:35b로 소급한다. 4:35로부터 독자들은 사도들이 개개인의 필요를 위하여 돌봐주고 있었음을 알 수 있다 (비. 2절).

1-2a는 전승의 흔적들이 엿 보인다(반대. Roloff 1981: 107). 이러한 가설을 위하여 제시하는 근거들(공동체의 표시로서 "제자", "사도" 대신에 "열둘")이 이론의 여지가 없는 것은 아니다. 즉 누가는 여기서 아마도 사도들 대신에 열둘에 관하여 말하는 것일 것이다. 왜냐하면 그는 그 이후에 일곱에 관하여 보도하기 때문이다. "제자"라는 표현은 비록 행 1-5장에서는 사용하지는 않지만, 그 이후에 매우 자주 등장한다(28번). 그 밖에도 누가는 그러한 표현을 마가로부터 익히 알고 있었다. Roloff에게 가하는 비평은, 누가가 전승의 영향 아래에서 보도하는 것이 아니라는 사실을 의미하는 것이 아니라, 아마도 그가 1-2a에서 어떠한 원 자료도 따르지 않는다는 것이다(1b를 전승의 요소로 보려는 것은 III을 보라).

1절이 보도하는 분쟁은 설득력이 있다. 많은 경건한 유대인들이 그들의 황혼에 예루살렘으로 이주했는데, 그 이유는 거룩한 도시에서 묻히기 위해서이다. 그들의 과부에 대한 돌봄은 그래서 상대적으로 자주 등장하는 문제였다. 처음 1세기의 유대교는 그들 안에 있는 가난한 자들을 돌보기 위하여 두 개의 서로 다른 방식을 알고 있었는데, 그것은 tamchuj와 kuppa이다. tamchuj는 매일 방랑하는 가난한 자들에게 먹거리(빵, 콩 그리고 과일들…절기에는 거기에 해당되는 포도주)를 나누어주는 것이다. kuppa는 주말마다 도시의 빈민들에게 먹거리와 옷을 나누어 주는 것이다(Jeremias 1969: 147; 비. Bill. II: 643-647 그리고 특별히 Krauss 1912: 68 이하).

Seccombe 1978는 단지 Jeremias에 의해서 인용되는 문헌(MKet 13:1-2; MPes 10:1; MSchek 5:6 [Jeremias는 내 생각으로는 여전히 MPeah 8:7도 인용했을 것이다]) 들의 역사적인 무게만을 부정하는 것만이 아니라, 예루살렘과 1세기의 유대 디아스포라에서 가난한 자들을 위한 돌봄의 시설들이 존재하였는가에 대한 것이기도 하다. -이것은 설득력 있는 주장이다.

Jeremias는 다음과 같은 사실에 주목한다: "매일의 분배는(행 6장)

tamchuj를 가리키며, 지방에 거주하는 사람들을 통한 수령(가장 먼저는 과부)은 kuppa를 원형으로서 가리킨다"(위의 책).

이제 먼저 빈민 구제를 위한 유대 기구와 사도행전 6장에서 보도하는 과부를 돌보는 것 사이에 여전히 설명적인 연관성이 존재하는지가 먼저 강조되야 한다. 왜냐하면 6장은 처음 기독교의 초기 50년 안에 예루살렘에 있는 유대-기독교적인 그룹 내부에서 진행된 사건에 대한 내용을 갖고 있기 때문이다. 그럼에도 불구하고 정주하고 있는 가난한 사람들의 그룹을 위하여 돌봄의 방식이 어떻게 수행됐는지에 대한 -그러한 돌봄의 방식은 원래는 방랑자의 필요를 위하여 유효한 것이다- 그러한 모순은 설명되어야 한다.

해결을 위한 제안

가능성 1(Jeremias 1969: 147; Haenchen 1977: 255; Schneider 1980: 424; Roloff 1981: 109; Reicke 1957: 117-110에 의해서 제시됨): 기독교인들은 유대 공동체의 빈곤보호 안에 더 이상 편입되지 못하였다. 이 가설은 때때로 서로 다른 방식으로 다음과 같이 세분화 된다:

a) "돌봄과 안전을 장기적 안목으로 가능하게 하는 적당한 계획을 초기의 공동체는 갖고 있지 않았다. 사람들이 각각의 경우에 매일 매일 계획 없이 지금 갖고 있는 식료품을 나누는 것이 재산공유의 열광적인 성격에 적당하다"(Roloff 1981: 109).

b) "'매일의 직무수행'은 저런 장기적인 계획수립을 하는 준비의 결핍에 일치한다. 사람들은 예수께서 주기도문(눅 11:3=마 6:11)에 그리고 다른 날에 대한 염려를 금지한 것(마 6:34)에서 그것을 말한 것처럼, 그날 벌어 그날을 산다"(Hengel 1975: 182).

c) "사람들은 이 '헬라' 과부들이 빈곤한 자들의 공동식사에서 간과 당했을 것이고, 고려되지 않았다고 상상할 것이다. 그리고 이것은 악한 의도에서 일어난 사건은 아니었다. 이 과부들이 '헬라인'에 포함된다는 사실은 오히려 그

들이 절대적으로 빈곤한 자들로 계산하지 않은 예루살렘 공동체로 편입되는 것을 암시한다"(Schottroff/Stegemann 1978: 152).

비판: 그리스도인들은 더 이상 유대 공동체의 빈민 구제 속에 편입되지 못했다는 일반적인 가설에 대하여 비판적으로 다음과 같은 사실이 덧붙여진다. 즉 초기에 유대 공동체로부터 예루살렘 공동체의 분리를 위해서는 아무도 말하지 않는다. 헬라인들이 도피할 때에 예루살렘의 원시 공동체에 남아있었던 자들은 이러한 가능성에 대하여 말하고 있지 않다.

뿐만 아니라 다음의 내용들이 위의 가설의 다양한 개별적인 설명들에 대하여 다음과 같이 말한다:

a에 대하여: 분명한 편집적인 표현과 관련이 있음에도 재산공유에 대한 지시가 등장하지 않는다.

b에 대하여: 만약 사람들이 염려에 대한 예수의 금지를 사도행전 6:1과 연결시킨다면, 왜 한 특정한 그룹만이 그것에 대하여 부정적으로 당면해야 하는가에 대한 질문이 생기게 된다.

c에 대하여: 헬라파 과부들이 빈곤한 자들에 포함되지 않았다는 가정은 그들이 아마도 평균적으로 나은 경제적 상태에 있었다 하더라도 이러한 피상적 상태에서는 거의 옳지 않은 것이다. (그밖에도 그것이 어떻게 '불평'이 되었는지에 대하여 설명하고 있지 않다. 편집인가?)

가능성 2: 그 모순은 유대적 사회 복지에 대한 정확한 지식을 갖고 있지 않은 누가에 기인한다. 헬라 과부들의 급식에 대한 분쟁은 그렇기 때문에 분명히 누가의 편집이다. 분쟁의 표시를 위한 자료를 누가는 유대의 가난한 자들을 위한 사회 복지의 막연한 지식으로부터 갖고 있다(유대의 습관이나 풍속에 대한 무지는 누가의 작품들 속에서 드문 일이 아니다 -비. 눅 2:22; 행 9:1-2; 16:3; 21:26 이하; 22:30). 우리는 이러한 설명을 임시적으로 우연한 것으로 여기고, 그리고 그것이 계속되는 분석에서 입증되는지 보게 될 것이다. (왜 누가가 여기서 절대적으로 히브리인과 헬라인 사이의 분쟁을 묘사했는지에 대한 질문에 대하여는, IV 이하 역사를 참고.)

2-6절

2a는 누가의 교회가 갖고 있는 기본법(정관)을 전제로 하는 것처럼 보인다. 두 개의 지도기관이 서로 맞대어 있는데, 공동체 지도자 -여기서는 12 사도- 그리고 총회가 그것이다.

공동체 지도자는 총회를 소집하고 그들의 안건을 제출한다(비. Roloff 1981: 109). 3절: (plereis[가득한]) *peumatos kai sophias*[성령과 지혜]는 다음에 오는 10절에서 스데반의 특징으로써 나타난다. 과부들에 대한 돌봄이 주 임무인, 일곱 집사의 과제에 대한 표시는 2:45; 4:35의 요약을 수용하는 그러한 사용과 함께 표기된다. 거기서 말하여지는 것은, 사도들은 원시 공동체의 재산을 분배하였었고, *kathoti an tis chreian eichen*[각자의 필요에 따라], 그래서 계속해서 일곱 집사가(더 이상 사도들이 아니라) 이러한 과제를 (*tes chreias tuates*[이 일에 관하여]) 이어가야 한다.

Schille 1983는 다름: *diakonein trapezais*[식탁 봉사]라는 사용은 물질적인 배려와 관련이 있는 것이 아니라, 성찬식에서의 제의적인 섬김에 기인한다고 주장한다(비. Neudorfer 1983: 92-94 역시 동의함). "사람들은 Did. 11:9(trapeza=성찬식 식탁)을 갖고 성체의 기능, 더 근본적인, 제의적인 기능을 생각해도 된다"(Schille 1983: 169). Schille에 반대하여 Did 11:9의 trapeza는 성찬식 식탁이 아니라, 사람들에 의해서 배불리 먹는 보통의 식탁을 의미한다(비. Did 11장의 본문맥락).

4절은 12사도가 기도와 말씀 전파에 전심했다는 누가의 표상을 전제로 한다(비. 두 임무에 대하여 2:42; 4:29 -*diakonia tou logou*[말씀 사역]라는 표현을 위해서는 눅 1:2: 말씀의 종으로서의 목격자=12 사도). *proskarterein*[힘쓰다]는 사도행전에서 6번 등장하고, 전체 신약성서에서는 10번 등장한다. 5

절은 다시 2절로 우리의 시선을 이끌고, 2절에서와 똑같이 교회의 정관을 전제한다; 12사도(=공동체 리더)에 의하여 제안된 안건들은 제자(=공동체 총회)들의 동의를 얻는다. 누가는 아마도 전승적인 목록인 5절을 확실히 갖고 있었을 것이다. 그 목록의 가장 윗 자리는 스데반이 차지하고 있는데, 그는 곧 이야기의 중심에 서게 된다. 두 번째 자리는 빌립이 차지하게 되는데 그 것은 우연이 아니다. 왜냐하면 그는 이제 8:4부터 주요인물이 되기 때문이다. 마지막 자리는 개종자 니골라가 차지하게 된다. 그것은 전승일 수 있으나, 그러나 역시 편집일 수도 있다. 누가는 마지막으로 자신이 개종자와(완전한) 유대인 사이의 차이를 알고 있다는 것을 보여주려 했는지도 모른다. 6절: 안수는 누가의 것이다. 그것은 13:3(14:23) 특별한 임무에 대한 임명을 할 때에 보인다(비. 딤전 4:14).

7절

7a는 누가의 요약이다. 하나님의 말씀의 성장에 관한 메모와 제자들의 수의 확대는 1절("…제자가 더 많아졌는데…")을 돌아보게 한다(비. 이전 5:14). 숫자에 대한 언명(2:41. 47; 4:4)이후에 누가는 언급한 일반적인 묘사들을 통하여 공동체의 성장과정이 멈추지 않고 계속됨을 강조한다(비. Lohfink 1975b: 52). 7b: 많은 제사장들이 공동체에 합류하였다는 소식은 새로운 단계로의 향상을 암시한다. 왜냐하면 지금까지는 유대 백성들의 일부만이 기독교인이 되었기 때문이다. 이러한 소식을 통하여 전체 백성들로부터 그들의 모임은 특별하게 설명된다(비. Lohrfink, 위의 책.). "아마도 그 메모는 그들이 성전에서의 하나의 새로운 입지를 얻게 되었음을 표기하는 것이거나, 성전에서의 기독교적인 입지가(비. 스데반에 대한 비난, 6:11. 13 이하) 그들의 섬김과 협정될 수 있었음을 표기한다(Schneider 1980: 430).

III 전승

이 단원의 전승의 근원은 5절에 있는 일곱 집사의 명단 속에 자리잡고 있다. “일곱 집사 모두가 그리스식 이름을 갖고 있다; 이것으로부터 헬라적 출신이라는 사실이 분명해진다: 스데반, 빌립, 브로고로, 니가노르, 디몬, 바메나 그리고 니골라”(Schneider 1980: 428). “일곱”이라는 수는 거룩한 수이며(Bauer 1963: 605), 이것은 이미 전승에 속하였다. 사도행전 21:8의 확인을 위해 여기서 다시 얘기할 필요는 없다. 왜냐하면 거기서도 빌립은 일곱 집사중 한 사람으로 불려지기 때문이다. 어쩌면 언급된 리더적 특징이 7이라는 숫자 안에서 분명이 나타난다. 그렇다면 그들은 7인의 회원들 속에서, 또는 유대 공동체의 지역장을 형성했던 한 도시의 7인에서 상응하는 일치점을 가졌을 것이다(비. Bill. II: 641). 그러나 7이라는 숫자는 일반적으로 그 안에 포함돼있는 인물들의 특별한 의미를 표현 할 수 있다; 비. 단지 7인의 현자(DiogL I 40 이하 -비. Lesky 1963: 180 이하[자료들과 문헌]). 보라 Conzelmann 1972: 50; 그는 고대 평의원회를 참조하도록 지시한다(*septemviri; hoi hepta*[일곱 인]). 비. Neudorfer 1983: 126-132(“7이라는 숫자의 다양한 해석들에 관한 조망”)

6:1-6의 다른 요소들도 5절의 전승에 포함되는가? 그것은 내 견해로는 1b을 위해서는 긍정적이다. 왜냐하면 히브리인과 헬라인 사이의 다툼이 갑작스럽게 들어왔기 때문이다. 5절의 목록과 히브리인과 헬라인의 첨가는 내 견해로는 예루살렘의 두 집단 사이에 분쟁에 관하여 보도하는 가장 빠른 문서적 전승이다. (이 전승이 8절 이하에서 계속하여 기원이 되는지 아닌지는 여전히 의문시 된다.)

7절

hypekouon te pistei[믿음에 순종하다]에 대하여는 비. *hypakoe pisteos*(믿음의 순종함에, 롬 1:5). 여기에는 로마서 1:5의 또는 바울의 선교영역의 전승 여파가 놓여있다.

Ⅳ 역사성

지금까지의 연구 속에서 다음에 관하여 거의 일반적인 합의가 이루어진다. 즉 그것은 예루살렘의 헬라인 곁에 그리스어를 말하는 유대인, 히브리인 곁에 아람어를 말하는 유대인과 관련이 되는 것이다. 이러한 가정은 당연히 언어사용을 증거로 끌어낼 수 없다("히브리인"은 빌 3:5과 고후 11:22에서 절대로 아람어를 말하는 유대인을 지시하지 않는다. -그러한 표현은 그리스어와 라틴어 비문에도 발견된다[비. Bauer 1963: 422]- 아무리 디아스포라에서 *hebraios*[히브리인]가 종종 팔레스틴 출신을 가리키고 그것과 함께 근원적으로 아람어를 말할 수 있는 것을 전제 ; 비. Solin 1983: 649-651)고 하기는 하지만, 그러나 위의 가설은 사도행전 6장의 보다 상세하고 넓은 맥락에 근거한다. 그래서 7인은 위에서 이미 언급한 것처럼, 그리스 이름(행 6:5)을 열두 사도의 압도적인 셈족 이름(단지 안드레와 빌립을 제외하고)과의 구별 속에서 지니고 있다. 더 나아가 "유일하게 누가에 의해서 사용된 유사한 어간의 어휘는 주로 언어적인 의미로 '히브리인'을 지칭하는 형용사 Hebrais이다. 즉 이 형용사는 전적으로 *te Hebraidi dialekto*[히브리 말로]의 사용에서 등장한다(행 21:40; 22:2; 26:14)"(Schneider 1980: 407), 비. 요한복음 5:2; 19:13.17.20(연구사를 위해서는 Neudorfer 1983: 219 이하). 하나의 분쟁이 -과부의 돌봄에 관한 문제가 아니더라도- 비록 1-6절에 있는 전승에 근거하여 그 분쟁의 종류에 관한 상세한 진술을 갖고 있지 못하다고 하더라도, 원시 공동체의 초기에 예루살렘에 있는 두 집단 사이에서 발생했었다. 그러나 만약 앞의 단락과 사도행전 6:8-7:1에 근거하는 전승요소들 사이의 발생학적인 연계성이 밝혀진다면, 그 분쟁의 계기에 대한 근거 있는 추측이 진술될 수 있을 것이다: 율법에 충실한 아람어를 쓰는 기독교인들과 그리스말을 사용하는 기독교인은 율법문제에 대하여 서로 부딪히게 된다. 언어장벽은 여전히 분쟁에 기여하는 것으로 남아있다. 이러한 분쟁은 예루살렘의 원시 공동체에 초기시대에 발생했었다. 왜냐하면 바울은 예루살렘 이외에서 이미 이러한 헬라파의 구성원들을 핍박했고, 그들을 그의 첫 번째 예루살렘 방문기간 동안에 더 이상 만나지 않았다. 사도행전 9:29과는 다름.

홍미로운 것은 "열둘"과 같이 "일곱"이라는 명칭에 대한 E. Schwartz의 주장이다. 그것은 원시 공동체의 위원회와 같다는 것이다; 열두 사도가 이스라엘을 위한 것이라면, 일곱 집사는 개종자들을 위하여 있는 것이다. 그들은 유대 형제들의 선교만을 추진하지 않았고, 그것을 위하여 충분해하지도 않았다: 선교사(사도)의 수는, 바울의 회심 이전에도, 부활하신 주님을 통하여 스스로 합법으로 인정되었지만, 고린도전서 15:7에 의하면 매우 커지게 되었었다. 그러나 그것은 사도(선교사)로부터 일곱 인의 제도가 생기게 되었다고 추론될 수 있으며, 그 제도는 개종자들 사이에서 급속하게 발전하는 그리고 이러한 발전에 숙달해졌을 열두 사도 옆에서 곧 중심적인 관청으로서의 역할을 요구한다"(1963: 146 이하; 비슷 Wellhausen 1911: 11 그리고 Meyer III: 155). Schwartz의 주장은 가능하다. 그러나 사도행전 6:1-7의 유일한 기반 위에서는 입증할 수 없다. 왜냐하면 "열두 사도"는 아마도 누가에 그 기원을 두기 때문이다".

율법비평과 헬라파 구성원의 한 사람인 스데반 이라는 인물에 대한 상세한 것들은 6:8 이하의 주석을 보라.

사도행전 6:8-15

I 목차

- 8절: 백성들 속에서 스데반의 기적행위에 대한 요약적 묘사
- 9-14절: 스데반에 대한 두 개의 비난
  9-10절: 논쟁을 통한 헬라파 공동체 일원(스데반)의 효과적인 변호
  11-14절: 거짓 증인을 통한 비난과 장로와 서기관들을 충동시킴 그리고 산헤드린 앞에서의 공판
- 15절: 스데반의 얼굴에 대한 묘사

II 편집

8절

이 절은 언어적으로 누가의 것이다; 비. *pleres*[가득한], *charitos*[은혜], *dynameos*[권능], *terata*[기사] *kai*[와] *semeia*[표적] … *en to lao*[백성들 중에](5:12을 보라). 마지막에 기록된 언어의 연결은 스데반의 능력이 사도들의 그것과 일치하고 있음을 제시한다. 동시에 8절은 다음의 에피소드로 이끌어 가는 교량 역할을 한다. "스데반이 '식탁 봉사'에서 묘사되지 않고, '말씀의 봉사'도 아니고, 공공연하게 기적을 통하여 매우 영향력 있게 묘사된다; 11절에서야 비로소 간접적으로 그의 말씀 전파가 언급된다"(Weiser 1981: 171).

9-14절

9절은 다음에 연결되는 치명적인 분쟁으로의 서곡으로 사용된다. "스데반의 적대자들은 거의 그의 기적행위에 대하여 반감을 갖지 않았다. 그것은 아마도 스데반이 직전에 예루살렘에 있는 그들 사이에서 전도활동을 하였다는 것을 전제한다."(Schneider 1980: 436). 스데반의 적대자에 대한 표기는 불분명하다. 여기서 *synagoge*[회당]는 "공동체" 또는 "회당" 또는 둘 다

를 의미하는가? 여기서 더 나아가 한 개, 두 개, 세 개, 네 개 또는 다섯 개의 회당들을 말하는 것인가?

비. Neudorfer 1983: 158-163; 266-269 연구사; 누가는 "예루살렘안의 관계성에 대하여 정확한 표상을 갖고 있지 않다…그리고 그렇기 때문에 부정확하게 보도할 수밖에 없다"(269).

이제 *tines*뒤에 두 번의 관사 *ton*이 열거한 명단들을 두 집단에 귀속시킨다(비. Schneider 1980: 435). 비록 누가의 본문이 엄밀히 해석하면 단지 처음의 세 집단(자유인, 구레네, 알렉산드리아인)만을 회당에 소속된 자로 나타내지만, 그 다음에 등장하는 사람들은 그렇지 않다(24:19). 위에서 행한 본문의 불명확한 묘사에도 불구하고 확인할 수 있는 것은 그럼에도 불구하고 누가가 헬라파 유대인 세력들로부터 스데반에 반대하는 글로벌한 반대세력이 왔었음을 보여준다는 사실이다. 이러한 의도로부터 그의 정확하지 않은 표현양식이 설명된다. 표현양식의 모호함과 정확한 언명의 성취는 전승에 기인한다(*synagoge*[회당]가 공동체를 그리고/또는 회당을 의미하는 지에 대한 질문은 III과 IV를 비교). 10절: 스데반과 논쟁을 벌이려는 헬라파 유대인들의 시도는 그가 지혜와 영으로 말하는 것에 부딪쳐서 실패로 돌아간다. "지혜"와 "영"은 이미 6:3에서 밝힌바와 같이 스데반이 속해 있는 일곱 명의 헬라인들이 갖고 있는 특징이다. 여기서 분명한 것은: 누가는 10절을 가지고 3절을 다시 회상시키며 두 단락 1-7절과 8-15절을 서로서로 연결하고 있다.

누가복음 21:15과의 내용적 비교(마가와 마태와는 다름): "내가 너희의 모든 대적이 능히 대항(*antistenai*)하거나 변박할 수 없는 구변과 지혜(*sophia*)를 너희에게 주리라!"

 누가복음 21:15와 사도행전 6:10 사이의 일치는 다음과 같은 사실을 보

여준다: 누가는 스데반의 이야기를 통하여 21:15의 묘사를 실현하려 하고 있다. 여기서 당연히 배제되어서 안 될 것은 누가가 태생적으로 스데반과 연결된 전승의 두 개의 개념(*sophia*[지혜], *pneuma*[영])을 인용했다는 것이다. 그것의 편집적인 일치가 보인다. 11절은 -스데반에 대한 첫 번째 비난의 실패이후에- 두 번째 공격을 이끈다. 10절에서 언급한 헬라(회당)공동체들의 회원들인 그의 주모자들은 부정한 방법을 사용한다. 왜냐하면 그렇지 않으면 스데반에 해를 줄 수 없었기 때문이다. 그들은 그 사람들을 선동해서 말하도록 했다: "우리는 그가 모세와 하나님을 모독하는 말을 하는 것을 들었다"(이것에 대한 연구사는 비. Neudorfer 1983: 172-182). 12절은 그들의 행동의 결과를 기술한다. 즉 지금까지는 기독교인들의 편에 서 있었던 백성들(8절)과 -이것보다는 덜 놀라운 일이지만- 이미 오래전부터 예루살렘 원시 공동체에 반대하는 행동들에 참여했었던 장로들과 서기관들이 영향을 받았다(행 4장, 5장). 공회 앞에서의 심문은 이 이야기의 극적인 요소를 고조시킨다. 왜냐하면 이제 공식적으로 유대 관원들이 이 과정에 참여하기 때문이다. 첫 번째 고발에서처럼(11절) 스데반의 어떤 표현들을 들었을 증인들이 이미 준비돼 있다. 13절은 그 증인들을 거짓증인(*martyras pseudeis*)이라고 묘사한다. 이것은 11절에서 "사람들(*andres*)"이라는 중립적인 묘사와는 대조적인 것이다. 물론, 화자인 누가에 의하여 처음부터 11절의 그러한 묘사는 그가 선동에 관하여 말하는 것(*hypoballein*)을 의심하도록 한다. 그 사람들/거짓증인들은 이 두 가지 공소의 경우에 있어서 누가에 의하면 적절하지 못한 것이다. 내용적으로 13절의 고소는 11절의 고소와 완전히 동일하지 않다. 11절은 모세와 하나님에 대한 불경스러운 언사에 관하여 말하는 반면, 13절은 거룩한 장소(=성전)과 율법에 대한 공격에 관한 것이다.

13절 이하를 편집으로 설명하는 것이 때때로 연구에 있어서 습관적인 것으로 되었다(비. Weiser 1981: 171-173). 왜냐하면 누가의 주안점이 13절 이하에 놓여 있다는 인상이 형성되었기 때문이다. 특히 이어서 등장하는(편집적인) 스데반의 연설은 13절 이하에서 흥미를 일으키는 성전주제를 전개한다(비. 7:48-50). 누가의 의향을 이해하기 위하여, 14a가 마가복음 14:58과의 연관 속에서 형성되었다는 관찰이 종종 도움을 준다. 누가는 14:58을 그의 복음서에서 지나쳐 버리고, 그리고 아마도 의도적으로 스데반의 순교를 위하여 남겨두었다는 것이다. 비. 14:58: "우리가 그의 말을 들으니 손으로 지은 이 성전을 내가 헐고, (손으로 짓지 아니한 다른 성전을 사흘 동안에 지으리라 하더라 하되)." 13절과 14:58b 사이의 태생적인 관계의 가정을 위한 그 이외의 근거는 13절 뿐만 아니라 마가복음의 직접적인 맥락 속에서도 역시 거짓 증인들이 등장한다는 것이다(막 14:56: "왜냐하면 예수를 쳐서 '거짓 증언하는 자' [*epseudomartyroun*]가 많으나 그 증언이 서로 일치하지 못함이라"). 만약 14:58과 13절 사이에 태생적인 관계가 확실히 존재한다면, 그것은 누가가 거짓 증언의 두 번째 부분을 14:58("손으로 짓지 아니한 다른 성전을 사흘 동안에 지으리라")로부터 인용한 것이 아니라, 그 문장("모세가 우리에게 전하여 준 규례를 고치겠다")을 통하여 보완하였다는 것이 중요하다. 누가는 아마도 의도적으로 성전의 회복에 관한 묘사를 피하려고 한다. 왜냐하면 그는 성전 파괴 이후에 이것을 쓰고 있기 때문이다. 모세의 규례의 변형에 관한 언급은 율법을 거슬러 말하는 것이라는 것이다(13b). *ethe*[규례]는(신약성서에서 12번 등장하는 데 그중에 10번이 누가/행전에서이다. 행:7번) 누가에게 있어서는 개별적인 계명과 관련이 있다(할례에 관하여 -행 15:1 그리고 16:21; 21:21; 26:23; 28:17; 일반적인 유대 율법으로- 누가도 비슷하게 1:9; 2:42). 이러한 율법에 대한 비판/거부는 누가적인 스데반의 설교를 통하여 거짓임이 입증된다. 왜냐하면 스데반은 7:53에서(자신은 토라를 준수하는데 반해) 그의 적대자들에게 토라(율법)에 대한 경시를 질책하기 때문이다.

비평

먼저, 실제적으로(전승적인) 예수의 성전언어인 마가복음 14:58과 사도행전 6:14b 사이의 하나의 태생적인 관계가 놓여있다는 것은 긍정적으로 받아들여진다. 그럼에도 불구하고 위에서 제시한 것처럼, 편집사적인 설명은 왜 스데반의 증언(행 6:13)이 거짓 증언으로 설정되는지에 대하여 실제로 설명하지 못한다. 사람들은 위의 설명이 정당할 경우에, 누가가 13절 이하의 소송을 스데반과 연결하고 그리고 동시에 스데반에 대하여 거짓 증언으로서 선언하는 것을 가정하여야만 한다. 만약 스데반에 붙어있는 전승, 즉 누가가 내용적으로 사도행전 6:(11),13절 이하와 일치하는 전승을 소유했다면, 후자가 나에게는 더 가능성이 있어보인다. 그 밖에: 왜 누가는 그의 복음서에서 예수로부터 떼어놓은 것을 스데반에게 덧붙여 기록한 것일까?

방금 위에서 제시한 13절 이하를 편집사적으로 설명하는데 있어서의 어려움은 그 절이 그것의 구성요소 속에서 전승적이기 때문이라는 가설로 이끈다. 누가는 그 전승 안에서 보여지는 율법비판을 거짓증언으로 설정한다. 그에게 스데반의 율법비판은 너무 급진적인 것이었다.

Walter 1983: "누가가 6:13 이하에서 진실로 역사적으로 상응하는 전승을 포기한다는 것은, 거기서 스데반에 대하여 보고하는 기소사항이 그에게 너무나 혁명적인 행동으로 보이기 때문이다"(371). 비. 비슷 Wellausen 1907: "정확하게 형식적이진 않지만 그럼에도 분명한 성전과 예식의 파괴에 대한 예수의 급진적인 언어와 스데반의 연결(6:13.7.47-50)은 누가에 의하여 고안해낸 것이 아닐 수 있다. 왜냐하면 이것은 복음서에서 예수의 성전모독에 관하여 결코 알려 하지 않기 때문이다. 스데반은 이것을 가지고 초창기 제자들이 기꺼이 아무렇지 않게 보았던 잘못을 들추어 내려한다"(12).

이것과 매우 밀접한 연관 속에서 예루살렘 공동체의 통일성의 구상은 처음부터 그에게 성전과 율법 비판을 허락하는 것을 금지한다. 11절과 13절 이하는 그렇기 때문에 그들의 구성요소 속에서 편집에 기인하지 않고, 전승에 기인한다.

15절

다음의 언어는 누가적인 것이다: *atenisantes*[주목하다]; *synedrio*[공회]; *hosei*[처럼].

하나의 전승요소가 9절의 스데반의 논쟁상대와의 명칭 속에서 나타난다: "소위 자유인과 구레네인과 알렉산드리아인의 회당으로부터 온 사람들과 길리기아와 소아시아의 거주민들". 여기서 먼저 II에서 제기된 두 개의 질문들에 대하여 답하여야 한다. 1) *synagoge*(=공동체 그리고/또는 회당?)의 의미에 대한 것과 2) 공동체/시나고개의 숫자에 대한 것.

1에 대하여: *synagoge*는 '회당 공동체'로 번역될 수 있다. 왜냐하면 동향인 회당 공동체가 예루살렘에 존재했었다는 것이 고고학적으로 증명되었기 때문이다. Raymond Weill에 의하여 1차 세계대전 전에 예루살렘에서 발견된 헬라 비문은 회당이 제사장과 그리고 회당대표인 Theodotos(Vettenos의 아들)에 의하여 지어졌다는 내용을 담고 있다. 그리고 그 회당과 함께 순례자를 위한 숙소와 상수도 시설이 결합됐다고 한다. 아마도 이러한 비문은 6:9에서 언급된 자유인(=라틴어에서 차용된 언어, 자유인이 된 유대인을 표기함)에 대한 암시를 제공한다. Theodotos의 아버지는 석방이후에 Vettenos라는 로마식 이름을 가졌다. 왜냐하면 그는 석방함에 있어서 gens Vettena라는 로마 구성원에 신세를 졌기 때문이다. 그리고 나서 그의 가족은 예루살렘에 있는 자유인의 회당에 속하게 되었다(비. 비문에 대하여는 Deissmann 1923: 378-380[그림, 본문, 번역 그리고 주석]; Hengel 1975: 184 이하; Cadbury 1955: 88 이하).

> 위에서 도출된 결론에 대하여 Bihler 1963는 다음과 같이 말한다: "자유인 이라는 이름은 무슨 의미를 갖고 있는가? 우리는 그 이름을 '석방된 사람'으로 이해할 수 있는가? Schürer가 이러한 이해를 개진하고 그 근거를 시도한 이래로, 이것은 'opinio communis'(공통된 의견)이 되었다. 단지 거기에서 설명되지 않은 부분은 '석방된 사람'과 알렉산드리아인 그리고 구레네인과의 연결점이다. 왜냐하면 그것은 6:9에서 공공연하게 같은 집단으로 속하는 것으로 여기지기 때문이다. 사람들은 여기서 단지 하나의 회당에 관한 이야기라는 사실

을 간과해서는 안 된다. 누가가 만약 이러한 관계를 받아들였다고 한다 하더라도, 그가 그것을 근원적인 의미에서 사용하고 있다는 것을 말하고 있지 않다. 그는 이러한 표현을 가명으로서 사용할 수도 있다. 더 많이 그리고 더 자세한 것들은 더 이상 말하여질 수 없다"(222).

사람들은 6:9이 예루살렘에 하나 또는 여러 개의 회당 공동체가 존재하고 있었다는 전승을 반영하고 있다는 가설에 대하여 좋은 근거를 갖고 있다(비. 행 24:12). 로마에는 적어도 11개의 그러한 회당이 있었음이 확인되었다(Leon 1960: 135-166).

2에 대하여: 우리는 II에서, 누가가 *tines*[어떤]이후에 두 번의 정관사 *ton*을 통하여 열거한 명단들을 두 개의 집단으로 나뉘어 보이도록 했다고 말하였다. 누가는 앞에 있는 전승 속에서 하나부터 다섯 개의 회당을 언급하고 있다.

10절: 스데반은 이 절에서 설교자로서 묘사된다. 그것은 6:2에서 그를 위해 계획되었던 업무 즉, 사도들로부터 구분되는 것과 완전히 다른 것이다. 사람들은 누가의 묘사 과정을 따라가다 보면, 과부를 매일같이 돌보는 것이 그러한 환경아래에서 도무지 나아질 수 있었을까 하고 묻고 싶어진다(비. Walter 1983: 370). 거기서부터 나온 결론은, 스데반의 합의는 10절에서 1-7절과는 완전히 다르다는 것이다. 거기로부터 이 절은 위에서 거명한 누가적인 언어특징에도 불구하고 전승으로부터 유래한다는 것을 알 수 있다. 11절은 전승의 단계에서 스데반의 선포의 요소를 반영한다. 마치 편집사적인 설명과 거짓 증인의 모티브를 적절하게 설명할 수 있는 13절 이하에서처럼. 오히려 누가는 이러한 모티브를 가지고 스데반의 율법비판을 자제하고, 그리고 스데반의 설교 안에서 개별적 특징을 통하여 그것을 해석하고 있다(비. 특별히 7:53).

Wellausen 1914은 11절과 12-13절 사이의 긴장을 주목한다. "사람들은 11절과 12. 13절사이에 하나의 공간을 마련해 주려고 찾았는데, 그것은 11절에서는 사람들에 의하여 백성들을 선동하기 위해 어떠한 일이 꾸며졌었는가에 대해 이야기하는 것을 통하여, 그러나 12-13절에서는 산헤드린 앞에서 증인들에 의하여 일이 꾸며졌다는 정보를 통하여 마련해 진다. 그러나 차이는 없다; 11절의 사람들은 증인(고소인)이고 산헤드린 앞에 세워진다. 11절은 13. 14절의 내용을 차용하지만, 그것과 화합하지는 못한다. -12절에서 장로와 서기관은 산헤드린과 구별된다; 비슷하게 5:21. 증인들은 14절에서 거짓증인을 의미한다. 비. 마가복음 14:57; 11절에서 그것('거짓증인')은 피하여지고 고소 역시 다르게 들린다"(12). 비슷. Jackson/Lake, II 권: 148 이하: 9-11절과 12-14절은 한 짝이고, 이것의 연속은 7:54-58a과 7:58b-60절에서 발견된다고 한다. 그럼에도 불구하고 그러한 자료구분을 위한 시금석은 거의 충분하지가 않다.

8-15절에 놓여있는 전승이 스데반의 순교보도에 관한 전통의 구성요소였는지에 대한 질문에 대하여는 146쪽 참조.

IV 역사성

8절: 스데반은 집사(Diakon)가 아니라, 성령이 충만한 설교자였다(비. Dietzfelbinger 1985: 16-20). 9절에서 언급된 예루살렘 모임들의 존재에 대한 전승은 역사적인 진실성을 갖고 있다. 예루살렘은 그 당시 디아스포라의 (헬라파) 유대인을 위한 소중한 거주지였다. 비. 예루살렘에 있는 디아스포라 유대인의 존재의 한 예로는 구레네 사람 시몬과 그의 두 아들 알렉산더와 루포가 있다(막 15:21 병행구; 구레네 사람에 대한 중요한 문헌은 G. Schneider, EWNT II: 810 이하). 예루살렘에 있는 길리기아 출신의 유대인의 존재는 바울의 여동생을 통하여 묘사된다(행 23:16).

아무리 Theodotos 비문을 통하여 자유인의 회당이 역사적으로 개연성 있게 조직되었다고 하여도, 회당 공동체안의 모든 다양한 동향인 모임이 조직되었는지에 대하여는 당연히 확신할 수는 없다. (그 밖에도 그것은 유대에 있는 회당을 위한 가장 오래된 증거이다; 비. Cohen 1984: 152) 그것으로부터 나는 다른 공동체를 위한 유사한 것을 추론하고 싶다.

9절에서 언급하는 모든 헬라파 유대인들이 스데반과의 논쟁에 협력하였는지는 역사적으로 불확실하다. 그래서 그것은 누가의 편집임을 보여준다. 오히려 그 다툼은 스데반이 속해있는 헬라파 회당 공동체 안에서 발생했을 것이다(비. 로마에서의 비슷한 가능성 -Lüdemann 1980: 186 A 67). 그 주제는 스데반의 율법에 대한 비판적 이해였고, 거기서 그의 상대방이 반감을 가졌을 것이다. 이러한 논쟁은 먼저 구두상으로 시작되었지만, 그 다음에는 행동으로 옮겨졌다. 누가가 이미 역사적 스데반으로부터 얼마나 많이 떨어져 있는가는 그가 스데반의 율법비판에 관한 지식을 허구적으로 설정하는 것으로부터 알 수 있다. 우리는 스데반이 기독교신앙과 율법이해를 헬라파 회당의 회원들에게는 받아들일 수 없는 방식으로 연결 했다는 것을 가정할 수 있다. 어느 경우든 그것은 12절에서 암시되고, 57절 이하에서 묘사하는 행동을 이끄는 신성모독으로 보여졌다(비. 이러한 절들을 위하여는 144쪽 이하를 보라). 스데반의 율법이해는 단순히 헬라파 회당 안에서 만의 중대한 결과를 낳는 싸움을 가져온 것이 아니라, 사도행전 6:1 이하에서 간접적으로 묘사하는 바와 같이, 초창기 기독교 안에서의 분열을 이끌도록 하였다. 계속해서 우리는 다음과 같이 말할 수 있다.

다툼의 결과는 예루살렘의 유대교와 기독교로의 부분적인 결별이었다. 왜냐하면 헬라파는 수도 예루살렘으로부터 추방되었기 때문이다(146쪽 이하 참조)

스데반의 율법이해에 대하여

스데반은 사도행전 6:11에서 모세와 하나님에 반대하여 말하였다고 기록되었다. 즉 율법에 대하여 비판한 것이다. 또 그는 6:14에 의하면 예수를 증거로 들면서 성전과 율법비판을 이행하였다. 우리는 128쪽 이하에서 누가는 동시에 11절에서와 13절 이하에서 율법비판을 스데반과 결합시킬 수 없었고 그리고 그것에 관한 증언은 거짓 증인으로 표기되었다고 말하였다. 오히려 누가에 의하여 두 번 거짓 증언으로 설명되어진 스데반에 관한 전승은 역사적 실상을 반영한다. "예수가 모세로부터 물려받은 풍습을 바꿀 것이라는 표현은 전체적인 율법폐기를 말하는 것이 아니다. 중요한 것은 스데반은 예수로부터 시작된 율법과 성전비판을 추종했다는 것이다. 그는 아마도 예수처럼 성전의 멸망을 알렸고, 하나님의 종말론적인 의지로부터 율법은 적어도 항목별로 비판했을 것이다."(Luz 1981: 88). 다른 사람들은 더 나아가서 생각하기를, 스데반과 헬라인들은 "율법을 근본적으로 폐기했었을 것이라고 설명"한다. (G. Klein, TRE X 1982: 81). 그럼에도 불구하고 그러한 가설은 11절과 13절 이하의 전승의 토대 위에서 이론의 여지없이 받아들여지는 것은 아니고, 예루살렘으로부터의 추방이나 박해에도 불구하고 또 헬라인들에 의하여 추진된 헬라선교(참고. 11:20에 대한 해설)와 바울을 통한 헬라파 공동체의 박해에도 불구하고 그것은 단지 미미한 가능성으로 남는다.

사도행전 7:1-53

I 목차

- 1절: 새로운 이야기로의 전환
- 2-38절: 아브라함으로부터 모세까지의 이스라엘의 역사
  2-8a: 아브라함의 역사
  8b: 전환: 이삭으로부터 열두 조상까지
  9-16절: 요셉의 역사
  17-38절: 모세의 역사
- 39-50절: 이스라엘의 불순종: 우상숭배와 신전건축
  39-43절: 우상숭배
  44-50절: 신전의 건축
    44-47절: 증거의 장막과 야곱의 집을 위한 성전 건축
    48-50절: 하나님이 성전에 계신다는 의견에 대한 논쟁
- 51-53절: 이스라엘의 죄

II 편집

여기서는 확연하게 드러나는 편집적인 특징들만을 규정하게 될 것이다(개별적인 분석은 주석에서 다룰 것이다).

2-38절

2-8a: 2a는 누가의 것이다; 연설의 시작부분은 바울연설의 시작(22:1)과 어휘적으로 일치한다. 2-4절은 성서의 보도(창 11:28-12:1)와 반대하여 강조하는데, 그 내용은 하나님은 아브라함이 하란에 도착하기 전에, 즉 메소포타미아에 있을 때에 아브라함에게 나타나셨다는 것이다. 그리고 나서 4절은 아브라함이 하란에서 살기 위해 갈대아를 떠났다고 설명한다. 그러나 메소포타미아는 갈대아에서 하란으로 가는 중간 지점에 놓여있다. 이러한 것으로 보아 저자가 당시의 지리를 잘 몰랐거나 아니면, 이것은 여러

가지 다양한 전승들의 영향일 수 있을 것이다. 아주 흥미로운 사실은 지명의 변경이나 지명의 언명들이 반복되어 강조된다는 것이다: 비. "그가 하란에 살기 전 메소포타미아에 있을 때에"(2절) 그리고 4절 전체. 4절 마지막 부분(*eis ten gen...katoikeite*[이 땅으로…옮기다])은 편집이다. 왜냐하면 그것은 스데반의 청중과 관련이 있기 때문이다. 5절 마지막 부분(*ouk ontos auto teknou*[그는 자식이 없다])은 확신하건데 저자로부터 온 것이다. 절대 소유격(Genetivus abs.), *eimi*[이다]+ 3격 그리고 분사에서 사용되는 *me*[아니다] 대신에 고전적인 부정어 *ou*[아니다]의 사용들은 그러한 사실을 뒷받침해준다. 7c: *oro*([산], 70인역)는 편집자에 의하여 *topo*[장소, 곳]로 변경되어진다. 아마도 이것은 성전을 주제로 하는 보도를 첨예화하기 위한 것이리라. (2-8절의 아브라함의 이야기에 대한 요약은 Bihler 1963: 38-46을 보라.)

8b은 다음에 거론되는 요셉이 아브라함의 후손에 속함을 확실하게 보여준다. 9-16절: 편집임을 보여주는 설명의 요소들은 이 절의 처음과 끝에 각각 있는 두 개의 *kai*[그리고]로 구성되어진 문장 순서이다. 성서의 초안을 변경했기에 10a, 즉 모든 환난으로부터의 구원과 10b의 요셉에게 지혜를 주신 것은 편집이다. 11절 이하 "우리 조상"은 청중들의 귀를 자극하는 것이다. 16절 "아브라함"은 2-8a과 연결된다. 17절도 마찬가지.

17-38절: 모세의 사역과 삶에 대한 묘사는 3막에 걸쳐서 각각 40년씩 나뉘어 다루어진다(23절. 30절. 36절). 그리고 그것을 통하여서 단순하게 도식화하여 서술한다. 이것은 누가로부터 시작된 것이다. 누가는 신명기 34:7로부터 3개의 기간을 규정한다(모세는 그가 죽을 때 나이 120세였다). 20-23절: 이 구절들은 3개의 도식을 갖고 있는데, 마치 그것은 사도행전의 저자가 22:3에서 바울의 입을 통하여 사용한 것과 같다. 모세의 묘사: "그는 그러나 말과 행동에 있어서 능하였다"(22절)의 표현은 출애굽기 4:10과 모순이 되나, 누가복음 24:19의 예수에 대한 묘사와는 매우 일치한다: 예수는 "하나님과 모든 백성들 앞에서 행함과 말에 있어서 매우 능한 사람이요, 예언자였다". 여기서 누가에 의해서 형성된 모세-예수 유형론이 제기되는데 이것은 역시 누가에 의해서 편집된 7:35 이하속에서도 하나의 일치를 갖게

된다.

25절: 내용과 사용된 단어들은 누가로부터 온 것임을 판단케 한다. 누가는 자신이 여기서 모세에 관하여 말하는 것을 예수와 관련하여서 강조한다. 유대인들은 하나님이 그들에게 예수를 통하여서 구원을 성취하려한다는 사실을 알지 못한다(비. 3:17; 4:10-12; 13:27과 Weiser 1981: 185).

35절: 이미 20-23절 속에서 보여진 모세-예수 유형론은 *archonta*([관리], 모세) 속에서 새롭게 표현되어진다. 비. *archegos*([관리], 예수), 사도행전 3:15; 5:31; *lytroten*[재판장, 모세] 비. *mellon lytrousthai Israel*[이스라엘을 속량할 자, 예수] 누가복음 24:21. 두 번에 걸쳐 강조된 *touton*[이 사람을]은 36-38절속에서 세 번에 걸쳐 *houtos*[이 사람]로 바뀌어진다. 후자는 칭송과 찬가(讚歌)의 형태로 들린다. 36절: 모세는 예수처럼 그리고 사도들처럼(5:12) 무리들 앞에서 기적을 행한다. 37절은 신명기 18:15을(이미 행 3:22에서 처럼)기독론적인 증거 문서로 사용한다.

39-50절

39-43절: 39절: *hoi pateres hemon*[우리 조상들이] 비. 11, 12, 15, (19), 44, 45절.

39-41절은 이스라엘 백성이 우상을 섬긴 것에 대한 첫 번째 예로써 황금 송아지의 이야기로 이끈다. 42절 이하는 우상 숭배에 대한 진술을 더욱 고조시킨다. 하나님은 이스라엘 백성들을 황금 송아지에 대한 숭배의 형벌로서, 아모스 5:25-27(70인역)이 말하는 것과 같이, 하늘의 군대를 섬기는 일로 강등시킨다. 누가는 여기서 '다메섹'을 '바벨론'으로 변경함으로 그 예언자의 예언이 실제로 벌어진 사건(바벨론의 유배)에 맞도록 한다.

44-50절: 이 전체 절(節)은 언어적으로 강하게 특징 지워지는 누가의 표현이다. 44절: *skene*[텐트](*tou martyriou*[증거의])는 *skene*(*tou Moloch*[몰록의])(43절)과 연결된다. 내용적으로 44절은 이해하기 어려운 것을 담고 있는데, 즉 사막 위에서 유랑하던 이스라엘 백성이(몰록의 장막 옆에 42절) 두 번째 장막, 즉 증거의 장막을 같이 갖고 다녔다는 것이다. Conzelmann

1972: 55은 이 증언을 누가의 자료 비판적인 작업의 흔적으로 분석한다. 이에 반대로 Roloff 1981: "그것은 43절에서 실제적으로 광야에서 이스라엘에 의해 행해진 우상숭배와 연관된 것이다, 그래서 44절은 하나님이 이스라엘에게 우상숭배와 관련하여서 말씀하시는 것이다. 이스라엘은 그 장막을 땅을 정복 할 때마다 같이 가져갔고 그것은 다윗의 시대에까지 계속해서 이루어져 왔다…"(124).

46절: *skenoma*[처소]는 *skene*([텐트], 43,44절)를 연상시킨다. 본문비평상으로 아마도 *to oiko Iakob*[야곱의 집](*to theo Iakob*[야곱의 하나님]대신에)으로 읽혀져야 할 것이다(이에 대한 근거로는 비. Storch 1967: 94 이하). 그렇게 될 때 다음과 같은 것이 강조된다. 즉 성전은 야곱의 집을 위하여 지어졌다. 이러한 진술은 성전비판으로부터 멀리 떨어져있다.

스데반 연설의 누가적인 형태의 전제하에서 성전비판은 거의 기대될 수 없다. 왜냐하면 누가는 초기 기독교를 설명함에 있어서 성전과의 매우 긴밀한 관계 하에서 연결시키고 있기 때문이다. 비. 누가복음 2:21-39; 2:41-51. "예수는 의식적으로 이스라엘의 구원자로서 나타나며, 그는 그의 거룩한 백성들을 모으고 그의 공생애를 거룩한 도시 예루살렘의 성전에서 시작하고(눅 2:41 이하; 4:9 이하) 그리고 다시 그곳에서 끝을 맺는다"(Luz 1981: 131). 초기 공동체는 기도하기 위하여 성전에서 모였고(눅 24:53; 행 2:46; 5:42) 바울은 그의 마지막 예루살렘 방문 동안에 성전에 있었던 하나의 의식에 대하여 보고한다(행 21:26 이하). "만약 누가가 그의 독자들에게 성전에 관한 그 모든 것을 보도했었다면, 그는 성전을 타락의 산물로서 묘사할 수 없었을 것이다. 예수는 그의 사역의 결정적인 시기를 그 "우상의 집"에서 허비할 수 없었을 것이다"(Storch 1967: 102).

48-50절은 하나님이 야곱의 집을 위하여 지어진 성전에 거하신다는(비. 17:24) 견해를 반박한다. 누가는 이것과 함께 이방 기독교인들이 예루살렘 성전으로부터 독립적임을 증명한다.

51-53절

이 절들은 이스라엘의 죄를 들추어내고 그 기소의 내용을 첨예화한다. (사도행전의 다른 선교에 관한 설교에 등장하는 회개에로의 부름이 스데반의 연설에는 빠져있다.) 이스라엘의 전체 역사는 하나님의 뜻에 대한 반역으로 특징지워진다: "너희들은 너희 조상이 그렇게 행한 것처럼 항상 거룩한 영에 대하여 거역하였다"(51절). 즉 의인의 죽임 당함 속에서 유대인들의 최고조에 달하는 죄는(52절) "조상들의 행위 속에서 하나의 전 역사를 갖는다. 그러나 연설자는 이러한 조상들의 행동들로부터 멀리 떨어져서 이 모든 것을 그렇게 강하게 강조할 순 없다. 2-50절에서 '우리의 아버지'라고 일반적으로 말해왔는데, 그는 지금 '너희의 아버지'와 '너희'에 대하여 말하고 있다"(Bihler 1963: 77). 동시에 유대인의 행동들은 천사를 통해 받은 가르침인 율법에 대한 하나의 경멸이었다. (53절 -비. 갈 3:19), 즉 율법은 하나님으로부터 온 것이다. 비. 이미 비슷하게 38절: 모세는 시내산에서 '살아있는 말씀'을 받았다. 약속의 확증으로서 할례의 계약(8a)은 모세를 거절하는 것을 통하여 파기되었다(=*ouk ephylaxate*[지키지 않았다], 53절).

스데반 연설의 편집사적인 유형에 대한 회고

스데반 연설-사도행전에서 가장 긴 설교-은 사도행전에서 하나의 전환점에 놓여있다. 첫 번째 기독교 순교자의 입을 통하여 누가는 그의 독자들에게 다음과 같은 사실을 가리킨다. 한편으로는 기독교가 구약에 그 기원을 두고 있음을("우리의 아버지")교훈하지만, 그러나 다른 한편으로는 성령에 항상 거스르고(51절) 스데반을 유죄 판결한 유대의 재판기관을 기독교 공동체로부터 분리한다. 누가는 이것과 함께 사도행전의 처음부분인 1장부터 5장까지에서 이루지 못한 유대교와 기독교의 분리를 이야기의 전개과정 속에 준비하고 있는 것이다.

개별적인 이야기의 동기(Topoi)들은 누가에 의하여 고소(告訴)상태에 기반을 두고 있는데, 이것은 유대인들이 비록 그것이 신의 뜻에 따른 것이었음에도(38, 53절) 율법을 잘 지키지 못하였다는 확신에 근거를 두거나, 또는 솔로몬이 야곱을 위하여 성전을 지었다는 것에 근거를 둔다(47절). 누가는 이 두 개의 주장을 근거로 스데반이 율법과 성전에 대항하여 설교한 것이라는 그에 대한 비난을 잘못된 것으로 증명해 보인다.

누가는 스데반의 연설을 어떤 다른 곳에서는 경건의 참된 장소에 관한 자세한 근거를 대며 자신의 견해를 주장하기 위하여서도 사용한다(행 17:22-31). 그가 성전을 유대교에서만 그 가치를 제한하여 두는 한편, 동시에 스데반의 연설을 그의 고유의 구원사적인 주제를 마무리하고 계속해서 논증하는데 사용한다.

스데반의 연설은 하나의 단일된 구상이나 견해를 가진 것은 아닌 것 같다. 2-38절을 사람들은 "약속-이집트에서의 곤궁-모세를 통한 성취"라는 도식에 의하여 최초의 단일성으로 보려하지만, 동시에 이스라엘의 우상숭배의 이야기(39-43절)가 모세의 이야기(20-38절)와 밀접하게 연결되어 있다. 51-53절이 다시금 그 앞전의 절들과는 다르게 고소의 상황으로 접어드는 반면, 44-50절은 39-43절을 간접적으로 귀속시킨다. 스데반 연설의 초안이 존재하였는가에 대한 질문은 여기서 논의하지 않을 것이다. 그럼에도 역사의 개요를 위한 유추로서 누가에게 적어도 부분적으로 잘 알려진 다음의 절들을 다시금 보아야 할 필요는 있다: 신명기 6:20-34; 26:5-9; 여호수아 24:2-13; 느헤미야 9:6-31; 마카비상 2:52-60; 시편 78; 105; 106; 136; 시락 44-50; 마카비하 2:2-12; 에스라 4 3:4-36.

Ⅲ과 Ⅳ는 위에서 언급한 이유로 인해서 생략하겠다.

사도행전 7:54-8:3

I 목차

- 54-8:1a: 스데반의 순교
  54절: 스데반의 설교에 대한 산헤드린의 반응
  55-56절: 스데반의 환상
  57-60절: 스데반이 돌을 맞음
    57-58a: 스데반의 환상에 대한 산헤드린의 반응: 투석
    58b: 증인들의 행동: 사울앞에 그들의 옷을 둠
    59-60절: 스데반이 돌에 맞음 그리고 그의 행동

사도행전 8
  1a: 스데반의 죽음에 대한 사울의 기쁨
- 1b-3절: 예루살렘 교회에 대한 박해
  1b: 사도들 외에 모든 사람들의 추방
  2절: 스데반의 매장
  3절: 사울을 통한 교회의 박해

II 편집

7:54-8:1a

54절: *akouontes de...dieprionto*[그들이 듣고…찔려]는 5:33과 일치한다. *kardiais*[마음]는 아마도 51절로부터 다시 받아들인 것일 것이다: 왜냐하면 스데반의 청중들은 마음과 귀에 할례를 받지 않았기 때문에, 그들의 마음은(54절) 격노했고, 귀를 막았다(57절). 이러한 내용을 가지고 청중들에 대한 스데반의 비판은 55절에서 하나님이 계시는 진정한 장소에 대한 답변이 주어질 때, 저자-독자-영역의 기반 위에서 한 층 개연성 있게 설명한다.

55-56절: *hyparchon, pleres pneumatos hagiou, atenisas eis ton ouranon*[그가 성령이 충만하여 하늘을 바라보았다](비. 1:10), *doxan*[영광], *ek dexion...tou theou*[하나님의 영광으로부터]는 언어적으로 누가의 것이다. 내

용적으로: 55절의 환상보도와 56절의 환상 선포는 아마도 누가에 의하여 만들어진 것이다. 왜냐하면 이 절들은 누가복음 22:69에 의존한 것처럼 보이기 때문이다("이제부터는 인자가 하나님의 권능의 우편에 앉아 있으리라 하시니"). 누가는 이러한 그의 수난보도의 문장에서 마가복음 14:62의 "너희들은 …볼 것이다"라는 표현을 생략한다. 왜냐하면 그는 하늘로 올라가신 분에 대한 경외감이 적대자들에게가 아니라, 아마도 믿음의 증인들에게 수여되었음을 묘사하기 위해서이다. 누가는 이것을 이제 스데반과 함께(7:55) 제시한다. 마침내 "열려진 하늘", "하나님의 영광" 그리고 "하나님 우편의 예수"라는 표현들이 앞의 누가적인 48-50절과의 밀접한 관계 속에서 서있게 된다; 이것들은 진정한 하나님의 장소에 대한 질문에 답을 준다.

57-58a: 57절은 누가적 언어의 요소들을 갖고 있다: "큰 소리를 지르며"(비. 60절); "일제히 달려들어"(비. 19:29과 산헤드린에서의 소란한 장면들에 대한 누가적인 형성방식[비. 5:33; 23:7-10]; 더 나아가서 눅 4:28 이하). 58a는 투석은 "성" 밖에서 행하여진다는, 유대적 법규에 일치한다(비. 레 24:14; 신 15:35; MSanh 6:1). 마찬가지로 스데반의 투석은 예루살렘에서 행해지지 않았다. 사람들은 그를 먼저 도시 밖으로 끌고 갔다.

58b: 증인들이 그들의 옷을 젊은 사울의 발 앞에 내려놓았다는 진술은 스데반의 순교를 다음에 등장하게 될 바울에 관한 이야기와 연결하려는 의도를 돕는다. 그 위대한 선교사가 먼저 그러한 단역으로 무대 위에 등장한다. "증인들(운동경기 행사에서처럼)이 그들의 옷을 벗는 것은, 추측컨대 누가의 오해에 기인한 것이다"(Schille 1984: 189). 누가가 여기서 아마도 삽입하려는 그 유대적 법규는(MSanh 6:3) 유죄판결 받은 자의 옷 벗김을 강요한다.

59-60절: 59a는 -*elithoboloun*[돌을 던지다]의 반복에서 보이는 것처럼- 58a에서 끊어진 이야기의 끈을 다시 계속한다.

반대. Wellhausen 1914: "58절은 59절 옆에 어울리지 않는다. 왜냐하면 투석이 두 번 발생할 수 없기 때문이고 두 번 보도되어서는 안 되기 때문이다"(14). 그럼에도 불구하고 바울에 대한 짧은 메모가 그 사이에 있기 때문에

elithoboloun[돌을 던지다]이 반복된다.

59b: 이 절에서 스데반의 죽음에 대한 보도는 예수의 죽음에 관한 누가의 설명과의 흥미로운 비교속에서 재연되며 그렇기 때문에 편집적이다. 누가복음 23:46에 따르면 예수의 마지막 말은 "아버지 당신의 손에 내 영혼을 맡기나이다"이다. "그것은 언어적으로 거의 시편 30:6(70인역)과 일치하며, 이것은 유대교에서 저녁기도로서 올려졌다. 스데반의 기도의 외침("주 예수여, 내 영혼을 받으시옵소서")은 그가 24:46에서 고양된 주로 보고 있는 예수의 외침과 차이가 난다. 60절: 도입에 해당되는(*theis de ta gonata*[무릎을 꿇고])는 언어적으로 그리고 내용적으로 누가의 것이다; 비. 22:42: 겟세마네에서 예수는 무릎을 꿇는다(마가복음과는 다르다). 이것을 가지고 누가는 아마도 계속하여 스데반의 고난과 예수의 고난을 병행시킨다. 큰 목소리로 외치는 것은 다시금 예수의 수난사를 기억하게 한다(눅 23:46). 마찬가지로 죄 사함의 기도가 놓인다: "이 죄를 그들에게 돌리지 마옵소서"는 예수의 말인 "아버지, 저들을 용소하소서, 왜냐하면 저들은 그들이 하는 짓을 모르기 때문입니다"(눅 23:34 -아마도 이 절은 본문 비평적으로 2차적인 것으로 평가될 것이다).

8:1a: 이 절의 형식은 누가에게로 소급된다. 사울은 내면적으로 사형에 동조했다(비. 사울이 옷을 지키는 자로 역할을 했던 58절의 묘사; 1a에서 그는 이미 스데반의 죽음에 기뻐하였고 8:3에서 그를 이미 능동적인 추적자로 묘사하고 있다.)

8:1b-3

1b: *pantes*[모든]는 누가적인 일반화이다. 2절: 순교자의 매장에 대한 보도는 종종 전승의 구성요소로서 여겨진다(비. Schneider 1980: 257 이하; Roloff 1981: 130 그는 생각하기를, 전승의 단계에서 "하나님을 경외하는 자들"은 근원적으로 아람어를 말하는 공동체의 구성원일 것이라 생각했으나, 누가는 경건한 유대인이라고 생각했다고 한다; 비. Schille 1983: 198; Neudorfer 1983: 212-215: 부설: "스데반의 매장"). 적어도 *eulabes*[경건한 자]는 누가의 것이다; 그

것은 시몬(눅 2:25)과 아나니아(행 22:12)를 지시한다. 더 나아가 스데반의 매장에 대한 소식은 예루살렘으로 부터의 헬라인들의 추방과 거의 일치하지 않는다. 비. 예수 매장인의 편집적인 표기는 여전히 요셉을 *agathos kai dikaios*[착하고 의로운](눅 23:50 이하[막 15:43])로 표시함. 3절: 누가의 흔적은 *eisporeuomenos*[들어가다], *andras kai gynaikos*[남자와 여자를]를 반영한다. 이 절은 8:1a와 연결하고 거기서 표현된 묘사를 고조시킨다. 동시에 그것은 후에 설명될 사울의 회심에 관한 이야기를 준비한다(비. 9:1-2절에서의 8:3의 수용).

III 전승

편집 분석은 누가가 소송과 스데반의 사형 집행을 공회에 의하여 합법적으로 이루어진 소송절차로 소개하려고 누가가 노력했다는 것을 증명했다(비. 6:12b-14; 7:1; 7:58). 그 과정에 누가에게 있어서 오류가 발생하였는데, 그것은 돌로 쳐서 죽이는 방식을 유대 소송절차에서 널리 행해지는 것과 다르게 소개하는 것이었다(위의 58절에 대한 설명 참조). 스데반이 예루살렘에서 죽임을 당하였다는 전제로부터 출발한다면, 스데반의 소요에 관한 보도는 전승의 토대로서 개연성이 있으며, 이 과정 속에서 그는 사형의 희생제물이 되었다. 이러한 전제에서는 전승이 완전히 누가적인 언어와 구성에 의하여 겹쳐지게 됨을 감수하고 받아들여야 한다. 예컨대 소요가 일어난 장면인 57절에서 더더욱 그렇다. 살해방식과 관련하여 투석은 가능한 것이다. 왜냐하면 당시 사형법으로 그러한 투석방식이 종종 사용되었기 때문이다(비. Philo, Spec 1:54-57). 비. J. Wellhausen의 요약 비평:

"스데반이 재판 없이 돌에 맞아 죽임을 당했다는 그러한 말은 어울리지 않는다. 투석은 하나의 민중재판의 행동이다…산헤드린에 관하여 사람들은 어떠한 것도 인지하지 못한다. 산헤드린에게는 형사 재판권에 대하여 권한이 없었고, 로마의 지방 관리자에게 있었다. 하지만 그 지방 관리자에 대하여 사도행전의 초반부에서는 어디에서도 언급하고 있지 않다. Baur는 스데반이 투석방식으로 사형에 처해졌음을 그리고 법적인 소송절차는 그에게 있어서 없었다고 주장한다."(Wellhausen 1914: 14; 언급되는 Baur의 내용은 1845: 54; 비. in neuester Zeit Neudorfer 1983: 186-196).

이 전승의 구성요소는 아마도 스데반의 추종자들이 이러한 순교와 연결하여 예루살렘을 떠나야만 했다는 보도였을 것이다.

6:8-7:1과 54절 이하에서 보이는 생성된 전승의 태생적인 연관성에 대한 질문에 대하여

하나의 근원적인 연결을 발견하는 사람들은 다음과 같이 말한다: 54절은 "스데반" 이라는 이름을 더 이상 언급하지 않는다. 다른 경우에는 긴 연설뒤에 그 이름이 언급될 것이라는 기대가 여전히 있었을 것이다. 사도행전 6-7장이 하나의 전승에 기초를 이룬다는 가정이 제기되었는데, 스데반을 통한 성전과 율법에 대한 비판이후에 헬라파들은 군중 소요를 초래했고, 스데반의 경우에 순교를 겪었고 그 결과로서 그의 추종자들은 예루살렘을 떠나야만 했다(비. 비슷하게 Meyer III: 158 그리고 특별히 Burchard 1970: 26-31).

6:8-7:1과 7:54 이하 사이의 연관성의 명제가 포함하고 있는 전승과 일치할 경우에, 6:1-7장 뒤에 놓여있는 전승은 위에서 찾아낸 전승블록에 속하고 이것을 아마도 이끌었을 것이다 라는 다음 단계의 가정은 적어도 타당성이 있다. 비슷하게 Walter 1983: 6:1 이하의 전승은 스데반 전승으로의 안내로써 적합하다. "어쨌든 스데반-이야기는 아마도 그렇게 그 이야기가 각인되어 포함되어있는 집단의 시작에 관한 보도(또는 소식)였을 것이다."(372). 그러한 명제에 대한 반증은 즉, 1-6절 안에서 7인의 헬라파와 그 이후에 단지 한 사람만이 언급된다는 그러한 반증은 의미가 있지만, 그러나 그것을 진지하게 묻기에는 충분하지는 않다.

E. Zeller 1854는 사도행전 6-7장의 전승의 역사적 요소에 대하여 설득력있게 요약하고 있다: "스데반의 죽음은 바울전의 기독교 역사에 있어서 논쟁의 여지가 없이 가장 분명한 순간이다. 이러한 사건과 함께 우리 스스로는 부인할 수 없는 역사적 기반 위에 있게 된다. 스데반의 박해를 통하여 야기된 하나의 결정적인 사실이 이미 그것을 보증하는데 그것은 바로 바울의 회심이다. 바울의 회심은 만약 일반적으로 하나의 사건에서, -즉 모든 면에서 그렇게 보여지는 기독교적인 것의 발전에 관여하는 하나의 사건에서- 그것의 실제성을 위하여 더 자세한 증거가 필요하다고 한다면 제시 할 수 있는 것이다"(146). 스데반의 율법과 문화에 대한 비판은 위에서 보다 상세하게 근거를 제시한 것처럼 역사적인 것으로 간주된다. 예루살렘으로부터의 그의 동지들의 추방은 그러한 가정을 위한 최상이 근거이다. 스데반의 죽음의 상황에 대하여는 비. 144쪽에서 Wellhausen을 인용한 부연설명.

사도행전 8:4-25

I 목차

- 4절: 추방당한 헬라파 사람들이 당면한 여행과 선포에 대한 일반적인 메모
- 5-8절: 사마리아에서의 빌립의 선포와 성과
- 9-13절: 마술사 시몬과 빌립을 통한 그의 인내
  9-11절: 전 역사: 사마리아에서의 시몬의 활동
  12-13절: 빌립의 선교성과와 시몬의 회심과 그의 세례
- 14-24절: 사마리아의 베드로와 요한
  14-17절: 베드로와 요한을 통한 성령의 부여
  18-24절: 베드로를 통한 시몬의 거절
- 25절: 예루살렘으로의 베드로와 요한의 귀환

II 편집

4절

이 절은 11:19과 아주 밀접한 병행을 갖고 있는 누가적인 연결메모이다: 비. *hoi men oun diasparentes dielthon euaggelizomenoi ton logon*[그 흩어진 사람들이 두루 다니며 복음의 말씀을 전할 새](4절)와 *hoi men oun diasparentes apo tes thlipseos tes genomenes epi Stephano dielthon...lalountes ton logon...*[그때에 스데반의 일로 일어난 환나으로 말미암아 흩어진 자들이 …이르러 말씀을 전하는데] (여기로부터 헬라적인 자료의 사용이 추론되는지에 대한 질문에 대하여는 11:19 이하의 설명을 보라.) *men oun*[11]은 누가에게 있어서 종종 등장한다; *diasparentes*[흩어진 자]는 *diesparesan*[흩어지다](1절)을 수용한다. 덧붙여서 동사 *diaspeiro*[흩으다]는 전체 신약성서에서 이 두 곳에서만 등장한다. "말씀을 선포했다"라는 용어의 사용은 편

---

11) *men oun*은 종종 번역을 하지 않는다.

집적이며(비. 15:35) 다른 누가적인 선포의 표현과 비교된다(비. Conzelmann 1977: 206-210).

5-8절

이 절은 사마리아에서의 빌립의 선포효과에 관한 요약적인 수집보도이다. 이 단락은 언어적으로 누가에 의한 것으로 각인된다: 5절: *katelthon*[내려가다], *ekeryssen*[선포하다]...*ton Christon*[그리스도를](비. 9:20; 19:13 - 두 경우에 예수와 함께 목적어로). 6절: *proseichon*[유의하다]은 어휘 통계적으로 편집적인 것으로 증명되지는 않지만, 그러나 10절과 11절에서의 거듭된 사용으로 인해 편집적이다; *homothymadon*[한마음으로]과 *en*[안에] *to*[정관사] + 부정사(비. Radl 1975: 433)는 누가적이다; *semeia*[표적]는 13절에서 다시 사용된다. 7절: 형용사 *polys*[많은]의 세 번의 사용(7절: 2번; 8절: 1번)은 성과의 크기를 강조하려는 누가적인 설명의 기술로 소급된다. *paralelymenos*[중풍병자]는 신약성서에서 단지 누가에게서만 등장하며(눅: 2번; 행 2번), 그것의 동사는 히브리서 12:12에 등장한다. 8절: *chara*[기쁨]는 누가가 선호하는 단어이다(비. Harnack 1908: 207-210). 내용적으로 5-8장은 다음에 오는 것의 준비로써 역할을 하며, 그것의 발단이다(비. 9-13절의 *prosecho*[유의하다]와 *semeia*[표적]의 수용).

9-13절

첫 번째 소 단락(9-11절)은 빌립이 사마리아에 도착하기 이전의 시간으로 되돌아가며, 다음 일의 이해를 위하여 반드시 필요한 사마리아에서의 시몬의 행위에 관한 전(前)역사를 묘사한다. 누가의 편집적인 손길은 언어와 양식화(Stilisierung)에서 과도하게 보인다:

9절: *aner de tis onomati*[한 이름을 가진 남자]는 누가에게 있어서 하나의 인물을 주로 이끈다(비. 눅 10:38; 16:20; 행 5:1; 9:10. 36; 10:1 -비. Schneider 1980: 489). *proyparcho*[있다]는 신약성서에서 단지 누가복음 23:12에만 등장한다. 동사 *existano*[놀라게하다]는 이 단락에서 11절과 13

절에서도 보인다. 그것은 언어유희인데 *dynamis megale*[큰 능력](10.13)와 마찬가지로 누가적이다(비. Jeremias 1980: 101 [눅 2:47에 관한]). *legon einai tina heauton megan*[스스로 큰 자라고 말하다]은 10b("이것은 하나님의 위대한 능력")에서 보이는 칭찬을 선취(先取)하는 누가적인 앞당김(Vorwegnahme)인데, 5:36의 형식을 연상시킨다. 10절: *apo mikrou heos megalou*[작은 자로부터 큰 자에 이르기까지]의 사용에 대하여는 비. 26:22. *tou theou*[하나님의]를 통한 "큰 능력"의 자격 부여는 누가적인 동의어 반복이다(비. Jeremias 1980: 208 이하[눅 11:49에 관한]; *kaloumene*[불려지는 자]: 누가는 분사, 현재, 수동을 가지고 한 인물 또는 사물 또는 장소에 그것이 갖고 있는 이름이나 또는 별명을 첨가한다(Bauer 1963: 788): 비. 누가복음 10:39; 19:29; 21:37; 사도행전 1:12. 칭찬의 형식에 관해서는 이미 사도행전 19:28. 34과의 피상적인 비교를 통하여 누가가 이 단락에서 하나의 고무하는 서술방식의 사용과는 근본적으로 관계없다는 것을 보여준다(이 형식은 그러므로 아마도 전승에 기인한다. 153쪽 참조). 11절: *hikano chrono*[오랜 시간동안]는 누가가 선호하는 방식의 변용이다(비. 눅 8:27 [마가복음과는 다름]; 20:9[복수] [마가복음과는 다름]; 23:8[복수]; 행 14:3; 27:9). 시몬의 행동은 여기서 이미 9절에서처럼 마술과 서로 연결되며 그리고 그것과 함께 비방 당한다(비. 비슷하게 13:6.8: Elymas, der Magos). 빌립은 그와 대조적으로 기사와 표적을 행한다. (헬레니즘 속에서 *Magos*[마술사]에 대한 유동적인 평가에 대하여는 비. Nock, Beg. V: 164-188.) 그러한 비방 역시 하나의 격하이었는지 아닌지는 전승연구와 역사적 분석에서 결정된다.

두 번째 소 단락(12-13절)은 기독교적 기적행위의 탁월함과 시몬 보다 뛰어난 설교자 빌립을 묘사한다. 12절은 5-8절과 직접 연결되고 주민들의 세례 받음에 대하여 보도한다: 분기점으로서의 12절("하나님의 나라와 예수 그리스도의 이름에 관하여 설교하였다")은 5절("그리스도를 전파하였다")과 일치한다. 두 개의 전환점 모두 누가적인 것이다(비. Conzelmann 1977: 97). *andres*[남자]와 *gynaikes*[여자]에 관하여는 비. 5:14; 8:3; 9:2; 17:12.

13절: *proskarteron*[가담하다](행: 6번; 나머지 신약성서: 4번). 빌립의 능력에 대한 시기 가득한 시몬의 경탄은 -마치 사도들이 안수를 통하여 성령을 전달한 것과 같이- 다음의 에피소드에서 시몬의 소원과 일치된다. 그래서 13b는 편집적인 것의 근거가 된다.

사도행전 8:4-13의 누가적인 의미에 대하여

우리가 편집적으로 서로 얽혀있는 4-13절을 다시 한 번 살펴보면서, 빌립에 대한 표시와 시몬에 대한 표시를 비교해보면 하나의 흥미로운 유사성을 확인하게 된다(비. Beyschlag 1974:101, 다음의 대조를 살펴보라):

빌립	시몬
1. 그는 도시로 와서(5절),	1. 그는 도시에 이미 전부터 있었다(9절)
2. 그리스도를 선포 (그리고 하나님의 나라, 5+12절)	2. 스스로를 큰 자로 지칭함(9절)
3. 공개적으로 기사를 행함 ("큰 능력", 6+12절)	3. 공개적으로 마술을 행하고 자칭 "큰 힘"이라 일컬음(9-11절);
4. 온 백성이 그를 경청하고 그의 행위를 봄 그리고 "그를 따름"(6+12절)	4. 온 백성이 "전심으로" 그리고 "그를 따름"(9+11절)
5. 백성가운데 큰 기쁨과 믿음이 있고 모두 세례를 받음(8+12절)	5. 시몬은 빌립의 큰 능력을 보고 "전심으로" 그를 따르게 됨(13절).

이러한 대조로부터(비. Berger 1984: 222 이하) 누가가 빌립의 능력을 시몬보다 더 우월하게 두려했다는 것을 알게 된다. 이것과 관련하여 빌립의 기적과 표적은 시몬의 마술보다 위에 있고 그의 자화자찬하는 또는 스스로의 신격화보다 더 높이 둔다. 시몬의 스스로의 신격화를 위한 하나의 유사성이 사도행전 14:8 이하에서 제시된다(비. Beyschlag 1974: 102).

예루살렘에 있는 사도 베드로와 요한의 참여는 시몬에 대한 빌립의 승리와 함께 마쳐지는 사건의 진행을 계속 이끄는데, 그 이유는 두 개의 질문이 아직 남아있기 때문이다: 1) 성령 수여의 미성취 2) 시몬의 역할. 그 악명 높은 시몬이 정말 기독교 공동체의 회원으로 남아 있어야 하는가?

14-24절

14-17절: 이 절들은 사마리아에 있는 기독교인들에게 성령이 부여됨을 묘사한다. 전체 단락은 편집적인데, 보다 정확히 말하면 언어적으로 내용적으로 그렇다.

언어와 양식: 14절: *dedektai*[받다](*he Samareia*[사마리아 사람이]) *ton logon tou theou*[하나님의 말씀을](비. 눅 8:13 [막과 다름]; 행 11:1; 17:11). 15절: *katabantes*[내려가서], *proseuxanto*[기도하다]. 16절: 완곡한 과거완료의 사용(비. Radl 1975: 443); *hyperchon*[존재하다]. 17절: *epetithesan tas cheiras*[손을 얹다](눅 4:40 [마가복음과 다름]; 행 6:6; 8:19; 9:12. 17; 13:3; 19:6; 28:8).

내용: 우리 이야기의 편집적인 견해는 11:22-24에 대한 시선을 통하여 분명 해진다:

> "이 두 곳에서 예루살렘에 의하여 헬라파 사람들의 행동이 제제를 받고, 원시 공동체와 헬라파 사람들 사이의 끈을 굳건하게 연결하였다는 것은 유효하다"(Overbeck 1870: 123)

14-17절과 함께 사마리아 선교의 제제가 예루살렘 사도들을 통하여 이루어진다. 이러한 제제를 위하여 베드로와 요한이 빌립의 이야기 속에 "잠입"된다(Schwarz 1963: 144 A2). 세례로부터 성령의 부여를 떼어 놓는 것은 -그렇지 않으면 누가는 두 개념을 같이 사용한다(비. 2:38)- 누가적인 의도를 통하여 가장 잘 설명된다. 그것은 10:44-48절(세례에 앞서 성령의 부여가 이루어짐) 이나 19:1-7에서처럼 구조를 위한 것이다.

Dietrich 1972는 다르게 설명함: 위의 설명은 만족스럽지 못하다. "왜냐하면 그것은 왜 두 사도가 단지 영을 수여하였을 뿐, 사마리아에서 결정적인 일을 스스로 이루지 못하였는가에 대한 설명으로 충분하지 않기 때문이다"(247). Dietrich는 근거가 빈약한 결론을 내린다: 초기 예루살렘 공동체에는 하나의 규칙이 있었고 "그것에 의하면 사도들에게 성령부여가 남겨졌다. 이러한 추측에 따르면 빌립은 사도의 권리를 존중한 것이다"(249 이하). 반대: Dietrich의 설명은 헬라파 사람들의 성령 충만한 사역에 대한 모순에 직면하게 된다. 헬라파 사람들의 성령 충만한 사역은 누가에 의하여 사용된 전승들로부터 분명하게 나타난다.

18-24절: 이 단락은 5-13절을 통하여 던져진 다른 질문에 답을 준다. 즉 악독한 시몬의 기독교 공동체에 체류에 대한 질문에 대하여 말이다. 그의 편집적인 성향은 특히 내용적인 논쟁으로부터 그리고 에피소드와 문맥의 연결로부터 분명해진다. 언어적으로 다음의 것들은 누가에게로 소급된다: 18절: *didotai to pneuma*[영을 주다]([눅 11:13;] 행 5:32; 11:17; 15:8). 19절: *ho ean, epitho tas cheiras*[만약 누구든지 내가 손을 얹으면]. 20절: *eipen pros, dorea*[그에게 말하다].20-24절의 누가적인 언어에 관하여는 비. Koch 1986: 71 이하 A21.

돈으로 인한 부정적인 동기에 관하여는 18절 이하 비. 24:24-26에 대한 설명. 돈이 구원을 주지 못한다는 생각은 8:18 이하에서처럼 베드로의 설교(행 3:6)에서도 보인다:

> "은과 금은 내게 없거니와 내게 있는 이것을 네게 주노니: 나사렛 예수 그리스도의 이름으로 일어나 걸으라" -비. Barrett 1979: 281-295.

이 단락은 다음과 같이 표현한다: 성령은 구매할 수 있는 것이 아니고 은혜의 선물이다(비. *dorea tou pneumatos*[영의 선물] 2:38; 10:45; 11:17). 마술사 시몬은 누가에게 있어서는 그의 독자들에게 이러한 생각을 엄하게 가르치기 위하여 아주 환영할 만한 예이다.

여전히 질문하고 싶은 것은 왜 누가는 이 이야기의 결말을 그렇게 상대적으로 미해결로 형성함으로, 시몬이 구원을 경험하였는지 안하였는지 불분명하게 만들었는가 하는 것이다. 왜 누가는 그가 그것을 유다나 또는 아나니아와 삽비라에서 행하였던 것과 같이 시몬의 불명예스러운 종말에 관하여 보도하지 않는가? 누가는 그의 독자들이 당시 시몬의 영향력에 관하여 내용이 다른 이야기들을 알고 있다는 것을 계산해야만 했었는가? 또는 이야기의 결말과 함께 하나의 회심의 가능성을(시몬과 같은) 이단자들을 위하여 예시하려 했거나 또는 적어도 그 가능성을 닫으려 하지는 않으려 했을까?(비. Klein 1969: 287-299, 특별히 295)

25절

이 절은 누가적인 윤곽을 나타내는 메모이고 베드로와 요한은 다시 예루살렘으로 돌아간다. 그들의 귀경길에서 그들은 주의 말씀을 선포하며(비. 4:29; 6:2) 그리고 특별히 사마리아의 주민들에게 복음을 전한다. 이것과 함께 사도행전 1:8의 두 번째 부분이 성취된다. 이 절의 계속되는 편집으로 인해 이것을 위한 분석은 III과 IV에서 제외된다.

III 전승

5-8절

설교자 빌립이 사마리아에서 행한 성령 충만한 사역에 관한 전승이 기초를 이룬다.

9-13절

누가는 여기서 하나의 전승을 요약하는데, 그것은 Jusins, Irenaus와 Hippolyts의 보도와 같이 초기 기독교의 시몬-마구스-전승의 구성요소였다. 이 전승은 시몬의 큰 능력에 대하여 그리고 사마리아에서의 그의 영향력에 대하여 보도한다. 시몬을 위하여 사용된 "큰 능력" 이라는 표시는 초기 기독교 시몬-마구스-전승의 다른 증언을 통하여 확인되며(비. Lüdemann 1975: 47), 그리고 여기서도 거기에서와 마찬가지로 -사마리아에 그를 따르는 많은 추종자들이 있었다-시몬주의자들의 하나님을 표시한다. 유념해야 할 것은 그러한 찬사는 아마도 십중팔구는 전승이라는 것이다. 그것은 구원사적인 이야기방식으로 표기될 수 있으며(Norden 1913: 188), 전승 속에 있는 시몬의 자기 선언(Ego-Proklamation)에 일치할 수 있다. 그럼에도 어떻게 이것이 보다 상세하게 상술될 수 있었는지에 대한 질문은 여전히 우리에게 남는다. 그 전승 속에 하나님(=큰 능력)과 동일시되는 한 인물이 이야기되는가?(동일화형식, Bultmann 1968: 167 이하 A2). 또는 여기서 하나의 영지주의적인 구원자, 즉 인간으로 등장하여 그러한 상투적인 언어와 함께 그러한 자로 이해되도록 나타나는 사람이 이야기되는가?(승인형식:Rekognitionsformel, Bultmann, 위의 책). 전승의 자료들이 불분명하기 때문에 여기서 우선적으로 역사적 숙고들이 덤으로 주어진다.

> 시몬의 기적행위가 전승에 속하는지 아닌지에 대한 질문은 자주 '그렇다'라고 받아들여졌지만(비. Koch 1986: 70), 그것 또한 역사적인 고려의 틀 안에서 결정될 수 있는 것이다. 사도행전 연구에 관한 하나의 고립된 편집분석으로 부터는 긍정적인 대답이 주어질 수 없다.

나는 9-13절을 구성하는 마술사 시몬에 관한 전승이 시몬의 추종세력과 기독교 종파 사이에 분쟁에 관하여 보도하고 있는 헬라파 영역으로부터 나온 문서적인 또는 구전적인 전승의 구성요소였을 것이라는 것에 대하여 개연성이 있는 것으로 간주한다(그것이 유일한 전승이었는지 아닌지, 그리고 어떠한 형식과 관계가 있었는지는 단편적인 특징 때문에 더 이상 확실히 말할 수 없다. 그럼에도 불구하고 빌립 이야기가 회자되던 모임이 기반이 되었다는 가정은 흥미를 끈다. 참조. 164쪽. -다음 가능성 즉, 누가가 빌립과 시몬이라는 인물을 다양한 전승으로부터 취하여와서 지금의 이야기에서 함께 작업했다는 것은 누가가 베드로를 마술사 시몬과 함께 동시에 결합시킬 수 있었기 때문에 있음직하지는 않는다.) 헬라파 사람들의 전승 속에서는 사마리아에서의 성공적인 선교에 관하여만 보도되는 것이 아니라, 시몬파가 섬기는 신의 극복에 관하여도 보도되고 있다.

빌립과 시몬 사이에 벌어진 다툼에서 어떠한 것이 주제가 되었는지는 알 수 없다. 우리는 그것을 결코 확실하게 알 수 없다(비. Haenchen 1977: 298 그리고 Koch 1986: 73 이하).

14-24절

이 단락은 위에서 보여준 것과 같이, 누가적인 합성이다. 그 전승은 근원적으로 베드로와 시몬의 다툼에 관하여 설명하는 것이라는 Schille의 주장(1983: 207)은 왜 빌립이 도대체 여기에 소개되는지에 대하여 설명하지 못한다.("사마리아의 영혼에 관한 귀신축출 경주의 그 모든 전 역사는 다음의 이야기를 위한 하나의 문학적인 발단이다"(위의 책 204). 이러한 설명은 내 견해로는 절대로 이해되지 않는다.) 18절 이하에서 시몬이 안수를 통하여 성령을 부여 할 수 있는 그 능력을 돈으로 사려한다는 소식은 전승을 반영하지 않고, 편집적으로 20절과 밀접하게 교차된다.

Koch 1986는 19절과 20절 사이에 하나의 차이를 발견하고 그 안에서 "누가 이전의 전승자료에 대한 하나의 힌트"(76)를 본다. 그 "차이"는 20절에서는 "하나님 선물의 획득"이 주제였던 반면에, 19절에 따르면 시몬이 안수를 통하여 성령을 부여할 수 있는 능력을 사려한다는 것이다. 즉 *dorea tou theou*[하나님의 선물]가 영을 부여하는 능력과 관계가 있는 것 인지 아니면 영 자체와 관련 있는 것인지는 불분명하다. 그럼에도 그러한 차이는 편집과 전승에 관한 결정을 위해서는 너무 과민한 것이고 부적격한 것이다. 게다가 영의 주제는 Koch에 의하여 편집으로 간주되는 단락인 14-17절을 지배하며, 안수와 영의 부여와 관련한 주제를 14-17절과 분명하게 연결한다.

이제 Koch는 다음에서 가정으로 입안된 8:5-25 안에서 기초를 이루는 전승의 본문을 재 구성한다: "시몬이라는 이름의 한 확실한 남자가 사마리아에 살았다. 그는 마술을 행하였고 사마리아 사람들을 놀라게 했다(9절). 아이부터 어른에 까지 모든 사람들이 그에 대하여 알고 있었고 다음과 같이 말하였다. 이 사람은(하나님의) 큰 능력이다(10절). 그러나 베드로가 이 도시에 오고 공동체가 모였을 때, 그들은 영으로 충만했다(비. 14-17절). 시몬이 그것을 보았을 때, 그는 돈을 가져왔고 다음과 같이 말하였다: 나에게 그 거룩한 영을 주시오(비. 18절 이하). 베드로는 그러나 그에게 말하였다: 너의 돈은 너와 함께 망할지어다, 왜냐하면 너는 하나님의 선물을 돈으로 얻을 수 있다고 믿었기 때문이다(20절)"(1986: 77 이하).

비판: 1) 빌립-단락(5-13절)에 대한 Koch의 논증방식은, 누가가 "빌립의 선교행위를 위하여 …그 밖에는 …어떠한 세부적인 자료를 갖고 있지 않다"(78)라는 사실을 전제로 한다. 그러나 이것은 의문스럽다. 왜냐하면 다음의 이야기(8:26-40)는 그 반대의 것을 덧붙이기 때문이다. 그렇기 때문에 빌립과 시몬이 헬라파 영역 속에서부터 형성된 그리고 5-13절의 기초를 이루는 전승의 대상이었을 것이라는 가정을 위한 좋은 근거들이 있다. 2) 영적인 동기(Geistmotiv)는 우리가 헬라파 사람들에 대하여 아는 것과 매우 잘 어울리며, Koch가 가정했던 전승으로부터의 빌립의 배제에 반대하여 말한다. 3) Koch가 전승에 덧붙여 쓴 돈의 동기(Geldmotiv)는 누가가 즐겨 사용하는 주제이다. 4) 역사적 인물로서의 마술사 시몬에 대한 Koch의 논증방식은 초기 기독교의 시몬-마구스-전승으로부터 그 주제를 분리하는 것에 대하여 고민한다. Koch는 사도행전 8장의 하나뿐인 토대 위에서 상대적으로 적절한 시몬의 역사적 모습(그 모습은 그의 기적행위와 하나님의 큰 능력으로서의 존경 속에서 형성된 것이다.)을 표시할 것에 대한 요구를 강조한다. 왜냐하면 -내 견해로는 잘못된 Koch의 전제- "완전히 해당되지 않거나 단지 부차적인 것만을 포함하는 모습은 처음부터 그것의 효과에 관한 논쟁을 가져오기 때문이다"(81). 일반적으로 종교적인 종류의 논쟁들은 대부분 적대자가 아니라, 자신의 추종자들을 설득하고, 굳건하게 하는 것이다. 그렇지 않으면 어떻게 자기해석과 타인의 논박사이에 있는 모순이 설명되는가? 그리고 Koch는 손쉽게 신약성서의 적대적인 단편들을 하나의 역사적인 묘사 속에서 표현하는 것 대신에 초기 기독교의 시몬-마구스-전승의 토대 위에서 시몬 추종자들이 갖은 그들 고유의 이해에 대하여 질문했어야만 했다. 그리고 어느 경우든 생각해 보아야만 할 것은, 영의 소유와 기적은 초기 기독교 시대 시몬주의자들의 믿을 만한 전승에서는 화젯거리

가 아니었다라는 사실이다. 즉 두 경우 다 시몬주의자들에게는 해당되지 않는다.(이러한 이의제기는 행 8장이 이미 영지주의적인 가르침에 기초를 두었는지 아닌지에 대한 질문과는 상관이 없다.)-이러한 비판이 Koch를 통한 사도행전 8장의 효과 있는 분석에 대한 공로의 축소를 의미하는 것은 아니다.

전승은 당연히 *epinoia tes kardias sou*[너의 마음에 있는 것{생각}](22절) 뒤에 보인다. *kardias*[마음]는 *kardia*[마음](21절)와 관계가 있다. 그럼에도 *epinoia*[생각]는 놀랍다. 이 표현은 신약성서의 다른 곳에서는 등장하지 않는 것으로 보아 아마도 70인역에서(비. *epinoia tes kardias*[마음에 생각, 70인역에는 등장하지 않는다]의 사용을 위해서는 *ennoiai tes kardias*[마음의 생각, 히 4:12]) 온 것 같다. 다른 면에서는 *epinoia*[생각] 또는 *ennoia*[생각]는 시몬-마구스-전승 속에서 시몬의 반려자인데, 시몬은 그녀의 구원을 위하여 이 세상에 왔다. (Jacquier 1926: 263). 비. Justin, Apol I 26:3: *prote ennoia*[첫번째 생각]; Hippolyt, Ref VI 19: *epinoia*[생각]. 만약 *epinoia*[생각]가 시몬의 반려자와 관련이 있다면, 누가는 그녀에 대하여 이미 전승으로부터 알았을 것이다; 그는 이 경우 베드로를 아이러니하게도 *epinoia*[생각]를 비꼬도록 한다(비. Schmithals 1982: 82). 근원적인 것으로서 이미 5절 이하에서 가공된 헬라파 전승이 고려의 대상이 된다. 당연히 누가의 문학적인 지식은 완전히 배제되지 않는다. 이 경우에 그 원문은 더 이상 *epinoia*[생각]를 포함하지 않았을 것이고, 누가는 시몬-마구스-전승에 대한 자신의 고유의 지식으로부터 이러한 인물을 첨부했을 것이다(독서의 결과).

IV 역사성

헬라파 출신 빌립을 통한 사마리아에서의 선교는 거의 역사적 사실일 것이다. 당연히 그것이 Samariern[12](사마리아인=사마리아의 이교적 주민) 또는

---

12) 옮긴이: 한국어로는 Samaritanern 와 같이 '사마리아인'을 의미함.

Samaritanern(사마리아인=종교적 공동체의 구성원)들을 대상으로 이루어졌는지에 대하여는 불분명하다. 거기서 시몬은 거의 십중팔구 Samariern가운데에서 활동했기 때문에, 빌립을 위하여도 역시 그 동일한 조건이 부여된다. 물론 이것 때문에 빌립이 Samaritanern가운데에 선교한 가능성이 제외되어서는 안된다. (이것이 더욱 개연성이 있다.) 연대순으로 빌립을 통한 사마리아(Samarien)의 선교는 헬라파 사람들이 예루살렘으로부터 쫓겨 난 이후이고, 비록 정확한 최종기한(terminus ad quem)은 알 수 없지만, 스데반의 순교에 즈음하여 아마도 30년대 중반이다.

마찬가지로 사마리아에서 시몬주의 종교에 속한 사람들과 헬라파 사람들의 만남은 아마도 역사적 사실이다. 도보로 그곳을 다니려하는 사람은, 시몬의 추종자들과 부딪쳐야만 한다. 왜냐하면 플라비아 네아폴리스(지겜) 출신이고 그 지형을 잘 아는 Justin은(비. Harnack 1913b: 60), 2세기 중반에 그의(시몬) 백성의 거의 모든 추종자들이 시몬을 가장 높은 신으로 경외하였다(Apol I 26:3)고 보도한다. 사람들은 여기서 Jusitin을 "극단적인 과장된 묘사"라고 질책한다(Hengel 1983: 180 이하 A131). 그럼에도 불구하고 2세기에 하나의 의미 있는 시몬의 추종자 그룹이 사마리아에 개연성 있는 실체로서 지속된다. 그러한 실체로부터 사마리아에 있는 헬라파 선교의 환경에 대한 질문에 빛이 비쳐진다: 헬라파 사람들은 전에 또는 후에 시몬주의자들과 분명히 부딪혔었다. 누가에 의하여 사도행전 8장에서 가공된 전승은 그렇기 때문에 세부적으로 신뢰할 만하다.

이제 빌립이 시몬주의 종교의 어떠한 형식과 부딪혔는지에 대한 질문이 주어진다. 위의 설명들이 *epinoia*[생각](22절)의 전승 특징에 적합하다는 전제하에서, 시몬주의적 종교는 빌립이 그들과 만났을 때 이미 영지주의적이었다. 왜냐하면 먼저 Justin에게 있어서(Irenuäus가 먼저가 아니라[반대 Roloff 1981: 137]) 입증된 영지주의적 체제의(Lüdemann 1975: 55 이하) 두 개의 매우 중요한 구성 요소인 신(神)시몬과 그의 동반자인 *epinoia*[생각]가 이미 존재하고 있었다. 언급한 두 개의 구성요소가 철학적인 사변에 소급되고, 영지주의적인 신화에 소급되지 않는다는 것이 여전히 가능했었을 수도 있었지만, 그러나 그것은 개연성이 없다. 왜냐하면 Justin은 완벽하게 발전한 시몬주의의 영지주의적 신화를 전제로 하기 때문이다(사람들은 Justin이 Apol I 26:3에서 *prote ennoia*[첫 번째 생각]와 더불어 창녀 헬레나를 시몬주의 조직의 구성요소로 알고 있다는 것을 주목한다). 여기서 그녀의 구원자는 시몬이다. 방금 행하여진 설명에 따르면 사도행전 8:10b로부터 추론된 시몬의 자아-선언(Ego-Proklamation)은 승인형식(Rekognitionsformel[13])으로써 표기된다.

> *epinoia*[생각]의 설명이 누가의 독서를 통한 지식에 기인한 것일 경우, 위에서 이끌어낸 결론은 불확실한 것이 된다. 그럼에도 불구하고 이 경우 누가의 누가/행전의 작성 시기는 시몬주의 종교의 영지주의적인 단계에 있어서 최종지점 일 것이다.

만약 진술한 영지주의적 의미가 옳을 경우, 누가적인 묘사는(아마도 헬라파의 묘사도 역시) 비록 마술과 그노시스가 서로 가까이 놓여있을 수 있었음에도, 마술사로서의 시몬에 대한 편파적인 묘사를 통하여 그를 부분적으로 낮춘다.

역사적인 인물로서의 시몬에 대한 질문에 관하여는 맨 먼저 사도행전 8장의 시몬주의 전승의 초석이 신으로서의 시몬에 대한 존경과 그의 배우자로서의 *epinoia*[생각]의 존재라는 것이 강조되어야한다. 시몬은 -가르짐(Garzim) 위의 제우스 숭배와 관련된 환경 속에서 영지주의적인 의미를 배제할 수 없는, 또는 스스로를 그렇게 묘사한- 예언자, 교사 또는 기적을 일으키는 자였을 수 있다(비. Lüdemann 1975: 52-54). 그는 스스로를 시몬 제우스라고 불렀거나 그러한 자로서 불려 졌을 것이다.

부록: 사도행전 8:4-25에 대하여는 비. 나의 논문: The Acts of the Apostels and the Beginnings Gnosis, in: NTS 33. 1987.

---

13) 옮긴이: 누구임을 알리는 상투적인 짧은 문구.

사도행전 8:26-40

I 목차

- 26-28절: 이중 전개: 예루살렘에서 가사로 가는 길까지 가라는 빌립에 대한 천사의 명령과 그의 실행. 예루살렘으로부터 다시 귀향하는 에디오피아 환관과 그의 이사야서 독서
- 29-35절: 환관과 빌립의 만남 그리고 이사야 53:7 이하로부터의 복음전파
- 36-38절: 빌립을 통한 환관의 세례
- 39절: 세례집행 이후 빌립이 사라짐; 환관이 기쁨으로 되돌아감
- 40절: 아소도에서의 빌립. 복음전파 이후에 빌립은 가이사랴에 이름

II 편집

26-28절: 26절: 언어적으로 *anastethi*[일어나다](비. 27절: *anastas*[일어나]), *poreuou*[앞으로 가다], *katabainousan*[내려가다]는 누가적이다. 천사 모티브는 편집일 것이다: 누가는 종종 천사를 등장시키고 인간에게 직접적으로 명령을 전달한다(눅 1:11-25. 26-38; 2:8-20. 21; 행 5:19 이하; 12:6-17). *kata mesembrian*[남쪽으로]은 방향의 표시이거나 아니면 아마도 22:6처럼 하나의 시간언명[정오경]이다. "예루살렘에서 가사로"라는 사용은 "누가적인 선교구상에 일치한다: 북쪽에 놓여있는 사마리아에 복음을 전파한 뒤에, 이제 복음은 남쪽으로 향한다; '예루살렘'은 누가의 의식 속에서 다시 한 번 복음의 출발점을 상기 시킨다"(Weiser 1981: 209).

haute estin eremos[이 길은 광야다]는 하나의 편집적인 해석이며(비. 16:12b; 17:21; 23:8), 예루살렘에서 가사로 가는 길과 관련된다(비. Bauer 1963: 295). 가사로부터 시작하여 하나의 상업용 도로가 이집트로 놓여있다. 비. Arrian, Anabasis II 26: "그것은(가사) 페니키아로부터 이집트로의 거리에 마지막 지

명과 관련이 있다. 그곳 뒤에 사막이 시작된다." 누가는 여기서 팔레스틴에 대한 확실한 지식을 갖고 있다(비. Hengel 1983: 165).

27절: *anastas eporeuthe*[일어나 가다]는 언어적으로 *kai idou*[그리고 보라], *proskyneson eis Ierousalem*[예루살렘으로 예배하러]과 마찬가지로 편집적이다(비. 언어적인 병행 24:11); 비. *en*[안에]을 위한 *eis*[안으로] 누가복음 4:23; 11:7; 사도행전 7:12; 19:22(참. W. Elliger, EWNT I: 965-68). 간다게 모티브는 "신비적인 특징들과 함께 이야기의 풍성함을 위하여 존재할 수도 있고, 다른 한편으로는 그러나 이집트 시종 환관과 연결되고 이것의 토대를 굳힌다. 여기서 한 성서의 단락이 기독교 선교의 반경을 세계적으로 형성하고 독자들의 판타지를 -이사야 예언의 성취에 대한 지식이 움직이는- 마술적인 세계로 이끌기 위하여 사용된다."(Dinkler 1975: 94; 비. Pluemacher 1972: 12). 28절: *hypostrephein*[돌아가다]은 누가가 좋아하는 단어이다; 누가적인 우의적 활용(Coniugatio periphrastica)에 대하여는 비. Radl의 목록 1975: 431. *ton propheten Esaian*[선지자 이사야를]은 32절 이하의 전조(Vorverweis)이다. 비. 비슷한 구조가 누가에 의해서 형성된 나사렛에서의 예수의 처음 설교에서 보인다: 누가복음 4:17(예수는 이사야서를 건네받는다)/ 4:18 이하(기독교적으로 이해되는 이사야서로부터 인용된 구절). 영과(29절) 주의 천사가 환관과 빌립의 만남을 주선한(26절) 것은 아마도 편집적이다. 왜냐하면 바울(행 9장)과 고넬료(행 10장 이하)의 회심에 관한 다음의 이야기 속에서 유사하게 두 인물의(바울/아나니아, 고넬료/베드로) 행로가 결합되기 때문이다. 여기에서는 그러나 그 모티브가 가장 약하게 형성된다. 그럼에도 불구하고 독자는 지금부터 하나님께서 어떻게 행하시는가 그리고 어떻게 명령을 통하여 인간의 행동을 서로 귀속시키는지를 알게 된다.

29–35절

29절: *to pneuma*[영]는 *aggelos kyriou*[주의 천사](39절은 *pneuma kyriou*[주의 영]로 기록됨)에 대한 누가적인 변형이다. *kollaomai*[합류하다]

는 사도행전에서 5번 등장하고, 누가복음에서는 2번 등장하며, 나머지 신약성서에서 5번 등장한다. 30절: 단어변형(Paronmasie)[14]인 *ginoskeis*[깨닫다]/*anaginoskeis*[읽다]는 누가적이다(비. 전에 26절 이하: *gasa*[도시]/*gasa*[보물]). 31절: 잠재적 청유형(Optativus potentialis)은 신약성서에서는 단지 누가에게서만 볼 수 있다: 누가복음 1:62; 6:11(마가복음과 다름); 9:46(마태복음과 다름); 15:26; 사도행전 5:24; 8:31; 10:17; 17:18; 26:29(비. 더 자세한 것은 Schneider 1980: 504 A49). 32-34절은 아마도 확실하게 누가의 편집이다: 이 절은 마치 누가복음 4:18이하에서 기독교적으로 암시되는 이사야 증언과 같다. 이와는 반대로 전승적인 그러한 설명에는 35절이 보여주는 것과 같이 빌립의 예수선포가 중요하다(비. Schneider 1980: 504). 35절은 더구나 명백하게 31절에 연결된다.

Rese 1969: 97-100는 32절 이하가 당연히 누가이전 전승의 구성요소였을 것이며, 이 전승은 이사야 53:8d(*apo ton anomion tou laou mou echte eis thanaton*[형벌 받을 내 백성의 허물 때문이다])를 함께 공유했을 것이라고 생각한다. 그에 의하면, 누가는 "이 문장을 의도적으로 빠뜨렸는데, 그 이유는 예수의 죽음이 갖는 죄 사함의 능력에 관한 묘사를 피하기 위함이다"(98). 그럼에도 불구하고 이사야 53:8d는 예수 죽음이 갖고 있는 죄 사함의 능력에 대하여 아무것도 말하지 않는다. 8d는 오히려 누가에 의하여 생략된 것처럼 보인다. 왜냐하면 사람들이 '높아지심'과 관련하여 *airein*[위로 올리다]을 이해한다면, 8d는 적합하지 않기 때문이다.

35절: *anoixas to stoma*[입을 열다] 비. 10:34. *archomai apo*[~부터 시작하여]는 "예수를 선포했다"와 같이 누가에게서 자주 사용된다(눅 24:27. 47; 행 1:22; 10:37).

14) 옮긴이: 이름 옆에 비슷한 이름을 또 두는 것. 예: 왕의 왕, 책의 책 등.

36–38절

36절: *ti kolyei me baptisthenai*[무엇이 나로 세례 받는 것을 방해하는가?] 비. 10:47과 거의 동일한 편집적인 어법(비. 11:17). 37절은 본문비평적으로 볼 때 이차적이다(비. Campenhausen 1972: 226). 38절: *kathbesan*[아래로 내려가다] 비. 26절.

39절

"환관은 기쁘게 그의 길로 향하였다"(39d)라는 문장은 그가 빌립을 더 이상 보지 못하였다는 것의 근거로서 적당하지 않다(비. Weiser 1981: 211). 이전 문장과의 이러한 긴장 그리고 *poreuomai*[나아가다]와 *chairo*[기쁨으로]가 누가가 애용하는 단어들이라는 현상은 39d가 편집적이라는 것을 그리고 39a-c가 원본의 구성요소라는 것을 증명한다.

40절

이 절은 누가가 실용적으로 추가한 것이며(Dibelius 1951: 20), 그리고 독자들에게 빌립이(뒤에) 가이사랴에서 발견될 것임을 말한다.

아소도(Asdod)는 가자처럼 과거 다섯 개의 적은 수의 시민이 사는 도시 중의 하나이고 -가자로부터 33키로 북동쪽으로 떨어져있다- 마찬가지로 바닷가에 놓여있다. 누가는 여기서 헬라파 영역으로부터 나온 신뢰할 만한 전승에 근거한 하나의 지리적인 정보를 보여준다(비. Hengel 1983: 165-167).

누가는 사도행전 8:26-40을 가지고 예루살렘 밖에서 행하여진 헬라인들 선교에 관한 그의 설명에 두 번째 빌립 이야기를 첨가한다. 유의해야 할 것은, 환관을 위해서는 성령의 부여에 관한 어떠한 것도 보도되지 않는다는 것이다(비. 그러나 39절에 관한 Kodex A의 이차적 본문). 이것과 함께 누가는 그의 첫 번째 빌립의 이야기(8:5-25)에서 보여준 원칙 즉, 성령의 부여를 헬라파인들에게 하는 설교와는 연결하지 않고 이것과 관련된 소식들을 억제한다는 원칙에 충실하게 머물러 있는다. 그래서 나중에 이런 분석들로부터 위의 사도행전 8:4-25에서 제기한 가정 즉, 거기서는 베드로 전승이 아니라 빌립 전승이 기초를 이룬다는 것을 위한 더욱 자세한 근거가 생기게 된다.

III 전승

만약 사람들이 확실한 편집적인 특징들을 본문으로부터 떼어 놓는다면 -방법론적으로 종종 문제가 되는 경험- Weiser 1981: 208와 관련하여 다음의 전승요소들이 생겨나게 된다: 27b: "한 에디오피아 사람, 내시"; 36a: "그들이 길을 가다가 물 있는 곳에 이르러"; 38절: "빌립과 내시 둘 다 물에 내려가 빌립이 세례를 베풀고"; 39절: "그들이 물에서 올라 올새, 주의 영이 빌립을 이끌어 간지라 그리고 그 내시는 그를 더 이상 보지 못하였다". 만약 사람들이 더 정확한 전승의 구성요소에 관하여 의심하고자 한다면, 그래도 형식사적인 분류를 위한 자료들은 충분하다: 누가에 의해서 사용된 전승에서는 헬라파 영역 안에서 이방선교를 위하여 아마도 실용적인 의미를 갖고 있는 회심의 이야기가 중요하다. (Harnack 1908: 150 이하는 그 전승을 -이론의 여지를 남겨둔 채- 빌립 스스로에게로 소급시킨다; 비. 반대. Dinkler 1975: 88.) 누가가 내시의 종교적 상태를 의도적으로 미결상태로 남겨두는 동안 -"그는 그를 문헌자료 때문에 공개적으로 과감하게 개종자로 표시하지 않는다"(Conzelmann 1972: 63)- 전승은 단지 후자를 전제로 하지 않고, 그 외에도 그 이방인이 거세된 자 였다는 것에 대하여도 보도한다. 그것은 복음이 유대교의 한계를 극복 하였다는 증언을 고조시킨다. 아마도 사람들은 이러한 범위 안에서 그 역사를 이사야 56:3b-5의 성취로서 간주했을 것이다:

"그리고 고자도 말하기를 나는 마른 나무라 하지 말라, 왜냐하면 여호와께서 말씀하시기를 나의 안식일을 지키며 내가 기뻐하는 일을 선택하며 나의 언약을 굳게 잡는 고자들에게는 내가 내 집에서, 내 성안에서 아들이나 딸 보다 나은 기념물과 이름을 그들에게 주며 영원한 이름을 주어 끊어지지 아니하게 할 것이다"

이 이야기는 오래된 인상을 주며(다름. Schille 1983: 213), 빌립에 관한 많은 이야기들의 한 부분일 것이다. 이 이야기들 중에서 누가는 8장에 두 번 끼워 넣고, 뒤에 사용하는 빌립에 관한 소식들과 그의 처녀로 예언하는 딸에 관한 이야기를(21:9) 거기로부터 떼어낸다. 그러한 스타일은 완전히 전설적인 것이다(교화적인 것, 사적인 것 그리고 기이한 것들의 혼합, 비. Dibelius 1951: 20 이하).

IV 역사성

이 전설적인 회심의 이야기는 헬라파 유대인들과 빌립의 선교의 성과에 한 에디오피아 내시의 회심이 포함된다는 역사적 사실을 반영한다. (이것이 역사적일 것이라는)그 가능성은 헬라파 유대인들에 관하여 알려진 것으로부터 형성된 것으로, 사도행전 8장에서 포함하고 있는 전승의 사실성(에디오피아인, 내시)과 사도행전 10장에 대한 이 이야기의 긴장에 근거한 그러한 판단의 개연성으로부터 형성된 것이다. 사람들은 연대기적으로 초기 1세기의 30년대 또는 40년대에 관하여 생각하게 된다.

사도행전 9:1-19a

I 목차

- 1-2절: 사울의 박해활동(발단)
- 3-9절: 다메섹에서 벌어진 사울 앞에서의 예수현현
  - 3a: 장소언명을 동반한 여행메모
  - 3b: 빛의 발현
  - 4a: 사울의 엎드러짐
  - 4b-6절: 예수와 사울 사이의 대화
  - 7절: 동행자들의 반응
  - 8-9절: 그 현상이 사울에게 가져다 준 영향
- 10-19a: 임무와 함께 아나니아에게 보여진 그리스도환상과 그 임무의 성취
  - 10a: 장소언명과 함께 아나니아라는 인물의 소개
  - 10b: 환상(*horama*)의 방식에 관한 진술
  - 10c-16절: 임무에 관한 환상대화
  - 17-19a: 시력의 회복으로 이끄는 안수와 아니니아를 통한 세례

II 편집

언어적으로 다음의 사용 또는 개념은 편집적이다: 1절: *eti*[아직도], *mathetas tou kyriou*[주의 제자들]. 2절: *hopos ean*[을 위하여…만약], *andras te kai gynikas*[남자와 여자]. 이 두절은 내용적으로(편집적인) 해설이다: 누가는 전에 보도했던, 스데반이 순교당할 때에 사울이 참여한 편집적인 에피소드(7:58; 8:1a)와 그의 그 이후 성공적인 박해행위(8:3)를 다메섹에서의 박해자의 회심에 관한 이야기와 연결시킨다. 이 과정에서 누가는 이것을 예루살렘에서 다메섹으로 가는 여정에 벌어졌으며 그 여행은 사울이 대제사장의 지시 속에서 그리스도인들을 결박하여 예루살렘으로 잡아오기 위하여 다메섹으로 가는 것이라는 이유를 제시한다. 이것을 통하여 열심인 기독교 박해자와 회심 사이의 대조가 능숙하게 이루어진다.

예루살렘에서 다메섹으로의 그러한 동기에 근거한 여행은 전승에는 어떠한 근거도 찾아볼 수 없다. 사람들은 다음의 사실을 첨가하고자 한다: 만약 모든 개연성에 반대하여 거꾸로의 경우라고 한다해도, 이 여행은 진술된 목적에도 불구하고 비역사적일 것이다. 왜냐하면 산헤드린의 사법권은 다메섹까지 미치지 못하였고, 유대에만 제한되어 있었기 때문이다. 사람들은 그에 대하여 마카비상 15:16-21에 포함하고 있는 로마 집정관 루시우스가 프톨레미 왕에게 쓴 "편지"를 증거로 끌어낸다(예. Lake/Cadbury, Beg. IV: 99): 루시우스는 짧게 로마와 유대(대제사장 시몬의 시대에) 사이의 동맹과 우호관계의 효과적인 갱신과 프톨레미에게 요청한 것에 관하여 보도한다: "만약 그들의 땅으로부터 약간의 수치스러운 일한 자들이 너희들에게 도망했다고 한다면, 그들을 대제사장 시몬에게 넘기어, 그가 그들을 그들의 법에 따라 처벌하도록 하라." 그럼에도 불구하고 사도행전 9:1 이하에서처럼, 그 편지는 회당과 관련된 것이 아니고, (유대인이 그에게 도망쳐간)비유대적 권력자와 관계되어 있다. -편지의 진정성에 대한 공개적 질문은 제쳐 놓더라도- 이러한 법령이 200년 후에 효력이 있었는지는 불확실하다. 비. Conzelmann 1972: 65; Goldstein 1976은 마카비상 2:44과 신명기 4:25-28와의 관계 하에서 대제사장 시몬이 배신자를 약속의 땅 이외의 지역에서 뒤 쫓아야 할 것을 아마도 예상하지 못했을 것이라고 언급한다(497). Schürer 1979: 198. 218 이하는 비록 그가 사도행전 9:2의 역사성에 대하여는 알 수 없는 것으로 내버려 두면서도, 위의 이해를 유효한 것으로 인정한다. 비. 전체의 문제를 위하여는 Burchard 1970: 44 이하 A15. (Judge 1964는 다메섹의 공화국과 예루살렘의 유대 정부 사이의 "[범인]인도협정"에 관한 오류를 말한다 [21]).

3-9절: 3-9절의 편집분석은 22장과 26장의 병행 보도와의 공관적 비교를 통하여 가장 좋게 시작된다. 왜냐하면 모든 세 개의 보도들이 다메섹 사건을 주제로 갖고 있고 태생적으로 함께 속하기 때문에, 하나의 정확한 비교는 편집사적인 질문을 가속화 할 수 있고 전승사적 분석을 준비할 수 있기 때문이다. 사도행전 9장은 해결의 실마리로서 도움이 된다.

바울의 회심에 관한 세 보도의 공관적 비교 (비. Die Synopse als Beilage I, Löning 1973)

일반: 사도행전 9장은 3인칭 단수 형태의 보도를 취하고, 사도행전 22장과 26장은 1인칭 단수 형태로 보도된다. 바울은 22:3-16을 그의 특별한 고향 사람들 앞에서의 성전담화로 행하며, 26:4 이하. 9-18에서 그는 아그립바, 페스투스 그리고 베르니케에게 말한다. 두 개의 연설은 변호이다.

우리는 8:3을 끼워 넣는다. 왜냐하면 그 단락은 회심의 전역사로서 거기에 포함되기 때문이며 그 모든 세 개의 보도들 안에 수용되고 있기 때문이다:

8:3은 22:4과 26:9-11에 일치한다. 그 모든 세 개의 구절들은 사울이 그리스도인들을 '감옥'(*phylake*)에 투옥했다고 묘사한다. 26:10b는(아마도 22:4의 구체화) 사형 판결에 있어서 사울의 관여에 관하여 말하여지는데("만약 그들이 처형당하여 져야 한다면, 나는 거기에 동의한다") 그 안에서 하나의 고조를 암시한다. 26:11b는 사울의 박해행위가 예루살렘 밖에까지 연장되었다는 묘사와 함께 다시 한 번 고조시킨다.

9:1-2은 22:5b와 26:11b-12에 일치한다. 9장과 22장은 각각 사울이 대제사장으로부터 받은 또는 산헤드린에 요청한(9:2) 공문에 관한 이야기이다. 26:12은 바울이 대제사장의 허락과 권한을 갖고 다메섹으로 여행하였다는 것을 확정한다(비. 이미 10b). 한편으론 9:2과 22:5b가 사울의 박해 행위를 다메섹 안에서 만으로 제한하지만(사울은 거기 있는 그리스도인들을 처벌하기 위하여 예루살렘으로 데려오려 한다), 26:12은 이러한 개별적인 사안들을 생략한다(여기서 사울은 대제사장의 권한을 갖고 다메섹으로 여행한다.) 위의 개별적인 사안들은 더 이상 보도되지 않는데, 그 이유는 이미 26:11b에서 사울이 그리스도인들을 예루살렘 밖에까지 박해했었다고 묘사했기 때문이다. 26장은 그래서 9장과 22장을 전제로 하고 거기서 묘사된 것을 고조시킨다.

9:3-9는 22:6-11과 26:12-16a안에서 하나의 일치점을 갖는다:

9:3은 22:6과 단어사용에 있어서 일치한다. 22:6이 *peri mesembrian*[정

오 경]에 대하여 말하고, 26:13은 비슷하게 *hemeras meses*[정오]를 말하는 반면, 9:3은 시간에 대한 언명이 없다. 바울 앞에서의 현상이 세 개의 모든 보도들에서 '빛'(*phos*)으로서 표시되며(26:13은 그 빛이 태양빛 보다 더 강하다고 재차 강조한다), 그 빛은 각각 하늘로부터(2번에 걸쳐, *ek tou ouranou*[하늘로부터], *ouranothen*[하늘로부터, 26:13]) 비추며, 9:3과 22:6은 그 현상이 '갑자기'(*exaiphnes*) 일어난 것으로 묘사한다. 9:3과 22:6은 그 빛이(단지) 사울에게만 비취고, 26:13에 따르면 사울과 그의 동행자들에게 비췬다.

9:4과 22:7에 따르면 사울은 바닥에 엎드러지고, 26:14에서는 사울과 그의 동행자들이 다른 병행구들과는 달리 그 빛이 사울의 동행자들에게도 비췬다. 세 개의 모든 설명들은 사울이 그에게 말하여진 목소리를 들었다는 것에 일치한다: "사울아, 사울아, 왜 네가 나를 핍박하느냐?" 당연히 26:14은 두 개의 특별한 설명을 덧붙인다: 1) 목소리는 히브리어로 말하여진다. 2) 사울에게 주어진 질문 즉, 왜 그가 말하는 자를 핍박하는지에 대한 것은 다음의 확언을 통해 보충된다: "가시채를 뒷발질하기가 네게 고생이니라" 이 두 가지 보충설명은 누가적인 확장으로 표기 되어야 한다. 첫 번째 첨가(히브리어로 말한 것)는 세 곳에서 모두 보이는 사울이라는 이름의 형식을 설명한다. 그 외에 그것을 통하여 핍박하는 자와 핍박당하는 자 사이의 만남이 엄숙하고도 극적으로 묘사된다. 두 번째 보충설명에서 핍박당하는 자가 헬라어 격언을 인용하는 것은 히브리말에는 당연히 부적합하다(비. Conzelmann 1972: 149). 여기서 저자 누가가 실제로 이야기 하려는 것은 한편으로는 예수에 대한 사울의 완전한 의존성과 다른 한편으로는 그가 알고 있는 박식함을 표현하려는 것이다.

9:5은 거의 완벽하게 22:8; 26:15과 일치를 보인다: 사울은 말하는 자에 대한 질문에 대하여 답을 얻는다: "나는 네가 핍박하는 (나사렛)예수라." 22:9은 그것과 함께 사울의 동행자들이(빛은 보았지만, 그러나) 사울에게 말하는 목소리를 듣지 못했다는 진술을 포함한다. 이에 대해 9:7은 조금 후에 정확히 반대의 묘사를 전한다: 사울의 동행자들은 목소리를 듣는다.

9:6은 22:10과 아주 밀접한 일치점을 갖고 있다: 사울은 일어서서 다메

섹으로 이끌려 간다. 그리고 거기서 그에게 그가 무엇을 해야 할지를 듣게 된다. 26:16a는 단지 '일어서라'는 명령만을 포함하고 있지 그가 다메섹으로 가야 할 것에 대하여는 보도하고 있지 않다. 그것은 단지 26장이 아나니아에 관한 보도를 포함하고 있지 않을 때에만 모순이 없다. 오히려 26:16b는 바로 사울에 대한 본래의 선포의 임무에 대하여 묘사하고 있다. 이 선포의 임무를 다른 버전들은 나중에야 비로소 가져 온다(9:15과 22:14). 이런 이유로 다음에서는 다메섹에서 일어난 사건에 대한 처음 두 버전만을 서로 비교하도록 하겠다.

9:7: 위의 9:5/22:9을 비교.

9:8은 22:11과 일치 한다: 사울은 아무것도 볼 수 없으며 동행자의 손에 의지하여 다메섹으로 인도된다.

9:9은 22장에는 병행구절이 없다. 사울이 3일 동안 아무것도 볼 수 없었고 먹지도 마시지도 않았다는 것은 아마도 편집적인 첨가이다. 물론, "3"은 누가가 자주 사용하는 숫자이다. 금식은 성령의 치료와 수여에 중요하게 선행된다.

9:10-17은 아나니아의 에피소드를 포함하는데 단지 부분적으로만 22:12-13에서 병행구가 발견된다. 9:10-17은 아나니아에게 보인 그리스도 환상을 묘사한다. 그에게 사울이 다메섹에 있으며 직가라 하는 거리에 사는 유다의 집에 머물며 거기서 기도하고 있음이(11절) 알려진다. 그는 환상 중에 아나니아가 방문하는 것을 본다(12절). 13절 이하는 사울이 지금까지 기독교인들을 핍박한 행동에 근거한 아나니아의 이의제기를 묘사한다. -방금 위에서 묘사한 아나니아와 사울의 만남에 대한 경위는 22장에서는 포함하고 있지 않다. 아나니아는 22:12에서 율법에 의하면 경건한 사람이고 거기 사는 모든 유대인들에게 칭찬받는 사람으로 소개된다. 이런 직접적인 연결 속에서 본문은 아나니아를 통한(13절) 사울의 치료를 묘사한다. 사울의 치료는 9장에서는 한참 뒤인 17절에서야 겨우 설명된다. 그가 사건에 관여하는 경위에 대한 상세한 해명 없이 등장하는 아나니아의 소개(22:12)는 갑작스런 것이나, 독자가 이미 9장에서 그에 관하여 어느 정

도 알고 있기 때문에 그런 기술방식은 가능하다. 그렇기 때문에 22장의 보도는 독자에게 9장으로 다시금 되돌아갈 것을 지시한다. (26장은 22장에서 시작한 사울의 회심에 관한 보도의 요약을 계승하며 아나니아 에피소드를 완전하게 [생략하고]넘어간다.)

9:15-16은 22:14-15과 26:16b에서 평행구절을 갖고 있다. 그럼에도 다양한 강조점이 선명하게 보인다: 9:15은 사울을 *skeuos*[그릇] *ekloges*[택한], 즉 주의 이름을 이방인들과 임금들과 이스라엘의 자손들에게 전하기 위하여 택하여진 그릇으로 묘사하고, 16절은 "나는 그에게 즉 그가 나를 위하여 얼마나 많은 고난을 당하여야 할 것을 보여주겠다"는 증언을 정당화한다. 다음의 편집적인 분석이 없어도 사울은 여기서(적어도 근원적으로) 순교자로서 묘사된다는 것을 알 수 있다. 22장과 특별히 26장의 묘사들은 이러한 점에서 따로 분리 된다: 22:14은 9:15과는 달리 다른 주어를 갖고 있다: (그리스도가 아니라)하나님이 사울을 선택했고, 그의 뜻을 알게 했고, 의인을 보게 하고 그 입에서 나오는 음성을 듣게 하였다. 동사 "택하다"(*procheirizesthai*)는 26:16b에 등장하고, 내용적으로 (*skeuos*[그릇]) *ekloges*[택한]와 일치한다. 14절의 두 번째 부분("그의 뜻을 알게 하고 의인을 보게 하고 그의 입으로부터 나오는 음성을 듣게 하다")는 9:15 또는 26:16에서 직접적인 평행구절을 갖고 있지 않다. 그럼에도 예수를 보는 것과 관련해서는 26:16과 하나의 일치점이 존재한다.

22:15은 26:16b와 밀접한 평행구절을 갖고 있다. 비. "왜냐하면 너는 그(그리스도)를 위하여 모든 사람들 앞에서 네가 보고 들은 것에 증인이 되리라" 와 "네가 나를 본 일과 장차 내가 네게 나타날 일에 너로 종과 증인을 삼으려 함이니"(26:15b). 사울은 이제 두 묘사에 따르면 한 증인이다. 증인의 특별한 임무는 26:16b와 관련하여 나타난다. 즉 이것은 17-18절에서 전개되는데 22장에는 평행구절이 없다: "이스라엘과 이방인들에게서 내가 너를 구원하여 그들에게 보내어 그 눈을 뜨게 하여 어둠에서 빛으로 사탄의 권세에서 하나님께로 돌아오게 하고 죄 사함과 나를 믿어 거룩하게 된 무리 가운데서 기업을 얻게 하리라 하더이다." 이것과 함께 이방인 선교로

의 사울의 부르심이 묘사되는데, 이것은 9장에서는 아마도 나타나지 않는 주제이며, 22:1-16에서는 겨우 간접적으로(당연히 그것은 17-21절의 직접적인 맥락에서 나타난다) 등장하는 주제이다.

9:17-19은 아나니아를 통한 사울의 치유를 묘사한다. 이것은 22:13에서 이미 보도됐다. 독자들은 18a("즉시 사울의 눈에서 비늘 같은 것이 벗어져…")로부터 사울의 실명에 대한 설명을 찾아내면 안된다. 이것은 빛의 광채로 인해 볼 수 없게 되었다는 22:11과 대조되며, 두 설명은 서로를 배제한다. 왜냐하면 "눈에서 비늘 같은 것" 이라는 표현은 비유적인 표현방식이며, 9:8에서 실명은 본질적으로 광채에 기인한다고 말한다.(비. 9:3b), (반대 Hedrick 1981: 431).

공관적 비교의 성과

세 보도 모두 발생학적으로 볼 때 서로에게 밀접한 관련이 있다. 22:12의 두 번째 보도는 편집적인 영역에서 볼 때 첫 번째 보도를 전제로 한다. 이것은 마치 세 번째 보도가 두 개의 앞선 보도의 요약으로 이해되도록 한다. 세 번째 보도 안에서 바울이 기독교인이 되기 전과 기독교인이 된 이후의 사이에 모순이(비. 바울의 핍박의 행동에 대한 묘사) 고조되고 사도행전 9장의 회심은 이방선교로의 소명으로서 이해된다. (두 번째 보도인 22장은 중간위치를 취한다.) 그럼에도 그 안에서 22:17-21의 직적접인 맥락을 통하여 이방선교로의 주제가 암시된다.

9:7(사울의 동행자가 그 음성을 듣는다)과 22:9(사울의 동행자가 음성을 듣지 못한다) 사이의 차이는 많은 조화들을 고려하여 볼 때, 회심보도에 관한 다양한 자료들로써 활용되지 못한다. 그럼에도 우리는 그 차이점을 단순히 누가의 부주의로 간주해서는 안 된다. 왜냐하면 이에 반대하여, 22:9에서 보여주는 것과 같이 예수-사울간의 대화의 단절은 의식적으로 9:7을 상기시키도록 하고(듣는 것과 보는 것의 바뀜을 주의하라), 독자들에게 사울의 회심에 관한 보충의 설명을 해주기 때문이다(비. Hedrick 1981: 431). 미해결인 채로 남아있는 9:7의 질문, 즉 동행자들이 빛을 보았는지에 대한 질문

에는 '보았다'라고 답하여 질 수 있다. (9:7은 단지 동행자들이 누군가를[예수] 보았다는 것만이 부정된다.) 그 밖에도 22:9의 묘사는 9:7의 누가 이전에 존재했던 반 누가적인 표현에 대한 누가의 수정처럼 보인다. 22:9의 묘사를 통하여 누가는 계시의 사건에 사울 동행자들의 참여를 배제하려 한다(비. Hedrick 1981: 430 이하).

우리가 위에서 말한 것처럼, 세 번째 텍스트가 나머지 두 개의 요약이기에 여전히 개별적인 모티브가 그 안에 근원적으로 존재하는지 그리고 그 모든 세 개의 보도들이 기초로 하는 전승이 회심 또는 소명의 역사인지 아닌지 확실하게 결정할 수는 없다.

3-9절

3a의 도입 *en de to poreuesthai*...[길을 가다가…]은 누가적인 특징을 갖고 있다. 누가는 누가복음 18:35; 19:29; 사도행전 10:9에서 하나의 에피소드를 도입한다. 4b-6은 G. Lofink(1965; 1967: 53-60)에 의하여 현현대화(Erscheinungsgespruäch)로서 표기되며, 이 현현대화는 4-6절과 22:7-10/26:14-16에 있는 사울의 회심에 관한 세 개의 보도 안에 존재하며(비. 9:10 이하) 그리고 구약에서도 그 유사성을 갖고 있는 있다: 창세기 31:11-13; 46:2 이하; 출애굽기 3:2-10. 구약의 양식은 세 개의 구성을 갖고 있다: 1) 호칭 또는 부르심, 2) 질문에 대한 대답, 3) 자기소개와 임무. 이것은 누가에 의하여 흉내 내지며, 그래서 4b-6은 편집적으로 보인다. 그럼에도 이러한 결과에 반대하여 동일한 양식이 JosAs 14장과 TestHiob 3장에 등장하는데, 이것은 70인역의 모방이 아니라 하나의 이야기양식의 사용으로 받아 들여 진다(비. Lohfink의 주장에 대한 비판을 위해서는 Burchard 1970: 88 이하를 보라).

당연히 이러한 양식의 출처에 대한 질문으로부터는 4b-6절이 지금의 양식 속에서 편집적인지 전승인지에 대한 결정을 내릴 수 없다. 그것이 우리 본문 외에서도 역시 편집적인 연관성속에서 등장한다는(9:10 이하; 10:3-5) 관찰은 이것이 누가로부터의 출처라는 의혹을 갖게 한다. 이러한 가정은 두 개의 근거에 의하여 더 확실해진다: 1) 4b-6은 사건의 진행을 위해서는 없어도 된다. 2) 누가는 대화를 통하여 누가가 좋아하는 양식과 장면을 형성한다. (4b-6절의 개별적인 요소들이 전승적인지 아닌지에 대한 질문은 III 이하를 참조.)

편집적인 특징들을 위해서 여기서는 두 개의 자료로부터 살펴보겠다: 4절의 "사울아, 사울아"는 누가복음 8:24(마가복음과는 다름)의 이중적 부르심 속에서 하나의 유사성을 갖고 있다; 10:41; 22:31. 9절의 숫자 "3"은 확실하게 편집적이다.

10-19a

10a: 아나니아의 도입(*tis ...onomati*[이름을 가진 어떤])은 언어적으로 누가의 것이다.

10b: *horama*[환상]을 통한 신적인 결정의 통고는 누가에게 있어서 하나의 중요한 문필가적인 수단이다(비. 행 10장 이하 그 밖에도 종종.). (3-9절이 *horama*가 아니라, 그리스도 현현[Christophanie]을 보도하고 있다는 것이 특징적이다.)

10c-16: 편집분석에 있어서 이 장의 본문배열은 특별히 주의를 끈다. 이 설명은 앞 선 단락인 8:26-40의 빌립과 에디오피아 내시 그리고 다음에 등장하는 고넬료 이야기(10:1-11:18)의 양식에서처럼, 두 사람의 각각의 행동이 서로서로 연결되거나 병렬적이다. 고넬료 이야기속에서 이러한 양식은 앞에 있는 이야기에서와 마찬가지로 이중환상을 통하여 발생한다. -당연히 사울의 환상이(아나니아와는 반대로) 이야기 식으로 상술되지는 않는다는 특징적인 차이와 함께 나타나지만, 그러나 이것은 아마도 전제가 된다(9:12). 8:26-40은 이와 반대로 단지 빌립의 앞에 나타난 주의 천사의 현현에 대하여 보도하는데, 빌립은 그 천사에 의하여 내시에게로 보냄을 받는다. 내시 스스로는 사도행전 9장의 두 번째 인물(아나니아)과 사도행전 10장 이하의 두 번째 인물(베드로)과는 달리 거기에 일치하는 환상을 갖고 있지 않다. 위 세 개의 이야기들이 서로 연결되었고(비. 이미 Baur 1866: 81, 당

연히 단지 9장과 10장의 밀접한 관계에 대하여 강조함) 누가에 의하여 하나의 정점(Klimax)에서 함께 배열되었다는 것은 거의 명백하다. 여기에 하나의 추측이 형성되는데, 그것은 앞의 이야기를 하나의 커다란 이야기 맥락 속에서 편입하기 위해 맨 처음 누가가 아나니의의 환상을 이야기 식으로 효과적으로 행사하였다는 것이다. 그것은 사울앞에서의 그리스도 현현(9:3-4)이 마치 그가 8장과 10장 이하에서 나타났던 것처럼 원래 이야기의 형식속에 맞지 않을 때 그 개연성은 더 커진다. (누가는 그리스도의 현현을 이러한 맥락에서 그러한 것으로 이해하려한다, 비. 9:12). 그리스-로마의 문헌으로부터 이중 환상을 위한 유익한 증거 자료들이 Wikenhauser에 의하여 보여진다 1948: 100-111. 그러나 그 문헌들은 9:3-9의 평행구절을 포함하고 있지 않다.

> Haenchen 1977은 옳게 주장한다: 공동체의 전승은 여전히 "복잡하고 그에 상응하는 *horamata*[환영]"를 포함하고 있다(317).

13-14절은 8:3에 대한 편집적인 회상이다. 15-16절은 언어적이고 내용적인 근거로 인해 누가적이라고 말할 수 있다.

언어적인 근거: "그(주)에게 말하였다"라는 표현은 편집적이다. 동사 *poreuesthai*[가다]는 "종종 누가에게서 등장하며; 특별히 독자적인 표현은 명령법인 *poreuou*[가라]이다. *skeuos ekloges*[택한 그릇]안에는 형용사를 위한 히브리어적인 성질의 소유격(Genitivus qualitatis)이 있다. *estin moi*[나에게 속한] 비. 의미론적으로 누가복음 5:10; 사도행전 19:31. 단어선택에 대하여는 사도행전 18:10…선행사인 *tou*[관계대명사]와 부정사의 사용은 누가적이다"(Radl 1975: 70), 마찬가지로 *to onoma*[이름]는 특별히 사도행전에서 그렇다. 누가/행전을 위하여 전형적인 것은 *enopion*[앞에서]이다. *ethne*[이방인]와 *basileis*[임금]를 함께 사용하는 것은 누가복음 22:25에서 등장 한다(마가/마태와는 다름. 비. 막 10:42; 마 20:25). 불변화사 *te*[그리고]… *te*[그리고] 그리고 (…) *kai*[그리고]는 사도행전에 종종 등장하며, 이스라엘을 *hyioi*[자손들]와 함께 사용하는 것도 마찬가지이다. 16절은 *ego gar*[왜냐

하면 내가]와 함께 시작한다. 여기에는 누가복음 1:18; 8:46; 21:15이 비교된다. 편집적인 것은 *dei*[~필요하다], *hyper tou onomatos*[이름을 위하여]와 *pathein*[고통 당하다]이다.

내용적인 근거: 예수 이름에 대한 강조는 편집임을 보여준다. 사도행전에 의하면 "총체적이고 실제적인 믿음의 실체를 이름의 소개와 연결"(Conzelmann 1977: 166 A1)하는 것은 많은 예를 갖고 있으며, 이름의 효과를 사람들은 흔히 말하는 "현존하는 그리스도에 대한 특별한 누가적인 소개 형식으로서 표기한다"(Conzelmann 1977: 165); 비. 3:16; 4:12; 8:12. 그 밖에도 "여기서 누가를 위하여… 유대인과 이방인의 특징적으로 상반되는 것이 만나게 된다. 그것과의 연관성 속에서 바울의 회심과 -이스라엘에 반하여- 고난당하는 바울에 관한 담화는 비록 바울이 무엇보다 먼저 선교사 였었지만, 계속된다. 마침내 고난당해야만 하는 *dei*[~이 필요하다]는 특별히 누가에게 있어서… 신적인 계획의 완곡한 어법이다."(Radl 1975: 72).

15절은 사울의 선교행위에 관한 묘사로서 다양하게 이해된다(Hedrick 1981: 420 이하). 그러나 실제로 여기서 고난의 주제는 이미 암시된다. 왜냐하면 *bestazein to onoma enopion tinos*는 "이름을 누군가의 앞에 전하다"의 의미가 아니라, "누군가의 앞에서 이름을 견디다"의 의미이기 때문이다(비. Lohfink 1967: 83 이하; Burchard 1970: 100 이하; Radl 1975: 76 이하). 이것과 함께 16절과 15절과의 관계에 대한 그 오래된 문제는 해결되며, *gar*(16절)는 "즉"으로 번역될 수 있다.

17-19a: 17절: *apelthen...eiselthen*[떠나…들어가다]는 편집적인 언어유희이다(비. 1:21 등 다수). *epitheis ep' auton tas cheiras*[그의 위에 손을 얹다]와 *plesthes*[가득채워지다] (*pneumatos hagiou*[성령])는 언어적으로 누가의 것이다. 이 절은 12절에서 아나니아에게 주어진 사울의 치유에 대한 과제를 확장한다: 사울은 추가적으로 성령을 보충한다. 17절은 아마도 사울의 세례에 관한 소식(성령의 수여 이후에 17절.)인 18절과 부딪힌다. 19a는 이야기를 완성시킨다.

3-9절: 다음의 전승의 요소들은 편집을 떼어낸 이후에 분명하게 드러난다: 1) 사울의 기독교인들에 대한 핍박은 다메섹 근처에서 일어난다. 2) 하늘의 빛이 비춰고 사울이 엎드러진다. 3) 사울에게 말하는 목소리를 들은 그의 동행자들은 그를(실명?) 다메섹으로 이끈다. -사람들은 하나님을 무시하는 자에 대한 형벌에 관한 전설로서 그 전승을 표기할 수 있다(증거자료는 Nestle 1968: 567-598). 그럼에도 고려되어야 할 것은, 위에서 연습한 전승을 재구성하는 방법이 불확실 하다는 것이다. 4b-6절이 -이러한 양식 속에서 확실히 편집적인데- 이러한 토대 위에서 전승적이 아니라고 누가 배제할 수 있겠는가? 이것은 7절이 전승의 단계에서 확실하게 사울에게 말한 목소리로 향할수록 보다 더욱더 개연성이 있다. 그 밖에 누가 처음부터 그 요소들이 누가에 의하여 제거되었다는 것을 부정하겠는가? 사람들이 무엇을 선택하는지 그 여하에 따라, 양식규정은 변경된다. 우리는 다음에서 그리스도 현현에 관하여 두 가지로 표현하여 말한다: 1) 3-9절은 9:10-19a안에 있는 것들과 유사하게 대상을 가지고 있는 환상을 갖고 있지 않다. 2) 다메섹 앞에서의 사건의 주어는 핍박당하는 그리스도이다. 그러한 양식규정은 그것과 함께 구분에 있어서 회심 또는 소명 이야기로 받아들이도록 한다. 역사적 고려는(IV에서 보게 됨) 여기서 이 주제를 더 잘 이해하도록 도움을 준다.

사람들은 사도행전 9:3-9에 관한 전승의 기초가 다메섹으로부터 유래하지 않는가 하고 생각해 볼 수 있다. 더 나아가 사람들은 갈라디아서 1:23에서 이 전승의 전승사적 출발점을 본다("다만 우리를 박해하던 자가 전에 멸하려던 그 믿음을 지금 전한다"). 그럼에도 전승사의 정확한 재구성은 위에서 말한 불확실성 때문에 추천될 수 없다.

10-19a

이 장면의 전승토대는 위의 것들보다 더욱 어렵다.

어느 경우든 그것은 옳지 않을 뻔했다: "그러나 누가는 적어도 하나의 단순한 아나니아의 *horama*[환상]를 갖고 있었다. 왜냐하면 아나니아의 행동은 근거가 있어야 했기 때문이다(22:12의 근거 없는 등장은 9:10 이하가 잘 알려진 것으로 전제했을 때만 가능하다)" (Buchard 1970: 123). 왜냐하면 환상의 동기는 누가로부터 기인하기 때문이며, 22:12의 아나니아의 "근거 없는" 등장은 전승을 이야기하는 것이 아니라, 단지 누가가 이미 그에 대하여 설명했다는 편집적인 영역을 전제하는 것이다.

전승요소는 내 생각으로는 단지 다메섹에 있었던 제자 아나니아의 존재이다(누가는 이러한 이름들을 거의 전승으로부터 첨가하지 않는다; 이러한 이름들의 부정적인 묘사. 행 5:1 이하; 23:2). 그는 바울을 고치고(근거로는 Trocme 1957: 176), 아마도 세례를 주었다(9:18). 직가라 하는 거리에 있는 유다의 집이 발생학적으로 전승에 속하는지는 불명확하다. 누가 스스로는 "숙박"에 관하여 흥미를 갖고 있으며(Cadbury 1926: 305-322- 비. 16:14 이하; 21:8.16; 28:17.16.23.30), 그렇기 때문에 다메섹풍의 지방색을 가지고 이야기를 풍부하게 만든다. 위의 전승적 요소는 3-9절에 놓여있는 원문과 함께 어느 한 이야기의 구성요소이거나 또는 단지 누가가 그것을 서로 연결한 것이다.

Hedrick 1981: 422은 Trocme 1957: 174-179의 주장 즉, 사도행전 9:1-19a가 전승의 단계에서 그리스도 현현과 연결된 구원사로부터 유래한다는 것을 새롭게 보완한다. 하나의 평행구절이 위경인 ActPetr안에 존재한다(Pap. Ber. 8502 p. 135-138, 독일 번역 Hennecke II, SS.189: "부자 프롤레메우스와 베드로의 젊은 딸의 이야기"). 여기에 더 제한적으로 진술되는 것은: 1) ActPetr안에 있는 이야기는 사도행전(!)의 기초 위에서 작성되었고 그렇기 때문에 사도행전 9:1-19a의 독립적인 평행구절로서 볼 수 없다. 2) 바울의 "병"(행 9:8)은 그리스도 현현의 결과이다. 물론, 10-19a안에서 기적의 주제에 관하여 개별적인 특징들이 중심적으로 놓여있지만 말이다.

IV 역사성

3-9절: 3-19a의 뒤에 있는 전승은 편지들과 일치점을 보도한다. 그 일치점은 한 특별한 사건이 핍박하는 자에서 선포자로, 그리스도교의 적에서 그리스도의 제자로 만들었다는 것이다(비. 갈 1장). 계속해서 장소에 대한 언명, 다메섹에서의 회심 또는 소명이 발생했다는 것은 역사적인 사실이다. 갈라디아서 1:17은 바울이 회심이후에 아라비아로 갔으며 거기로부터 다시 다메섹으로 되돌아 왔음을 말한다. 즉 그는 그의 회심 이후 짧은 시간 안에 이 도시 주변 또는 도시 안에 있었다.

전승은 바울의 고유한 증언, 즉 그리스도 현현에 관한 보도와 일치를 보인다. 근거: 고린도전서 9:1 이하에서 바울은 주를 본 것에 관하여 부활 담화 안에서(비. 요 20:18.24) 말한다(마치 고전 15:8에서 그 앞에 스스로를 나타내신 예수에 관하여 말하는 것처럼[비. 눅 24:34과 고전 15:3-7]). 두 구절 모두 같은 사건을 반영하는데, 고린도전서 9:1은 예수를 본 것에 대한 적극적인 표현이며 고린도전서 15:8은 9:1의 사실을 전제로 하고 있다. 사도행전 9:3-9과 고린도전서 9:1 이하; 15:8 사이의 다른 점이 발견되는데 그것은 사도행전은 여기서 주를 본 것에 대하여 말하고 있지 않으며 그의 말을 들은 것에 관하여 보도한다(4b-6)는 것이다 -이것은 전승으로부터 유래하지 않는다- 그리고 하늘로부터의 광채와 바울의 엎드러짐에 관하여 보도한다. 아무튼 3-9절은 사울이 주를 보았다는 것에 대하여는 보도하고 있지 않다. 이와는 반대로 당연히 9:17c는 아나니아가 3-9절에 대한 회상속에서 다메섹 앞에서의 광채를 하나의 사울앞에서의 예수의 현현(*ophthenai*)으로 묘사하는 것(비. 26:19)임을 지시하며, 9:7 즉 사울이 누군가(예수)를 보았다는 것(사울의 동행자들이 아무도 보지 못했다)을 전제로 함을 지시한다(비. Jacquier 1926: 286; 다른 의견으로는 Burchard 1970: 97 A153).

그러므로 9:3-9 뒤의 전승과 바울서신들 사이의 예수 현현과 관련하여 어떠한 모순도 놓여있지 않다 -두 가지 모두 바울이 주를 보았다는 실제를 증언한다- 다른 측면에서의 차이점들은 조정이 불가능해 보인다. 바울 스스로는 다메섹에서의 주의 현현이 그를 선교사로 불렀다고(비. 갈 1:15) 언급한다. 이것에 관하여 사도행전 9장은 보도하고 있지 않는데, 그 이유는 거기서는 예수를 통한 기독교 핍박자의 변화와 관련되었기 때문이다. 다른 측면에서는 기독교 박해자인 바울의 소명(선교사로의)은 9장에서 묘사되는 것과 같이 불가항력적인 하나의 갑작스런 변화를 포함 한다(비. Dietzfelbinger 1985: 97). 그렇기 때문에 누가가 사도행전 9장과 26장의 두 개의 다양한 이야기 속에서 각각의 중점적 사안을 가지고 설명하는 그것이 역사적으로 서로 밀접하게 관련되어 있다는 것은 매우 가능성이 높다(행 22장은 주지하는 바와 같이 중앙에 높여 있다). 9장과 26장은 단지(하나의 또는) 같은 이야기에 대한 두 개의 다양한 관점을 포함한다. 결과적으로 아마도 누가도 바울도 다메섹 사건의 고유한 내적 관점을 그들의 보도 안에서 말하지 않는다는 것이 증명되며, 만일 그럴 경우 다음의 문장이, 즉 "율법에 의하여 저주받은 자가 바로 그 아들이다"(Dietzfelbinger 1985: 81 이하)가 회심 또는 소명의 핵심내용이다. 이 경우에 비록 그것이 바울이나 누가의 보도 속에서 전혀 묘사되어 있지 않는다 해도, 칭의의 교훈 뒤에 있는 기본적 이해가 다메섹 사건의 내용이다.

10-19a

사울의 회심/소명에 있어서 아나니아의 성품과 그의 역할과 관련하여 하나의 확실한 역사적 판결은 거의 불가능하다. 당연히 사람들은 항상 아나니아의 관여에 반대하여 갈라디아서 1:12을 인용하지 않는다: 바울은 그의 계시를 어느 한 사람에 의하여 받은 것이 아니다. 왜냐하면 이러한 언급은 아나니아의 참여를 거의 배제하기 때문이며, 거기에서 그러한 언급들은 회심/소명의 특별한 성격에 대하여 질문하려 하지 않는다(비. 고전 11:23 이하).

역사적 재구성을 위한 9:1-19a의 전승분석에로의 회고

위에서 그 전승이 회심 또는 소명을 설명하는지에 대한 질문에 하나의 결정적인 제안이 역사적인 깊은 성찰 이후에 드디어 제안 될 수 있게 되었다라고 말하였다. 그래서 역사적 재구성의 가장 중요한 결과는 전승이 현저하게 바울의 고유증언과 일치하는가라는 것이었다. 전승은 그리스도의 현현에 대하여 보도하고 그것의 동반된 주변 상황을 묘사한다. 선교사로의 부르심은 사도행전 9장에서는 발견되지 않지만, 그럼에도 우리는 그것의 결핍이 바울과 전승 사이에 존재하는 그 밖의 일치점들 때문에 실험적으로 누가의 편집으로 소급할 수 있다. 편집자 누가에게 9장은 사도행전의 전체적인 설계도 안에서 볼 때 선교사 바울은 아직 주제가 아니기에(비. Maddox 1982: 74), 그는 아마도 바울 소명의 전승(비. 행 22 + 26장)을 의도적으로 회심으로 해석하고, 그것을 세 개의 회심사건(8:26-40; 9:1-19a; 10:1-11:8)의 순서 안에 배열시켰을 것이다. 여기서 제기된 제안은 Burchard 1970와의 대립 속에서 발견된다. Burchard는 누가가 바울을 열세 번째 증인으로서 열두 사도와 동일시하기 위하여 22장과 특별히 26장을 선교로의 부르심으로 해석 한다고 말하며, 동시에 누가가 사도행전 9:3-19a에서 큰 변경 없이 회심사건의 전승을 재생산한다고 생각한다. 바울 스스로가 다메섹 사건을 소명으로 이해하기 때문에, 시간적으로 후대에 기록된 누가적 묘사는 사도행전 9장이 재현하는 전승보다 더 높은 역사적 가치를 갖고 있다는 것이다(비. Burchard의 가설에 대한 비평을 위해서 Maddox 1982: 72-75). 그러나 아니다. 누가 앞에 놓여있는 다메섹 사건의 전승은 바울의 고유한 증언과 많은 부분에서 일치하는 하나의 소명이야기이다. 누가는 그것을 연출적인 이유로 인해 3배로 만들고, 9장에서는 소명을 회심으로 해석하는 것을 통하여 역사적 사실로부터 한 발짝 더 멀어지게 한다.

사도행전 9:19b-30

I 목차

- 19b-25절: 다메섹에서의 사울
  19b-20절: 다메섹 회당에서의 사울의 설교
  21절: 놀란 청중들의 반응(사울의 박해행위에 대한 언급)
  22절: 더욱 강력해진 사울의 설교
  23-25절: 사울이 그를 죽이려는 유대인들의 계획 때문에 다메섹을 떠남
- 26-30절: 예루살렘에서의 사울
  26절: 사울이 예루살렘에서 헛되이 제자들과의 연결을 시도
  27절: 바나바의 중재
  28-29a: 예루살렘에서 사울과 제자들의 교제, 그곳에서의 설교와 헬라파 유대인들과의 논쟁
  29b-30절: 헬라 유대인들이 사울을 죽이려고 했기 때문에, 형제들이 사울을 가이사랴를 거쳐 다소로 보냄

II 편집

19b-25절

19b-25절 전체는 편집에 기인하는 것으로 볼 수 있다. "며칠 동안"(19b)은 부정확한 시간의 표현이며, 유대인들과의 연결(20절)은 잘 알려진 누가의 구성공식(Schema)에서 비롯된 것이다. 20절(사울은 "그리스도가 하나님의 아들이라고 선포했다")은 멀리 갈라디아서 1:16을 상기시킨다. 여기서 누가는 공동체의 전승에서 바울에 의한 것이라고 알려진 것을 표현 하고 있거나, 혹은(대체적인 것으로 이해되어서는 안 된다) 바울 전승에 대한 그의 지식을 의도적으로 바울화 시켜서 보여주고 있다(비. 비슷하게 13:38 이하; 20:33). 21a는 언어적으로 누가적이다(*existanto*[놀라다], *pantes*[모두]). 21b는 이전에 이미 한번 이야기되었던 것(8:1.3; 9:1.14)을 -질문 형식의- 대화로 다시 도입하고 있다. 여기서 저자는 이전에는 사용되지 않았던 단어 *prothein*[멸하다]을 통해 다시 한 번 그가 바울 전승을 잘 알고 있음을

드러내고 있다(비. 갈 1:13.23). 21절 마지막 부분은 9:2을 다시 받아들이고 있다. 22절은 언어적으로 편집적이다: 비. *sygchynno*(당혹하게하다)이 단어는 신약에서 사도행전에만 4번 등장한다), *katoikeo*[거주하다], *symbibazo*[증언하다]. 이 절은 바울의 선포를 기술하고 있는데(예수는 그리스도이시다 -비. 18:5.28), 누가의 구성공식에 따라 바울은 (다메섹의) 유대인들을 향하고 있다. 23절에서 바울을 대적하는 유대인들의 계획에 대한 묘사는 편집적이다(비. 20:3.19). 이 절은 누가적인 시간표현(*eplerounto*[지나갔다]) *hemerai hikanai*[여러 날이]으로 시작된다. 24절: 여기서 *egnosthe*[알려지다]+여격은 누가복음 24:35에서 처럼 온다. *paratereo*[감시하다]는 누가에서 비교적 빈번하게 사용된다, 비. 누가복음 6:7; 14:1; 20:20(그 밖에 신약성경에서는 막 3:2, 갈 4:10). 25절: *labon*[취하다]의 의미 반복적인 사용에 관해서는 비. 누가적 병행문 16:3; 그 밖에 누가복음 13:19.21을 보라. 해석하기 난해한 *autou*[그, 그 자신]에 관해서는 비. 주석서들을 참고하라(내 견해로는 이것은 본래적이 아니다).

26-30절

26절에서 누가는 여러 사건들을 누적적으로 보고하고 있다. "26절에서는 바울이 마치 그를 다메섹의 성벽에서 내려 주었던 광주리가 예루살렘 지역의 바닥에 가서 닿은 것처럼 예루살렘에 있다"(Burchard 1970: 145). 예루살렘과 다메섹의 직선거리는 210km이다. 사울이 회심 후에 예루살렘의 제자들에게 접근하고자 시도하는 것은 편집적인 서술이다. 예루살렘 공동체는 누가 교회에 있어서 구속사적인 변두리 지역이다. 사도행전 두 번째 부분의 중요 인물이 이 공동체와 -교회적 사고에 대한 관심에서- 연결을 갖는 것은 불가피하다. 사울에 대한 제자들의 두려움은(이전에 아나니아에게서와 마찬가지로) 충분히 이해될 만한 것이기 때문에, 한 명의 중재자가 등장하는 것이 이야기 전개상 적절하다. 27절: 누가는 아마도 바울과 바나바의 동역에 관한 이후의 전승에 근거해서(행 13-14장) 바나바가 바울을 예루살렘 공동체에 소개했다고(비. 병행 11:25 이후) 추정한 것으로 보인다. 이 개별 상황을 "중재화(Mediatisierung)"로 지칭하는 것은(Klein 1961: 164) 역사화로부터 비롯된 이야기적 결합에 대한 지나친 확대해석이다. (다음 장들에서 바나바와 바울은 선교동역자 관계이다.) 27b는 이전에 언급된 사울의 회심과(3-9절) 다메섹에서의 그의 선교활동을 요약한다(아마도 바나바가 화자일 것이다). 28절에서 사울은 예루살렘의 사도들과 교제하고(표현 *episporeuomenos kai ekporeuomenos*[들어오고 나가다]에 관하여 비. 1:21: *eiselthen kai exelthen*[출입하다]), 예루살렘에서 설교하고(*parrhesiazomenos*[28절]는 동일한 동사를 [27절] 받아들이고 있다), 헬라파 유대인들과 논쟁한다. "바울은 예루살렘에서 12명과 교제하면서 그가 그 12명을 알기 이전에 이미 다메섹에서 행했던 것과 다른 그 어떤 것도 하지 않았다"(Burchard 1970: 149). 29절: 사도는 스데반의 죽음으로 인해 야기된 갈라진 틈 안으로 들어서고 있다. *laleo*[말하다]와 *syzeteo*[변론하다]는 이곳과 6:9 이하에서 헬라파 유대인과 스데반/사울의 논쟁을 지칭하는데 사용되고 있다. 당연히 그들은 다메섹의 유대인들이 사울을 죽이기로 계획했던 것처럼(23절: *anelein*[죽이다]), 또한 그들 자신이 이전에 스데반에게 행했던 것처럼(6:11-14: 스데반을 사형시키기 위해 거짓 증인들에 근거해서 고발함), 이제 사울을 죽이기를(*anelein*) 원한다. 30절: 사울이 그에 대한 위협 때문에 다소로 보내진다.

III 전승

19b-25절: 사울이 다메섹에서 설교했다는 보고는 전승사적으로 가능성이 매우 높다. 이 가설은 물론 현재로선 완전히 편집적으로 성격 지워지는 본문에만 간접적으로 근거하고 있으며 대체적으로 역사적인 고찰로부터 비롯되었다(아래 단락 IV를 보라). 다메섹으로 부터의 도주에 관한 짧은 기록(24b-25절)은 편집적이다. 이에 대한 문학비평적 근거는 다음과 같다: 23a-24절은 바울에 대한 유대인들의 살해 계획을 묘사하는(누가에게서 비롯된 -위를 보라) 일종의 해설이다. 24a와 24b의 긴밀한 결합은 이어서 제시

되고 있는 구체적인 상황에서 분명해 진다(비. Burchard 1970: 151). 따라서 재구성된 전승은 고린도후서 11:23 이하와 병행을 이룬다.

"처음 부분이 완전히 다른 이 두 본문은 사도행전 9:24b의 *pareterounto*[감시하다]/고린도후서 11:32의 *ephrourei*[지키다]에서 함께 진행하기 시작하다가 이 부분부터 끝까지는 서로 놀랍도록 비슷하다; 두 본문 모두 성벽을 '통한' 내려짐으로 끝난다(누가에게서는 대응되는 부분이 없는 33b의 바울적 성과보고를 제외하면). 누가가 여기서 전승에 기반하고 있음은 분명하다. 이 전승은 11:32 이하와 비슷하게 간결한 형태였음이 분명하다; 만일 누가가 더 긴 일화를 가지고 있어서 그것을 축소시켰다고 한다면(만일 그가 의도하지 않았다고 한다면) 이와 같이 서로 비슷한 간결한 형태가 될 수 없었을 것이다"(Burchard 1970: 151).

(Burchard 1970: 152에 반대하여) 확실히 견지해야만 할 것은 이 일화에서 바울의 박해자로서의 유대인들은 편집자 누가에게서 비롯되었을 가능성이 있다는 것이다. 전승의 기원과 관련하여서는 Burchard가 옳다: 사도행전 9:24-25의 원본은 이미 고린도후서 11:32 이하에 근거하고 있는 바울의 개인전승의 일부이다(Burchard 1970: 158).

26-30절

편집분석은 이 본문이 -바울의 첫 번째 예루살렘 방문에 어느 정도 뿌리를 두고 있는 전승과 아무런 관련 없이- 누가에 의해 쓰여 졌다는 결과를 보여주었다.

종종 정반대의 견해가 주장되곤 한다; 예를 들면 비. Burchard 1970(비슷하게 -Burchard를 이어서 -Weiser 1981: 232). 그러나 Burchard의 학문적이지만 꼬여 있는 논증들은 단지 반대를 가리키고 있다; 비.: "누가는 다른 곳에서처럼 여기에서도(아마도 26-30절) 의심스러운 전승을 사용하고 있는 것 같다"(153).

"나는 누가가 헬라파 유대인들과의 논쟁을 만들어 냈어야만 할 이유를 모르겠다. 구절의 처음과 끝에서 파악될 수 있는 전승이 하나의 단편으로 만들어져 누가에게 주어졌는지는 말하기 어렵다. 왜냐하면 27b는 현재의 형태에서 누가적이고 28절의 요약적이고 일반적인 기술도 그에게서 비롯되었을 가능성이 있기 때문이다. 하지만 가장 간단한 가정은 그가 9:26-30에서 전해지는 전승단편을 사용했다는 것이다"(154).

26-30절에서 전승을 보는 사람은 누구든지 이것을 아마도 갈라디아의 대적자가 바울에 대항하여 제시했을 판본과 관련시킬 수 있다: 그는 오랜 동안 예루살렘에 있었고 예루살렘 사도들에 종속되었다(비. Linton 1951: 84 이하). 그 밖에 전승에 대한 이러한 설명과 G. Klein(1961: 162-166)을 비롯한 다른 연구자들의 편집 비평적 설명의 유사성은 인상적이다.

최종적인 여행보고(30절)는 편집적으로 볼 수 있다, 비. 아래 단락 IV.

IV 역사성

19b-25절: 이 단락에 포함되어 있는 전승들은 바울이 다메섹으로부터 도망쳐야만 했었다는 자신의 증언과 일치한다. 도망의 본래 이유는 나바테어의 왕 아레타스 IV세(Aretas IV세, 재위기간: 기원전 9년- 기원후 39년)의 총독의 재임명이었다. (Jewett 1982: 58-63은 이 행위가 기원후 37-39년의 다메섹에 대한 나바테어의 정치적 지배권과 연결지어야 한다고 생각했다; 하지만 Bauer 1963: 432와는 달리 *ethnarches*라는 표현은 총독이 아니라 한 민족그룹의 수장을 지칭한다. 또한 Jewett의 가설을 지지해 주는 단 한 개의 증거도 없다[비. Burchard 1970: 158 이하 A100].) 바울에 대적하는 행위의 이유는 불분명하다. 이 행위를 누가의 보고에 관한 역사적 재구성으로(바울에 대한 박해자로서의 유대인) 간주하거나 나바테어 총독의 재임명을 유대인의 선동으로 돌려서는 안된다(이와 같이 Wirkenhauser 1921: 186; 이와 반대로 올바르게 Burchard 1970: 158 이하 A100).

26-30절

끝으로 바울이 예루살렘에 머문 후에 다소로 갔다는 30절의 보고 역시 역사적이다. 이것은 게바를 방문한 후 시리아와 길리기아로 갔다는 바울 자신의 증언과 일치한다(갈 1:21). 다소는 길리기아에 위치해 있고, 기원후 44년부터 시리아와 길리기아는 하나의 행정구역(Provinz)을 이루었다. 바울이 갈라디아서를 쓸 무렵에(대략 50/53) 그는 갈라디아서 1:21에서 널리 통용되는 언어습관에 동참하였을 것이다(비. Lüdemann 1980: 35 [Lit.]).

사도행전 9:31

(누가의 *men oun*[이제]으로 시작되는)이 절은 일종의 중간결산을 보여주는 편집적 요약문이다. 박해는 박해자의 회심으로 멈췄고 5:11에서처럼 더 이상 예루살렘에 한정되지 않고 유대, 사마리아 그리고 갈릴리를 포함하는 교회는(비. Lohfink 1975b: 56) 평화를 누리고 주님을 경외하였으며 성령에 의해 더 강해졌다.

흥미로운 사실은 우리가 사도행전에서 이전과 이후에 어떤 정보도 얻지 못했던 갈릴리 공동체의 존재가 여기에 보고되고 있다는 것이다. 누가의 전승들이 갈릴리 지역으로부터 흘러나왔는지는 확실히 결정할 수는 없다. 그가 그 전승들을 알고 있었다면-이것은 확실하다-, 그는 그것들을 이용하지 않았을 것이다(비. 눅 24:6에서 갈릴리의 부활전승에 대한 그의 억압).

"유대, 갈릴리, 사마리아"에서의 순서는 누가가 유대와 갈릴리가 직접적으로 인접해 있는 것으로 생각했다는 인상을 준다; 비. 마찬가지로(반대의 순서로) 누가복음 17:11: 예수는 "사마리아와 갈릴리를 통과하여(*dia meson*)" 예루살렘으로 갔다; 비. Conzelmann 1977: 60 이하 Hengel 1983은 17:11에 대한 이러한 해석을 지나치다고 보고 여기에서 저자가 무엇을 생각하고 있는지에 대해 우리는 알지 못한다고 말한다(151). 그러나 그는 사도행전 9:31은 그냥 넘어간다. Hengel 1983: 147-152은 17:11에 대한 설명에서 Conzelmann을 옳게 여기지 않고 단지 간접적으로만 누가의 이중 작품(누가-행전)에서 팔레스틴 지역의 지리학적 "지식"에 대한 중요한 증거들을 Conzelmann 1977: 14 A0; 61 A2에서 찾을 수 있다고 밝히고 있다(비. Hengel 1983: 148).

사도행전 9:32-43

Ⅰ 목차

- 32절: 베드로의 감독여행
- 33-35절: 룻다에서 애니아를 치유함
- 36-42절: 욥바에서 죽은 다비다를 살림
- 43절: 욥바에서 베드로가 무두장이 시몬의 집에 머뭄

Ⅱ 편집

32절

egeneto de[~되다, 발생했다]는 누가적인 도입구이다(비. 4:5; 9:37.43; 19:1 그리고 빈번하게). *dierchesthai*[두루 다니다]는 8:4; 19:1에도 나온다. *panton*[모든]도 마찬가지로 누가에게 돌릴 수 있다-이 표현은 앞 절의 공동체들과 관련된다. 물론 여기서 *panton*[모든]은 매우 어설프게 기능하고 있고 다른 단어들과 어울리지 못한 채 공중에 떠 있다. 그렇지만 이러한 사실이 원본에 대한 가설을 위하여 사용되어서는 안된다(이와같이 Lake/Cadbury, Beg. IV: 108). *hagious*[거룩한]는 41절에 다시 도입되고 있다.

33-35절

33절: *onomati*[이름]는 편집적이다; 마찬가지로 관계대명사 *hos*는 누가에게서 빈번하게 등장한다(비. Radl 1975: 420). 불구자에 대한 호칭으로서의 *paralelymenos*[중풍병]는 오직 누가에게서만 등장한다(비. 8:7). 연관구절들에서는 *paralytikos*[중풍병자]가 사용되고 있다. 34절: 명령어에 관해서 비. 14:10과 누가복음 5:24. 이 두 구절과의 차이로부터 전승에 관한 결론이(변형) 도출되어서는 안된다. 35절: *pantes*[모든], *katokein*[거주하다] 그리고 *epistrephein*[돌아오다]은 누가가 즐겨 사용하는 어휘들이다.

36–42절

36절: *tis... onomati*[…이름을 가진 한 사람]는 편집적이다; "구제"라는 표현은 10:2와 대응되고 누가가 즐겨 사용하는 어휘이다. 이와 더불어 다비다(이름에 관하여 아래 단락 III의 40절에 대한 설명을 보라)에 대한 묘사-그녀는 선한 일들을 했다-와 그녀가 다른 사람들을 위해 만든 옷에 대한 언급(39c)는 편집적이다. 이는 그녀가 기적을 누릴 자격이 있는 사람으로 제시되기 위해서이다, 비. 누가복음 7:2-5; 7:12; 사도행전 10:2.4. 37절: "이 무렵"은 누가적인 시간 표현이다. 38절은 이전의 기적일화를 현재의 기적일화와 연결시킨다. 누가는 룻다가 욥바로부터 떨어져 있음을 언급하고 베드로의 룻다 체류와 두 사람의 파송에 관해 보고하면서 두 이야기를 앞뒤로 배치한다.

"이 연결의 인위성은 43절에서도 드러난다. 이 절에 따르면 베드로는 룻다로 다시 되돌아오지 않고, 대신 갑작스럽게 단지 일시적인 도움을 위해 간 욥바에 계속해서 머물고 있다"(Weiser 1981: 241).

욥바는 룻다로부터 18km 떨어져 있다. 따라서 38절의 기술은 해안지역의 지리에 대한 적절한 지식을 반영하고 있다(비. 적절하게 Hengel 1983: 169 이하와 이전에 이미 Conzelmann 1977: 62).

39절은 언어적으로 누가적이다: *anastas*[일어서다], *synelthen*[함께 들어가다], 관계대명사에 의한 지시대명사의 대체(비. 19:25), *anegagon*[이끌고 올라가다]. 40절: 기도의 모티브와 무릎을 꿇는 행위는 편집적이다(눅 22:41 [마가는 다르다]; 행 7:60; 20:36; 21:5을 보라). *anekathisen*[앉다]은 문자적으로 누가복음 7:15와 일치한다. 41절: Schille 1983에 따르면 41절은 "적절하지 않다. 왜냐하면 깨어난 여자가 이미 살아 있고 앉아 있기 때문이다. 손과 손을 붙잡는 것에서 마법적 연결의 형성에 관한 오래된 모티브를 인지할 수 있다. 마법에서는 기적이 일어나기 위해 이러한 연결이 선행되어야만 했다(마찬가지로 막 5:41)"(240). 그럼에도 불구하고 소녀가 40b에서 처음으로 앉는다는(*anekathisen*) 사실을 주목해야 한다. 기적행위는 아직 종결된 것이 아니라 지속적인 도움이 필요하다. *hagious*[성도들]는 32절에 그리고 *cheras*[과부들]는 39절과 연관된다. *parestesen auten zosan*[그녀가 살아있음을 보이다]이란 표현은 1:3을 상기시킨다. 42b(*kai episteusan polloi epi ton kyrion*[많은 사람들이 주를 믿었다)는 35b(*hoitines epestrepsan epi ton kyrion*[모두 주께로 돌아왔다])와 눈에 띄는 일치를 보여준다. 누가는 두 일화의 마지막 문장들을 의도적으로 비슷하게 구성함으로써 (독자를 위해서)이야기들이 병행이 되도록 했다.

전체적으로 36-42절에 대하여 구약의 부활이야기인 열왕기상 17:17-24과 열왕기하 4:32-37의 영향을 가정해야만 할 것이다(비. 비슷하게 눅 7:15). 이러한 구성은 전승에서 유래한 것이 아니라 누가에 의한 것이라 말할 수 있다. 이것은 물론 전승의 핵심을 재구성하는 것을 매우 어렵게 만든다(Weiser 1981: 238에 의한 행 9:36-42과 왕상 17장, 왕하 4장 사이의 분명한 비교를 참조).

기적일화 사도행전 9:33-35과 9:36-42에서 편집적인 부분에 관하여

이 두 기적일화는 베드로를 가이사랴로 보내면서 열 두 사도의 대표인 베드로가 예수의 사역을 기적에서도 마찬가지로 지속시키고 있음을 확정하고 있다(비. Schmithals 1982: 99). 동시에 그는 감독여행을 통해(32절) 룻다와 욥바의 공동체와 예루살렘의 어머니 공동체 사이의 연결을 확고하게 하고 있다(비. 8:4).

III 전승

33-35절

여기에는 누가에 의해 강하게 잡혀진 한 기적일화가 근저에 놓여 있다. 이 기적일화는 상황이 결핍되어 있고(32절은 편집적 틀에 속한다) 진정한 종결 없이 이야기되고 있다. 왜냐하면 35절은 문체적으로 적절한 "관중들에 대한 효과"(Conzelmann 1972: 68)가 아닌 후유증을(Schille 1983: 238) 포함하고 있기 때문이다. 이 이야기는 멀리 중풍병자의 치유를 기억나게 한다(병행문 막 1:2-12).

36-42절

이 일화는 전체적으로 적절한 문체로 구성된 기적이야기라는 인상을 준다. 이 일화는 다비다라는 인물을 소개하면서 시작되고 있으며 그녀의 죽음을 제시한다. 기적을 행하는 자가 불려오는데, 39절에서는 우는 여인들이(과부들) 기적을 행하는 자의 등장과(40절) 대비를 이루고 있다. 부활이 양식대로 마술사의 명령에 따라 일어난다. 41절은 보여주는 것을 포함한다. 시작부분 때문에 이 일화는 개별적으로 누가에게 주어졌을 것으로 보인다.

이 일화는 야이로의 딸에 관한 일화와 병행관계에 있다(막 5장). "다비다는 마가복음 5:41의 달리다(굼)을 상기시킨다; 39.40절은 5:40.41과 대응이 되는데 이들이 서로 독립적이라고는 생각할 수 없다"(Wellhausen 1914: 19; 비. 이와 더불어 각각의 경우 우는 여인들 및 과부들). Wellhausen이 옳다고 한다면, 누가 이전 단계에서 두 이야기들을 서로 유사하게 만드는 작업이 행해졌을 가능성을 고려할 필요가 있다. 또 다른 가능성, 즉 누가의 전체 일화가 마가복음 5장에 근거해서 구성되었을 경우도 마찬가지로 무시되어서는 안 된다. 비. 역시 Roloff 1973: 190: Roloff도 마가복음 5장과 사도행전 9장의 병행관계를 지적하지만 9장에 믿음의 모티브가 나오지 않음을 강조한다. 하지만 여기서 믿음의 모티브는 앞서 언급된 이유들 때문에 불필요한 것이므로 이것이 상호의존성을 반대하는 논증이 될 수 없다.

43절

베드로가 욥바에서 무두장이 시몬의 집에 살았다는 기술은 많은 사람들에게는 전승에 기반하지 않는다고 하기에는 너무나 구체적인 것으로 생각되었다. 비. Weiser 1981: 베드로가 무두장이 시몬의 집에 체류했다는 소식은 한 지역전승으로부터 비롯되었다(241); 이와 반대로 Wellhause 1914을 보라: "마가와 마태의 복음서들과는 달리 욥의 숙소 주인을 포함한 사람들의 이름이 제시되고 있다. 이름들이 세 번째와 네 번째 복음서의 보고들에 비해 이 보고들이 더 신뢰할 만함을 보증해 주는 것은 아니다"(19). 비. 이외에도 숙소에 관한 누가의 관심(Cadbury 1926을 보라). 이름에 대한 소설적인 관심에 관해서는 비. Bultmann 1979: 256 이하. 누가는 마가복음 5:22에서는 아직 무명으로 남아 있는 등장인물의 이름을 누가복음 8:41에서 스스로 "만들어 내고 있다." 결론: 43절의 누가의 구체적인 기술은 전승에 돌려져서는 안된다.

IV 역사성

32-42절

두 보고들에 있어서 역사적 핵심은 룻다와 욥바에서의 베드로의 체류이다. 여기서 발음상 유대인의 장소들이 문제시되고 있기 때문에(비. 광범위하게 Hengel 1983: 169-171), 바울의 게바 방문 동안(갈 1:18) 결정되고 강화되었던 베드로의 유대인에게로의 파송이(근거에 관하여 비. Lüdemann 1983: 72 이하) 그의 여행에서 역사적 접촉점을 갖게 된다(비. 갈 2:7). 이로부터 베드로가 언급된 두 장소를 여행하고 그곳의 공동체를 방문했거나 혹은 만들었던 때를 게바 방문과(33/36) 회합(48/51) 사이의 시간으로 결정할 수 있다. 하지만 이 재구성은 여러 가지 불확실한 사실들에 근거하고 있음이 제한적으로 강조되어야 한다.

이와는 달리 Loisy 1920는 룻다와 욥바로 장소를 정한 것이 베드로를 다음의 무대인 가이사랴 가까이로 보내기 위한 전적으로 실용적인 목적을 가지고 있는 것으로 보았다(431).

이와 더불어 또 하나의 사실은 초대 기독교의 지도적 인물들에게 기적 전승들이 연결되었다는 점이다; "이와 같은 이야기들이 전승되는 동안 어떤 동기가 주어질 때 다양한 사람들이나 장소들에 결합되어 쌓이곤 한다는 것은 모든 전설들에서 잘 알려진 현상이다"(Pfleiderer 1902: 492). 이 기적전승들이 누가에 의해 언급된 장소들에서 형성되었는지 아니면 누가에 의해 그 장소들과 연결되었는지에 대한 질문에는 더 이상 대답하기가 어렵다. 하지만 애니아는 이제는 더 이상 조사할 수 없는 베드로와의 관계를 가지고 있었던 것으로 보인다. 이는 또한 -물론 더 낮은 가능성으로- 다비다에게 적용된다.

43절

베드로가 무두장이 시몬의 집에 머물렀다는 것은 바울이 다메섹에서 곧은 거리의 유다의 집에 머물렀던 것처럼 단지 하나의 역사적 가능성이다.

사도행전 10:1-11:18

I 목차

사도행전 10장
- 1-8절: 고넬료의 환상
  1-2절: 고넬료에 관한 묘사
  3-6절: 환상
    3a: 환상을 본 시간과 장소
    3b-6절: 환상 속의 대화와 고넬료에 대한 명령
  7-8절: 명령의 수행
- 9-16절: 베드로의 환상
  9a: 1-8절과 9-16절의 연결
  9b-10a: 시간, 장소 그리고 보다 자세한 정황에 관한 기술
  10b-16절: 환상
    10b-12절: 환상
    13절: 듣기(Audition)
    15절: 베드로의 반대
    16a: 사건이 세 번 반복됨을 언급
    16b: 환상이 끝남
- 17-23절: 고넬료가 보낸 사람들과 베드로의 만남
  17a: 베드로의 당혹스러움
  17b-18절: 고넬료가 보낸 사람들이 도착함
  19a: 자신의 환상에 대한 베드로의 숙고
  19b-20절: 성령이 그 사람들과 함께 갈 것을 명령하심
  21절: 베드로의 자신소개와 사람들을 온 이유에 대한 질문
  22절: 고넬료의 환상을 알림
  23a: 베드로가 고넬료가 보낸 사람들을 손님으로 받아들임
  23b: (다음날:) 베드로가 욥바로부터 온 몇명의 형제들을 데리고 고넬료가 보낸 사람들과 함께 가이사랴로 떠남
- 24-48절: 가이사랴의 고넬료 집에서 일어난 사건들
  24-33절: 베드로와 고넬료의 만남
    24a: 베드로가 가이사랴에 도착
    24b: (되돌아봄:) 고넬료가 만남을 준비함

25절: 고넬료가 베드로의 발아래 엎드려 경배하면서 그를 맞이함
26절: 베드로의 만류
27절: 베드로가 고넬료와 이야기를 나눔, 집으로 들어가서 많은 사람들과 만남
28-29절: 이방인의 집에 온 이유에 대한 베드로의 설명과 고넬료가 자신을 부른 이유에 대한 질문
30-33절: 고넬료가 자신이 본 환상을 보고하고 베드로를 통해 주어진 명령을 지키겠다고 선언함
34-43절: 베드로의 설교
34-36절: 상황으로 향하는 도입부
37-43절: 누가복음과 사도행전의 요약
37-41절: 설교의 중요부분
37-39a: 예수의 공적인 사역
39b-41절: 예수의 죽음과 부활
42-43절: 사도들에 대한 선포명령
44-48절: 베드로의 설교를 듣는 자들 위에 성령이 부어짐, 그들에 대한 세례 할례 받은 자들의 반응

사도행전 11장

- 1-18절: 예루살렘에서의 베드로

1절: 예루살렘의 사도들과 유대에 있는 형제들이 이방인이 말씀을 받아들였다는 소식을 들음
2-3절: (베드로가 예루살렘에 있을 때:) 할례 받은 자들이 비유대인들과의 베드로의 교제를 반대함
4-17절: 베드로의 설교(10장을 되돌아봄)
4절: 서론
5-10절: 욥바에서의 베드로의 환상
11절: 고넬료가 보낸 사람들의 도착
12a: 아무 의심 없이 사람들과 함께 가라는 영의 지시
12b: 여섯 형제들과의 여행과 고넬료의 집에 도착
13-14절: 고넬료의 환상
15절: 고넬료의 집 안에 내린 성령
16절: 영적세례(1:5)에 관한 예수의 말씀을 지적함
17절: 베드로는 하나님의 사역에 반대할 수 없었음
18절: 청중의 반응: 하나님을 찬양

II 편집

10:1-8절

부설: 고넬료 일화와 가버나움의 백부장 이야기

첫 번째 부분(1-8절)은 가버나움의 백부장에 관한 일화의 누가 판본을 강하게 연상시킨다(눅 7:1-10 병행 마 8:5-13; 요한의 판본인 요 4:46-53은 공관복음의 판본과 확실하게 유전적으로 연관된다 -비. Dauer 1984: 39-44). 마태복음 8:5은 백부장을 단순히 겸손하게 깊은 신뢰를 가지고 예수에게로 향하고 그에 의해 요청이 받아들여진 이방인으로 묘사하고 있다. 반면에 누가복음 7:2-5은 비록 그를 이방인으로 소개하고 있지만, 그를 위해 예수에게 나가는 유대 장로들을 통하여 그가 유대인들을 사랑하는 것과 그들을 위해 회당을 건축하게 했음이 추가적으로 강조되고 있다. 이 묘사는 마찬가지로 이방인이면서 하나님을 두려워하고 유대 백성을 위해 많은 자선을 행했던 고넬료에 대한 사도행전 10장의 묘사에 상응한다. 이외에도 누가복음 7장과 사도행전 10장은 예수가 백부장에 의해 그리고 베드로가 고넬료에 의해 파견된 사람들을 통해서 집으로 초대되고 있다는 점에서 유사하다. 반면에 마태복음 8:6은 일화의 본래적인 전개를 포함하고 있는데(비. 7:6), 여기에서는 예수가 백부장의 집으로 들어가지 않으려고 하고 있다(비. Zeller 1855: 429 이하 508; Muhlack 1979: 39-54). 누가복음 7:1-10과 사도행전 10장의 차이점은 누가복음의 일화가 기적(백부장의 종이 치유됨)을 다루고 있는 반면에 사도행전의 일화는 회심을 내용으로 하고 있다는 점이다. 따라서 비록 중복 가설이 필요하지는 않더라도 방금 언급된 우리의 일화와 누가복음 7장 사이의 일치점들은 편집적인 것으로 간주될 수 있다: 즉 유대교에 대한 고넬료의 긍정적인 태도를 묘사한 것과 고넬료가 백부장이었다는 진술. 그 밖에도 베드로에 의해 첫 번째로 회심한 이방인이 백부장이었다는 것은 누가의 변증(Apologetik)에 매우 잘 어울리기 때문에 전승으로 보기 어렵다(비. Lüdemann 1980: 41 이하). 이와 관련하여 고넬료가 이탈리아 부대(Kohorte)에 속했다는 기술도 동일한 의도에서 기인하다. 이 진술은 역사적으로 옳지 않으며(이탈리아 부대는 기원후 69년부터 2세기까지 존재했으며 게다가 시리아 지역에만 있었다; Broughton, Beg. V: 441-443과 Schürer 1973: 365를 보라) 특정한 인물을 세계역사 속에 배치시키려는 누가의 노력으로부터 이해될 수 있다. Hengel 1983은 고넬료의 시대에 가이사랴에 존재했던 이탈리아 부대의 역사성에 관한 논쟁을 불필요한 것으로 간주한다. 그가 제시한 근거는 다음과 같다: 누가의 기술은 "시대착오적일 수도 있지만 반드시 그런 것은 아니다. 보조부대는 로마 제국 안에서 필요에 따라 이리저리 보내질 수 있었다, 비. Jos. Ant. 19:364-366"(171 이하 A109; 비. 누가의 기술에 대해 긍정적으로 Wikenhauser 1921: 314 이하). 그러나 부대의 구성에 관하여 우리가 알고 있는 바에 따르면 로마 시민으로 구성된 부대가 기원후 40년경 가이사랴에 주둔했을 가능성은 극히 적다(비. Schürer 1973: 365). "시리아와 팔레스티나의 로마 군대에 관한 지식"(1983: 172 A109)이 매우 적음을 상기시키는 Hengel의 문장들은, 학식 있는 저자 자신이 알고 있는 것처럼, 현재 이용 가능한 정보를 바탕으로 내려진, 기원후 40년경 가이사랴에 이탈리아 부대가 주둔하지 않았으리라는 가능성에 대한 판단을 심각하게 뒤흔들 수는 없다. (항상 유익이 있는) Hengel과의 토론은 언제부터 누가의 기술이 잘못된 것으로 볼 수 있는가에 관한 질문으로 이어진다(비. 위 80쪽 이하의 행 3:2에 대한 설명).

1절: *aner de tis*[한 남자], *onomati*[이름], *kaloumenes*[불리는]는 언어적으로 누가적이다. 2절: 백부장의 성격은 하나님에 의해 일어나는 특별한 사건들을 받을 자격이 있는 인물들에 관해 기술하는 누가의 방식과 일치한다: 비. 누가복음 1:6(사가랴와 엘리사벳); 2:25(시므온); 2:37(안나); 사도행전 9:36(다비다). *phoboumenos ton theon*[하나님을 경외하는]에 관해서는 243쪽 이하 13:43에 대한 설명을 보라; 가족-공식(Oikos-Formel)에 관해서는 286쪽 16:15에 대한 설명을 보라. 3절: 시간표현들에 아마도 편집이 행해졌을 것으로 보인다. 비. 누가복음 1:10; 사도행전 3:1; 10:9.30에서 유대인의 기도시간들에 대한 언급. 환상 속의 대화에 관하여(3b-6절) 비. 9:4 이하. 4절: 고넬료의 질문은 사울의 질문과 닮았다(9:5). 6절은 9:43과 연결된다(무두장이 시몬의 집에 머무는 베드로). 7절: *proskarterounton*[변함 없이]은 언어적으로 편집적이다; 8절도 마찬가지: *exegesamenos*[설명하다],

hapanta[모든 것을].

9-16절

다음의 특징들은 누가의 언어, 문체와 일치한다: 9절: 절대속격(이에 관하여 비. Radl 1975: 432), 기도시간에 대한 기술(비. 3절), 기도의 모티브. 10절: *egeneto ep'*[~되다], *ekstasis*[황홀]. 11절: *theorei*[보다], *kathiemenon*[드리우다, 내려놓다]. 하늘이 열리는 모티브에 관해서는 비. 7:56. 12절: *hyperchen*[있다, 존재하다]. 13절: *egeneto phone*[소리가 있었다], *anastas*[일어나라]+명령형(비. Jeremias 1980: 55), *thyson*[도살하다]. 16절: *anelempthe*[올려가다].

이 절들은 베드로의 한 환상을 포함하고 있다. 이 환상의 목적은 깨끗한 음식과 불결한 음식의 구별을 의미 없는 것으로 선언하는 것이다. 베드로는 후에 이 환상에 의존하며(28절) 이것을 유대인과 이방인의 교제를 차단하는 울타리가 제거되는 것으로 평가한다(이제부터 이방인은 더 이상 불결하지 않다). 이는 다음을 의미한다: 9-16절의 베드로의 환상은 누가에게 하나의 상징적인 의미를 가지고 있다. 음식물 규정의 철폐는 실제로 이방인과 유대인 사이의 차단이 제거되는 것을 의미한다. 앞으로 유대인에게 이방인들과의 무제한적인 교제가 허용된다(이것은 누가가 사도행전의 바울 부분에서 전제하고 있는 것이다).

17-23절

17a: 베드로의 당황에 대한 기술은 언어적으로 5:24를 상기시킨다. (편집적인 *idou*[보라]에 관하여 비. Radl 1975: 413.) 17b-18절은 베드로 일화와 고넬료 일화를 연결시킨다. 고넬료가 보낸 사람들이 문 앞에 등장한다. 19a는 편집적인 절대속격에서 17a(베드로의 당황에 관한 묘사)로 되돌아간다(비. 핵심용어의 연결 *horama*[환상, 19a/17a]). 19b-20절: 베드로가 첫 번째 환상이 끝난 이후에(10-16절) 여전히 성령의 소리를 받고 있는 것이 눈에 띄는 점이다. 영의 지시는 앞에 있는 환상과 관련이 없다. 21절: *idou*[보라]에 관

하여 비. 17a. 22절: 이 절은 고넬료의 환상을 요약하고 있다(1-8절). 23a: *xenizo*[투숙시키다](비. 18절)와 손님을 머물게 하는 모티브는 (비. Cadbury 1926) 누가에게서 빈번하게 등장한다. 이외에도 이 부분에서는 이후에(28절) 설명되고 있는 신적 지시가 실행되고 있는데 누가의 이해에 따르면 이 지시는 이미 10-16절에 포함되었다. 23b: 욥바에서 가이사랴로의 그룹여행은 이어서 이야기되고 있는 베드로와 고넬료의 만남을 가능케 한다; 유대인 형제들의 소개를 통해서(비. 10:45) 이 만남은 11:1-18의 논쟁을 예비한다.

24-48절

24-33절: 24절: *te de epaurion*[이튿날](비. 23b), *prosdokon*[기다리다], 용장활용(*coniugatio periphrastica* [비. Radl 1975: 431]), *sygkalesamenos*[소집하다]는 편집적이다. 25절: *synantesas*[맞이하다], *tou*[관계대명사]+부정사(비. Radl 1975: 432 이하)도 마찬가지로 편집적. 26절: 비. 14:15. 27절: *eiselthen*[들어갔다]은 *eiseltbein*[들어가다](25절)을 받고 있다. 25절에 따르면 고넬료는 이미 모임 가운데 있기 때문에(이와 같이 이미 Wellhausen 1914: 20, 마찬가지로 Dibelius 1951: 99 -비. Kodex D의 조화시키려는 시도) 25절과 27절 사이에는 긴장이 존재한다. *heuriskei*[발견하다], *synelelythotas*[모이다]는 언어적으로 누가적이다. 28-29절은 베드로의 환상에 대한 누가의 해석을 포함하고 있다(10-16절): 이제부터 유대인과 이방인 사이에 더 이상의 구별이 존재하지 않으며(베드로가 자신의 환상 이전에 그렇게 했던 것처럼) 어떤 사람에 대해서도 세속적이라거나 불결하다고 말해서는 안 된다. 30-33절에서 고넬료가 한 말은 1-8절에 대한 누가적 반복이다. 편집구인 33b는 베드로의 설교로 인도하고 있다(34-43절). 고넬료의 가족은 주님이 베드로로 하여금 무엇을 말하도록 지시하셨는지 듣기를 원한다.

34-43절: (이 설교의 언어적 구성에 관해서는 비. Weiser 1981: 258 이하) 34절 이하는 지금까지의 일화 속에서 고넬료에 대한 묘사와 연결된다. 하나님은 어느 백성 가운데서든지 하나님을 경외하고 의로운 일을 하는 자들을 받아주신다는 문장은 고넬료의 경우와 잘 들어맞는다. 그는 하나님을 경

외하고 많은 자선을 행했던 자로 묘사되고 있다(10:2.22). 36절은 문법적으로 어렵거나 혹은 손상되었다(이에 관하여 주석서들과 Burchard 1985: 292 이하를 보라: Burchard는 눅 2:10 이하와 행 10:36의 연관성들을 강조하고 있다). 하지만 36절이 34절 이하와 연관되어 해석된다면(비. *panton*[모든, 36절]에 의한 *panti*[모든, 35절]의 재도입) 그 의미는 어느 정도 분명하다: 예수는 이스라엘을 위한 평화의 사자로서(34절 이하에 언급된 비유대인도 포함하여) 모든 자들 위에 계신 주이시다. 36절은 동시에 다음 단락(37-43절)을 위한 표제의 역할을 한다. 비. 36b와 42b의 병행되는 구성과 *pantas*[모든, 38절]와 *panta*[모든, 43절]에 의한 *panton*[모든, 36절]의 재도입. 37-43절: 다음에서 베드로는 누가복음과 사도행전을 저자-독자 측면에서 개관하고 있다(비. Schneider 1985: 276-279의 자세한 논증). 37절: *hymeis oidate*[너희들은 안다]는 때때로 누가 이전의 전승에 대한 증거로 간주되는데(비. 단지 Dibelius 1951: 98 A1), 그 이유는 이 도입말이 상황과 아무런 관련이 없고 고넬료와 그의 집에 어울리지 않기 때문이다. *holes tes Ioudaias*[온 유대에]에 관하여 비. 누가복음 4:44; 23:5; *apo tes Galilaias*[갈릴리에서]에 관하여 비. 누가복음 4:14.16; 23:5; *meta to baptisma...Ioannes*[요한이 세례를 반포한 후에…]에 관하여 비. 누가복음 4:14; 16:16; 비. 사도행전 1:22(*arxamenos*[시작하여]). 38절: *echrisen...pneumati hagio*[…거룩한 영을 부어주셨다]: 누가복음 4:18.14. *euergeton*[선한 일을 행하다]에 관하여 비. 누가복음 22:25; 사도행전 4:9; *iomenos*[고치다]에 관하여 비. 누가복음 5:17; 6:19; *tous katadynasteuomenous hypo*[~에 눌린 자들]에 관하여 비. 누가복음 6:18 이하; 1:42. 39절: 사도의 증인자격에 관하여 비. 사도행전 1:21(그곳을 계속해서 보라); 예수의 십자가 죽음에 관하여 비. 사도행전 5:30에 대한 설명. 40-41절: 빈 누가복음 24장-사도행전 1장. 42절: 비. 누가복음 24:47. 43절: 비. 누가복음 42:44. -이외에도 다음의 사실이 설교의 편집적 기원을 가리킨다: 가이사랴에서의 베드로의 설교는 다른 베드로의 설교들에 비해 예수의 지상 사역에 관한 훨씬 많은 정보를 제공한다. 이를 통해 청중이 고려되고 있다. 끝으로 베드로의 설교에서는 사도행전 2장과 12장에서의 설교들과는 달리 구약으로부터의 직접적인 인용이 없다는 사실도 이러한 상황에 잘 들어맞는다. 이를 통해서 유대교와 이방종교 사이에 서 있는 구체적인 청중들이 편집적으로 적절하게 배려되고 있다. 하지만 이 설교는 사도행전의 다른 이방인을 위한 설교들과는 달리 구약의 증언을 암시하고 있다(43절). 설교의 성격에 관하여 비. Schneider 1982: 63 이하와 Schneider 1985: 253-279(여기에는 행 10:37-43과 관련된 다양한 전승가설들에 대한 보고와 비평이 포함되어 있음; 이 부분이 참조를 위해 강조되어 지시되어야 함)의 결과들.

44-48절: 이 절들은 누가의 방식으로 이방인이 복음을 받아들였을 때의 결과를 보여주고 있다. 성령이 베드로의 설교를 듣는 모든 사람들 위에 내려온다. 그들은 오순절 날의 제자들처럼 방언으로 말하고(46절) 세례를 받는다. 44절: 이미 모든 중요한 내용들이 말해졌기 때문에 표면상으로 설교가 중단되고 있는데 이것은 누가적인 문학적 기교이다(비. 눅 22:40 [다르게 막 14:72]; 눅 8:49 [=막 5:35]; 눅 22:47 [=막 14:43]). 45절: *existemi*[놀라다]와 *synerchomai*[함께 오다]는 누가가 즐겨 사용하는 어휘이다. *dorea tou hagiou pneumatos*[성령의 선물]에 관해서는 비. 2:38. 이 절은 이방인들에게 성령이 부어진 것에 대한 할례로부터 온 믿는 자들(*hoi ek peritomes pistoi*)의 반응을 기술하고 이를 통해서 베드로가 예루살렘 공동체에 고넬료 사건의 의미를 설명하게 될(11:4-17) 다음 과정을 준비하고 있다(비. 11:2: "할례로부터 온 사람들"). 46절: 이 절은 고넬료의 사람들이 첫 번째 오순절 공동체의 동일한 선물들에 참여하게 되었음을 분명히 하고 있다. 47-48절: 성령을 받은 후에 행해진 세례에 관한 보고는 성령이 세례 이후에 주어진다고 생각하는 누가의 신학에(비. 8:16; 19:5 이하) 단지 표면적으로만 반대가 된다. 성령을 받은 것은 9:17 마지막 부분과 마찬가지로 이야기 기법상의 이유로 세례보다 이전에 위치해 있다.

11:1-18절

1절: 저자는 8:14를 상기시키고 있다; "이방인들이 하나님의 말씀을 받아들였다"(1절)와 "사마리아는 하나님의 말씀을 받아들였다"(8:14)를 비교하라. 두 경우에 예루살렘 공동체는 소식을 전해 받고 결정을 내리고 있다.

2–3절: 할례로부터 온 사람들의 비난("당신은 할례 받지 않은 사람의 집에 들어가 함께 식사를 하였다")은 핵심어휘 "들어가다"(*eiseltbein*)와 "함께 먹다"(*symphagein*)을 통해서 10:27과 연관된다(*symphagein*은 *synomilein*[함께 대화하다]과 상응하거나 혹은 10:48에 전제된 고넬료 집에서는 베드로의 체류를 가리킨다). 동시에 "먹다"라는 주제를 통해서 10:10-16이 암시되고 있을 가능성이 있다. 이로써 2절 이하는 이어서 누가가 다루게 될 주제를 요약하고 있다.

4–17절: 이 절들은 반복해서 지금까지의 사건을 기술하고 이를 통해서 이 사건을 강하게 강조한다. 사소한 편차들(11:14/10:5.32: 두 번째 장소에서는 베드로 설교의 목적, 즉 고넬료와 그의 집의 구원이 언급되지 않는다; 11:15/10:44: 성령이 주어진 시각은 한번은[11:15에서 *archomai*[시작하다]가 1:1에서처럼 퇴색된 의미를 가지고 있지 않다면] 설교가 행해지지 않는 처음 부분이고, 그 다음은 설교가 행해진 마지막 무렵이다) 때문에 여기에 다양한 자료들이 사용되고 있다는 가설로 잘못 인도되어서는 안 된다. 이 점에 대하여 M. Dibelius는 적절하게 논증하고 있다: "하나의 설교는 저자에 의해 이야기의 전개에서 무조건적으로 주의해야할 필요는 없는 하나의 동봉 내지는 첨가로 간주될 수 있다"(Dibelius 1951: 97). 15절 이하는(10:46 이후에) 다시 한 번 이방 그리스도인의 성령체험을 사도행전의 처음 부분과 연결시킨다.

요약하자면 고넬료 일화의 의미에 관해 M. Dibelius에 기대어서 다음과 같이 말해질 수 있다:

> "누가는 이방인을 부르시고자 하는 하나님의 뜻, 바로 이어지는 단락에서(11:20 이하) 안디옥의 여러(이름이 알려지지 않은)예들을 통해 그 성취를 이야기하고자 의도했던 이 하나님의 뜻이 어떻게 고넬료의 회심에서 베드로에게 알려졌는지를 보이고자 했다. 여기서는 고전적인 예, 즉 이 뜻의 권위 있는 첫 번째 계시가 제시되어야 했다. 누가는 고넬료의 이야기를 그렇게 보았고 베드로와(*aph' hemeron archaion*[오래 전부터], 15:7) 야고보가(*kathos proton ho theos*

epeskepsato[하나님이 먼저 돌보신 것처럼, 15:14) 이 일화를 그와 같은 것으로 인용하도록 하고 있다. 이 때문에 고넬료 일화의 시작 부분에는 베드로가 이방인들에게 향하는 길로 가도록 하는 명령이 하나님에 의해 그에게 주어져야만 한다"(Dibelius 1951: 103).

사도행전 15:7처럼 이 일화는 이후를 위해 방향을 지시해 주는 의미를 가지고 있다. 누가는 이 과정의 의미를 강조하기 위하여 -일화의 길이와 반복을 제외하고- 고넬료의 회심이 3개의 순차적인 회심 일화들 가운데 마지막에 오도록 하고 등장 인물들을 환상을 통해서 서로 배열함으로써 이 일화가 가장 풍부한 무대 장치를 갖도록 한다.

누가는 고넬료 일화에 한 부수적 의도를 결합시키고 있는 듯 보인다: 그는 15장에 보고되고 있는 예루살렘 회의에서 이방선교의 권리가 비로소 바울에 의해 박탈당했다는 것과 예루살렘 공동체의 강한 그룹은 그곳에서의 협상을 단지 주저하면서 받아들였거나 아니면 전혀 동의하지 않았다는 것을 그의 자료들로부터 알고 있다. 그래서 그는 갈등을 미리 가져와서 베드로에게 주어진 하나님의 뜻의 계시에 그의 해결책을 돌리고 있고 이를 통해 이것이 회의에서 주어진 사실로 전제될 수 있도록 하고 있다.

우리는 왜 사도행전 15장의 사건들이 10장과 11장 이후에 가능했는지 역사적인 측면에서 질문해서는 안 되고 이것들을 예루살렘 공동체의 강화된 율법주의를 통해서 설명해서도 안된다(이와 같이 Jervell 1984: 23). 이것은 하나의 성급한 역사화이고 누가의 의도에 적절하지 않다.

III 전승

전승에 관한 질문을 특별히 고려하며 행해진 편집분석에 관한 개관

위의 편집분석은 고넬료 단락이 언어적인 면과 내용상 전체적으로 누가적 성격을 가지고 있음을 보여주었다. 이 일화는 그것이 위치해 있는 장소처럼 매 구절들 마다 누가적 문체와 신학에 돌려질 수 있다. 그럼에도 불구하고 이미 위에서 본문에 대해 행해진 다음의 관찰들은 누가에 의해 개작된 원본의 추론이 가능하도록 한다: 19b(성령의 지시)는 방금 이야기된 환상을 불필요한 것으로 보이게 하고 이 환상과 아무런 연관을 보이지 않는다. 다른 한편 왜 성령의 지시가 베드로의 환상 이후에 주어졌는지가 분명하지 않다. 이 사실은 10-16절이 누가가 연관시켜 도입한 전승에서 비롯되었다는 가정을 통해 가장 잘 설명될 수 있다(근거들에 관하여 199쪽을 보라). 이 때문에 10-16절과 19절 사이에 생기는 긴장은 17절(베드로의 당황함)과 19a(환상에 대한 베드로의 숙고)을 통해서 완화되고 있다. 만일 10-16절이 편집적으로 간주된다면 베드로가 10-16절의 환상과 연관되어 있는(28절) 27-29a도 마찬가지로 누가에게로 돌릴 수 있다. 27-29a의 편집적 성격에 관한 가정은 한 문학 비평적 관찰을 통해서 강화된다: 25절과 27절은 서로 긴장 관계에 있다(25절에 고넬료는 집 안에 있지만 27절에 그가 먼저 들어가고 있다 -이와 달리 Haenchen 1977: 25절은 현관 건물에 들어가는 것과 연관되고 27절은 본래의 집에 들어가는 것과 연관된다 [337]). 26절에서 중단되고 27-29a의 "방해하는 지체"(Dibelius 1951: 99)에 의해 멈춰진 전승은 29b에서 다시 진행된다. (전승으로서의 39b에 관하여 비. 113쪽의 5:30에 관한 설명.)

이 고찰들과 편집분석의 기초에 근거해서 우리는 고넬료 이야기에서 잠정적으로 다음과 같은 전승들을 이끌어 낼 수 있다:

A. 누가는 가아사랴에서 베드로를 통해 이루어진 이방인 고넬료의 회심에 관한 일화를 가지고 있었다. 이 이야기는 구체적으로 어떻게 고넬료가 천사에 의해 인도받아서 욥바로부터 베드로를 데려오도록 했는지, 그리고 베드로는 어떻게 하늘의 소리를 통해 지시를 받고 초대에 응했는지를 기술하고 있었다. 베드로는 고넬료와 그의 가족들 앞에서 설교를 했으며 이들은 세례와 성령을 받았다.

이 재구성된 전승에서는 단지 하나의 기본적인 묘사가 문제시 되고 있음이 다시 한 번 강조되어야 한다. 더 자세한 재구성과 더 큰 확실성에 대한 요구는 누가의 개작 때문에 그 가능성이 낮다; 예를 들어, 베드로의 초대(행 10:7 이하 -비. 눅 7:3의 병행)와 같은 개별적인 양상들은 전적으로 누가에게로 소급될 수 있다.

양식사적으로 이 일화는 누가에게 전해진 에티오피아 환관의 회심이야기(행 8:26-39)와 비교될 수 있다. 하지만 이 일화는 -베드로가 아닌- 고넬료가 그 중심이 서 있기 때문에 베드로가 그 설립자로서 강조되어야 하는(비. Schille 1983: 254) 가이사랴 공동체의 창립이야기로 볼 수는 없다.

위에 말해진 것은 대체적으로 Dibelius 1951: 96-107에 연결된다; Haaker의 이의제기는 문제를 드러내는데 많은 도움이 되지만 그럼에도 결국은 변증적으로 끝나고 있다: "-사도행전 11:1이 주장하고 있는 것처럼- 사건에 대한 소식이 예루살렘으로 전달되었으며 그곳에서 비난을 불러일으켰고 사도행전 11:4-7에서 베드로의 입에 담겨진 것과 같이 하나의 권위 있는 보고를 초래하게 되었다는 사실을 부정할 만한 어떤 것도 없다"(1980: 249). 동일한 질문에 대하여 비. 단락 IV와 그곳에서 논의된 판단들.

B. 10:10-16의 환상은 전승으로 소급된다. 이 환상은 다양한 음식들 사이의 구별을 의미없는 것으로 선언하고 있다는 점에서 규정적 기능을 가지고 있다. 누가가 이 환상을 추가시킨 이유는 "이방인-유대인" 주제와 가깝기 때문이다. 이 환상을 "안디옥 사건"의[15] 전승군에 넣는 것은(Dibelius 1951: 99; Weiser 1981: 262) 적절하지 않다. 이방인과의 공동식사는 안디옥에서는 일반적이었다. 이 전승군의 종결을 위해서는 차라리 계시가 더 필요했을 것이다. 베드로는 이외에도 안디옥에서는 이미 확립된 관례를(일시적으로) 따른다. 이곳에서 환상과 베드로의 결합을 편집적으로 간주하고 10:10-16을 아마도 유대의 음식법으로부터 자유롭게 되었던(비. 막 7:15; 롬 14:14) 헬라파 유대기독교에 돌리는 것이 더 적절하다.

---

15) 옮긴이: "안디옥 사건"은 안디옥 교회에서 있었던 바울과 베드로 사이의 충돌을 말한다(비. 갈 2:11-21).

C. 베드로에 의해 준비된 무 할례자와의 공동식사(10:45; 11:2 이하)에 대한 비난이 누가 이전의 전승으로 부터 비롯되었다는(비. Bovon 1970: 34 이하; Haaker 1980: 249) 추측이 지난 몇 년 동안 반복해서 제기되었다. Weiser 1981는 이 추측을 다음의 논증을 통해서 뒷받침하고자 한다:

> "첫 번째 것은 누가가 사도들의 시대에 대한 자신의 기술에서 스스로는 어떤 갈등장면도 만들지 않고 그것을 피하고 있다는… 관찰에서 성립한다. 두 번째 것은 갈라디아서 2:12-14에서 증거 되고 있는 사실, 즉 베드로가 안디옥에서 할례를 받지 않은 이방인 그리스도인들과 함께 공동식사를 준비했으나, 예루살렘의 야고보로 부터 온…'할례로부터 온 자들에 대한 두려움' 때문에 자신의 태도를 바꿨다는 사실에서 성립한다"(262).

1에 대하여: 누가는 이방인을 받아들이는 것에 대한 유대 그리스도인들의 반대를 예루살렘 회의의 전승들을 통해서 알게 되었고 이를 고넬료 일화와 연관시켜 완화시키기 위해 앞으로 옮긴다(비. 헌금을 21장에서 11장으로 끌어 온 것과 204쪽의 편집분석의 테두리 내에 있는 참고진술).

2에 대하여: 안디옥 사건은 위의 이유들 때문에 이용될 수 없다.

물론 "*hoi ek peritomes*[할례자들]라는 그룹을(이에 관하여 비. Ellis 1978: 116-128) 율법을 고수하는 유대 그리스도인들에 대한 전통적 호칭으로 보는 것은 적절하다. 누가는 이 칭호를 갈라디아서 2:12 또는 -아마도- 전승으로 부터(비. 골 4:11; 이외에도 딛 1:10을 보라[물론 여기서는 유대 그리스도인이 아니라 유대인들이 문제시된다]) 알게 되었다. 어쨌든 누가는 전통적인 호칭을 이 위치로 보내서 이야기 문맥 속에 엮어 넣었다.

IV 역사성

전설적 성격을 강하게 띠고 있는 고넬료 전승의 역사적 핵심은 가이사랴에서 고넬료라 불리는 이방인의 회심에 베드로가 관여했다는 것이다. 갈라디아서 2:7은 30년대에 베드로가 우선적으로 유대인들을 향했다는 사실을 분명하게 보여준다. 또한 이것은 룻다와 욥바에서의 그의 사역에서도 드러난다. 그럼에도 불구하고 예수의 경우에서와 마찬가지로 종종 비유대인들이 베드로의 청중에 속했으며, 이방인들이 유대인과 이방인에 대한 선교를 추진하던 교회 수장의 주의를 끌었으리라는 것은 완전히 이해될 만한 상황이다. 비. 압도적으로 이방 그리스도인들로 구성된 고린도의 공동체와 (고전 1:12) 로마 교회에서의 그의 명성.

다른 한편 위에서 그 개요가 기술된 전승이 이미 일화로부터 한 단계 멀리 떨어져 있다는 것과 이 전승이 이방선교가 압도적으로 베드로적 기원을 갖는 유대 그리스도인들에 의해 수행되던 시기에 형성되었다는 점을 놓쳐서는 안 된다(점차적으로 이방선교에 스스로를 개방했던 유대 그리스도인들의 그룹을 위한 유비로서 Q, 마가 그리고 요한의 뒤에 있었던 공동체를 참조하라). 만일 이것이 옳다면, 바울에 대항하여 베드로를 이방 선교의 개척자로 만들고 이방선교의 시작을 바울 이전으로 옮기려는 경향이 전승의 형성 과정에서 분명해지는 것은 아닌지 질문되어야 한다.

고넬료 전승의 역사적 핵심은 바울의 게바 방문과 예루살렘 회의 사이의 시간, 즉 기원후 33/36년과 기원후 48/51년 사이에 형성된 것으로 볼 수 있다. 바울은 예루살렘 밖을 여행하면서 유대인들 사이에서 성공적인 선교를 시도했음이 분명하다. 이방인 고넬료의 회심은 이 선교활동의 결과였다.

10:10b-16의 전승은 한 때 한 유대 그리스도인들의 공동체에서 유대인의 음식법으로 부터의 해방을 정당화시키는데 기여했다는 점에서 역사적으로 볼 수 있다. 그러나 환상을 받은 자나 장소에 관해서 우리는 아는 것이 아무것도 없다.

10:39b의 전승의 역사성에 관해서는 비. 114쪽 5:30에 관한 설명.

사도행전 11:19-30

I 목차

- 19-21절: 복음 설교가 안디옥까지 퍼짐. 성과요약(21절)
- 22-24절: (예루살렘 공동체가 이 과정을 알게 된 후:) 바나바를 안디옥에 보냄
  성과요약(24b)
- 25-26c: 바나바가 사울을 다소로부터 안디옥으로 데려감
  안디옥에서 함께 일 년 동안 일함
- 26d: 그리스도인이란 이름의 등장에 관한 중간 설명
- 27-30절: 아가보가 보편적인 기근을 예언. 바나바와 사울이 헌금을 안디옥에서
  예루살렘으로 가져감

II 편집

19-21절

19a는 문자적으로 8:4a와 일치하며, 8:4a는 8:1와 연관된다. 이 절은 중단된 문장 8:4a의 지속이 아니며: *hoi men oun diasparentes*…[그때에 흩어진 자들이…] *dielthon*…[…이르다](Bultmann 1967: 422), 그보다는 8:4a에 편집적으로 연결되어 있다. 누가는 그 사이에 외면상 스데반의 죽음을 통해 불러 일으켜진 헬라파 유대인 선교를 위해 내면적인 전제 조건들을 만듦으로써 이 선교의 지속을 묘사하고자 했다. "지체된 막간극인 바울의 회심과 빌립의 선교여행에 대조되는 베드로의 선교여행 이후에 8장이 다시 도입되고 있다"(Wellhause 1914: 21). 19b-20절: "말씀을 선포하다"(비. 4:29.31; 8:25; 13:46; 14:25; 16:6.32)와 "주 예수를 선포하다"(비. 비슷하게 5:42)의 표현들은 언어적으로 편집적이다. 19b는 헬라파 유대인 선교가 오직 유대인에게만 유효했음을 보여준다. 이것은 헬라파 유대인들의 일부가 이방인들에게도 복음을 전했다는 20절의 진술과 대조가 된다. 따라서 19절 이하 뒤에는 후에 누가적 바울에 적용되는 구성공식 "먼저 유대인들에게-다음으로 이방인들에게"(비. 13:5.14; 14:1; 16:13; 17:1 이하.10.17)이 숨어있다. 21

절: "주님의 손이 그들과 함께 했다"는 표현은 누가복음 1:66의 병행이고 70인역으로부터 비롯되었다(Septuagintismus[비. 삼하 3:12]). 성과요약(21b - 비. 후에 24절 마지막)은 언어적으로 그리고 내용적으로 편집적이다(비. Zingg 1974: 35 이하).

22-24절

이 단락은 언어적으로 그리고 내용적으로 누가에게 돌릴 수 있다. 언어에 관하여: 22절: *eis ta ota*[귀로 듣다](비. 눅 1:44; 비. 사 5:9[70인역]), *exapesteilan*[보내다]. 23절: 문장 처음에 나오는 *hos*[관계대명사], *paragenomenos*[도착하다], *charin*[은총]/*echare*[기뻐하다](Parechese[16]). 24절: *pleres pneumatos hagiou*[성령이 충만한], *prosetethe*[더하여지다], *ochlos*[무리], *hikanos*[수 많은]. 예루살렘 공동체와 안디옥에 일어난 사건의 연결은 누가에 의한 것이다: 예루살렘 공동체는 8:14에서와 마찬가지로 선교의 성과를 듣고 8:14에서처럼(비. 15:22) 사절을 파견한다. 물론 바나바는 감독의 기능을 "전혀 행하지 않고, 대신 헬라파 유대인들과 연결되어 안디옥에 머무른다"(Wellhausen 1914: 12). 24a에서 묘사된 바나바의 성격은 누가적이며 누가복음 1:6; 23:50: 사도행전 6:3; 9:36; 10:2.22 와 상응된다. 24b(비. 2:47b; 5:14; 9:31; 11:21b; 16:5)는 전형적인 누가적 성과보고이다.

25-26c

25-26a에서 누가는 미래의 중요인물을 소개하고 바나바로 하여금 그를 다소로부터 불러오도록 하고 있다. 26b는 어렵다. 심지어 Wellhausen은 *synachthenai*[함께 모이다]의 의미가 불분명한 것으로 본다(1914: 21). *egeneto de autois*[그러나 ~되었다]의 문장구성에 관하여 비. 20:16. *synago*는 사도행전에서 특정한 사람들의 모임, 대부분의 경우 그리스도적 회합

16) 옮긴이: Parechese는 기원이 다르면서 비슷한 발음을 가지고 있는 단어들을 병렬시키는 것을 의미한다.

을 의미한다(4:31; 14:27; 15:6.30; 20:7). 26b는 바나바와 사울이 1년 동안 안디옥의 공동체와 함께 모였고 이들을 가르쳤다고 보고하고 있다(비. BDR § 3323; Zingg 1974: 215 이하).

26d

누가는 요약적인 보고를 하고 있는 이 구절에서 그리스도인이라는 이름의 등장에 관한 흥미로운 개별사례를 들려준다. 물론 이것은 이야기 속에 포함된 것이 아니라 작가-독자 영역에서 이뤄지고 있다.

27-30절

27절: "이 무렵에"라는 표현은 일반적인 누가적 시간표현이다; 비. 누가복음 23:7과(*tautais*[이것]의 위치가 다르게) 누가복음 1:39; 6:12; 24:18; 사도행전 6:1. 28절: *anastas de*[일어나다]/주어/*onomati*[이름을 갖은]에 관하여 비. 행 5:34. *hole(n)*[모든]는 언어적으로 편집적이다. *hetis*[관계대명사]도 마찬가지(비. Radl 1975: 420). 기근이 "전 세계에 퍼졌다는 것은 크비리누스(Quirinus)의 과세가 세계적이었다는 것과 유사한 의미에서 판단되어야 한다"(Wellhausen 1914:21). 두 곳에서 누가는 지리적으로 제한된 현상을 일반화시키고 있다. 글라우디오의 치세기간 동안 많은 기근들이 있었으며 이것들은 조세와 마찬가지로 지리적으로 제한되었다. 아마도 누가는 46년과 48년 사이에 유대에서 발생한 기근을(Josephus, Ant XX 51.101 -Suhl 1975: 58-62은 이 기근이 발생한 때를 43-44년으로 옮기고 있다) 일반화시켰다.

언급된 유대의 기근 이외에 글라우디오의 치세기간 동안 발생했던 다음과 같은 기근들이 알려져 있다: 1) 글라우디오 치세 초기에 로마에서 발행했던 기근, 2) 49년 그리스에서 발생했던 기근, 그리고 3) 51년 로마의 기근; 비. Schürer 1973: 457 A8; Wikenhauser 1921: 407-409(질문되는 자료들의 개괄적인 인쇄본을 제공); Meyer III: 165 이하는 독특하게 이 기근들을 누가의 기술에 대한 확증으로 간주한다 -마찬가지로 Wikenhauser, 같은 책.

아가보가 예언했던 기근이 글라우디오때 발생했다는 설명은 구원사적 사건들을 세속사 속에 고정시키려는 누가의 노력에서 나왔다(비. Lüdemann 1980: 41 이하). 29-30절은 안디옥의 딸 공동체가 예루살렘의 어머니 공동체와 어떻게 연대하고 있는지를 기술하고 있다. 바나바와 사울은 헌금을 전해주기 위해 안디옥으로부터 예루살렘으로 보내진다. (사도행전에서 종종 그러듯이 여기서 유대는 예루살렘을 의미한다.) 문장구성은 의심할 필요 없이 누가에게 소급되는데 무엇보다 그 내용이 이를 지지해 준다(언어적으로는 단지 *horisan*[결정/작정하다, 29절] 만이 누가적이다. *presbyterous*[장로들, 30절]에서 누가적인 교회제도가 반영되고 있다). 저자는 헌금전달에 관한 보고를 통해서 안디옥과 예루살렘 사이에 긴밀한 결합관계를 만들고 이를 통해서 구속사적인 연속을 보여주고자 한다. 구원사건은 안디옥 공동체의 행동을 통해서 지속된다. 이 때문에 29-30절에서 이 공동체의 미래의 기둥인 바나바와 바울이 강조되어 나타난다.

III 전승

전체적으로 이 단락의 기술은 10:1-11:18에 대한 요약적 성격을 가지고 있는 것이 눈에 띈다. (심지어 Weiß는 이 단락이 "저자의 서사기법에 어떠한 경의도 표하고 있지 않는다"고 생각한다[1897: 19].) 여기서는 단 하나의 일화도 이야기되고 있지 않지만 비교적 많은 사실들이 배열되어 있다. 우리는 전체를 안디옥 자료로부터의 발췌가 아니라 누가가 공동체들에서 수집했거나 혹은 하나 또는 그 이상의 자료들에서 찾아낸 개별 보고들에 대한 편집작업의 결과로 볼 수 있다(비 Dibelius 1951: 17의 교육적인 주석서).

19-21.22절 이하

19절: 베니게와 구브로와 안디옥에까지 이르는 헬라파 유대인 선교에 관한 보고는 편집적인데, 그 이유는 여기에서 경향성이 결핍된 구체적인 기술이 문제시되기 때문이다. 베니게의 방문 혹은 경유가 15:3에 다시 한 번 언급지만 이것이 전승에로 소급되지 않는다(그곳을 보라). 구브로에 관한 자료는 방대하다: 4:36은 바나바를 구브로에서 태어난 레위인으로 소개한다; 13:4-12는 바나바와 바울에 의한 구브로 선교를 이야기하고 있고 15:39는 바나바가 -자신이 그리스어를 말하는 유대 그리스도인이면서 안디옥 공동체에서 활동했던(22절: 비. 13:1)- 바나바에 관한 보고들이었다. (13:4 이하에 관해서는 그곳을 보라.) 대부분의 자료를 누가는 안디옥으로부터 입수했다(비. 11:26d; 13:1-3; 15:1-2). 따라서 안디옥을 끝의 위치에 언급함으로써 강조되도록 하지 않을 수 없었는데 이것은 13:1부터는 안디옥이 이야기의 전면에 나오는 것에 비해 덜한 것이다.

20절: 이방선교에 관한 보고는 누가의 역사관에 어울리지 않기 때문에 편집적이다. 이 보고는 그 자체로만 본다면 이방선교가 고넬료의 회심을 통해 베드로에 의해 시작된 것이 아니라 헬라파 유대인들에 의해 그 첫 발걸음이 내딛어 졌다고 말하고 있다. *Kyrenaioi*[구레네 사람]에 관해서는 비. 13:1(구레네 사람 루기오); 6:9.

22절 이하: 안디옥 공동체에서의 바나바의 사역을 내용으로 하는 전승이 근저에 놓여 있다(비. 13:1-2). 바나바와 예루살렘의 연관은(비. 이전에 4:26; 9:37) 예루살렘 공동체에 의한 그의 파송이(22b) 안디옥에서의 그의 목적 없는 체류를 보고하고 있는 다음 절에서는(23절) 잊혀진 것으로 보인다는 점에서 누가적인 허구로 볼 수 있다. 여기에는 바나바와 안디옥 사이의 전통적인 결합이 근저에 숨어 있다.

25-26c

다소에 관해서는 비. 9:30. 바나바와 바울이 안디옥에서 1년 동안 사역을 했다는 보고는 전승에 속한다. 왜냐하면 이것은 흩어져 있는 전승요소들을 기술하는 문맥에 포함되어 있는 하나의 구체적이면서 특별한 목적이 없는 보고이기 때문이다(26d에 관한 설명을 보라).

26d

안디옥에서 그리스도인이라는 명칭이 등장했다는 진술은 하나의 고립된 전승에 소급될 수 있으며 누가가 이것을 여기에 도입했다. 이 진술은 문맥과 아무런 연관이 없이 여기에 놓여 있다.

27-30절

27절은 예루살렘과 안디옥에서의 예언자들의 흥미로운 개별 활동을 포함하고 있다. 때문에 비록 우리가 구체적인 것은 다음 절에서 알게 되겠지만 일반적으로 말해서 이것은 전승에 속한다고 할 수 있다. 28절: 예언자 아가보가 21:10에도 등장하는데, 그곳에서 그는 바울의 마지막을 예언한다. 그곳에서 아가보가 편집작업에 소급된다고 한다면, 그에 관한 전승의 본래적인 자리는 11:27-30의 문맥 가운데서 찾을 수 있다. 그의 예언은 전승 단계에서 글라우디오 치세 때 유대 땅에 있었던 기근과 관련되었을 것이다. 물론 이와는 상반되는 가설, 즉 그가 바울의 마지막 예루살렘 방문에 관한 자료에 속했다는 가설이 더 가능성이 크다(Lüdemann 1983: 97). 29절: 예루살렘을 위한 모금은 사도행전의 다른 곳에서는 보고되지 않는다. 그러나 바울의 서신에서는 종종 언급된다; 여기서 헌금은 *diakonia*[섬김]로 칭해진다: 고린도전서 16:15; 고린도후서 8:4; 9:1.13; 로마서 15:31. 따라서 헌금은 전승에서 비롯되었을 뿐 만 아니라 발생학적으로 바울의 헌금과 함께 같은 전승에 속한다.

위의 내용에 추가하여 Schille 1983: "우리는 바울의 헌금모금 여행(30절)을 재구성하기 위하여 우리의 보고를 성급하게 바울의 보고들과 예루살렘을 위한 헌금 요청들과 동일시하지 않도록 주의해야 한다. 우리는 우리의 행위가 바울의 것들과는 시간적으로 뿐만 아니라 수신자에 있어서도 일치하지 않을 가능성을 열어두어야만 한다"(267; 이어서 Schille는 결정적인 반대 논증을 언급한다. 즉 우리의 구절에서처럼 바울에게서도 헌금이 *diakonia*[섬김]로 칭해지고 있다).

30절: 바나바와 바울의 예루살렘 여행은 이곳 이외도 사도행전에서는 15:1-4에서, 바울서신에서는 갈라디아서 2:1에서 언급된다. 이 여행이 전승 단계에서 헌금전달과 연결되어 있었는지에 관한 질문은 역사성에 관한 고찰에 근거하여 결정될 수 있다.

IV 역사성

19-26절의 배경을 이루는 전승들은 헬라파 유대인들이 구브로, 베니게 그리고 안디옥(비. H. Balz, EWNT I: 264 [Lit.])에서 이방인 선교를 시작했다는 점에서 의심할 바 없이 역사적이다. 전승들은 30년대의 중반에 시작되었을 것이다. 재구성된 전승요소들은 바울과 바나바가 "본래는 스데반 주변의 헬라파 유대인들과 구별되었으며 안디옥에서 비로소 이들과 결합되었으리라는"(Wellhausen 1914: 21) 역사 판단을 허용한다. 바울과 바나바가 일정 시간 동안 안디옥 선교에서 일했다는 전승은 더 큰 확실성을 가지고 있다: 이 선교의 테두리 안에서 그들은 30년대 중반에 함께 남갈라디아에로 선교여행을 떠났고(행 13-14) 후에는 예전의 선교동반자로서 회의에 참석하기 위해 예루살렘으로 갔다(갈 2:1). 이외에도 고린도전서 9:6은 그들이 동역을 반영하고 있다. 하지만 그들이 안디옥에서 단지 1년 동안만(행 11:26) 스스로 활동을 했다는 진술이 가장 높은 확실성을 가지고 있다(비. Weiß 1917: 149).

그리스도인이라는 호칭의 등장에 관한 기술이 역사적으로 가치가 높다. 어미 *-anoi*는 라틴어화된 표현이며(Latinismus) 한 인물에 대한 추종자들을 호칭한다(폼페이 사람들[Pompejaner], 헤롯의 자손들[Herodianer] 등등). 2세기 때는 종파의 이름이 유사하게 만들어 졌다(발렌티누스파[Valentianer], 시몬파 [Simonianer] 등등; 비. BDR §5₁₂). 이러한 이유 때문에 그리스도인이라는 호칭이 그리스도에 대한 정치적 지지세력을 지칭했었는지는 부확실하다(이와같이 Wengst 1986: 93 [Lit.]). -위의 병행들과 마찬가지로 그리스도인이라는 호칭도 낯선 호칭이기 때문에 이러한 점에서 이 전승은 타당성을 가지고 있다(비. 신약에서 행 26:28; 벧전 4:16 [?!]). "그리스도인들(Christen)"은 이 호칭을 이그나티우스 시대에 이르러서 처음 사용하였다(IgnEph 11:2; IgnRöm 3:2; IgnMagn 4); 이에 따라 플리니우스 d.J. (Ep X 96 이하)와 타키투스(Ann XV 44: 백성들은 네로의 박해의 희생자들을 *Chrestiani*[= *Christinani*의 대중적인 형태]라고 불렀다)도 이 호칭을 사용하였다. 전체 문제에 대하여 비. Harnack 1924: 424-433; *Christianoi*[그리스도인]는 본래 스스로를 가리키는 호칭이라는 최근에 새로 제안된 가설(Zimgg 1974: 217-222)은 비기독교적 자료들에 의해 수포로 돌아간다.

그리스도인의 호칭의 등장에 관한 보고가 신뢰할 만한 정보라고 하더라도 누가가 이것을 연대기적으로 올바르게 배열했는지에 관해서는 확실하게 말할 수 없다. 누가는 사도행전 내에서 이에 관한 정보를 이야기적으로 가져올 수가 없었기 때문에 대신 안디옥 공동체에 관해 요약적으로 보고하는 이 위치에 엮어 넣은 것으로 보인다.

이 위치에서 헌금모금 여행은 바울의 연대기를 통해서 제외되었다(Lüdemann 1980: 35). 아마도 누가는 헌금 모티브를 사도행전 21장에 사용된 전승자료(아래 245쪽을 보라)로부터 이 위치로 가져왔을 것이다(비. Lüdemann 1983: 97). 예언자 아가보라는 인물도 마찬가지이다. 하지만 누가가 사도행전 15-21장 에서는 헌금 모티브를 피하고 있다는 사실이 주목할 만한 점이다. 누가는 그가 이용 가능했던 예루살렘 회의에 관한 전승복합체로 부터 바나바와 바울의 동반여행을 중복해서 이곳에 옮겨 놓았을 것이다.

예루살렘 공동체를 위한 안디옥 공동체의 헌금에 관한 전승이 역사적으로 신뢰할 만한 것으로 비춰질 가능성은 비록 낮지만 배제되지는 않는다. 예루살렘 회의에서 바울만이 예루살렘을 위한 헌금을 모금해야할 책임이 있었던 것은 아니다. 바나바도 안디옥 공동체의 대표로서 동일한 책임이 있었다(비. 갈 2:10과 Lüdemann의 주석서 1980: 105-110). 따라서 이 전승은 그 자체적으로 타당성을 가지고 있는 예루살렘 공동체를 위한 안디옥 공동체의 헌금의 전달을 반영하고 있는 것으로 보인다.

그밖에도 사도행전 11:19-30은 안디옥 공동체와 예루살렘의 어머니 공동체가 이른 시기부터 밀접하게 접촉하고 있었다는 역사적 사실을 반영한다. 두 교회는 처음부터 함께 일했다. 교회일치는 후기의 열매가 아니다.

사도행전 12장

I 목차

- 1–2절: 헤롯 아그립바 I세에 의한 세베대의 아들 야고보의 사형
- 3–17절: 베드로의 투옥과 석방. 마리아 집에서의 베드로
  - 3–4절: (테두리:) 베드로의 투옥의 동기와 시기 (전망)
  - 5–17절: 베드로의 감금과 석방
    - 5a: 감옥에서의 베드로
    - 5b: 베드로를 위한 공동체의 간절한 기도
    - 6절: 재판을 앞둔 밤에 강화된 감시 하에서 잠자고 있는 베드로
    - 7–10절: 해방의 기적
    - 11절: 베드로의 인식: 주님이 자신의 천사를 보내셔서 헤롯의 손과 유대 백성이 기대하고 있는 모든 것으로부터 그를 빼어 내셨다.
    - 12–17절: 마리아의 집에 모인 예루살렘 그리스도인들과 함께 하는 베드로
      - 12절: 베드로가 마리아의 집으로 감
      - 13–16절: 베드로가 그리스도인들의 의심을 극복한 후에야 안으로 들여 보내짐
      - 17a–d: 해방에 관한 베드로의 기술과 공동체에 대한 지시
      - 17e: 베드로가 예루살렘을 떠남
- 18–19절: 헤롯 아그립바 I세가 베드로의 경비병들을 처벌
- 20–23절: 헤롯 아그립바 I세가 가이사랴에서 죽음
- 24–25절: 요약문. 바나바와 바울이 예루살렘에서 안디옥으로 돌아옴

II 편집

이 장은 예루살렘을 위한 안디옥 공동체의 헌금에 관해 보고하는 앞의 일화와 연결되어 있다. 헌금을 전달한 바나바와 사울은 -이야기 속에는 포함되지는 않았지만- 박해의 기간 동안 예루살렘에 머물렀던 것으로 간주되고 있으며 베드로가 감옥으로부터 빠져 나와 "다른 장소"로(17e) 간 후에 안디옥으로 다시 되돌아온다. 사절의 파견과 귀환 사이에 다른 일화를 삽입하는 기법은 마가복음 6:7-13.30(병행 눅 9:1-9)에서도 사용되고 있으

며 아마도 이 장면의 구성에 있어서 누가에게 영감을 주었던 것 같다(비. 마찬가지로 Schneider 1982: 101).

앞에 놓여 있는 일화는 사도/선교사의 해방을 내용으로 하는 여러 개의 이야기들 속에 포함된다; 비. 4:1-22; 5:17-42; 16:19-40. 누가는 반복해서 해방의 모티브를 도입함으로써 다음을 강조하고 있다: 저항은 그것이 어떤 종류이든지 상관없이 하나님의 구원 계획을 관철하는데 방해가 되지 못한다. 9:31에서와 마찬가지로 24a에서도 성장요약문은 그리스도인의 적은 주님의 말씀에 어떤 해도 끼칠 수 없음을 강조하고 있다. 개별적으로 다음과 같은 누가적 편집요소들을 구별할 수 있다:

1-2절

1절: "이 무렵"이라는 시간 표현은 19:23과 누가복음 13:1의 시간표현에 대응된다. "손을 대다" 라는 표현은 4:3; 5:18; 21:27(비. 눅 20:19; 21:12)에도 등장한다.

3-17절

3절: "유대인들이 이것을 기뻐하는 것을 그가 보았을 때" 라는 기술은 초대 공동체의 지도적 인물에 대한 또 다른 공격에로의 이행에 동기를 부여하려는 누가의 실용주의로부터 비롯되었다. 11절에서는 3절과 같이 헤롯과 유대 백성이 베드로가 그들로 부터 구출되어야 하는 그리스도인의 적들로 지칭되고 있다. 대중들의 분위기에서 그러한 격변은 역사적이 아닌, 단지 편집적인 것으로 이해되어야 한다.

대략 20년 후에 예수의 형제 야곱에 대한 공격은 인기가 없어서 이에 책임이 있었던 아나누스(Ananus)는 결과적으로 그의 자리를 잃었다 -비. Lüdemann 1983: 99-101.

세베대의 아들 야고보의 처형(2절)과 베드로에 대한 공격(3절)은 스데반에 대한 적대적 행위(행 6장 이하)에 대응된다. 사도행전 6장부터는 예루살렘의 백성들과(비. 9:29; 12:3 이하.11; 21:27.30.36; 22:22; 23:12.20 이하) 디아스포라(13:45.50 그리고 빈번히 -위의 증거에 관해서 비. Lohfink 1975b: 55와 이전에 이미 Overbeck 1870: 181 이하)에 대해서 부정적 묘사가 압도적이다. 세베대의 아들 야고보를 위한 보궐선거가 이뤄지지 않았다는 사실은 구속사적으로 볼 때 초대공동체의 단계가 지나갔음을 의미한다. 이방선교를 위한 미래의 기둥들이 계획에 따라 이미 들어와 있다.

3절은 한 흥미로운 시간표현을 보여준다: 아그립바는 무교절 기간 동안에 베드로를 체포하도록 하였다. 이것은 4b의 진술과 긴장관계를 이루는데, 이에 따르면 아그립바는 베드로를 유월절 이후에 백성들 앞으로 끌어내려고 생각하고 있다. 무교절(니산 15-21일)은 관습적으로 유월절(니산월 14일) 다음에 온다 -비. 출애굽기 12:6-15. 때문에 지금 여기서 누가는(막 14:1.12 에서처럼) 무교절을 유월절과 동일시하고 있다(비. 눅 22:1.7; 행 20:6 - 마찬가지로 유대인의 대중적인 언어습관: 비. Josephus, Ant XIV 21과 H. Patsch, EWNT III: 117-120). 따라서 3절의 의미는 다음과 같다: 유월절의 베드로의 체포와 그리고 같은 시간의 예수의 체포는 병행 관계에 있다. 베드로의 운명은 예수의 운명 속에 미리 예견되어 있다.

4절: *etheto*[가두다]는 4:3에 비슷하게 등장한다(4:3에서도 마찬가지로 "손을 어떤 사람에게 대다"라는 표현과 결합되어 있다). 군사적 감시활동과 재판 계획에 대한 기술과 함께 군사들에 의한 베드로의 감시(5절 이하)와 재판(6절)에 관한 다음 이야기의 진술들이 준비되고 있다. 따라서 4절은 이어지는 이야기의 편집적인 선취이다(비. Conzelmann 1972: 77). 5a: *men oun*[이제]은 편집적이다. 5b는 전체적으로 누가적인 첨가라는 인상을 준다. 기도하고 있는 것으로 소개된 공동체는 12+17절에 따르면 모두 모여 있는 것은 아니다. 따라서 17절에서 베드로는 마리아의 집에 모여 있는 그리스도인들에게 다른 공동체 구성원들(야고보와 형제들)에게 자신의 해방을 전하라고 지시한다. 6절: 헤롯에 대한 언급은 테두리로부터 왔다(1절). 7절: 7a의 구성에 관하여 비. 누가복음 2:9. *pataxas*[치다, 때리다]는 의도적으로 선택되었다. 이것은 23절에 부정적으로 사용된다. 핵심단어 *patassein*[치다, 때리다]을 통해 제시되고 있듯이 두 경우에서 주님의 천사는 구원과 징계를 이끌고 있다. 9b-c는 편집적인 11절에서 문제의 해결을 발견하고 있다. 벌어진 사건은 믿을 수 없는 것이지만 -베드로는 환상을 보고 있다고만 생각한다- 옳은 것이다. 따라서 9b-c도 역시 편집적이다. 11절은 9b-c에 대한 베드로의 추후적인 깨달음을 묘사한다: "이제야 나는 참으로 주님께서 천사를 보내어 나를 헤롯의 손에서 그리고 유대인들의 모든 계략에서 구하셨음을 알겠다." 베드로의 깨달음의 내용은 앞선 일화(+ 편집)로부터 얻어졌다. 헤롯과 유대 백성들의 부정적인 성격에 관해서 비. 3절에 대한 위의 설명. 문자적인 말이 장면을 생동감 있게 만들고 직접적인 말에서 진술된 문장의 중요성을 강조한다(비. 비슷하게 25:12; 26:32). 다음 부분단락인 12-17절에서는 다음 구절들에서 언어적인 면에서의 누가의 손길이 분명하다: 12절: 용장활용(coniugatio periphrastica), *hikanoi*[많은], *proseuchomenoi*[기도하다]. 13절: *onomati*[이름을 가진]. 14절: *epignousa*[알다, 깨닫다], charas[기쁨], *apeggeilen*[보고하다]. 15절: *eipan*[말하다](+pros). 16절: *exestesan*[놀라다]. 17절: *kataseisas*[흔들다, 손짓하다], *diegesato*[설명하다]. 이외에도 12절("마가라하는 요한의 어머니")에 누가의 개입이 존재한다. 이러한 연출된 언급을 통해서 누가는 25절을 준비하고 있다. (이로부터 12절 전체가 누가로부터 비롯되었다는 결론을 내려서는 안된다[비. Haenchen 1977: 377에 반대하여 Conzelmann 1972: 79].) 이와 더불어 재인식 장면(13-16절)의 예술적인 구성은 누가에게 돌려질 수 있으며 보다 단순한 한 보고의 기본층으로 소급시킬 수 있다. 끝으로 17c의 설명 ("이것을 야고보와 형제들에게 전하라")은 누가에게서 비롯되었다: 그는 이를 통해 예루살렘 그리스도 공동체의 새로운 지도자를 끌어들이고 있다(물론 21장에서 분명하게 보여짐).

18-19절

이 단락 전체는 누가에게로 돌려질 수 있다. 18절: 완곡어법(Litotes) *ouk oligos*[적지 않게]와 도입부의 절대속격(Genitivus abs.)은 누가에게서 빈번하다; "적지 않은 소동이 있었다"는 문장의 구성에 관하여 비. 19:23. 19절: 나태한 경비병들의 처형에 관한 기술은 한편으로는 기적을 그리고 다른 한편으로는 헤롯의 흉악함을 강조하고 있기 때문에 전체적으로 편집자에게 돌릴 수 있다. 19b는 다음 이야기로 이어주는 역할을 한다.

20-23절

누가는 여기에 아그립바의 죽음에 관한 전승을 삽입하면서 이 죽음을 초대교회의 구성원들에게 행해진 폭거에 대한 징벌로 특징지우고 있다. (이러한 편집 목적은 행 12장의 문맥 속에서의 20-23절에 대한 숙고로부터 얻어진다.)

24-25절

24절: 이 절은 박해에도 불구하고 또 그 가운데서 하나님의 말씀이 퍼져 나가는 것을 보여주기 위한 의도를 가진 하나의 요약문이다(비. Zingg 1974: 20-40; 사도행전에서의 병행 구절들은 Nestle/Aland 본문에서 사도행전 2:47에 관한 난외주에서 찾을 수 있다). 25절: 11:30과의 연관하에 바나바와 바울의 안디옥에로의 귀환이 보고되고 있다(*hypostrepho*[돌아오다]는 누가가 자주 애용하는 어휘이다). 지금 부터는 바나바와 예루살렘 회의를 묘사하는 막간극 이후에 바울이 중심에 서게 된다. 요한 마가의 동반은 이미 12절을 통해서 준비되었다(베드로는 요한 마가의 어머니 마리아의 집으로 온다).

본문비평적으로 25절은 *ex Ierousalem*[예루살렘으로부터]과 *eis Ierousalem*[예루살렘으로] 중 무엇으로 읽어야 하는 지에 관한 질문으로 머리를 아프게 한다. 만일 *eis I.*[예루살렘으로]가 우선시 되어야 한다면(이와 같이 Nestle/Aland) 이것은 *plerosantes*[마치다]와 밀접하게 연결되어야 한다. 어쨌든 누가가 여기에서 안디옥으로의 귀환을 생각하고 있었음은 분명하다(비. Lüdemann 1980: 165 A26).

III 전승

1-2절

헤롯 아그립바 I세에 의한 세베대의 아들 야고보의 처형에 관한 보고를 누가는 전승으로부터 가져왔다. 하지만 편집자가 상세한 기록(순교사화[*Martyrologium*])을 짧게 줄였는지 아니면 아그립바 I세에 의해 죽은 야고보에 관한 소식이 그에게 자세한 내용 없이 전해졌는지는 결정할 수 없다.

예전 시기로부터 기록의 간결함을 설명하고자 했던 다양한 시도에 관해서는 비. Overbeck 1870: 181 이하. 최근에 Schille 1983는 지금 구절의 빈약함이 누가가 단지 체포된 두 사람만을 알고 있었음에 기인하는 것으로 설명한다.

이제 1-2절의 근저에 놓여 있는 전승과 마가복음 10:38 이하 사이에는 유전적인 관계가 있음이 빈번하게 제안되고 있다. 언급된 구절은 세베대의 아들들의 참혹한 죽음을 회고하고 있는 하나의 사후예언(Vaticinium ex eventu)이다-이에 관하여 E. Schwartz 1963: 48-50 이래 어떠한 의심도 더 이상 가능하지 않다. 여기에 근거한 E. Schwartz(같은 책)와 다른 사람들(마지막으로 Suhl 1975: 316-321)의 가설은 다음과 같다: 세베대의 아들들은 아그립바 아래에서 함께 순교했다. 누가는 의도적으로 요한을 사도행전 12장에서 언급하지 않았다. -초대기독교 역사를 위해서 이 가설이 갖고 있는 중요성은 다음과 같다: 우리는 예루살렘 회의가 개최된 시간의 최종 기한(terminus ad quem)을 알 수 있다. 바울에 따르면(갈 2:9) 이 회의에 세베대의 아들 요한이 참석하였다. 따라서 이 회의는(48년경이 아니라) 44년 이전에 개최되었을 것이다. 하지만 갈라디아서 2:9는 위의 가설에 반대된다. 이 절에서는 단지 세베대의 아들 야고보의 형제인 요한만 언급되고 있다. 사도행전 12:2의 전승과 결합시켜 생각하면 2:9에서는 야고보의 죽음이 전제되어 있는 것으로 보인다. 이와 동일한 가정은 바울이 갈라디아서 1:19과는 달리 2:9에서 주님의 형제 야고보의 이름을 더 이상 설명할 필요가 없다는 관찰로부터도 유도된다. 비. 적절하게 Georgi 1965: 91-92; 1:19가 바울이 말하고 있는 사람에 관해 충분하게 설명하고 있다는 Suhl의 답변(1975: 319 A21)은 단지 바울의 첫 번째 예루살렘 방문에만 유효하며, 14년 후 개최된 회의에는 적용될 수 없다. 끝으로 사도행전 12:2에서 요한의 이름이 생략된 것에 대한 설득력 있는 근거가 제시될 수 없다.

이와 달리 Suhl 1975: 누가복음과 사도행전에서 베드로와 함께 요한이 가지고 있는 특별한 중요성이 사도행전 12:2에서 그의 이름의 생략을 초래했다.

12:2에 대한 E. Schwartz의 제안이 흥미롭기는 하지만 위에 제시된 이유들에 의해 이 제안은 적절하지 않은 것으로 거부되어야 한다. 마가복음 10:38 이하와 사도행전 12:2 사이에는 아무런 태생적인 연관관계가 없다.

3-17절

위의 편집 분석은 다음의 절들을 누가적인 것으로 드러낸다: 3-4. 5b-6a. 9b-c. 11. 17c. 추가적으로 재인식 장면(13-16)도 누가적인 양상들을 보여준다. 생략과정을 거쳐 얻어진 전승의 존재 가능성은 다음과 같은 관찰들을 통해서 더 높아진다:

1. 이 전승은 그리스적인 해방기적 이야기와 유사점을 가지고 있다. 이 이야기에서도 7절과 비슷하게 사슬이 풀려지고 10절에서처럼 문들이 저절로 열린다(Weiser 1981: 284 이하의 증거들). 물론 전승의 존재를 충분히 보장하기에는 이 모티브의 등장만으로는 불충분하다.

2. 전승의 처음과 끝은 결정될 수 있다. 4절을 편집적인 전망으로 볼 수 있기 때문에 5절이 전승의 처음이 된다. 17절은 원본의 끝을 포함하고 있을 것인데, 그 이유는 이 구절과 같이 큰 의미가 없는 진술은 대체로 누가에게 소급되지 않으며(베드로는 행 15장에서 다시 예루살렘에 있다) 해방과 아무런 관련이 없는 개별 상황들에 대해서는 아무런 관심을 보이지 않고 있는 일화에 잘 어울리기 때문이다.

이와 달리 Overbeck 1870은 17절에 대한 유비(Analogie)로서 12:2의 피상적인 진술과 28:31을 지적한다. 28:31에서 "베드로에 관한 일화처럼 바울에 관한 일화가 갑작스럽게 끊을 맺는다. 저자가 바울에 대한 준비의 관점에서 단지 불충분하게 전개했던 베드로의 일화를 지속시키는 것은, 바울이 이방인의 사도로서 등장하기 위한 모든 여건이 성숙한 시점에서 더 이상 저자의 관심을 끌지 못한다. 바로 앞에 놓여 있는 이야기와 관련해서도 마찬가지이다."(186) 이와 반대로: 28:31은 책의 종결부이기 때문에 병행구절로 볼 수 없다.

3. 지역적 특성(비. 10절), 이름들의 정확한 기록(여종 로데와 마리아) 및 그리스도인들의 모임 장소(마리아의 집)에 관한 기록들은 전승에 의한 것이라는 가정을 지지한다. (하지만 마리아의 집은 아직 예루살렘에서 헬라파 유대인들의 가정교회가 되지 않았다[Schüssler-Fiorenza 1983: 166에 대하여].)

사도행전 12:5-7의 뒤에 있는 전승은 예루살렘에서의 베드로의 구속, 그의 기적적인 해방, 마리아의 집에서 혼란스러워 하는 공동체 구성원들과의 만남 그리고 그가 예루살렘을 떠난 사실에 관해 보고하고 있었다. 양식사적으로 이 전승은 해방기적들에 대체적으로 가깝다. 그럼에도 불구하고 이 전승이 이 범주 안에 완전히 포함될 수 없는데, 그 이유는 하나의 재인식 장면의 더 단순한 형태가 전승의 일부로 포함되어 있었기 때문이다. (해방기적과 재인식 장면을 두 개의 다른 전승들에 돌리는 시도는 그 자체로는 가능하다. 하지만 이것은 위의 가정보다 더 많은 어려움을 초래한다.) 이 전승은 주님의 제자 베드로가 예루살렘 감옥으로 부터 기적적으로 해방된 것을 추억하고 찬양하기 위해서 예루살렘의 그리스도인들 가운데서 이야기 되었을 것이다.

17c: 이 부분은 누가에게 구전적으로 전해졌을 한 전승요소("야고보와 형제들") 를 포함하고 있다. 비. 고린도전서 15:7(이미 바울에 의해 전승으로 인용되었다, Lüdemann 1983: 78-84를 보라).

20-23절

이 절들은 아그립바 I세의 죽음에 관한 전승을 포함하고 있다. 이 전승은 두로와 시돈 사람들과 아그립바 사이의 갈등과 왕의 내실 관리였던 블라스도의 중재역할에 관한 보고로 시작된다. 결과에 대해 아무런 언급도 없이 계속해서 아그립바가 그들 앞에서(즉, 시돈과 두로 사람들 앞에서) 왕의 복장을 하고 연설을 하는 장면이 묘사된다. 이 연설에 대하여 백성들은 "(이것은) 신의 소리이지 사람의 소리가 아니다!"라고 외쳤다. 이에 아그립바가 하나님께 영광을 돌리지 않자 주님의 천사가 그를 쳤고 그는 벌레에 먹혀서 죽었다.

20-23절에 누가에 의해 개작된 전승이 존재함은 여기에 많은 개별 사항들이 포함되어 있고, 아그립바의 죽음에 대한 이유가 누가로부터 벗어난다는 점(그는 하나님께 영광을 돌리지 않았다), 그리고 요세푸스, Ant XIX 343 이하에 아그립바의 죽음에 관한 병행전승이 포함되어 있다는 사실에 의해 지지된다. 누가의 판본은 요세푸스의 판본에 비해 축약되어 있다. 많은 개별 사항들이 누가에 의해 재생산된 전승의 문맥에서는 분명치가 않거나(예를 들어, 블라스도의 위치, 복장의 의미) 혹은 힘들여서 풀어낼 수 있다(아그립바와 시돈과 두로 사람들과의 논쟁과 아그립바의 연설 사이의 내적 관계). 누가는 하나의 문서형태의 원본을 자기 스스로 짧게 줄였을 것이다. 두 판본에서는 공통적으로 죽음이 신적 영광의 찬탈에 기인한다. 여기에 전승형성의 유대적 출발점이 분명하게 나타난다(비. 마카비하 9:5 이하). 아그립바가 벌레에 먹혀 죽었다는 진술과 (12:23) 그가 그의 내장에 강렬한 통증을 겪은 후 죽었다는 진술은(요세푸스) 하나님을 모욕하는 자의 참혹한 죽음에 관한 널리 퍼진 모티브의 변형이다, 비. 사도행전 1:18(Nestle 1968: 594의 증거들 [그곳에 풍부한 정보를 담은 표]).

IV 역사성

1-2절

아그립바에 의한 세베대의 아들 야고보의 처형은 역사적 사실일 가능이 높다. 아그립바(그에 관해서는 비. Schürer 1973: 442-454)는 예루살렘에서 엄격한 유대교의 옷을 입고 있었다. 다른 한편 세베대의 아들 야고보는 몇 년 후에 열린 예루살렘 회의때는 더 이상 생존해 있지 않았다. 그렇지 않다면 갈라디아서 2:9의 바울의 보고에 언급되었을 것이다. 이제 그와 그의 동생에 관해서는 그들의 순교에 대한 사후예언(Vaticinium ex eventu)이 존재한다(막 10:38 이하). 이와 같이 야고보의 죽음은 아그립바의 기회주의(Opportunismus)에 의해 초래된 것으로 보는 것이 적절하다(비. Lüdemann 1983: 74).

3-17절

아그립바가 야고보에게 행했던 조치의 역사성은 이어지는 해방기적 전승의 역사적 가치를 판단하는데 있어서 도움이 된다. 먼저 Baur(1866: 188)와 함께 기적일화는 자체 안에 고유의 역사적 부정을 포함하고 있다는 사실을 강조해야만 한다. 물론 이 일화 속에서 아그립바가 베드로를 체포하도록 명령했다는 역사적 핵심은 인정될 수 있다. 이 가정은 야고보에 대한 아그립바의 앞선 행위를 전제할 때 베드로도 이 시기에 (여전히)예루살렘 초대공동체의 지도자였기 때문에 적절하다. 이외에도 이 전설은 베드로가 예루살렘을 떠났다는 역사적 핵심을 보존하고 있는 것 같다. 이를 따르면 왜 몇 년 후 예루살렘 회의에서 야고보가 초대공동체의 지도권을 가지고 있었고 베드로는 단지 두 번째 위치에 서 있었는지가 분명해진다(비. Lüdemann 1983: 73-84).

이제 베드로가 예루살렘을 떠날 수 있도록 먼저 구속 상태로부터 풀려나야만 했다. 해방의 방식에 관해서 -질문이 제기되는 한- 연구자들의 의견은 다양하게 갈라진다: 많은 사람들은 7-10절이 고대의 해방기적의 주제로 강하게 각인되었기 때문에(비. Weiser 1981: 290) 이 질문에 대답할 수 없다고 생각한다. 이와 달리 Roloff는 "사도가 드라마와 같은 상황 하에서 감옥으로부터 탈출하는데 성공했고 이어서 마리아와 그의 아들 요한 마가의 주변 사람들의 도움을 받아 은밀하게 예루살렘을 떠났다"고 추측한다(1981: 187). 하지만 이러한 제안은 사도행전의 보고에 대한 하나의 의역에 불과하다. 나는 이와 달리 Baur의 예전 제안을 새롭게 받아들이고자 한다:

야고보에 대한 자신의 조치가 대중적인 인기를 얻지 못함이 분명해졌기 때문에 아그립바 스스로 베드로를 석방했다(1866: 184 이하):

> Baur는 아그립바 I세에 의한 대제사장 마티아(Matthia)의 파면이(Josephus, Ant XIX 342) 아그립바 II세에 의한 대제사장 아나누(Ananu)의 파면과(Ant XX 203) 비슷한 이유를 가지고 있었을 것으로 추정한다. 두 명은 모두 그리스도인들에게 적대적으로 행동했고 이런 조치들의 비인기로 인해서 그들의 지위를 잃게 되었다. (Baur는 아그립바 I세가 대제사장 마티아의 사주에 따라 야고보를 적대시 했다고 가정하고 있는 것 같다.)

마리아와 그녀의 여종 로데가 예루살렘 공동체의 구성원이었다는 진술은 아마도 역사적인 사실이다. (마리아와 요한 마가를 연결하고 있는 12절은 위 220쪽에서 편집적으로 드러났다) 예루살렘에 있는 마리아의 집도 마찬가지로 역사적 사실이다.

17c: 여기서 베드로가 떠난 후에 야고보가 초대공동체의 지도자가 되었다는 것은 역사적으로 올바른 진술이다(위를 보라).

20-23절

다른 어떤 곳에서도 아그립바와 두로, 시돈 사람들 사이의 갈등에 관한 증거가 발견되지 않는다. 물론 구약으로부터(왕상 5:23; 겔 27:17) 팔레스타인이 경제적으로 페니키아에 어느 정도 종속되었음을 증명할 수 있으며 이는 20절의 진술과 일치한다(이에 대해 비. Wikenhauser 1921: 323). 때문에 갈등과 두로와 시돈 사람들의 평화를 향한 갈망 그리고 왕의 내실 관리였던 블라스도의 중재역할은 역사적일 수 있다. 가이사랴에서의 아그립바의 죽음에 관한 전승은 비록 전설적인 개별 양상들에 대해 비평이 행해져야 하지만 요세푸스의 보고를 통해서 그 역사성이 확증된다.

사도행전 13:1-3

I 목차

- 1–3절: 안디옥 교회에 의한 바나바와 사울의 파송
  - 1절: 안디옥 공동체의 다섯 명의 예언자들과 교사들의 이름을 언급
  - 2절: 바나바와 사울의 파송에 대한 성령의 지시
  - 3절: 금식과 기도 그리고 안수 후 바나바와 사울과 작별함

II 편집

1–3절

1절: *ousan*[있다]에 관하여 5:17; 28:17를 참조. 바나바의 이름이 명단 처음에 놓이고 바울의 이름이 끝에 오는 것은 누가의 의도이다. 이것은 이후의 장들에 등장하는 두 명의 주인공들을 강조하기 위한 것이다. 바나바와 사울에 의해 양 끝에서 감싸여 있고, (바나바와 사울에 비해)독자들에게 잘 알려지지 않은 세 명의 등장인물들이 각각 자세하게 설명되고 있다. 2절: 절대속격(Genitivus abs.)과 성령이 말씀하신다는(비. 8:29; 10:19) 생각은 누가로부터 기인한다. 3절: 비. 6:6; 두 절에서 한 특별한 그룹이 기도 가운데 안수한다. 3절에서는 또한 금식도 언급되고 있다. 기도와 금식, 이 둘은 14:23에서 장로 임명과 관련되었다(편집적); 이외에 비. 누가복음 2:27. 14:23과의 병행관계에 근거하여 3절의 *nesteusantes*[금식하다]를 편집구로 볼 수 있다.

III 전승

1절: 다섯 이름은 장소명(안디옥)과 함께 전승된 것이다. 시므온, 루기오 그리고 마나엔에 대한 자세한 설명과 방랑 예언자들에 관한 사도행전의 기술은(11:27 이하; 21:10) 이 추측을 뒷받침해 준다. 하지만 누가가 다

섯 명의 명단을 전해 받았는지, 아니면 자신이 직접 만든 것인지는 확실하지 않다. (명단에서 바나바와 사울의 위치는 누가가 직접 개입했음을 가리킨다, 위 단락 II를 참조.) "다섯"이라는 기대하지 않은 숫자의 등장은 아마도 첫 번째 가능성을 지지해 주는 것 같다(비. Schille 1983: 282 이하). 또한 등장인물들을 "예언자와 교사"라고만 지칭하고, 누가 예언자이고 누가 교사인지를 정확하게 구분하고 있지 않는 것도 명단이 전승에 속함을 암시한다 (Harnack 1924: 349 A2 [비. Wendt 1913: 201]은 *te...kai...kai, te...kai*[그리고…그리고…그리고…그리고]로 된 구문구조에 근거해서 첫 번째 세 명이 예언자이고 뒤의 두 명이 교사라고 생각했다; 하지만 틀을 이루는 "바나바-사울"은 누가로부터 비롯된 것이다.) 누가는 이 곳 이외에 교사에 관해서는 더 이상 언급하지 않는다. 예언자와 교사의 이와 같은 결합은 디다케 13:1-2와 특별히 15:1, 그리고 전승에 속하는 것이 확실한 고린도전서 12:28(여기서는 사도도 함께 언급됨)에 등장한다. 12:28은 아마도 안디옥에서 유래되었을 것이다(비. Zimmermann 1984: 92-113: 이 공식의 사용은 베드로의 교회론에 대한 인정을 의미한다 [112]). 또 에베소서 4:11을 보라. 그 밖의 초대교회의 증거들에 대한 분석은 Zimmermann 1984와 Harnack 1924: 332-379를 참조하라. 2절: '금식'(*nesteuein*)이 *leitourgein to kyrio*[주를 섬기다]와 결합되어 있는 것도 역시 전승에 속한다. 뒤의 표현은 아마도 기도를 의미할 가능성이 높다. 하지만 여기에만 한정시켜서는 안 되고 보다 광범위하게 "주님을 섬긴다"의 의미로 이해되어야 한다. 안디옥에서 예언자와 교사의 역할은 그들이 상대적으로 한 장소에 구속되어 있음을 전제하는 것이 분명하다(아가보의 경우는 다소 다르다).

바나바와 사울의 파송에 관한 보고도(2절 이하) 같은 전승에 속하는지, 아니면 다른 자료가 삽입된 것인지에 관한 질문은 사도행전 13-14장에 대한 분석이 끝난 이후에야 대답되어 질 수 있다(아래 258쪽을 보라).

IV 역사성

본문의 전승이 역사적 사실을 반영하고 있을 가능성은 매우 높다. 이름이 언급된 다섯 명의 등장인물은 안디옥 교회에서 예언자와 교사로 사역했었을 것이다(안디옥 공동체와 바나바에 대한 바울의 관계에 관하여 217쪽을 참조). 그들은 일시적으로 한 장소에 구속되어 있었지만, 성령에 의해 언제든지 파송될 수 있었다. 이와 같이 한 장소에 지속적으로 머무는 것과 떠돌아 다니는 것 사이의 변동은 이후 바울에게서 발견되는 사역의 모습과 일치한다. 그는 여행을 했지만 오랜 시간 동안 그의 공동체들 안에 머물러 있기도 했다. 더구나 사도에 관한 그의 이해에는 유랑하는 사도직의 요소들뿐만 아니라(예루살렘에) 머무는 사도직의 요소들이 함께 포함되어 있다(비. Lüdemann 1983: 82).

사도행전 13:4-12

I 목차

- 4-5절: 안디옥으로부터 실루기아를 거쳐 구브로에 이르는 바나바와 사울의 여행
  살라미의 여러 회당들에서 설교. 조력자 요한에 관한 짧은 보고
- 6-12절: 바보에서 마술사 바예수 엘루마를 제압하고 총독 서기오 바울 앞에서
  성공적인 설교를 행함
  - 6-7a: 바예수와 서기오 바울을 만남
  - 7b: 서기오 바울이 하나님의 말씀을 듣고 싶어 함
  - 8절: 마술사 엘루마는 서기오 바울로 하여금 믿지 못하도록 시도함
  - 9-11절: 엘루마에 대한 바울의 저주
  - 12절: 서기오 바울이 믿게 됨

II 편집

4-5절

4절: *ekpemphthentes hypo tou hagiou pneumatos*[성령에 의하여 보내심을 받다]은 2b에 연결된다.

5절: 이 구절의 내용은 누가의 연결공식에 기초하고 있다; 설교의 주제로서 *logos tou theou*[하나님의 말씀]는 이 장에서 7c; 44절; 46절에 나온다. "유대인의 회당들(복수형)"이란 표현은 5절의 요약적인 성격을 증거한다.

6-12절

다음의 표현들과 어법들은 누가로부터 온 것이 분명하다: 6절: *pseudo-propheten*. 7절: 관계대명사에 의한 문장연결, *proskalesamenos*[거짓 선지자], *akousai ton logon tou theou*[하나님의 말씀을 듣는 것]. 8b에서 *magos*[마술사]가 엘루마의 번역이라는 것은 누가의 설명이다(이와 달리 Zahn 1921: 412 이하, Bauer 1963: 502 이하는 엘루마를 바예수의 번역으로 간주한다). 누가는 바예수와 엘루마를 동일한 한 명의 인물로 본다(바예수[=예수

의 아들/여호수아]에 대한 부정적 평가로서의 호칭 "마귀의 자식"을 참조). 언어적으로 *diastrepsai*[등지게하다], *pisteos*[믿음]는 누가적이다. 9절: 바울의 이름이 소개되는 방식은 누가복음 6:14에서 베드로의 이름이 소개되는 방식과 병행관계에 있다: "예외 없이 규칙적으로 사도가 이전에는 사울로 불리고 이후에는 바울로 불리고 있다는 사실은 이러한 방식이 문서 전체의 저자로부터 왔음을 증거해 준다"(Zeller 1854: 517). 누가는 사울에서 바울로의 개명을 총독 서기오 바울이라는 인물과 연결시키고 있다. 이에 대한 내면적인 이유는 바울의 이방선교가 시작되었기 때문에 누가가 사도를 위한 로마식 이름의 사용을 적절한 것으로 간주했으리라는 데서 찾을 수 있다(비. Cadbury 1927: 225). 사울에서 바울에로의 개명은 바예수에서 엘루마로의 개명과 상응한다(비. Holtzmann 1892: 373). 10-11절은 8:20-23에 근거해서 구성되었음이 분명하다. 10절에서 *rhadiourgia*[속임]를 제외한 모든 단어들은 70인역에 등장한다. 11절에서 *achri kairou*[얼마 동안]와 *parachrema*[즉시]는 특별히 누가적이다. 12절: *idon*[보다]…*to gegonos*[된 일]에 관해서는 누가복음 8:34(마가복음은 다름)를 참조하라.

이 구절의 구조에 대한 관찰은 누가에 의한 개작작업이 지금까지의 연구들에서 생각되었던 것 보다 훨씬 더 강하게 이루어졌음을 보여준다: 이 일화에는 설명과 결론이 결핍되었다. 만일 독자가(바울과 바나바가 마술사이자 거짓 예언자인 한 유대인과 만나는) 6절 이후에 이 마술사와의 논쟁에 관한 묘사가 이어질 것을 기대한다면 그는 실망하게 될 것이다. 그 대신에 "거짓 예언자"인 이 인물을 설명하는 관계절이 새로운 등장인물, 서기오 바울을 소개하고 있다. 서기오 바울은 두 선교사들을 불러서 하나님의 말씀을 들려 줄 것을 요청한다. 이어서 앞에서 언급되었던 바예수가 다른 이름인 엘루마로 다시 소개되고 있는데 바예수와 엘루마가 동일한 인물이라는 사실이 명확하게 제시되고 있지는 않다. 바예수 엘루마가 서기오 바울로 하여금 믿지 못하도록 방해했을 때 바울은 그 대적자에게 불과 같은 저주를 내려서 그가 일정한 시간 동안(*achrikairou*) 눈이 멀도록 만든다. 그로 인해서 총독은 믿음에 이르게 되고 주님으로부터(!) 온 가르침에 크게 놀라게 된다. 누가는 핵심어 *didache tou kyriou*[주의 가르침]로 *ton logon tou theou*[하나님의 말씀](7절)를 환기시키고 있다. 이를 통해서 한편으로는 말씀과 기사(여기에서는 징벌의 기적)의 밀접한 관계를 드러내고 있고(비. Schneider 1982: 124), 다른 한편으로는 가르침에 강조점을 둠으로써 바울의 저주와 그 결과를 마술로 오해하는 것을 방지하고 기독교를 마술로부터 구별시킨다.

이 일화의 사고과정에 대한 관찰로부터 다음과 같은 결론을 얻을 수 있다: 누가는 전승된 일화를 완전히 조각내었거나 아니면 파편적인 기록들을 엮어 하나의 적절한 사건을 재구성하였다(아래 단락 III을 보라).

어떤 경우든지 그 의도는 분명하게 표현되고 있다. 8장 이후에 두 번째로 다루고 있는 이 주제의 중심에는 동시대의 경쟁관계에 있는 다른 종교 그룹들로부터 기독교를 구별시키려는 저자의 관심사가 놓여 있다. 이 목적 때문에 저자는 바예수 엘루마를 이전의 시몬("마구스") 처럼 마술사로 격하시키고 있다(또한 6절에서 바예수 엘루마가 거짓 선지자로 불리고 있는 것을 참조하라; 마술이 유대인 됨(Jude-Sein)과 어떤 관계가 있는지 관해서는 16:20 이하; 19:13과 284쪽을 참조). 누가는 엘루마의 눈먼 상태를 일시적으로 제한함으로써 8장에서 그랬던 것처럼 경쟁관계에 있는 그룹들에게 회개의 기회를 주고 있는 것으로 보인다(비. Klein 1969: 281-287).

기독교를 경쟁자들로부터 구별하려는 것은 누가가 가진 의도의 단지 한 측면에 불과하다. 다른 한편 누가는 총독 서기오 바울이라는 인물에 집중한다. 그의 기독교에로의 개종에서 누가의 변증이 다시 한 번 분명하게 드러나고 있다. 여기에서는 사도행전 10장에서의 고넬료와 같은 일개 지휘관이 아니라 로마의 총독이 믿음을 받아들이고 있기 때문에 누가의 변증은 매우 주목할 만한 방식으로 이뤄지고 있다. 하지만 전승에 들어 있던 내용이 이와 동일하다고는 볼 수 없다. 만일 그렇다고 한다면 누가는 세례와 성령의 부어짐에 관해 이야기했었을 것이다(Jacquier 1926: 33 이하는 12절의 *episteusen*[믿음을 갖다]에 근거하여 서기오 바울의 회개를 역사적인 것으로 본다 [마찬가지로 Judge 1964: 52]).

III 전승

전승된 요소들로는 이름들과 서기오 바울과 바예수 엘루마의 행위에 대한 기술들이 있다. 바예수의 유대 혈통에 관한 기록은 그의 이름 "바예수(Barjesus)"에 근거해 볼 때 전승되었을 가능성이 크다. 바예수 엘루마의 두 이름은 서로 다른 두 명의 인물이 아닌 한 명의 동일인물을 가리킨다(Dibelius 1951: 21은 이와 다른 견해를 가지고 있다). 총독과 바예수 엘루마 사이의 관계는 전승일 수 있다(황제 티베리우스와 점성술사 트라쉴루 사이의 관계나[Nock, Beg. V: 183 이하를 보라], 로마의 귀족들과 점성술사, 마술사 그리고 철학자들 사이의 빈번한 연결을 참조하라). 그러나 이 개별상황은 누가에게서 비롯되었을 수도 있다. -전승 단계에서 바울과 언급된 두 명의 인물들 사이에는 인지될 만한 어떠한 본래적인 관계도 없음이 강조되어야만 한다(위의 II를 보라). (Weise 1985: 314는 다른 견해를 갖고 있다: 축소과정[Substraktionsverfahren]을 통해 이뤄지는 전승의 자유로운 변화)

바울의 구브로 선교는 전승 내에 어떤 접촉점도 가지고 있지 않은 것 같다. 누가는 이 일화를 바나바가 구브로 출신이라는 전승사적 기반과(4:36), 바나바와 요한 마가의 구브로 선교(15:39), 그리고 바나바와 바울이 동역한 사실을 근거로 하여 만들어 냈다(비. Loisy 1920: 518).

이방인 사도의 두 이름, 사울과 바울(9절), 그리고 요한 마가가 동행했다는 5절의 보고는 모두 전승에 속한다(15:39은 전승사적으로 요한 마가가 바나바와 함께 했음을 증거한다). 하지만 바울이나 마가 둘 모두 이 일화와 본래적으로 결합되어 있지는 않다.

IV 역사성

구브로에 서기오 바울이라는 총독과 바예수 엘루마라는 예언자가(총독의 수하로?) 있었는지에 관한 질문에 대해서는, 비록 사도행전을 제외하고는 총독 서기오 바울을 구브로와 연결시켜 주는 어떤 증거도 없지만, 긍정적으로 대답할 수 있다(Lake, Beg. V: 455-459의 분석을 보라; 보다 이전의 Wikenhauser 1921: 338-340 [Lit.]은 단지 Lake와 연관지어서 이용하라). 이와 함께 언급된 인물들이 어떤 시기에 속하는지를 결정할 수 있는 수단이 없다는 한계도 명확하게 제시되야 한다. 바예수 엘루마는 예언자이자(긍정적 의미에서) 마술사였다. 엘루마는 아마도 아라비아어의 *'aliam*="어떤 것에 관한 통찰을 얻다"에서 유래했거나(비. Bauer 1963: 503), 또는 아람어 단어 *haloma*(=꿈해석가)의 그리스어 음역일 가능성이 있다(비. Weiser 1985: 312 이하[Lit.]). 아마도 누가는 11절의 *me blepon ton helion*[해를 보지 못하다]을 통해서 해와 그 밖의 다른 것들을 쳐다보는 것이 바예수 엘루마의 특징적인 행위임을 암시하고 있는 것 같다(그리스 마술에 관한 파피루스 Papyri Graecae Magicae III 198 이하[해에 대한 기도]를 참조; 예언/마술 현상에 관하여 Aune 1983: 23-48을 참조). 그렇다면 이것은 시몬의 *epinoia*[생각, 마음에 품은 것]에 대한 풍자적인 암시와(행 8:22) 하나의 병행관계를 이루고 있는 것으로 볼 수 있다.

사도의 이중적 이름인 사울 바울에 관한 전승은 역사적으로 신뢰할 만하다. (Leon 1960: 107은 로마-유대인들이 사용했던12개의 셈어-라틴어 이중 이름을 예로 제시하고 있다.) 사울은(요세푸스는 이 이름을 사용한 여러 명의 유대인들을 알고 있다) *Scha'ul*의 그리스화된 형태이고, 사도가 그의 유명한 조상이었던 사울 왕과 같은(삼상 9:1) 베냐민 지파였기 때문에(빌 3:5), 그의 이름으로써 적절하다. 사도의 로마식 이름은 바울은 그의 서신들에 나오기 때문에 역사적이다. 이 이름은 동방에서는 드물다.

사도가 구브로에서 로마 총독인 서기오 바울을 만난 이후에야 바울이라는 이름을 추가했다는 견해는 바울의 구브로 선교가 편집적 구성이기 때문에 적절하지 못하다(Dessau 1910; 마찬가지로 비. Meyer III: 197). (편집의 배경에는 현재로서는 증명할 수 없는 한 가치 있는 전승이 숨겨져 있는가? 서기오 바울은 실제 구브로에 속해야할 필연성이 없다.) -바울의 이름에 관하여 372쪽을 참조하라.

바나바와 요한 마가의 동역에 관한 전승은 현재의 문맥에서는 비역사적이지만, 실제 구브로에서 행해졌던 바나바와 요한 마가의 선교에 관한 역사적 사실에 기반하고 있다(비. 15:39). 바나바와 바울의 동역의 역사성에 관해서는 217쪽을 보라.

사도행전 13:13-52

I 목차

- 13-14a: 바보에서 버가를 거쳐 비시디아의 안디옥으로 여행. 요한 마가와 헤어짐
- 14b-15절: 안디옥의 회당에서 바울과 바나바
  - 14b: 안식일에 회당에 들어감
  - 15절: 말할 것을 요청 받음
- 16-41절: 바울의 설교
  - 16a: 주의를 환기시키는 바울의 손짓
  - 16b-25절: 출애굽에서 예수까지의 구원사에 대한 개관
    - 16b: 도입 말
    - 17-22절: 구약의 구원사: 출애굽, 땅 정복, 사무엘, 사울, 다윗
    - 23-25절: 세례 요한
  - 26-31절: 성경 기록의 성취이자 예루살렘 주민들과 지도자들의 잘못에 의한 예수님의 고난과 죽음. 하나님이 하신 일로서의 예수의 부활과 나타나심
  - 32-37절: 성경의 증거
  - 38-41절: 청중에 대한 적용
    - 38-39절: 죄 용서의 선포
    - 40-41절: 유대인 청중에 대한 구원사적 경고
- 42-43절: 유대인과 회심자들 가운데 나타난 설교의 성과
- 44-52절: (그 다음 안식일:) 운집하는 군중과 유대인들의 반발. 바울과 바나바가 이방인들에게로 향함
  - 44절: 도시 전체가 하나님의 말씀을 듣기를 원함
  - 45절: 바울에 대한 유대인들의 시기와 모욕.
  - 46절: 하나님의 말씀에 대한 유대인들의 거부가 바나바와 바울이 이방인에게로 향하는 것을 근거지움
  - 47절: 성경의 증거
  - 48절: 이방인들이 하나님을 찬송함
  - 49절: 소식전파에 관한 보고
  - 50절: 유대인들이 바나바와 바울을 쫓아냄
  - 51절: 상징적인 행동 후 이고니온으로의 여행
  - 52절: (비시디아 안디옥의)제자들이 기쁨과 성령으로 가득 참

13절-14a

13절: 언어적으로 *apochoresas*[떠나다]와 *hypestrepsen*[돌아오다]은 누가적이다. 누가만 사용하는 구인 *hoi peri Paulon*[바울과 동행하는 자들]과 여기에서 암시되고 있는 바울의 우월한 위치에는(바나바는 암묵적으로 바울을 따르는 자로 간주되고 있다) 9절부터 표현되고 있는 바울의 중요성이 반영되고 있다. 요한 마가에 대한 짧은 기록은 (13b)5c와 관련된다. 14a: 언어적으로 *paregenonto*[도착하다]는 누가적이다.

14b-15절

14b: 회당 방문에 관한 기술은 편집적인 연결공식에 근거하고 있다. 15절은 회당 예배에서 토라와 예언서의 강독 후에 설교가 이어질 수 있었다는 올바른 정보를 포함하고 있다. 회당에는 단지 한 명의 회당장만 있었기 때문에, 회당장들이(복수형!) 교훈의 말씀을 요청했다는 본문의 기술은 오류이다(비. Lüdemann 1980: 177 A51이하[Lit.]).

16-41절

비시디아 안디옥에서 행한 바울의 설교는 누가의 이중작품(누가-행전)안에서 예수가 나사렛에서 행한 설교(눅 4:16-30)에 대응된다(비. Wellhausen 1914: 24이하; 보다 자세하게는 비. Radl 1975: 82-100). 이 두 경우 모두 거의 계획적으로 첫 번째 설교가 예수와 바울의 사역의 시작점에 놓여 있다.

이제부터는 확실하게 누가적인 것으로 지칭될 수 있는 것들만을 열거하도록 하겠다(보다 상세한 정보를 위해서는 주석서들과 Busse 1990를 참조하라).

16절: *anastas*[일어나다]와 연설자의 몸짓에 관해서는 12:17; 21:40; 26:1을 참조하라.

17절: *exelexato*[선택하다].

18절: *hos*[부사. 여기서는 '대략'](비. 20절).

23절: 다윗의 자손으로서의 예수에 관해서는(막 1장과 눅 3장의 족보 이외에) 누가복음 1:32이하; 18:38이하; 20:41; 사도행전 2:30을 참조하라(예수가 다윗의 자손임을 보여 주는 바울 이전의 증거로는 롬 1:3을 보라).

24절: *prokeryxantos*[선포하다]와 *eisodou*[오심, 등장]는 사도행전에 단지 한 번씩 만 등장하지만 확실하게 누가에게서 비롯된 것으로 볼 수 있다(누가는 *pro-*를 가진 복합동사를 선호하고 예수와 바울의 사역을 하나의 경주로 간주하고 있음을 상기하라; Lüdemann 1980: 37을 보라). *panti to lao*[모든 백성에게]에 대해서는 누가복음 3:21의(*baptisthenai*) *hapanta ton laon*[모든 백성이 세례를 받다]을 참조하라(마가복음과는 다름).

25절: *dromos*[경주]에 대해서는 20:24를 참조하라. 그 밖에 이 구절은 24b처럼(독자들을 위하여) 누가복음 3:15-20을 참조하고 있다. 누가에게서 세례 요한이 가지고 있는 구속사적 역할에 관해서는 위의 1:22에 대한 설명을 보라.

26절: *andres adelphoi*[형제들아]는 38절에서처럼 새로운 문단을 이끌고 있다. 이를 통해서 저자는 결정적인 순간들을 명시하고 있다: 26절(기독론적인 부분)/38절(청중에게 적용).

27절: "예루살렘 주민"에 관해서 1:19; 2:14를 참조하라; "그들의 지도자들"에 관해서는 3:17; 누가복음 23:35를 보라. 여기에서 무지의 모티브는 3:17을 상기시킨다(3:17에서는 이 모티브가 변명을 목적으로 하지만, 여기에서는 -27절- 고발을 위해 사용되고 있다). 안식일 날의 성경 강독은 누가복음 4:16에 등장한다.

28절: 비. 3:13이하.

29절: 절의 전반부는 누가복음 2:39에 상응하고, 후반부는 무덤에 매장되는 것에 관해 보고하고 있다. 이를 통해서 죽음과 부활 사이의 시간이 채워져서 자연스러운 이야기의 흐름을 이루고 있다(비. 고전 15:4a).

30절: 비. 3:15; 5:30; 10:40.

31절: 이 구절은 사도행전 1장과 연관된다: *hemeras pleious*[여러 날]는 "40일"(1:3)을 받고 있다; *martyres autou*[그의 증인]에 관해서는 1:22를 참조하라.

32절: *euaggelizesthai*[좋은 소식을 전파하다]와 *epaggelia*[약속]는 누가에게서 빈번하게 등장한다. 그 밖에 "조상들에게 주어진 약속"에 관해서는 26:6을 참조하라.

33-35절에 관해서는 아래 단락 III을 보라.

35절: 비. 2:27.

36절: 하나님의 계획에 관해서는 Conzelmann 1977: 141-144와 성구사전 s.v.boule를 참조하라.

36-37절은 2:29-31에 상응된다(여기서 핵심어 *diaphthora*[썩음]에 유의하라).

38절: 언어적으로 *gnostos*[알다]는 누가적이다. 마찬가지로 *andres adelphoi*[형제들]와 (26절에 대한 설명을 보라) *kataggelletai*[선포하다]도 (Conzelmann 1977: 205 이하를 보라) 누가적이다. 핵심어 "죄들에 대한 용서"는 베드로의 설교에 종종 등장한다(2:38; 5:31; 10:43). 38절 이하는 누가가 이후에 밀레도에서 행한 설교(20:18-35)에서 처럼 바울적인 용어를 사용하고 있다는 점에서 주목할 만하다.

> "그러므로 형제들아 너희가 알 것은 이 사람을 힘입어 죄 사함을 너희에게 전하는 이것이며 또 모세의 율법으로 너희가 의롭다 하심을 얻지 못하던 모든 일에도 이 사람을 힘입어 믿는 자마다 의롭다 하심을 얻는 이것이라."

위의 진술이 누가가 바울의 칭의론을 "이해하고" 있었음을 의미하는 것은 아니다. 왜냐하면 믿음에 의한 의는 율법에 의한 의에 명백하게 반대되는 것으로 공식화되지 않기 때문이다(Lindemann 1979: 59 이하 A62). "칭의와 율법에 관한 바울의 가르침을 이전에 알고 있지 않은 사람은 빠르게 스쳐 지나가는 이 암시로부터 이 가르침을 읽어낼 수 없다"(Zeller 1854: 299). 이러한 제한에도 불구하고 다음의 내용은 분명하다: 누가는 사도행전에서 처음으로 행해진 바울의 설교인 38절 이하를 통해서 진정으로 바울적인 것이라는 각인을 심어 주고자 한다. 만일 그가 그의 독자들에게 바울의 선포에 대한 자기 자신의 이해를 보여주고자 했다면, 이 첫 번째 설교는 이를 위해 적절하게 기능한다. (Lindemann 1979의 견해: "13:38 이하에서 처음으로 칭의의 신학자로 소개되고 있다 "[59]는 주장은 지나치다.)

여기서 안디옥에서의 설교와 사도행전의 다른 바울의 설교들과의 관계에 대해서 살펴볼 필요가 있다: 바울은 안디옥에서 출발한 세 번의 중요한 여행에서 매 번 한 번씩의 긴 설교를 행하는데, 첫 번째 여행에서는 유대인들에게(비시디아 안디옥에서의 설교), 두 번째 여행에서는 이방인들에게(행 17장) 그리고 세 번째 여행에서는 그리스도인들에게(행 20장) 설교하고 있다 -이 문제에 관하여는 비. Overbeck 1870: 189.

42-43절

이 구 절은 중복처럼 보인다. 각 절은 시간 규정으로("밖으로 나올 때"/"집회가 끝났을 때") 시작하고 바울의 설교에 대한 청중의 반응을 포함한다(새로운 설교를 요청/바울과 바나바를 따라감). 하지만 일반적인 내용의 42절이 앞서고 43절에서는 이 내용이 구체화되고 있음을 감안할 때 이 단락 전체는 편집적인 것으로 판단될 수 있다:

많은 유대인들과 경건한 "개종자들(*Proselyten*)"이 (이 번역은 불확실함, 아래의 부설을 보라) 선교사들을 따라갔고, 이들에게 선교사들은 은혜 안에 머물러 있기를 권면하였다(*prosmenein te chariti tou theou*[하나님의 은혜에 머물다]는 언어적으로 누가적이다). 유대인들의 이러한 긍정적인 반응은 이후의 상황과 놀랄만한 대조를 이룬다. *polloi ton Ioudaion kai ton sebomenon proselyton*[많은 유대인과 경건한 개종자들]은 바울이 청중들에게 다음과 같이 말을 건네었던 16절 그리고 26절과 명백하게 연관된다: *andres Israelitai kai hoi phoboumenoi ton theon*[이스라엘 사람들과 하나님을 경외하는 사람들아](16절) 그리고 *andres adelphoi*[형제들], *hyioi genous Abraam kai hoi en hymin phoboumenoi ton theon*[아브라함의 후손과 너희 가운데 하나님을 경외하는 사람들아](26절). 도입 말의 첫 번째 부분을 이해하는 데는 아무런 어려움이 없다. 이 부분은 모두 유대인들을 지칭한다. 그런데 *phoboumenoi ton theon*[하나님을 경외하는 사람들](16절+26절)과 *sebomenoi proselytoi*[경건한 개종자들](43절)은 서로 어떤 관계에 놓여 있는가?

부설: 사도행전의 "하나님을 경외하는 자들"과 "개종자들(Proselyten)"에 관하여

(참고문헌은 비. Solin 1983: 618-621; Kraabel 1981; Wilcox 1981; 아직까지 출판되지 않은 아프로디시아스 비문[Aphrodisias-Inschrift]에 관해서는 Kraabel 1981: 125 이하 A26; Meeks 1983: 207 이하 A175의 증거들을 참조하라).

누가는 *phoboumenos ton theon*[하나님을 경외하는 자들] -*sebomenos*[경건한](*ton theon*[하나님을])을 의도적으로 사용하고 있다. 그렇지 않다면 왜 그가 10:2.22.35; 13:16.26에서는 첫 번째 표현을 사용하고 이후에는 두 번째 표현만을 사용하고 있는지를(13:43,50; 16:14; 17:4.17; 18:7) 설명할 수 없다(Cadbury 1927의 평가를 참조하라: *sebomenos*[경건한]는 *phoboumenos*[경외]에 비해 덜 셈적(*semitisch*)이다. 바울이 선교활동을 했던 이방기독교적 환경에서는 *seboemnos*[경건한]가 더 적절하다[225]). -*proselytoi*[개종자들]는 사도행전에서 2:11; 6:5(단수형) 그리고 13:43에서만 등장한다. 누가가 이 개념을 구성에 의도적으로 사용했음은 2:11(유대인들과 개종자들)과 6:5(여기서는 개종자 니골라가 일곱 명의 명단 가장 끝에 나옴)에 나오는 명단의 순서에 의해서도 지지된다. "*Proselyten*[개종자]"이란 표현과 관련하여 연구에서 이를 이해하는데 어려움은 거의 없다. 이 표현은 유대교로 개종한 이방인을 지칭한다. 이 이방인들은 할례(여성에게는 해당되지 않음)와 목욕 그리고 (70년 이전에는) 예루살렘 성전에서의 희생 제사를 통해 공인되었으며, 비록 어느 정도의 제한이 있지만(예를 들면, 개종자들은 사제가 될 수 없었다), (완전한)유대인이 되었다. 이러한 부분적으로 낮은 위치가 사도행전 2:6; 6:5의 순서에 표현되고 있다. "개종자들"이라는 표현이 유대 문학에서 위에 말한 의미의 기술적 용어로 사용되었다면, *sebomeoi*[경건한 자들]/*phoboumenos ton theon*[하나님을 경외하는]에 관해서는 동일한 것을 말할 수 없다. 두 표현들이 그리스 비문들에서는 지금까지 증명되지 않았다는 것과(비. Siegert 1973: 151; Solin 1983: 619; Kraabel 1981: 116) 비문에 나오는 *metuens deum*[하나님을 두려워하다]이 *phoboumenos*[경외하는]/*sebomenos ton theon*[하나님께 경건한]에 대응하는 라틴어 표현인지는 매우 의심스럽다는 사실이 강조되어야만 한다(Siegert 1973: 161을 보라). 따라서 랍비적인 표현 *jere schamajim*[하나님을 두려워하는 자]이 전문적인 것으로 이해되어야 하는가와, 이 표현이 적어도 간접적으로는 "하나님을 경외하는 자"의 전문적인 사용에 관한 바라던 증거를 제공할 수 있는지는 확실하지 않다(적절하게 비. Siegert 1973: 110-119). 결론적으로 확실한 것은 형용사 *sebomenos*[경건한], *phoboumenos*[경외하는] 그리고 *theosebes*[경건한, 요9:31]는 유대인들과 관련될 수 있다는 것이다(비. Solin 1983: 619).

"하나님을 경외하는 자"를 기술용어(terminus technicus)로 보는 가설이 의심스럽다면, 유대교에 관심을 가졌던 이방인들이 종종 이 서술어로 지칭되었을 가능성이 의문시 되어서는 안된다; 비. Josephus, Ant XIV 110: "우리의 성전에 그토록 거대한 부가 있었다는 것에 대해 그렇게 놀랄 필요가 없다. 왜냐하면 매우 오랜 시간 동안 유대인들과 전 세계에서 온 하나님을 경외하는 자들(*panton ton kata ten oikoumenen Ioudaion kai sebomenon ton theon*), 끝으로 아시아와 유럽으로부터 온 자들이 여기에 기여했기 때문이다." 그들은 유대인들이 아니었지만, 스스로 유대 공동체에 매혹되었다고 느꼈고, 회당예배에 참석했으며, 부분적으로 유대인들의 도덕법과 예식법을 받아들였고, 많은 경우들에서 유대 공동체를 지원했다. (Siegert 1973은 하나님을 경외하는 자들[=유대의 종교에 진지한 관심을 가졌던 자들]과 동조자들[=유대의 관습을 모방하거나 정치적으로 유대인들에게 호의를 베풀었던 자들]을 구분하였는데 이 문제는 여기서 깊이 다룰 필요는 없다.) 누가가 회당 주변에서 그들을 바울의 접촉대상자에서 제외하고 있다면, 이는 역사적으로 가능성 있는 판단에 근거하고 있는 것이다. 하지만 개별 보고의 역사적 가치에 관해서는 당연히 개별적으로 결정되어야 한다.

남겨진 하나의 어려운 문제는 43절에 나오는 표현 *sebomenoi proselytoi*[경건한 개종자들]이다. 이에 대해 제시된 몇 개의 해결책은 다음과 같다: 1) 개종자(*Proselyt*)는 이 구절에서 비전문적인 의미를 가진다(비. Siegert 1973: 139). 2) 이것은 누가의 조심성 없는 표현방식이다(Conzelmann 1972: 85). 3) *proselytoi*[개종자들]는 후대의 삽입이다(Conzelmann 1972: 85). 비록 이 제안들 각각은 어느 정도 가능성이 있지만, 나의 견해로는 어느 것도 충분히 만족스럽지 못하다. 아마도 설득력 있는 해결책을 위한 열쇠는 누가가 13:26까지는 *phoboumenos ton theon*[하나님을 경외하는]을 사용한 반면에 그 이후에는 *sebomenos ton theon*[하나님께 경건한]을 선호하고 있으며 43절에서는 처음으로 오직 이 표현만을 사용하고 있다는 사실에서 찾을 수 있을 것이다. 이를 통해서 누가는 그에게 있어서 *phoboumenos ton theon*[하나님을 경외하는]이 *sebomenos proselytos*[경건한 개종자]와 동일하다는 것과, 이것은 다시 *sebomenos ton theon*[하나님께 경건한]과 동일한 의미를 가지고 있다는 사실을 표현하려고 한 것 같다. 이 경우 그는 "개종자"라는 표현에 당시의 유대인들의 언어습관으로 부터 벗어나는 의미를 부여하고 있는 것인데, 이것 자체는 결코 불가능하지는 않다. 하지만 "개종자"가 유일하게 이 구절에서만 사용되고 있다는 사실은 이 제안과 충돌을 일으킨다. 사실 "이 일회적인 구절로부터 일반적인 결론들을 끄집어내는 것은 바람직하지 않다"(Siegert 1973: 139 이하). 이는 편집적 관점에서도 마찬가지이다. 따라서 13:43의 문제는 여전히 미해결인 채 남아 있다.

44–52절

이 절들은 전체적으로 편집적이다. 이 단락은 유대인들이 복음을 거부했고 이 때문에 바울과 바나바는 이방인들에게로 간다는 누가의 구상을 이야기 형식으로 현실화시키고 있다. 44절: *pasa he polis*[모든 도시]라는 표현은 21:30; 19:29을 상기시킨다; *logos tou theou*[하나님의 말씀]는 이 장에서 5.7.44.46절에 나온다. 회당에는 전체 도시를 위한 자리가 부족하다는 사실에 대해 누가는 그다지 주의를 기울이지 않는다. 45절: 이 절은 언

어적으로 편집적이다: *idontes de*[그러나 보았다]+주어와 목적어; *ochloi*[무리](복수형!); *eplesthesan zelou*[시기가 가득하여]에 관하여 비. 5:17(그 밖에 45절에 나타나는 언어적인 면의 누가적인 양상에 관해서는 Radl 1975: 86을 보라). 내용적으로 볼 때 유대인들에 대한 부정적인 기술은 전형적으로 누가적이다(비. 17:5; 16;6 그리고 빈번히). 46절: 유대인들이 설교의 첫 번째 수신자라는 점에 관하여 비. 14:1; 16:13; 17:1.10.17; 18:4.19; 19:8. 누가는 이 절에 이방선교에 대한 자신의 생각을 기록하고 있는데, 이것은 47절에서 성경적 증거를 통해 근거 지워지고 있다: 이사야 49:6은 여기서 선교와 연관되고, 누가복음 2:32에서는 예수와 연관된다. 48절: *echairon*[기뻐하다], *edoxazon*[영광 돌리다], *logon tou theou*[하나님의 말씀]는 언어적으로 누가적이다. 내용적으로 이 절은 46절 이하에 이어지고 있다. 48b의 추가적 설명은("영원한 생명으로 결정된") 누가의 신학에서 예정을 반영하는 것이 아니라, 단지 모든 사람이 믿음에 이르지 않았음을 표현하고 있는 것이다. 49절은 요약적인 성과보고이다. 이런 요약문은 누가에게서는 흔히 선교에 관해 보고하는 장면들의 마지막에 온다. 50절: 도시의 유력한 부인들과 유지들은 하나의 편집적 모티브이다(비. 17:12); 유대인들이 설교자에 대한 박해를 부추기는 것도 마찬가지이다(45절; 17:5 그리고 빈번히). 51절: 유대인들에 대하여 발의 먼지를 떨어버리는 바울과 바나바의 반응은 누가가 이미 Q로부터 누가복음 10:11에 받아들인 예수의 지시에 상응한다(50절과 함께 51절이 언어적으로 누가적인 성격을 가지고 있는 점에 관해서는 비. Radl 1975: 87 이하). 여기서 누가는 편집적으로 설명되어야 할 모순에 휩쓸리고 있는데, 그것은 선교사들이 발의 먼지를 털면서 떠났던 도시에는 이미 하나의 기독교 공동체가 있었다는 사실이다. 52절: 성령과 기쁨에 관한 모티브는 누가적이다. *eplerounto*[충만하다]도 마찬가지.

III 전승

 13-14, 50-51절: 위에서 언급된 여행 경유지들인 버가(13절), 안디옥

(14절) 그리고 이고니온(51절)은 선교사들의 이름인 바나바, 바울과 함께 전승에 속하는 것으로 볼 수 있다. (하지만 바보[6,13절]는 여기에 속하지 않는다; 위의 232쪽 이하를 보라. 이 외에도 누가가 가정하고 있는 것과는 달리, 배를 이용한 바보에서 버가로의 여행은 가능하지 않았다.) 사도행전과는 독립적이며 바울행전(ActPaul)에 포함되어 있는 이고니온과 안디옥에서의 바울의 선교사역에 관한 전승을 참조하라(Hennecke3 II, 227-229. 243-251쪽을 보라). 안디옥에서 벌어진 박해에 관한 50절의 보고도, 비록 편집적으로 의미를 주기는 하지만, 전승에 속하는 것으로 보는 것이 더 적절하다. 왜냐하면 디모데후서 3:11에서 "안디옥과 이고니온 그리고 루스드라에서 내가 겪은 박해들과 나의 고난들"에 관해 언급되고 있기 때문이다. 3:11이 사도행전 13:50과 독립적이라면(이와는 달리 Easton 1947: 딤후 3:11은 기독교 문학에서 사도행전에 대한 첫 번째의 확실한 인용이다 [67]), 두 구절의 근저에는 동일한 전승이 놓여 있다(비. Lüdemann 1980: 153).

34절에 나오는 이사야 55:3의 인용은 매우 단편적이어서 이해하기가 어렵다. 아마도 이 인용은 다음 절의(시 16:10로부터의) 인용과 이미 결합된 채 누가에게 주어졌을 가능성이 있다. 시편 16:10에 관해서는 비. 2:27.

IV 역사성

바나바와 바울의 버가, 안디옥, 이고니온으로의 여행에 관한 전승은 바울 서신들에서 명시적인 지지를 받고 있지 않다. 바울 서신들로부터는 첫 번째 예루살렘 여행 이후에 시리아아 길리기아에서 행해진 사도의 선교 사역만을 읽어 낼 수 있다(갈 1:21). 하지만 이런 사실은 그 선교 사역의 역사성을 배제시킬 만큼 충분하지 못하다. (바울 서신들은 바울의 여행지 전체를 보고하고 있지 않다.) 이보다는 보존된 신뢰할만한 정보들의 결합은 남갈라디아에서의 선교가 역사적이라는 가정을 지지해 주는 것 같다.

근거에 대하여: 무엇보다 바울과 바나바의 동역에 관한 전승은 높은 역사적 신뢰성을 가지고 있다. 비. 갈라디아서 2:11 이하; 고린도전서 9:6. 따라

서 남갈라디아는 시리아와 길리기아로부터 그리스로 가는 도중 위치해 있음을 주의해야 한다. 그러면 그곳에서의 이방인 선교가 시리아와 길리기아에서의 선교와 연결되어 있으며, 바나바와의 협력하에 이루어졌다는 주장이 매우 큰 가능성을 갖게 된다. (안디옥, 이고니온, 루스드라에서 바울이 겪은 고난의 역사성에 관한 질문에 대하여 아래 259쪽 이하의 14:19 이하에 관한 설명을 보라.)

33-35절: 전승의 연대를 조사하기 위한 판단기준이 없다. 여기에 특별하지 않게 다루어진 부활전승처럼(39절 이하 76쪽 2:24에 대한 설명을 보라.) 이 전승은 1세기 그리스 공동체들의 신앙생활을 들여다 볼 수 있도록 해준다.

사도행전 14장

Ⅰ 목차

Ⅱ 편집

1–7절

1a는 누가적인 연결공식을 포함하고 있다. 1b에서 회당에서의 설교가 수많은 유대인들과 그리스인들을 믿음으로 이끌었다는 진술은 18:4과 유사하다("유대인들과 그리스인들" 이라는 공식에 관해서는 비. 19:10.17; 20:21). 2절: 비. 13:45. 3절은 이미 1절에서 그러했던 것처럼 선포의 성과에 관해 보고하는 요약적 기록이다. 이 선포는 바울과 바나바가 행한 표적과 기적하에 실행되었다. 이 절은 언어적으로 그리고 내용적으로 누가적이다. 3b는 거의 문자적으로 동일하게 20:32에서 발견된다; 3c-4절은 5:12의 치유요약문과 밀접한 병행관계에 있다 -비. 19:11. 4절은 지금까지 말해진 것들

을 종합하고 있다: 도시의 군중(1b에 대한 설명을 보라)이 갈라졌다; 일부는 (적대적인) 유대인들 편에 섰고, 다른 일부는 사도들 편에 섰다(비슷한 구성인 "한 편-다른 한편"에 관해서 비. 17:32; 28:24).

적지 않은 주석가들은(마지막으로 특별히 Roloff 1981: 211는 강조하면서) "사도들"(복수형!) 이란 표현을 가지고 자료를 사용했다는 증거로서 이해했다. Roloff는 다음과 같이 쓰고 있다: 4절(그리고 14절)의 결과는 "누가 고유의 언어사용과 근본적으로 모순이 되기 때문에 이 절의 구성이 그에게로부터 유래했다고는 볼 수 없다"(같은 책). 그럼에도 불구하고 이러한 주장이 유일한 가능성은 아니다. 누가는 "사도들"이라는 표현을 알고 있었고 그것을 이 구절에서 넓은 의미로 사용했을 수 있다. "*apostoloi*[사도들]는 우선적으로 예루살렘 공동체의 지도자들이다; *apostoloi*[사도들]는 또한 이방인들 가운데서 복음을 선포하는 자들에 대한 호칭으로 사용되었음도 매우 분명하다. 이 개념이 후에 바울과 연관되어서는 더 이상 사용되지 않는다는 사실은 누가적인 언어사용과 일치한다; 바울은 실제 개별적으로만 등장한다. 그런데 누가는 항상 복수형으로 *apostoloi*[사도들]에 관해 말하고 있다"(Lindemann 1979: 62). 이외에도 기존의 한 자료의 존재를 증명하기 위해 한 표현에 지나친 무게를 부여하는 것은 적절하지 않다. 더구나 그 밖의 모든 것들은 개별적인 표현들에 이르기까지 누가적인 색채를 띠고 있다.

5-7절: 5절 이하에 관해서는 비. 140쪽 단락 Ⅲ. 7절: 완곡한 연결은 전형적으로 누가적이다. 선교에 대한 생각이 이야기적으로 제시되고 있다.

8-10절

불구자의 치료에 관한 이야기는 3:2-8 안에서 최근의 문헌을 통하여 종종 "기적이야기의 평균적인 문체"(Conzelmann 1972: 87)를 통해 설명되는 병행문을 가지고 있다. 하지만 평균적인 문체와 여러 단어적인 접촉들을 어느 정도 다르다. 단어적인 접촉들은 다음과 같다(비. 이미 Baur 1866: 108 이하와 최근에 Schneider 1980: 307 [표]):

1. "태어날 때부터 불구인 한 남자"(8절/3:2).

2. 기적을 행하는 자가 불구자를 "주목한다"(9절/3:4: *atenizein*[주목하다]).

3. 치유된 자가 "벌떡 일어나서 이리저리 걸었다"(10절[병렬연결-Parataxe]/3:8[종속 연결-Hypotaxe]).

4. 이외에도 믿음의 모티브에서 병행이 된다. 사도행전 3장에서 이 모티브는 설명적인 테두리에 나타나는 반면에(16절) 14장에서는 이야기 속에 결합되어 있다(9절).

Schneider 1980: 307는 사도행전 3장/14장의 두 치유들과 누가복음 5:17-26(예수에 의한 중풍병자의 치유) 사이의 평행성을 강조한다. 그렇지만 위의 1-2의 병행이 누가복음 5장에는 나타나지 않음을 주의해야 한다. 따라서 3장과 14장의 특별하게 밀접한 관계는 구별되어 그 자체로 평가되어질 필요가 있다. 하지만 이 때문에 누가에게 "예수의 기적사역과 사도들의 행위들 사이에 평행성과 연속성이 성립한다"(Schneider 1980: 306 이하)는 주장이 거부되어서는 안 된다.

언급된 문자적인 일치들과 베드로의 기적과 바울의 기적 사이에 발견되는 그 밖의 병행(비. Schneider 1980: 304-310)으로부터 다음과 같은 결론 내릴 수 있다:

이 구절에서 불구자의 치유에 관한 일화는 편집적이며(Weiser 1985: 344 이하의 결과들은 저자의 반대되는 주장에도 불구하고 동일한 결론으로 이끈다) 사도행전 3장의 일화에 근거해서 구성되었다 -우선 바울과 베드로를 다시 한 번 병행시키기 위해, 그런 다음 이음새 없이 연결되고 있는 일화와(11-13절) 뒤따르는 이방인 설교(15-17절)가 보여 주듯이 한 분 하나님에 대한 선포를 우상숭배와 대조시켜 강조하기 위하여.

11-13절

이 절들은 전체적으로 누가에게서 비롯되었다. 언어적으로 누가적인 단어들과 표현들은 주로 11절에서만 등장한다: *ochloi*[무리들](복수형; 비. 13

절), *eperan ten phonen*[목소리를 높여], *katebesan*[내려오다]. 이 단락은 앞의 일화에 이음새 없이 연결된다. 바울의 기적행위는 바나바와 바울을 제우스와 헤르메스의 현현으로 보이도록 하는 행동을 야기했다. 루스드라의 주민들이 바나바와 바울을 루가오니아 언어로 신들과 동일시했고 바나바와 바울은 이 언어를 몰랐기 때문에, 그들은 후에서야 이의를 제기할 수 있었다(비. Cadbury 1955: 21 이하). 이것은 누가에게 13절에서 하나의 구체적인 장면을 구성한 이후에 이어서(15-17절에서) 기독교적 설교를 우상 숭배로 부터 더욱 더 결정적으로 강조할 수 있는 기회를 제공한다. 루스드라의 주민들은(제우스와 헤르메스 같은) 헛된 우상들로부터 빠져 나와 살아계신 하나님에 대한 경배로 향해야만 한다.

이제 바울과 바나바를 제우스와 헤르메스로 숭배하고자 했던 주목할만한 개별 상황이 편집의 가정에 어긋나는 것은 아닌지 질문해 볼 수 있다. 우리는 F.C. Baur와 함께 다음과 같은 질문을 던져 보아야 한다: "왜 사도들이 행했던 많은 기적들 가운데 단지 이것만이 그토록 주목할 만한 결과를 가져야만 했는가, 왜 이 신격화 장면이 루스드라에서 일어나야만 했는가, 왜 여기서 백성들은 한 극단에서 다른 극단으로 그토록 빨리 변화해서 그들이 신으로 생각해서 제물을 바치려고 했던 사도들을 그 다음 즉시 안디옥과 이고니온에서 온 유대인들의 교사 하에 돌로 쳐서 도시로부터 쫓아내고 죽은 자처럼 눕게 만들었는가"(1866: 112). 끝으로 이 일화가 Ovid(Met VIII 620-774)에 의해 기술된 전설에서 -이 전설에 따르면 쥬피터/제우스와 메르쿠어/헤르메스가 늙은 부부인 필레몬과 바우키스를 방문한다- 하나의 면 병행을 가진다는 사실도 편집의 가정에 반대되는 것처럼 보인다. 우리는 이 병행을(그리고/또는 이 지역의 비문들에 제우스와 헤르메스가 같이 등장한다는 사실을) 사도행전 보고의 신뢰성을 위한 예(들)로 간주할 수 있을 것이다. 이에 반대하여 Baur는 다음과 같이 이의를 제기한다:

> "이와 같은 전설을 여기에 이야기된 사실의 역사적 진실성을 위한 증거로 받아들이는" 대신에 "문제를 뒤집어서 주장되고 있는 사실이 실제로는 그 오

래된 신화적 사건들의 모방으로 봐야 하는 것은 아닌지 질문할(필요가 있다)"(1866: 114). 그리고 이 질문은 전승 단계가 아니라 편집 단계에서 이루어져야 한다.(Baur와 함께) 누가는 스스로 그 모티브를 가져온 것으로 보이며 이를 통해서 다시 한 번 자기 자신을 문학적으로 숙련된 문필가로 드러낸다. 따라서 이것은 사도행전에서 또 하나의 독서를 통해 획득된 지식이다.

J. Roloff 1981은 Bauernfeind(1980: 182)를 따라서 8-14절이 전승으로 소급한다고 생각했다. 그는 다음과 같이 쓰고 있다:

"전승자료 (8-14절)의 중심에는 바나바라는 인물이 서 있었을 것이다. 그는 백성들에 의해 신들의 아버지인 제우스로 간주되는 중심 인물이며 바울은 12절에서 분명하게 그에게 종속되어 있었다; 비. 14절. (이에 대해 누가가 발견한 설명은 다분히 인위적이다…) 아마도 우리는 이것을 안디옥에서 기원한 바나바-전설과 연관시켜야만 할 것이다. 바나바는 이곳에서 본보기적인 방식으로 이방선교의 전형적인 상황들을 관통하고 있는 위대한 선교사로 묘사되고 있다"(213).

이러한 주장에 반대되는 증거들은 다음과 같다: 바울은 연설을 했기 때문에(!) 헤르메스의 역할이 그에게 적절했고, 그 때문에 제우스로 간주되지 않았다(비. Conzelmann 1972: 88에 의해 인용된 헤르메스를 *hegemon tou logou*[말을 이끄는 자]로 묘사하고 있는 증거들). 바나바의 "우선순위"는 단지 겉보기일뿐이고 독서를 통해 얻은 지식의 삽입에 의해 조건 지워진 것이다 (Weiser 1985: 351에 반대하여; 비. Schneider 1982: 156).

바울을 헤르메스로 해석한 것은 Artapanos의 모세에 관한 일화에서 이집트 제사장들이 모세를 헤르메스로 부른 것과 유비적인 관계에 있다. 유세비우스의 Alexander Polyhistor[17]에 관한 설명에서 Artapanos[18]는 다음과

17) 옮긴이: 기원전 1세기의 그리스 학자.

18) 옮긴이: Artapanos는 기원전 2세기 경의 유대인 문필가로서 알렉산드리아에서 활동했다.

같이 말하고 있다:

"이 모세(Moysos)는 오르페우스의 선생이었다. 성숙한 남자로서 그는 인간들에게 많은 유용한 것들을 선물했다: 그는 배들, 거중기, 이집트의 무기들, 관개 설비, 전쟁 도구들 및 철학을 고안했다; 이외에도 그는 국가를 36개 구역으로 나누고 각 지역에 숭배해야 할 신을 할당했으며 제사장들에게 상형문자를 (가져다 주었다).…그 밖에 그는 제사장들에게 좋은 땅을 나눠 주었다. 그는 이 모든 것을 케네프레스(Chenephres)[19]를 위해 유일한 지배권을 확고히 하기 위해 행하였다. 왜냐하면 이전에 백성들이 통제를 받지 않았을 때 왕들을 즉시 쫓아 내고 또 즉시 새로 세우려고 했다. 심지어 대부분의 경우는 동일한 왕들이었으며 때때로 다른 왕들이었다. 이러한 것들 때문에 모세는 백성들에게 사랑을 받았고 제사장들에 의해 신적인 영광을 받을 가치가 있는 자로 여겨져서 '헤르메스'라고 불렸다, (마지막은)상형문자의 해석(*hermeneia*)때문에"(단편 3:4-6에 대한 Walter 1976: 129 이하의 번역).

두 일화에서는 헤르메스라는 이름이 서로 다르게 해석되고 있다: 모세의 일화에서는 이집트의 문화적 성취를 모세에게 돌리는 것이 모세를 헤르메스와 동일시하는 것과 연관되어 있다. 바울 이야기에서는 헤르메스의 호칭이 바울이 말하는 사람/대표인물이라는 이유로부터 비롯되고 있다. 그럼에도 불구하고 모세 및 바울이 기적을 행하는 자들로 묘사되고 있다는 사실로 부터 두 이야기의 밀접한 연관성이 따라 나온다:

비. Artapanos: "그러나 이집트인들의 왕이 모세의 도착을 알았을 때, 그를 불러서 무슨 목적으로 왔는지를 물었다. 그는 세상의 주가 그에게 유대인들을 해방시킬 것을 명령하셨기 때문에(왔다)고 말했다. 그가 그것을 알게 되었을 때 그를 감옥에 가두었다. 그러나 그날 밤에 모든 감옥의 문들이 저절로 열렸

19) 옮긴이: 이집트의 왕의 이름.

다. 감시병들 중 몇 명은(두려움 때문에) 죽었으며 다른 자들은 잠 때문에 완전히 혼미한 상태였고 그들의 무기는 부서졌다. 그렇게 모세는 감옥으로 부터 나와 왕의 궁전으로 갔다. 궁전의 문들이 열려 있었고 그곳의 경비병들은 잠에 취해있었기 때문에 그는(아무런 방해도 받지 않고) 안으로 들어갔다. 그 때 왕이 일어났다. 왕은 벌어진 사건에 놀라서 모세에게 그를 보낸 신의 이름을 말할 것을 명령했다. 모세는 왕의 귀 쪽으로 몸을 굽혀서 속삭이듯 이름을 말했다; 왕이 그 이름을 들었을 때 그는 한 마디 말도 없이 주저앉았다가 모세의 부축을 받고 다시 제정신으로 되돌아 왔다"(단편 3:22b-24에 대한 Walter 1976: 133 이하의 번역).

사도행전 14장의 바울에 의한 불구자의 치유는 모세의 기적들과 상응한다. 이외에도 비. 사도행전 16:25 이하의 해방기적과의 연관성. 문헌에 관해서는 비. 주석서들 이외에 O'Neil 1970: 145.

결론: 누가는 14장의 바울/헤르메스와 바나바/제우스에 관한 그의 이야기에서 특별한 방식으로 문학적 범례들에 의해 자극을 받아서 이 흥미진진한 이야기를 만들어 냈다. Ovid에 의해 이야기된 저 일화는 루가오니아와 인접한 브루기아에서 벌어졌음을 주목해야 한다. 때문에 누가가 사도행전의 이 위치에 언급된 독서를 통한 지식을 사용한 것은 결코 우연이 아니다. (17:16-34; 19:23-40에서처럼 지방적 특색의 첨가.) -Meeks 1983는 이와 달리 이 장면을 역사적인 것으로 간주한다(15).

14-17절

14절: *diarrhexantes ta himatia*[옷을 찢다]에 관해서는 비. 22:23. 15절: 비. 3:12. 16절: 사도의 인간적 존재에 대한 강조는 비슷하게 10:26에서도 나온다. 그 밖에 단락 전체에 대해서 비. 17:16-34에 대한 결과들.

18절

molis[어렵게]와 *ochloi*[무리](복수형)은 언어적으로 누가적이다. 이 절은 다시금 전제된 상황, 즉 바나바와 바울에게 제물을 바치려는 제사장들의 계획에 연결된다(13절). 설교는 이들로 하여금 그들의 계획을 그만 두도록(더 이상)거의 설득할 수 없었다.

19-20a

이 단락은(14:2 이후에) 유대인들이 다시금 군중들을 부추기고(*peithein*) 있다는 점에서 편집적이다, 비. 14:5. 그들은 함께 바울을 돌로 치고 있는데 이는 실제로 14:5의 의도가 실현되는 것이다. 이런 점에서 이 단락은 14:2를 넘어서 진행하고 있다. 따라서 14:2로부터 14:5를 거쳐서 14:19-20a에 이르기까지 하나의 편집적인 흐름이 형성되어 있다. 우리는 백성들의 생각의 급격한 변동이 적절하게 이해될 수 없다는 것에 대하여 이의를 제기해서는 안 된다. 왜냐하면 바나바와 바울에 대한 숭배뿐 만 아니라(유대인의 사주에 의한) 박해의 모티브도 누가적이기 때문이다. 그럼에도 불구하고 바울을 돌로 쳤다는 보고는 전승으로 소급될 수 있다(그 근거에 관하여 아래 단락 III을 보라).

20b-28절

20b: "이튿날"이란 표현은 편집적이다(비. Schneider 1982: 67 A68). 21절은 압도적으로 누가적인 언어를 보여준다. 선포의 용어에 관하여 비. Conzelmann 1977: 207; 특별히 8:25.40과의 비교는 교육적이다. *matheteuein*[제자가 되다]은 누가의 이중작품(누가-행전)안에서 단지 이곳에서만 등장하지만(신약 내에서는 마 13:52; 27:57; 28:19에 나옴) 누가적인 *hikanoi*[많은], *hypostrephein*[되돌아가다]과 결합되어 있다. 22절: *episterizein*[강하게 하다]은 신약에서 사도행전 14:22; 15:32에만 나오고 두 경우 모두 교회론적인 연관성을 가지고 있다. 전체 절들은 누가의 교회를 지향하면서 그리스도인의 삶을 다루고 있다.

"여기서 그리스도인의 존재(Dasein) 그 자체가 *thlipsis*[환란]로 이해되고 있는 것이 아니며 단지 그 안에서의 어떤 사건들만이(*pollai thlipseis*[많은 환란) 그러할 뿐이다. 여기에는(대략 막 8:31의 *polla pathein*[많은 고난]에 상응하는) 익숙한 표현이 사용되고 있다. 이 표현이 누가에게서 어떠한 종말론적 의미도 가지고 있지 않음은 전체 문맥에서 분명하다(*emmenein te pistei!*[믿음에 머물러 있으라!]). 이에 대응되는 것이 사도행전 20:23에 나오는데 여기서는 말씀이 고백자 바울의 고난을 가리키고 있다"(Conzelmann 1977: 90; 비. 같은 책, 144.219).

23절은 장로들의 임명을 기술하고 있다. 누가는 그의 시대의 교회 구성이 이미 바울 시대에도 유효했다고 소개하고 있다. 24-26절은 누가적인 언어로 쓰여진 여행기록이다(누가가 즐겨 사용한 어휘: *dielthein*[통과하다], *elthein*[오다], *lalein ton logon*[말씀을 전하다], *katabainei*[내려가다]). 물론 이에 근거해서 이 기록의 전승적 성격의 가능성이 부정적으로 판단되지는 않았다. 26절은 13:1-3을 주목하도록 한다. 바나바와 바울은 "그들이 성취했던 사역을 위하여 하나님의 은혜에 부탁했던"(26b) 안디옥으로 되돌아온다. 27절은 다음 장에서 다시 한 번 예루살렘의 논쟁 가운데 언급될 여행의 수확을 요약하고 있다("하나님이 이방인들에게 믿음으로의 길을 여셨다"). 28절은 "누가적인 휴식들(Pausen) 중 하나이다"(Conzelmann 1972: 90).

III 전승

19-20a가 전승을 기반으로 했을 가능성은 매우 높다. 이것의 근거는:

1) 이 구절은 행위로부터 자명하게 구별된다. 2) 18절에서 19절로의 전이와 20a에서 20b로의 전이가 매우 거칠다. 이와 함께 20절에서 "제자들"의 등장은 루스드라에서의 공동체 건립에 관해 이전에 아무런 언급이 없었기 때문에 그에 대한 아무런 동기가 없다(비. Roloff 1981: 214). 3) 바울만 홀로 중심부에 서 있다(바나바는 잊혀졌다). 4) 이 구절은 디모데후서 3:11에(이곳에서도 행 13-14장과 같은 동일한 순서의 경유지를 기술) 병행을 가지고 있다.

위의 전승을 누가는 이미 5절 이하에서 사용했는데 여기서는 바울과 바나바가 돌로 치려는 위협 때문에 이고니온으로 부터 루스드라로 도망친다. 뿐만 아니라 그 이전에 13:50(안디옥으로 부터의 쫓겨남) 에서도 사용되었다. 이 전승은 디모데후서 3:11이 가리키고 있는 것처럼 바울과 결합되어 있으며 세 도시에서(안디옥, 이고니온, 루스드라) 겪었던 그의 고난과 -여기에 추가할 수 있다면- 그를 거의 죽음으로 이끌 뻔 했던 루스드라에서의 돌에 맞는 경험을 보고하고 있었다. 돌로 친 주동자에 관해서는 전승분석의 테두리에서는 분명하게 말할 수 없다(이에 관하여 아래 단락 IV를 보라).

언급된 세 장소에서의 바울의 고난이 전승적인 것으로 밝혀졌다면 여행 경유지인 안디옥, 이고니온 그리고 루스드라도 마찬가지이다. 추가적으로 더베도 루스드라와 밀접하게 연관되어 있기 때문에(14:6; 비. 14:20) 전승된 여행 경유지로 볼 수 있다.

이제 사도행전 14장에 등장하는 나머지 여행 경유지들의 전승적 성격에 관한 질문이 제기된다: 바울과 바나바는 6절에서 이고니온으로 부터 루스드라와 더베 그리고 그 주변 지역으로 여행한다. 그런 다음 21절에서 루스드라, 이고니온, 안디옥으로 되돌아 오며 24절 이하에서는 비시디아와 밤빌리아를 통과하여 버가와 앗달리아로 간다. 여기로 부터 그들은 함께 배를 타고 오론테스 강가의 안디옥으로 되돌아간다.

여기서 -이미 이전의 단락 II에서 분석되었듯이- 안디옥으로의 귀환은 13:1 이하로 소급되며 편집자 누가의 손길을 느낄 수 있는 것에 주목해야 한다. 때문에 이 여행은 전승요소에서 제외된다. 다른 한편 바울과 바나바가 안디옥과(13:14/14:21) 이고니온(13:51/14:21) 그리고 루스드라(14:6/14:21)에(비. 더베[14:6/14:20]을 보라) 두 번 왔다는 진술에서는 처음 볼 때 어떤 편집적 의도도 발견할 수 없는 것처럼 보인다. 하지만 다음을 주의해야 한다: 귀환여행 도중에 여기에서 장로들이 임명되고(23절) 다른 주의사항이 주어진다. 누가적 현재와 연관된 행위들의 이러한 시간적 간격을 통해서 이 행위들에 더욱 더 큰 권위가 주어지고 있다(이 행위들은 선교사들의 특별한 방문에서 기인한다). 이와 같은 이유로 이 장에서는 처음에 언급된 경유지들(안디옥, 이고니온, 루스드라, 더베) 이외에는 바울(그리고 바나바)의 다른 어떤 여행장소에 관한 전승도 인정될 수 없다.

때문에 14장의 전승분석은 13-14장에서 연속적으로 이어지는 자료에 관한 가설을 지지해 주지 않는다.

IV 역사성

더베, 루스드라, 이고니온, 안디옥을 경유한 선교여행은 역사적 사실이다(연대기에 관하여 Lüdemann 1980: 272 이하를 보라). 그 밖의 근거들에 관하여 비. 13:13-52의 분석.

위 19-20a의 전승의 역사적 가치는 높이 평가되어야 한다. 바울은 스스로 고린도후서 11:25에서 -물론 장소에 관한 언급 없이- 돌로 맞은 경험을 전해준다. 사도행전 14:19-20a의 전승은 이 생명을 위협하는 벌이 행해졌던 역사적 장소를 찾는데 도움을 준다. 바울은 -그가 시리아/길리기아(갈 1:21)에서의 사역 후에 남갈라디아의 여러 도시들에서 선교활동을 했던 30년대 중반에- 루스드라에서 이 고난을 당했다. 위의 단락 III에서는 바울을 돌로 쳤던 자들이 유대인이었는지 아니면 이방인이었는지에 관한 질문을 열려진 채로 두었다. 유대인이 이에 대한 주동자라는 근거는 무엇보다 그들이 돌로 치는 형벌을 정규적인 재판과정의 구성부분으로 알고 있었다는 사실이다(비. 위 142쪽 참조). 이 때문에 대부분의 연구에서는 이 질문이 더 이상 언급되지 않으며 이 장면의 역사성이 받아들여지는 한 -흔히 암묵적으로- 14:19 이하에서 돌로 치는 유대인의 형벌이 전제된다(비. Stählin 1980: 195; Marshall 1980: 239). 그럼에도 불구하고 이 제안과 충돌되는 무시 못 할 반대의견들이 있다: 1) 유대인의 돌로 치는 형벌은 도시 바깥에서 이루어진다(비. 행 7:58 -물론 이에 대하여 대하 24:21을[성전의 뜰에서 사가랴를 돌로 침; 비. 대하 10:18] 지적할 수 있다). 2) 유대인이 돌로 치는 것은 하나의 사형 방식이다. (바울을 제외하고는) 누구도 여기서 살아남지 못했다. 3) 돌로 치는 것은 고대의 이방인들에게서 널리 퍼져있는 사형법의 형태이다(비.

Apuleius, Met I 10:1; II 27:4; X 6:3). 4) 바울에 대한 유대인들의 적대는 우리의 본문에서는 누가의 계정에 소급된다. 따라서 우리는 어느 정도의 정당성을 가지고 다음의 가설을 제안할 수 있다: 바울은 루스드라에서 도시의 이방인 주민들의 소요 가운데 "돌에 맞았다." 이러한 행위는 희생자의 죽음을 초래할 수도 있었다; 그러나 여기서 문제시 될 필요가 있었던 것은 돌로 치려는 시도이거나 또는 바울이 돌에 맞았지만 도망칠 수 있었다는 것이다. 어떤 경우든 여기서 제안된 가설의 장점은 이것이 고린도후서 11:25에 의미 있게 연관될 수 있고 동시에 그곳에서 행해진 고유의 진술에 역사적 색채를 부여한다는 것이다.

여기서 사도행전 16:1-5에 대한 분석 결과를 미리 이용한다면 다음과 같이 추가할 수 있다: 루스드라에서 아마도 디모데가 바울에 의해 회심을 했고 동역자가 되었으며 바울은(디모데와 함께) 남갈라디아로부터 나와 북쪽으로 브루기아를 거쳐서 갈라디아 지역으로 갔다(비. 14장과 유전적으로 연관되어 있는 행 16:6). 디모데의 회심은 고린도후서 1:19에 따르면(비. 딤전 1:1; 2:1 이하) 남갈라디아로 향하는 여행 중에 이루어졌을 수 있다(보다 자세한 근거에 관해서는 아래 275쪽을 보라).

위에서 이미 언급된 것처럼 안디옥으로의 귀환은 14:24 이하의 여행 기록과 함께 편집적이다. (아마도 이 구절은 바나바가 혼자서 안디옥을 되돌아 왔다는 역사적 사실을 반역하고 있을 것이다.)

사도행전 15장

I 목차

- 1-3절: 유대 그리스도인들의 할례요구 때문에 바울과 바나바를 안디옥에서 예루살렘으로 보냄. 그들이 페니키아와 사마라아를 거쳐서 여행
- 4-29절: 예루살렘 회의
  - 4절: 예루살렘에서의 영접과 성공적인 이방 선교에 관한(첫 번째) 보고
  - 5절: 바리새파 그리스도인들의 항의: 할례의 필요성
  - 6절: 사도들과 장로들의 모임
  - 7-11절: 베드로의 연설
  - 12절: 바울과 바나바의 보고에 관한 요약적 기록
  - 13-21절: 야고보의 연설
  - 22-29절: 바울과 바나바를 유다 바사바와 실라와 함께 편지를 가지고 안디옥으로 가게 함
    - 22절: 공동체의 결정
    - 23-29절: 편지의 문자적 내용
- 30-35절: 바울과 바나바가 실라와 유다와 함께 예루살렘에서 안디옥으로 돌아옴
  - 30절: 안디옥에서 편지의 전달
  - 31절: 편지를 읽은 자들의 기쁨
  - 32-33절: 안디옥에서 유다와 실라의 사역과 그들의 예루살렘에로의 재파견 (34절은 본래의 본문에 속하지 않는다)
  - 35절: 안디옥에서 바울과 바나바의 사역
- 36-41절: 요한 마가 때문에 바나바와 바울이 갈라섬
  - 36절: 바나바가 이전에 설립된 공동체들을 방문할 것을 제안
  - 37절: 요한 마가를 동반하고자 하는 바나바의 희망
  - 38절: 마가가 그들을 밤빌리아에서 떠났기 때문에 바울이 이 희망을 거부함
  - 39a: 바나바와 바울의 충돌
  - 39b-41절: 바나바가 요한 마가를 데리고 구브로로 가고 바울은 실라와 함께 시리아와 길리기아로 감

II 편집

1-3절

이 단락은 누가적 언어로 각인되어 있다: 1절: *katelthontes*[내려오

다], *adelphous*[형제들을], *ethei*[풍습]. 2절: *ouk oligos*[적지 않은](비. Radl 1975: 433), *zetematos*[다툼]. 3절: *men oun*[이제], *dierchonto*[통과하다], *ekdiegoumenoi*[자세히 말하다], *charan*[기쁨]. 추가적으로 주목할 만한 것은 1-3절의 표현들은 직접적인 문맥에서 앞과 뒤로 상응하는 표현들을 가지고 있다는 점이다: 1절: "너희가 모세의 율법에 따라 할례를 받지 않는다면"은 5절에서 "그들에게 할례를 주고 모세의 율법을 지키도록 명해야만 한다"(비. 24절)에 상응한다. 2절: "분열과 다툼(*zeteseous*)이 생겼을 때"는 7절: "한 심각한 다툼(*zeteseos*)에 이르렀을 때"와 일치한다; "이 논쟁(*zetematos*) 때문에 예루살렘의 사도들과 장로들에게"라는 표현은 6절: "사도들과 장로들이 이 문제(*logou*)를 살피려고"(모였다)에 대응된다. 내용적으로 1-3절에서는 뒤에서 "해결되어야 할" 문제가 제시되고 있다.

4-29절

4절: *paragenomenoi*[도착하다], *paredechthesan*[영접받다] 그리고 *ekklesias*[교회]는 언어적으로 편집적이다. 문맥 속에 결합은 4절의 누가적인 기원을 확실하게 해 준다: "교회와 사도들과 장로들로 부터"(4절)를 22절: "사도들과 장로들이 전체 교회와 함께"와 비교하라; "그리고 그들은 하나님이 그들과 함께 하신 것을 이야기했다"(4절)는 14:27("그들은 하나님이 그들과 함께 하셨던 것을 이야기했다")을 받아들이고 있으며 15:12와 유사하게 보인다. 5절: *haireseos*[분파, 당]와 *pepisteukotes*[믿음을 갖다]는 언어적으로 누가적이다. 이 절은 바나바와 바울이 안디옥으로부터 예루살렘으로 보내진 이유였던 할례의 요구를 반복하고 있다. 이 요구는 다시 한 번 예루살렘에서 바리새파 그리스도인들에 의해 주장되고 있다. *autous*[그들](5b)는 공중에 떠 있으며 만일 구태여 연관단어를 찾기를 원한다면 2절의 바울의 동반자와 관련된다(비. Zuntz 1972: 242). 하지만 이러한 정보는 억지스럽다(2절은 비교적 멀리 떨어져 있다). 누가는 그보다는(1절 이후에) 이어서 다루어질 문제를 일반적으로 기술하고자 한다(5절의 열려진 성격에 관해서는 비. Wellhausen 1914: 26 이하). 6절의 사도들과 장로들의 모임은 이어지는 연설과 바울과 바나바의 보고에 대한 틀(Rahmen)을 제공한다. 주의해야만 하는 것은 -사도행전에서 흔하듯이- 예루살렘 교회의 구성에 관한 누가적 개념이 보여지고 있다는 점이다. (Roloff는 주목할 만한 방식으로 예루살렘 초대공동체의 구성에 관한 누가의 기술을 "확고한 역사적 정보"로 간주한다 [1981: 224].)

우리는 6절에서 -누가의 관점으로- 좁은 범위의 모임을 생각해서는 안 된다. 6절과 동일한 청중을 전제하고 있는 12절에서는 *plethos*[군중]에 관해 언급되고 있기 때문이다. 7a는 베드로의 이어지는 연설(7b-11절)을 위한 누가적 도입구이다. 7b-9절은 사도행전 10장과 11장에서 서사적으로 행해진 것을 요약하고 있다. 7b는 고넬료 사건이 오래 전에 일어났다는 인상을 준다(*aph'hemeron archaion*[오래 전부터]). 8절은 독자들이 고넬료라는 인물에게서 이방인에게 성령이 부어진 것를 기억나도록 만든다. 9절은 10:9-16의 환상을 평가하고 있다. 10-11절은 협의되어야 할 논쟁의 질문을 위해 다시 한 번 현재화된 고넬료 일화로부터 결론을 이끌어 내고 있다. 누가는 11절을("우리는 주 예수 그리스도의 은혜를 통해서 구원을 받는다고 믿는다") 13:38 이하에서 그랬던 것처럼 바울화 시키고 있다. 12절은 문맥(14:27)을 지시하고 있기 때문에 편집적이다. *plethos*[군중]라는 진술과 "사도들, 장로들"(6절) 사이의 긴장은 비록 하나의 전승적인 원본의 존재가 전적으로 배제될 수는 없다고 할지라도, 전승보다는 누가의 조심성 없는 이야기 방식에서 기인하는 것으로 볼 수 있다(Dibelius 1951: 86 A1). 13절은 야고보의 연설을 위한 도입구이다(*sigesai*[침묵하다]는 *esigesen*[조용해지다, 12절]에 연결된다). 14절은 의도적으로 고풍스럽게 표현되었다("시몬"은 "베드로"를 의미한다). 야고보는 바로 전에 행해진 베드로의 연설을 지적하면서 그 자신을 간접적으로 고넬료 일화와 연관시킨다. *ex ethnon laon*[이방인들로부터 백성을](비. J. Dupont, NTS 31. 1985, 321-335)도 마찬가지로 베드로의 설교를 가리킨다. 이 뿐만 아니라 이 표현은 16-18절을 앞서서 암시하며 여기에서 자신의 실현을 획득한다(바로 아래를 보라). 15절은 16-18절에 대한 도입부이다: 이 절들은 70인역의 인용이다(마소라 본문[MT]는 보편적이 아니다). 이 인용은 이방 그리스도인들이 모세의 율법을 지켜야만 하는지에 관한 질문의 맥락에 완전하게 어울리지는 않는다. 그럼에도 누가는 그것이 자신의 교회론과 일치하기 때문에 매우 환영했었음이 틀림없다. 새 *laos*[백성]는 유대인(16절)과 이방인(17절)으로 구성된다. 17a를 통해서 이스라엘의 회복과 이방선교가 인과적으로 연결된다(*hopos an*[위하여]).

"하나가 다른 하나를 야기시킨다. 이스라엘의 바로 섬은 이방인들을 수확으로 거두는 것은 목적으로 한다. 누가의 의미에서는 다음과 같이 표현될 수 있다: 이방인들이 하나님의 백성의 공동체 안에 받아 들여지기 위해서는 참된 이스라엘이 먼저 이루어져야 한다. 그것은 다음을 의미한다: 단지 한 *laos*[백성]만이 있다. 이 백성은 오순절 후에 유대인들로 부터 모아진 *laos*[백성]이면서 동시에 이후에 이방인들로 부터 온 *laos*[백성]이다"(Lohfink 1975b: 59 이하).

19절은 우선 이방인들을 받아들이는데 대한 일반적인 승인으로 진행되는 것처럼 보이지만 20절에서 승인을 사도적 명령의 "조건"을 통해 제한시키고(이에 대하여 아래 단락 III을 보라) 21절에서 이에 대한 근거를 다음과 같이 제시한다: "왜냐하면 예로부터 모세는 도시마다 그의 선포자를 두어 안식일마다 회당에서 읽도록 했기 때문이다." 이것은 다음을 의미한다: 사도칙령이 "필요한데 그것은 세계 어디서나 모세를 따르는 유대인들과 방금 전에 다루어진 논쟁이 있기 때문이다"(Schille 1982: 322). 22-29절은 전체적으로 누가적이다: 22절: *edoxe*[결정하다]+여격 구문에 관하여 비. 누가복음 1:3과 25절. 23-29절의 편지는 내용적으로 20절의 명령을 재도입하고 있으며 문장구조와 관련하여 누가의 서론 누가복음 1:1-4를 떠올리게 한다(이에 관하여 비. Harnack 1906: 153-156; 편지의 누가적인 언어에 관해서도 역시 같은 책을 보라).

30-35절

이 단락은 언어적으로 누가적이다; 비. 30절: *men oun*[이제], *apolythetes*[이별하다], *katelthon*[내려가다], *synagagontes*[모으다],

plethos[군중]. 31절: *echaresan*[기뻐하다], *paraklesei*[위로]. 32절: *epesterixan*[권면하다], *kai autoi*[그리고 그들 역시]. 33절: *apelythesan*[떠나게하다], *aposteilantes*[전송], *chronon*[시간]. 35절: *dietribon*[머무르다], *euaggelizomenoi*[전파하다], *logon tou kyriou*[주의 말씀]. 유다와 실라가 예언자라는 진술(32절)은 바울과 바나바가 안디옥에서 사역했다는 기록과 마찬가지로 13:1을 연상시킨다.

36-41절

이 단락은 바울과 바울의 갈라섬을 보고하고 있다. 이 갈라섬은 이 시점에서 필요한데, 이제부터는 바울의 선교에 안디옥 공동체의 대변자를 위한 자리가 더 이상 없기 때문이다. 이 일화는 적절하게 전개되고 있고 이 별은(앞선 장에서 이미 준비되었듯이) 잘 근거지워지고 있다. 갈등은 요한 마가를 두고 벌어지는데 그는 밤빌리아에서의 선교여행 중에 바울과 바나바에게 등을 돌렸었다(13:13). 이 단락의 편집적 성격을 제기하는 가설은 누가적 언어에 대한 관찰에 의해 지지된다: 36절: *eipen pros*[~에게 말하다], *kateggeilamen*[선포하다], *kata polin*[도시로], *logon tou kyriou*[주의 말씀을]. 37절: *kaloumenon*. 39절: *apochoristhenai*. 40절: *paradotheis te chariti tou theou*[하나님의 은혜에 맡기다] (14:26), *adelphon*[형제]. 41절: *dierchet o*[통과하다], *episterizon*[견고하게하다]. 이외에도 -바나바가 아닌- 바울이 안디옥의 형제들과 작별하고 있다는 점이(40절) 편집의 가능성을 높인다. 40절의 실라에 관한 기록은 만일 실라가 유다 바사바의 동행자와 동일한 인물이라고 한다면(22.27.31절 이하) 어려운 문제를 야기한다. 왜냐하면 실라는 예루살렘으로 되돌아갔고 그 때문에 40절에서처럼 바울의 동반자가 될 수 없다. 이 문제는 실라를 22.27.31절 이하에서는 편집적으로 보고 40절에서는 전승적으로 본다면 해결될 수 있다(비. Weiser 1984: 152). 다른 설명가능성: 누가의 부주의가 존재할 수 있다(이에 대하여 비. Harnack 1908: 159-198).

10장과 11장에 대한 편집사 분석은 다음과 같은 결과를 이끌었다: 베드로에게 주어진 하나님의 계시를 통해서 이방인도 지금부터는 어떤 제한도 없이 하나님의 백성의 합법적인 일부라는 하나님의 뜻이 알려졌다. 이러한 하나님의 뜻은 15장에서 유요한 것으로 전제되고 있다-작은 제한 하에: 이방인은 사도칙령의 요구를 지켜야 한다.- 15장은 안디옥의 위임에 의해 행해진 선교로 부터 바울의 독립적인 선교로의 변환이 일어나는 돌림판이다. 이 선교는 본격적으로 시작되기 이전에 예루살렘 교회에 의해 -구속사적 이유에 근거해서- 합법화가 이루어지고 있다.

III 전승

위에서 증명된 누가의 전체적인 개작 때문에 15장에서 하나의 연속되는 자료를 분리해내는 것은 가망이 없어 보인다. 다른 한편으로 누가가 15장을(구전 혹은 문서) 전승들에 기반하여 구성했다는 것도 거부되어서는 안된다. 이것은 누가에게 이미 이러한 모음의 형태로 전해졌을 16-18절의 인용들 뿐만 아니라 -이 인용들은 문맥과 긴장관계를 이루고 있다(위 262쪽과 Weiser 1985: 373 [Lit.]을 보라)- 예루살렘 회의에 대해서도 유효하다.

이와 달리 M. Dibelius: 회의에 관한 보고는 전승에서 비롯되지 않았다; 누가는 단지 "안디옥에서 이방 그리스도인의 할례에 관련된 갈등이 발생했다는 것과 이것이 예루살렘에 전해졌음을"(1951: 88) 알고 있었다. 이것에 근거해서 그는 15장을 작성하였고 "공의회"의 끝부분에는 전승으로 소급되지만 예루살렘 회의와는 아무런 관련이 없는 사도칙령을 배치했다. "여기서 그는 고대 역사가들의 경향, 즉 자신의 기술에 실제이던지 아니면 가공이던지 상관없이 원 자료를 글자 그대로 병합시키는 방식을 따르고 있다"(1951: 88 이하). 하지만 이러한 시각은 지나치게 편파적이다. Dibelius도 그 전승적인 기초에 의문을 제기하지 않은 1-3절을 제외하고도 15장에는 예루살렘 회의에 관한 전승들이 문학적 개작을 거친 후 포함되어 있을 수 있다. 무엇보다 갈라디아서 2장으로부터 재구성된 진행과정은 이 가정의 정당성을 지지해 준다. 만일 누가가 목격자가 아니었고 사도행전 15장이 예루살렘 회의에 관한 바울의 보고와 몇몇 부분에서 일치하고 있다면(참가자, 합의, 할례에 관한 질문 등을 보라), 이와 같은 일치점들은 전승 이외의 무엇으로부터 비롯되었는가? 따라서 몇몇 보고들의 구체성은 전승적인 기반을 지지해 준다: 사람 이름(바울, 바나바, 베드로, 야고보, 유다, 실라), 문제의 묘사, 끝으로 칙령을 통해 열려진 "해결".

만일 이 설명들을 통해서 15장에 대한 전승적인 기반의 개연성이 증명되었고 동시에 이 본문에서 전승의 재구성을 위한 두 개의 판단기준(구체성과 -더 중요한 것으로는- 갈 2장으로 부터 재구성된 예루살렘 회의의 진행과정과의 일치)이 언급되었다면, 다시 한 번 전승요소들만 분리될 수 있음이 강조되어야만 한다. 내 견해로는 다음 사항들은 분명하다:

1. 바나바와 바울은 함께 예루살렘에 간다(안디옥과의 연결은 누가적인 틀에 속한다.)

2. 예루살렘에서는 그곳의 유대 그리스도인들과 바울과 바나바 사이에 이방선교에 관한 협상이 이루어진다.

3. 모임은 공동체의 수준에서(12절) 그리고 사도들의 범위에서(6절) 개최된다. 누가는 둘을 서로 섞고 있지만 다양한 단체들 앞에서 행해진 협상이 인지될 수 있다.

4. 예루살렘과(5절) 안디옥의(1절) 한 무리는 이방 그리스도인들의 할례를 요구한다.

5. 이방선교는 근본적으로 허락된다(10절 이하, 19절).

6. 시리아-길리기아 지방에 거주하는 이방 그리스도인들에게는 사도칙령의 요구들에 대한 준수의 의무가 부과된다. (Kodex D의 독법은 이차적이다.) 이와 관련하여 수신자의 구체성에 주목해야 한다.

7. 유다 바사바는 아마도 안디옥에 파견된 사절의 일원이었을 것이다. 그와 실라의 연결은 누가에게 소급된다(위 265쪽의 15:40에 대한 설명을 보라). 바나바가 이 사절에 속했는지에 관해서는 아래 단락 IV를 보라.

36-41절

전승요소는 바울과 바나바의 갈라섬(39절), 실라를 동반한 바울의 시리아와 길리기아로의 여행(41절; 비. 갈 1:21) 그리고 구브로에서의 바나바와 마가의 사역(39절; 비. 13:4.13)이다.

IV 역사성

핵심용어인 이방선교에 대한 구약 인용들의 모음(16-18절)은 누가 교회 주변의 그리스어를 사용하는 공동체로부터 기원했다. 그곳에서 이 모음은 기존에 행해지던 관례를 확고히 하려는 목적을 가지고 있었다. 연대와 지리적 위치에 관한 보다 자세한 기술은 불가능하다.

예루살렘 회의에 속하는 전승요소들은 여러 가지 면에서 갈라디아서 2:1-10의 기술과 일치하기 때문에 이 전승요소들과 바울의 보고는 하나이자 동일한 사건, 즉 예루살렘 회의와 연계 된다. 2:1-10과 언급된 전승요소들은 다음과 같은 일치를 보인다:

1. 바나바와 바울이 함께 예루살렘으로 간다(행 15:2/갈 2:1).

2. 그들은 이방선교를 내용으로하는 회의에 참석한다(행 15:12/갈 2:1.9).

3. 회의는 공동체 안에서(갈 2:2a/행 15:12)와 좀 더 작은 규모의 모임에서(갈 2:2b.7/행 15.6) 진행된다. 작은 규모의 모임에 관련하여 바울은 유명한 자들(갈 2:9)에 관해 말하고, 사도행전 15:6의 전승은 사도들에 관해 말한다.

4. 한 무리는 이방 그리스도인들의 할례를 요구한다(갈 2:4 이하: "거짓 형제들"/ 행 15:5: "그리스도적 바리새인").

5. 회의의 동기는 회의에서 제기된 것들과 유사한 요구들이었다(비. Lüdemann 1980: 86-105).

6. 두 보고들에 따르면 이방선교는 회의에서 완전하게 인정되었다(행 15:10 이하 19/ 갈 2:9).

7. 바울의 보고에서는 사도칙령에 관해 아무것도 들을 수 없다. 그럼에도 불구하고 사도칙령이나 혹은 이와 유사한 규정이 바울의 진술에서 다

음 문장 안에 암시되었을 가능성이 있다: "유명한 자들은 나에게 아무것도 추가적으로 부과하지 않았다"(갈 2:6d). 칙령(또는 그와 유사한 형태)은 바나바를 회의에 파견했고 대부분 혼합된 상태였던 안디옥의 공동체에게 부과되었을 수 있다. 하지만 압도적으로 이방 그리스도인들이 많았던 바울의 공동체들은 이에 대한 책임을 지지 않았다(여기에 제기된 질문에 대하여 비. Lüdemann 1980: 86-101). 만일 바나바가 회의 후에 다시 안디옥으로 여행한 것이 확실하다면, 그는 아마도 유다와 함께 혼합된 공동체들을 위한 규정을 그곳 공동체로 가져왔을 것이다.

전체적으로 볼 때 사도행전 15:1-35의 근저에 놓여 있는 전승요소들은 높은 역사적 신뢰성을 가지고 있다고 판단할 수 있다.

사도행전 15장은 비교적 자주 예루살렘 회의에 관한 신뢰할 만한 보고로 간주되기 때문에 여기서는(갈 2장과 행 15장에 포함된 전승들을 근거로 하여 재구성이 가능한 한) 누가의 기술과 실제로 발생했던 것 사이의 차이점을 제시하고자 한다:

1. 바울은(갈 2장의 보고와는 달리) 안디옥에 의해서 대표로서 예루살렘에 보내졌고 회의에서는 바나바와 마찬가지로 단지 보조적인 역할을 하는데 그쳤다.

2. 누가는 바울의 선교가 시작되기 이전에(행 13-14장은 모범이 되는 여행이다) 이를 정당화하기 위해서 회의를 앞으로 옮긴다. (이것은 누가가 회의가 개최된 실제의 시각을 알고 있었음을 의미하지는 않는다. 하지만 그는 바울 선교의 중간에, 대략 행 18:22의 시점에서 "공의회"에 관해 보고할 수는 없었을 것이다.)

3. 누가는 교회의 일치에 대한 관심 때문에 갈등들을 거의 인식할 수 없을 정도로 은폐한다. 이에 따라 그는 여기에서(그리고 사도행전 전체에서) 이방 그리스도인이었으며 회의에서 할례가 요구되었던 디도를 숨기고 있다. 또한 그는 헌금의 약정을 회의에 관한 보고로부터(그리고 후에 행 21장에서는 바울의 마지막 예루살렘 여행에 관한 이야기로부터) 제거하고 있는데 그 이유는 바울이 일치의 상징으로 이해했던 헌금으로 인해(비. 롬 15:27) 교회 분열의 위험이 분명해졌기 때문이었을 것이다. 대신에 그는 헌금을 11:27 이후로

옮기고 있다.

4. 누가는 다툼이 예루살렘 회의를 통해 끝났다는 인상을 준다. 바울서신들은 다른 말을 하고 있다(비. Lüdemann 1983: 103-165).

> "사도행전은 거룩한 기름으로 격랑을 잔잔케 하고 있다; 바울은 이것이 인간적인 접근임을 알게 해준다. 그에게 있어서 초기시대는 거룩한 역사(historia sacra)의 중심에 있는 것처럼 보이지 않는다. 그는 야고보와 베드로 같은 남자들에 대하여 꽤나 아이러니한 어조를 낸다. -깨달아야만 할 점은 다툼이 사도행전에서 볼 수 있는 것처럼 사도적인 결정에 의해 해결되거나 끝난 것이 아니라 오랫동안 지속되었다는 것이다"(Wellhausen 1914: 29 이하).

36-41절

이 전승과 안디옥 사건(갈 2:11 이하)의 연관관계는 증명될 수 없지만, 전승요소들은 바울이 안디옥 공동체로부터 분리되는 역사적 정황을 잘 반영하고 있다. 그밖에도 우리에게는 더 이상 알려지지 않은 객관적인 대립이 편집적 수준에서 개인적인 것으로 옮겨졌고 안디옥 사건에서 대적자는 바나바의 사람들이 아닌 야고보의 사람들이다. 40절 이하는 역사적으로 게바 방문이후에 시리아와 길리기아로 떠난 바울의 여행에서 비롯되었다(비. Lüdemann 1980: 170). 바울의 동반자인 실바누스(Silvanus)에 관한 전승의 진술을 적절한 것으로 보는 것은 매력적이다(비. 살전 1:1). (실라와 실바누스의 동일성에 관해서는 Bauer 1963: 1487을 보라.) 바울은 실바누스를 게바 방문시 알게 되었을 것이다.

바나바와 마가에 관한 기술에 대하여 위 268쪽을 보라.

사도행전 16:1-5

I 목차

- 1a: 더베로 부터 루스드라로의 여행
- 1b-3절: 디모데의 할례와 동반
- 4절: 그곳의 공동체에게 사도회의의 결정사항을 전수함
- 5절: 공동체의 성장과 부흥

II 편집

1a

더베와 루스드라로의 바울의 여행은 사도행전 14:6 이하. 20절 이하에 대한 누가적 중복이다(비. Schwartz 1963: 134 이하 그리고 이어서 Wellhausen 1914: 31). 누가는 예루살렘 회의 이후에 다시 한 번 이 도시들로의 바울의 여행을 이야기한다. 그 이유는 사도의 독립적인 선교의 시작에서 누가는 바울의 동반자였던 디모데에 관해 보고하고자 했기 때문이다(아마도 여기에는 바울의 독립적인 선교에서 차지하는 디모데의 중요성에 대한 지식이 숨어있을 것이다.)

1b-3절

이 단락은 언어적으로 누가적 색체를 띠고 있다: 1b: *kai idou*[그리고 보라], *onomati*[이름을 가진]. 2절: 관계대명사를 통한 문장연결, *emartyreito*[좋은 증거, 칭찬](비. 6:3[7명의 헬라파 그리스도인에 관하여]; 22:3[아나니아에 관하여]). 디모데의 할례에 대한 누가적 근거는 3절에 명시적으로 주어진다: 바울은 그 지역의 유대인들 때문에 디모데에게 할례를 주었다; 다시 말하자면 그들은 그의 아버지가 그리스인인 것을 알고 있었다. 할례는 바울이 디모데와 함께 유대인들 가운데서 선교활동을 하기 원했고 또 이들이 디모데의 아버지가 이방인임을 알고 있었기 때문에 행해졌다. 누가

적 바울은 유대인들을 대상으로 한 선교에서는 오직 유대인 동역자만 가질 수 있었기 때문에(비. Conzelmann 1972: 97; 마찬가지로 이미 Wendt 1913: 241도 누가적 이해를 바울의 이해와 동일한 것으로 간주한다), 그는 그의 동역자를 할례를 통해서 유대인으로 만들어야만 했다.

Schmithals 1982는 이러한 설명에 이의를 제기하면서 사도행전에서 디모데는 결코 바울과 함께 회당에 등장하지 않는다고 말한다(145). 그렇지만 이것은 누가적 연결구성(Anknüpfungsschema)에서 아무것도 변화시키지 않는다. 이 밖에도 (바나바를 제외하고는)바울의 어떤 동반자도 회당에 바울과 함께 등장하지 않는다. 할례에 대한 질문은 사도행전 21:21 때문에 간접적으로 갈등의 원인을 제공한다(Schmithas에 반대하여, 같은 책). 그러나 Schmithals가 디모데의 할례에 관한 진술이 전승에 기반하고 있고 역사적이라고 본 점에 있어서는 옳다(아래 단락 IV를 보라). -위의 설명에 반대하는 Schille 1983: 333의 항의를 나로서는 완전히 이해할 수 없으며(비. 그의 판결: "혹은 누가에게 그의 연결구성은 불행이 되었는가? 그렇다면 우리의 절은 누가가 대상을 숙고하지 않았다는 증거가 될 수 있다!" [같은 책]), 그 자신의 주장("누가의 생각에 따르면 바울은 디모데가 유대인들의 눈에 완전한 가치를 가진 것으로 보이도록 디모데에게서 결핍된 것을 채워주고 있다" [같은 책])은 그에 의해 거부된 관점의 변종에 불과하다.

누가는 이로써 사도행전 15장에서 (베드로와 야고보를 통해)결정된 이방 그리스도인들의 할례로부터의 자유에 관한 진술을 제한하고 있다-적어도 바울의 선교가 유대인들 가운데서 이루어지고 있는 이 시점에서. 이를 통해서 처음부터 바울에 대한 공격들(비. 21:21)이 거절되고 있다. (물론 이 제한은 순전히 이론적이다. 왜냐하면 누가의 교회는 어떤 유대인 선교도 행하고 있지 않기 때문이다 [아래 407쪽 이하를 보라].)

4절

 이 절은 예루살렘 회의에 관한 보고를 다시 언급한다. 이 절은 회의의 결정들이 교회의 연속성에 대한 관심에서 실행되었음을 보여준다. 이 절에서 주의해야만 할 것은 사도칙령이 예루살렘 회의 이전에 세워진 공동체들에게 주어진다는 것만이 말해지고 있다는 점이다. 1절에는 더베와 루스드라가 명백하게 언급되고 있다. 우리는 저자의 관점에서 바울이 방문했던 *poleis*[도시들]에 포함되는 비시디아의 안디옥과 이고니온을 추가할 수 있을 것이다(비. 또한 15:23: 안디옥과 시리아/길리기아의 그리스도인들이 칙령의 수신자들임). 누가는 후에 예루살렘 회의 이후에 세워진 공동체들이 사도칙령을 받았다는 것에 관해 더 이상 보고하고 있지 않다. 그것은 -누가 공동체에게는 현실적 의미가 없는- 단지 하나의 구원사적 기능만을 가지고 있을 뿐이다.

5절

이 절은 6:7과 9:31 이후에 오는 짧은 요약이며 이 두 구절을 가리키고 있다.

III 전승

1a

여행 경유지인 더베와 루스드라는 전승적인 것으로 보인다. 하지만 이들이 행 14장에 언급된 것들과 유전적으로 연관되어 있다는 제한이 여기에 추가되어야 한다. 즉 누가는 이것을 중복시켰다(위 단락 II을 보라).

1b-3절

디모데에 관한 이야기 역시 전승에 기인할 수 있다(실라라는 인물은 잊혀졌다; 하지만 실라는 후에 16:19에서 등장하며 디모데는 17:14 이하에서 갑자기 다시 나올 때까지 나타나지 않는다). 다음과 같은 요소들을 전승에 돌릴 수 있다: 디모데가 루스드라 출신이라는 것(2절), 그가 혼합결혼(유대인 어머니, 이방인 아버지)에서 태어났다는 것과 바울이 그리스도인 디모데를 알고 있었다는 것. (딤전 1:5와 3:15는 디모데의 개인전승들이 회람되었다는 사실을 증거한다.)

아마도 바울에 의한 디모데의 할례에 관한 보고도 전승에 속한다. 이것은 디모데가 한 유대 여자의 아들이었다는 증거를 통해서 증명될 수 있다. 랍비의 법은 아이의 신분을 아버지를 따라 결정하는 것이 원칙이지만 혼합결혼의 경우에는 어머니를 따라 결정한다: 비. MKid 3:12 (Schiffman의 주석 1918: 117 이하와 Cohen 1986: 367쪽 이하를 보라).

> 비. 역시 MBik 1:4: "다음과 같은 자들은 고백문을 읽지 않고(아마도 첫 수확을) 바친다: 개종자는 '우리의 부모에게 우리를 주겠다고 맹세한 당신이 누구인지' 말할 수 없기 때문에 읽지 않고 바친다. 그러나 그의 어머니가 이스라엘 사람이라면 그는 바치고 읽는다. 만일 그러한 자가 혼자서 기도할 때 그는 '이스라엘의 조상의 하나님'이라고 말해야 하며 회당에서는 '당신들의 조상들의 하나님'이라고 말해야 한다. 그러나 그의 어머니가 이스라엘 사람이라면 그는 이렇게 말한다: '우리 조상의 하나님'"(A. Sammter의 번역, Mischnajot Teil I, Basel3 1968, 187쪽).

위의 랍비적 율법이해는 기원후 2세기에 형성된 것이 아니며(이와 달리 Cohen 1986: 265-267) 이미 그 이전에 할라카의 일부였다(구체적으로 비. Schiffman 1981: 121. 그는 에스라/느헤미야의 이야기 부분[스 9:2; 10:2.10; 비. 느 13:23]은 단지 유대인 남자와 비유대인 여자의 결혼만을 부정적으로 다루고 있음을 지적한다[이와 달리 스 10:11; 느 10:31의 율법본문들; 비. 느 13:23]). 이것이 사도행전 16:3의 전승의 근저에 놓여 있다면 디모데의 할례는 법적인 조치였다.

E. Haenchen에 따르면 누가는 갈라디아서 5:11과 유전적으로 연결되어 있는 한 전승으로 부터 디모데의 할례에 관한 일화를 가지고 왔다. 언급된 서신서의 구절은 바울이 그리스도인으로서 할례를 가르쳤다는 소문들을 반영하고 있는 것으로 보인다. "여기서 누가는… 그가 알고 있는 진리를 고의적으로 한 서투른 작품으로 대체한 것이 아니다. 대신 그는 한 불확실한 전승의 희생자가 되었다"(Haenchen 1977: 465; Schille 1983: 333 A15는 이것을 결코 하나의 가능성으로 간주하지 않는다).

IV 역사성

더베와 루스드라(이고니온과 안디옥처럼)를 통과하는 바울의 여행은 확실히 역사적이다. 왜냐하면 그 장소들은 시리아로부터 에베소로 가는 도상 위에 있기 때문이다. 또 하나의 역사적인 사실은 바울과 디모데의 만남이다. 그럼에도 전승(또는 누가)에 반대하여 강조되는 것은 바울 스스로가 데모데를 회심시켰다는 것이다; 비교. 고린도전서 4:17 "내가 주 안에서 내 사랑하고 신실한 아들 디모데를 너희에게 보내었으니…" 바울은 고린도인들에게 사랑하는 자녀(14절)라고 부른다. 그는 복음을 통하여 그들을 낳았다. 그렇기 때문에 바울이 디모데를 복음을 통해 회심/양육시켰다는 것이 더 사실에 가깝다. 이러한 회심은 그리스로 가는 도상에서 이루어졌다(고후 1:19).

디모데의 할례에 대한 역사성에 대하여 학자들 사이에 많은 의구심이 있었지만, 역사적인 것임에 틀림이 없다. 왜냐하면 유대 랍비의 법에 의하면 어머니가 유대인이고 아버지가 이방인인 사이에서 태어난 아들은 유대인이었기 때문이다. 바울은 "각 사람은 부르심을 받은 그 부르심 그대로 지내라"(고전 7:20)고 말하고 있다. 디모데의 경우 그는 유대인의 자리에 있었기에 유대인이 그러하였던 것처럼 할례를 받는 것은 당연한 것이었다. "할례 받는 것도 아무 것도 아니요 할례 받지 아니하는 것도 아무 것도 아니로되"(고전 7:19)

이전에도 최근에도 디모데의 할례에 대한 역사성은 갈라디아서의 해당되는 절들과 비교하면서 거절되었다. 계속해서 이것과 관련하여 최근에 발표된 한 예를 살펴보자:

> "바울이 '그 지역에 사는 유대인들을 고려하여(16:3)' 디모데를 그리스도인으로서 할례를 행하게 했다는 것은 반드시 재고되어져야만 한다. 그렇다면 사도회의 이후에 그렇게 정열적으로 할례 받지 않은 이방 그리스도인 디도의 완전한 승인을 위하여 투쟁하고, 그의 할례를 막았던(갈 2:3; 비. 5:11) 바울이 완전

히 다른 행동을 보여준 것이다"(Ollrog 1979: 21). "사람들이 확실히 염두해 두어야 할 것은 디도는 이방 그리스도인이고, 디모데는 유대 법에 따르면 유대인이었다는 것이다. 그러나 할례문제는 바울에게는 고린도전서 9:20에서 보여주는 것과 같은 해도 되고 안해도 되는 그런 것은 아니었다(갈 5:2 이하; 롬 2:25-29). 바울에게 있어 할례의 문제는 하나의 구원의 문제이였다. 바울은 할례는 하나님 앞에서 아무런 소용이 없다고 말한다(고전 7:18 이하; 갈 5:6; 6:15). 오히려 믿음만이 유용하다(롬 3:20). 이에 반대하여 할례에 자신의 몸을 맡기는 사람은 스스로를 율법 아래로 던지는 것이다(갈 5:2)"(Ollrog 1979: 21 A72).

이러한 가정은 그러나 잘못된 것이다. 왜냐하면 갈라디아서의 논쟁적인 표현은 시간을 초월한 교리적인 문장들이 아니고 바울의 자유개념("유대인에겐 유대인이 되고" [고전 9:20])이 그것을 그에게 허락하였기 때문이다. 즉 만약 복음전파에 그것이 필요 한다면, 바울은 효용성의 이유로 다른 민족간의 결혼으로부터 태어난 동료가 할례하는 것을 이미 허락했을 것이다. -그의 어머니가 유대인이고 그래서 디모데가 유대법에 따르면 유대인이었다는 이유로 더욱 더- 디모데의 할례는 "세례의 경멸과 동일시 되지는 않는다"(Weiser 1985: 402), 왜냐하면 바울에 의하면 "각 사람은 부르심을 받은 그 부르심 그대로 지내라"(고전 7:20)라고 말하기 때문이다. 디모데의 경우 그것은 단지 유대적 입장에서 한 번 있었던 일이다. -사도의 내면의 입장은 유대기독교인에 대한 할례의 행동에 대하여 고린도전서 7:19에서 표현하였다: "할례 받는 것도 아무 것도 아니요 할례 받지 아니하는 것도 아무 것도 아니로되 오직 하나님의 계명을 지킬 따름이니라." 그는 후에 이와 비슷한 입장을 가지고 예루살렘에서 있었던(행 21장) 유대의 한 의식에 참여한다.

사람들은 그러므로(Schmithals 1982: 146; Schneider 1982: 200 이하) 디모데의 할례의 역사성에 대하여 받아들여야만 할 것이다(반대: Lüdemann 1980: 170, Weiser 1985: 402), 비록 누가적인 근거(바울이 디모데를 할례 받게 한 것은 그가 이방인 아버지를 둔 사실을 알고 있는 유대인 때문이다라는)가 실상을 옳지 못하게 재연하고 있고 더 나아가서(사도행전에 반대) 할례가 그리스도인인 디모데에게 나중에 추가적으로 집행되지 않고, 새롭게 회심한 사람에게 (세례 전에?)집행되었다 할지라도 말이다.

디모데의 할례가 사도의 반대자들에 의하여 갈라디아에서 행해졌다는 것은 매우 가능성이 높다. 갈라디아서 5:11에서 말하는 것처럼 사람들은 바울에 대하여 때때로 바울 스스로 할례를 전파하였다고 비판을 하고 있다 (비. Wikenhauser 1921: 291 이하). 아마도 사람들은 디모데의 예를 들어 회의에서 디도의 할례를 요구했을 것이다.

사도행전 16:6-10

I 목차

- 6-8절: 브루기아로부터 드로아까지의 여행
- 9-10절: 바울의 마케도니아 환상과 마케도니아로의 여행

II 편집

단락 전체는 누가적인 언어로 채색되어 있다(예를 들면, 6절: *lalesai ton logon*[말씀을 전하다]; 7절: *poreuthenai*[가다] 등). 분사의 빈번한 사용은 누가적이며 10b에서 정형화된 동사(finites Verb)가 처음에 오는 직접화법도 마찬가지로 누가적이다(비. 8:14). 10절의 "우리"(*ezetesamen*[우리가 시도하다])는 *hemin*[우리](9절 끝부분)에 연결되는가?

내용적으로 성령(6절) 및 예수의 영(8절)에 관한 언급은 누가적이다. 이는 구속사건이 성령에 의해 인도받는 것으로 제시한다. 꿈속 환상(9절)도 역시 누가에게로 돌려질 수 있다(비. Nestle/Aland26 에서 9:10에 대한 난외주에 제시된 사도행전의 병행들과 Weiser 1985: 406-415의 부설 "바울의 꿈과 환상들"). 이 환상으로 누가는 아시아에서 유럽으로의 전환의 특별함을 강조하고 있다. 일반적으로 말해서 지그재그로 묘사된 여행은 하나님에 의해 의도된 직선적인 유럽 선교와 대조시킬 목적을 가지고 있음이 명백하다.

III 전승

6-8절

경유지 "브루기아와 갈라디아 지방"은 18:23에서는 뒤바뀐 순서로 나온다(그곳을 보라). 지그재그로 여행을 한 사실과 여러 번에 걸친(편집적인) 성령의 경고는 누가가 여기에서 자료를 은폐하고 그 중의 단편적인 조각

들만을 전달했음을 암시한다. "브루기아, 갈라디아, 무시아, 드로아"의 단계를 가지고 있는 경유지 목록의 조각이 남겨져 있을 뿐이다(비. Dibelius 1951: 12 이하. 129 이하. 169 이하. 177).

9–10절

이 전승은 이미 유럽으로의 전환의 중요성에 관한 기록을 포함하고 있었던 것으로 보인다. (이것은 무엇보다 바로 아래에서 이루어질 역사적인 고찰로부터 나오는 결론이다.) 이 전승은 누가에 의해 9절 이하의 예술적인 장면을 통해 표현되었다.

IV 역사성

전승적인 체류지들(비루기아, 갈라디아의 지역)은 비록 그것들이 누가에 의하여 시간적으로 잘못 배열되었다 하더라도 역사적인 것으로 보아도 무방하다. 이 체류지들은 전승적으로 그리고 역사적으로 바울이 예루살렘의 사도회의 전에 시리아, 시실리아 그리고 남갈라디아(더베, 루스드라, 이고니온)를 거쳐 북 갈라디아와 거기로부터 드로아를 거쳐 마케도니아로 간 그 여행에 포함되어진다. 드로아는 마케도니아로 가기위한 요충지로서 사용된다. 물론 바울은 드로아에서 후에 선교활동을 한 것으로 보인다(고후 2:12/행 20:6).

위에서 언급한 것과 같이, 역사적 근거들은 우리를 다음과 같은 가정으로 이끈다: 9절 이하는 전승에 근거를 둔 것이고, 이러한 전승은 유럽으로의 바울의 행보가 갖는 의미에 관하여 보도하려는 시도에 근거한 것이다. 빌립보서 4:15로부터 우리는 바울이 유럽으로의 그의 행보를 그의 복음 전파의 새로운 시작으로 이해하였다는 것이 유추된다. 각각의 보도들은 그리스에서의 선교활동 전까지 바울의 선교활동은 없었다는 것을 보여준다. 9절 이하의 편집들은 바울과 그의 동료가 유럽으로의 발걸음을 얼마나 의미깊게 생각하는지를 보여준다(Weiser 1985: "바울에게 있어서는 유럽으로의 발걸음에 대한 그러한 강조는 발견되지 않는다". 410; 이것에 반대하여 Lüdemann 1980: 139-148). 그러한 보도들은 그리스에서의 전도활동 전에 절대로 바울적인 선교는 없었다는 인상을 전달한다. 따라서 9절 이하는 모든 편집에도 불구하고 바울과 그의 동역자들이 유럽으로의 발걸음을 경험했다는 것을 투명하게 비쳐준다. (이러한 생각을 받아들이지 않을 사람은, 누가가 "우연"을 통해 그리스 선교의 바울적인 추정을 바르게 재연하였다는 가정을 해야만 한다. 이 문장에서 "우연"을 "지식"으로 대체하려는 사람은 위에서 방금 언급한 전승가설의 연구방법을 대변하는 것이다.)

사도행전 16:11-40

I 목차

- 11-12a: 드로아로부터 빌립보까지의 여행보도
- 12b: 해석/주석
- 12c: 빌립보에 도착과 오랜 기간의 체류
- 13-15절: 루디아의 회심
- 16-18절: 점쟁이의 여종을 고침
- 19-24절: 바울과 실라의 체포
- 25-34절: 기적적으로 풀려남과 간수의 회심
- 35-39절: (공식적)석방
- 40절: 루디아와 그의 형제들과의 이별

II 편집

11-12a

anachthentes[떠나다]에 대하여 비. 누가복음 8:22; 사도행전 13:13; 18:21; 20:3.13; 27:2 그리고 빈번하게. *euthydromein*[곧바로]은 신약에서 사도행전 21:1에서만 등장한다.

12b

이 부문은 본문비평적으로 볼 때 불확실하다(비. 다른 독법들과 Wikgren 1981). 이집트 본문은 의미가 없다: "마케도니아는 *meris*[지방]가 아니다, 마케도니아 속령(Provinz)은 네 '구역'으로 나누어져 있었다.… *prote*[첫 번째]는 수도로서의 도시를 지칭한다.… 그러나 빌립보는 -식민지로서- 속령도 아니었고 구역의 수도도 아니었다"(Conzelmann 1972: 99). 아마도 Nestle/Aland26을 기초로 하여 볼 때(이 제안은 Johannes Clericus에게 소급된다) 다음과 같이 추정된다: *prote tes meridos*[지방의 첫 번째 도시]대신 *protes meridos*[첫 번째 지방]로 읽는다(*te*의 중복필사[Dittographie]). 그러면 다음과 같이 적절하게 말할 수 있다: 빌립보는 식민지이고 마케도니아의 첫 번째 구역에 있는 한 도시가 된다(비. Wikenhauser 1921: 334 이하). 관계대명사 *hetis*는 누가적인 언어사용을 반영한다(비. Radl 1975: 420). 도시 빌립보의 특별한 정치적 위치에 관한 설명은 누가의 문헌에서 유일하다(그러나 유사한 설명들로 비. 8:26; 13:8 17:21). 이 설명에는 누가의 지역에 관한 특별한 지식이 들어 있는가, 아니면 이 설명은 원본으로 소급되는가?

12c절

diatribontes[머무르다]와 *hemeras hikanas*[여러 날]는 언어적으로 누가적이다.

13-15절

누가적 언어로 돌려질 수 있는 것은 다음과 같다: 13절: *elaloumen*[말하다]. 14절: *tis…onomati*[…이름하는 어떤]. 15절: *oikos*[집]. 내용적으로 기도처에 가는 것은(13절) 비록 여기에 사도행전에서는 유일한 명칭 *proseuche*[기도]의 등장이 주목할 만하지만(아래 단락 III을 보라), 이것은 누가적인 연결구성에 근거한 것이다. 여자들은 누가 문서들에서 특별한 역할을 한다(이에 관해서는 제한적으로 비. Jervell 1984: 146-157).

16-18절

16절의 처음에는 균열이 분명해진다. 이어지는 16-18절의 이야기는 절대속격 형태의 누가적 전환공식("그러나 우리가 기도처로 갈 때 발생했다")을 통해 인도되고 있고 단지 형식적으로만 핵심단어 *proseuche*[기도]를 통해 이전의 일화와 연결된다. 이 이야기는 기도처로 가는 도중에 일어났다는 점에서 루디아 일화 이전으로 거슬러 올라간다. "그녀는 며칠 동안 그렇게 했다"는 기술은(18a) 18b에서 바울이 악한 영을 쫓아내는 사건이 속하는 시간적 테두리를 완전하게 터뜨려 버린다. 18a는 16a와 긴장관계에 있고 확실히 누가에게로 소급된다. "바울은 이 사건의 결과들 때문에 어느 정도의 시간동안 선교활동을 했었음에 틀림없다"(Conzelmann 1972: 100). 16-18절의 누가적 의미는 마법으로부터 바울을 구별하는 것이다. 바울은 악한 영을 쫓아내기 위해 거의 마지못해서(*diaponetheis*[괴로워하다], 18절) 마법적 수단을 사용해야만 했다. (16-18절의 편집적 구성에 관해서는 비. Schmithals 1982: 150).

19-24절

19절: *exelthen*[밖으로 나가다]은 *exelthein*[밖으로 나가다]과 *exelthen*[밖으로 나가다](18b.c)에 연결된다. 19절의 내용("그녀의 주인들이 돈을 벌 희망이 '사라진' 것을 보았을 때 그들은 바울과 실라를 붙잡아서…")은 위에서 분석한 16-18절의 누가적 의미(=마법으로부터의 바울의 구별)를 확인해 준다. 따라서 19절과 이어지는 고발은 편집적인 것으로 볼 수 있다. 고발이 편집적인 이유는 앞의 일화와 아무런 연관이 없기 때문이다. 20절 이하에서 언급된 비난들은("이 남자들은 우리의 도시에서 소란을 일으켰다. 그들은 유대인인데 우리 로마인들은 받아들일 수도 없고 따를 수도 없는 풍습을 전한다") 바울의 귀신축출과 아무런 관련이 없다. 누가는 이 비난들이 거부될 수 있도록 그렇게 전하고 있다.

이와 달리 Haenchen 1977, Elliger 1978: 56 이하: 하지만 여기서 대부분의 경우는 지나치게 빨리 역사화 되고 있다; 비. 단지 Haenchen 1977: "바울은 실제로 로마의 '식민지'에서 유효한 법을 어겼다: 유대인은 -비록 대체적으로는 관용이 되었지만- 로마인들에게 그들의 제의를 위한 어떠한 선전도 해서는 안된다"(482), 이와는 어느 정도 다르게 477: "누가는 스스로 그러한 고발을 만들지 않았을 것이므로 20절 이하에는 하나의 여행보고가 근저에 놓여 있는 것처럼 보인다." 그럼에도 불구하고! 37절에 대한 이후의 설명을 보라.

23절: *paraggeilantes*[명령하다]와 *asphalos*[안전하게]는 언어적으로 누가적이다. 24절에서 주문장을 이끄는 관계대명사 *hos*[그]도 마찬가지(비. Radl 1975: 420).

25-34절

30-34절은 누가에게서 비롯되었을 수 있다: 대화(30-32절)는 장면을 구성하는 누가적 기법에 상응한다. 간수의 물음("[당신들] 주여, 제가 어떻게 해야 구원을 받을 수 있습니까?")은 건넴말 "[당신들]주여"를 통해서 19절을 떠오르게 한다(예언하는 소녀의 주인들), 비. 2:37; 누가복음 3:10.12.14. 다른 한편 이 장면은 회심/구원에 관한 누가의 중요한 질문에서 최고조에 이른다. 베드로의 대답: "당신과 당신 집이 구원을 받을 것이다"(31절)는 고넬료 일화에서처럼(11:14) 편집적이다. 단어 *oikos*[집]는 15절을 가리킨다. 설교에 대한 기술(32절)과 설교자를 집으로 받아들이는 것은(33절) 편집적으로 동기부여를 받은 것이다. *elalesan*[말하다]…*ton logon tou kyriou*[주의 말씀을](32절)과 33절의 *paralabon*[취하다] 및 *parachrema*[즉시]는 언어적으로 확실하게 누가적이다. 34절의 *pepisteukos*[믿음을 갖다]도 마찬가지.

35-39절

이 절들은 해방의 기적을 고려하지 않은 채 배경이야기를 다시 도입하고 있다. 37절은 최종적으로 20절에 대한 누가적 이해를 제공한다. 실라와 바울은 로마인들이다; 유대인 됨(Jude-Sein)이 마법과 연관되는 한 -사도행전에서 예들을 찾을 수 있는 전통적인 연결(비. Hengel 1973: 441 이하)- 실라와 바울은 유대인이 아니다. 마법을 행하는 실제의 죄인들은 16절과 19절에서 *kyrioi*[주인들]로 칭해지는 바울과 바나바에 대한 고발인들이다. 석방에 대한 명령과 도시로 부터의 호위(35-39절)는 로마 독자들의 면전에서 실라와 바울을 정당화시켜 준다.

비. Schille 1983의 아름다운 진술: "이 일화에서 참된 로마인은 처음에 유대인으로 모욕을 받았던 선교사들이다. 그들은 로마의 법을 존중할 뿐만 아니라 그들의 주의를 끝까지 관철하고 있다"(370).

40절

바울과 실라는 루디아의 집으로 간다. 이를 통해서 편집적으로 15절과 연결되며 빌립보 이야기가 끝에 이르게 된다. 40절에 있는 누가의 언어유희를 주의하라: *exelthontes*[나가다]… *eiselthon*[들어오다]… *exelthan*[나가다](비. 18절 이하의 exelthein을 사용한 언어유희).

편집사적 고찰에서 이 장에 나오는 해방일화와 사도행전 5장과 12장에 나오는 해방일화들 사이의 밀접한 연관에 주의를 기울여야 한다. 모든 곳에서 하나님은 그리스도적 선교사들을 해방시키신다. 사도행전 16장의 일화는 가장 기적적으로 묘사되어 있고 여기에 추가적으로 누가에 의해 쓰여진 회심이야기가 포함되어 있다. 따라서 사도들에 대한 하나님의 기적행위는 분명하게 선교를 지원한다.

III 전승

최근에 Schenk 1984는 다음과 같은 주장을 제기하였다: "사도행전 16:11 이하에서 빌립보의 바울에 관해 쓰여진 것은 -누가에게서 흔한 구성양식을 통한 이차적 자료의 사용과 채움 이외에- 완전히 바울의 서신보고들에 의존하고 있다"(339). 내 견해로는 Schenk의 논증은 전혀 가능하지 않기 때문에 더 이상 여기서는 이 주장을 고려하지 않을 것이다. 또한 누가는 바울의 서신들을 사용하지 않았다고 가정할 것이다. Schenk의 부수적이지만 전형적인 주장에 대한 거부가 결코 그의 주석서의 업적을 삭감시키는 것은 아니다.

11-12a

연대기 방식의 이야기체는 전승의 존재를 가정하는 것을 지지해 준다.

13-15절

13절의 드문 표현인 "거기서 우리는 '기도처'(Proseuche[20])가 있으리라고 생각했다"는 아마도 목격자의 보고를 반영하고 있는 것 같다(비. Cadbury 1955: 87. 그는 이 눈에 띄는 표현을 지적하고 있지만 이 표현이 아마도 우리가 알 수 없는 이유를 가지고 있을 것이라고 생각한다). *proseuche*[기도처]라는 표현은 사도행전에서의 유일성 때문에 전승에 대한 증거가 된다. 루디아라는 이름과 그녀의 구체적인 출생(루디아와 빌립보의 관계를 의심하는 Schille 1983: 341 이하에 반대하여) 그리고 그녀의 세례도 마찬가지로 전승을 지지한다. *Oikos*-공식은 비록 일반적으로 전승적이고(비. Klauk 1981: 51-56) 다른 구절들에서는 확실히 신뢰할 만한 전승을 반영하고 있지만(311쪽의 행 18:8에 대한 설명을 보라) 이 자리에서는 31절과의 관련 때문에 누가로부터 비롯된 것 같다.

16-18절

치유일화는 전승에 돌릴 수 있다. 이 일화는 문체적으로 다음과 같은 문장으로 끝난다: "그 순간 영이 그녀로 부터 나왔다." 절대속격의 구성이 누가적이기 때문에 이 일화의 시작점을 더 이상 정확히 구별할 수 없다. 하지만 지금의 위치에서 그 구조로부터 판단할 때 귀신축출에 관한 완전한 일화가 문제시 될 수 있다.

이와 달리 Schille 1983: "기적과 종결부가 없는 독립적인 귀신축출 이야기는 거의 상상할 수 없다"(346).

19-24절

로마인들이 바울에게 행한 육체적 징벌에 관한 기록(22절 이하)은 무엇보다 역사적인 이유들 때문에(아래 단락 IV를 보라) 전승으로 소급될 수 있다.

---

20) 옮긴이: 신약성서에서 이곳(16:13) 외에서는 모두 '기도'라고 번역된다.

25-34절

25-29절(시작은 불확실)의 근저에 놓여 있는 전승은 해방기적으로 명명될 수 있다. 이에 대한 수많은 이교의 병행들이 있다(유리피데스, 논노스, 필로스트라투스 -비. 아르타파노스의 병행. 위 254쪽을 보라[여기에 요약적인 Weinreich 1968: 167]). 바울과 실라가 이미 누가 이전의 해방전설의 일부였는지는(25-29절은 하나의 독립적인 전설에 소급된다- 이와 같이 Dibelius 1951: 26 이하) 확실하게 결정할 수 없다. 나는 이것이 누가에 의해 이루어졌다고 보는데 그 이유는 두 명의 선교사들은 의미의 손상 없이 다른 인물들로 대체될 수 있기 때문이다. 이 경우 행방기적은 누가의 "독서를 통해 얻은 지식"(Lesefrucht)으로 간주될 수 있다 (비. 누가가 고대의 해방기적 이야기를 알고 있었음을 보여주는 5장과 12장의 이야기들).

37절

바울의 로마 시민권은 이 단락에서 인식할 수 있는 전승들에 속하지 않는다. 이것은 아마도 누가가 이용 가능했던 전승에 속했고 누가에 의해 이 자리에 적용되었을 것이다(비. Weiser 1985: 430). 이것은 371쪽 이하의 사도행전 22:24-29에 관한 분석에서 요약적으로 설명될 것이다.

IV 역사성

11-12a

여행 체류지들은 확실하게 역사적이다. 바울은 빌립보서 4:15 이하에서 빌립보에서의 선교의 시작에 대하여 말한다. 사도에 의하여 언급되지 않은 체류지들("드로아, 사모드라케, 네아폴리스")은 빌립보로 가는 여정에서의 단계로 이해되어진다.

13-15절

루디아와 그녀의 빌립보와의 관계성은 역사적인 것이다. 그녀의 이름과 더불어 그녀의 직업이 소개되는데 그녀는 '옷감장사'였다고 한다. 루디아는 세례를 받고, 그녀는 선교사들을 집에 들여 묵게 하는데 이것 또한 역사적인 사실이다. -*proseuche*(기도할 곳)는 회당건물을 의미하거나("초기 황제시대에까지 그리스언어를 사용하는 디아스포라에서 공식적으로는 회당건물을 의미했다"⟨Hengel 1971: 171⟩), 또는 하나의 기도처였다. 비록 회당건물과는 맞지 않는다 해도, "단지 여인들만 있었다"는 것(Conzelmann 1972: 99), 그러나 이것은 편집적일 가능성이 크다. -여기서 '강'은 아마도 간자티스(Gangitis) 강일 것이다. 그 강은 빌립보로부터 서쪽으로 2km 정도 떨어져 있다. 이 강은 의식적인 '몸 씻기'를 위한 물을 제공한다. 13절의 그 전승적인 개별적 요소들(회당/기도처, 강)은 빌립보에서의 바울의 처음선교에 기원을 둔 역사적인 사실들과 관련된 것이다.

16-18절

이 절들의 전승들에 관한 역사성은 아마도 열어두어야겠다. 한편으로는 로마서 15:18 이하와 고린도후서 12:12에서 강조되는 바와 같이, 바울의 기적이 명확하게 기록되어져 있지만, 다른 한편으로는 바울의 기적과 여기에 있는 전승들의 발생학적인 연관성이 불확실하다. 추가적으로 빌립보에서의 바울의 기적 전승이 다른 장소에서의 기적행위의 토대 위에서 형성되어진 것일 수 있다.

22절

로마인들을 통한 바울과 실라의 부당한 대우는 바울이 빌립보에서 당한 그와 실라의 고난에 대한 바울의 고백과 일치한다(살전 2:2). 비록 데살로니가전서 2:2이 이러한 부당한 대우에 있어서 경과에 관한 더 자세한 자료를 주지 않지만, 여기에는 하나의 발생학적인 연관성이 확실하게 보인다.

25-29절

25-29에서 보도되는 석방에 대한 역사성은 반드시 거부되어져야 한다

(비. Zeller 1854: 253: "그의 사상을 터무니없는 기적 신앙에 팔지 않은 자는 우리의 이야기의 기적에 반감을 느낄 것이다"). 그렇지만 22절 이하는 전승의 기초 위에서 볼 때 바울과 실라가 당한 부당한 대우와 체포에 대한 표현으로서 충분히 가능하다. 그 경우에 하나의 역사적인 핵심이 25-29절 뒤에 보존되어 있어야 했고, 그리고 그 절들은 정확하지만, 반면 불가사의한 특징들과 함께 바울과 실라의 석방에 관한 표현들을 포함했었을 것이다. 데살로니가전서 2:2에서 보여주듯이, 바울과 실라는 실제로 그러한 구금상태로부터 가까스로 빠져나왔다.

사도행전 17:1-15

I 목차

- 1절: 암비볼리와 아볼로니아를 거쳐 데살로니가로의 여행
- 2-3절: 회당에서의 설교
- 4절: 유대인들 중에서 부분적으로 성과를 얻고, 여인들과 하나님을 두려워하는 자들 사이에서 큰 성과를 거둠
- 5-9절: 데살로니가의 유대인들에 의한 고난과 야손과 다른 형제들에 대한 항의
- 10절: 바울과 실라의 베뢰아로의 도피
- 11-12절: 유대인들 사이에서의 그리고 뵈레아에 있는 여인들과 남자들 사이에서의 설교의 효과
- 13절: 뵈레아에서의 데살로니가 유대인들의 반(反) 바울적인 선동
- 14-15절: 뵈레아 형제들의 인도속에 치러진 아테네로의 바울의 도피

II 편집

이 단락에 포함된 몇몇 단편들의 전승적인 기초에도 불구하고 데살로니가와 베뢰아에서의 바울과 실라의 선교를 보도하는 1-15절은 누가에 의해 구성되었다. 이에 따라 데살로니가(2-9절)와 베뢰아(10b-12절)에서의 선교에 관한 보고들은 비슷한 구조를 가지고 있다(선교가 회당에서 시작됨; 성경이 설교의 기초가 됨; 특별히 귀부인들의 회심; 박해). 이외에도 두 이야기들은 서로 얽혀 있다: 11절은 비교를 통해서 5절과 연관되고 13절은 데살로니가로부터 온 유대인들을 소개한다. 끝으로 지금의 단락은 문맥과 결합되어 있다: 1a는 16:40을 지속시키고 있으며 15절은 다음 장소인 아테네로 연결하고 있다.

1절

1a는 여행기록이다. 1b는 2a를 준비한다.

2-3절

이 절들은 완전히 편집적인 것으로 볼 수 있다: 누가적인 연결구성에 근거하고 있는 유대인에 대한 설교가 그러하다(2절; 비. 특별히 눅 4:16을 떠올리게 하는 표현 "그의 습관대로"); 그리스도가 성경에 따라 고난을 받으셔야 했으며 삼일 째에 부활하셨다는 설교 내용도 마찬가지이다(2절 이하 -비. 눅 24:25-27.44-46과 행 2:22-36; 3:18; 8:32-35; 13:27, 29). 바울이 세 번의 안식일에 유대인들에게 설교했다는 시간표현은 "3"이 누가가 좋아하는 숫자라는 점에서(Lüdemann 1980: 203-205) 설명된다. 3b는 사도행전 1:3과 마찬가지로 3인칭 연설에서 1인칭 연설로 바꾼다(편집적 성격에 관해서는 그곳을 보라).

4절

몇몇 유대인들의 회심에 관한 기록은 도식적이다. 일단의 이방인들의 회심에 관한 진술의 기능에 대하여 비. 아래 단락 III 292쪽. 귀부인의 회심에 관한 보고는 17:12(아래를 보라); 13:50의 병행문들 때문에 편집의 의혹을 받을 수 있다.

5-9절

바울에 대적하는 데살로니가 유대인들의 반대는(5절) 누가적 구도와 일치한다. 정치적인 혼란을 야기시켰다는 고발은(6b-7절 -비. 16:20; 24:5) 독자들이 이를 살핀 후 거부할 수 있도록 제시되어 있다(비. Conzelmann 1977: 128-135) 바울에 대한 중복된 비난들에 관하여 비. 빌라도 앞에서 행한 유대인들의 예수에 대한 고발(눅 23:2-4[마가의 변형]). 소요에 대한 편집적 표현(*demos*[인민, 5절]=*ochlos*[무리, 8절])에 관하여 비. 19:32 이하(아래 302쪽을 보라).

10절

paragenomenos[도착하다]는 언어적으로 편집적이다. 즉시 회당에 들어가는 것은 누가적으로 필요하다.

11-12절(13절에 대해서는 비. 5절; 14-15절에 대해서는 아래 295쪽을 보라)

hoitines[이들은]…로 유도되고 있는 관계절은 형식적으로 10절의 *hoitines*[이들은]…를 가리킨다. "말씀을 받아들이다"(비. 눅 8:13; 행 8:14; 11:1 -비. 또한 살전 1:6; 2:13), "그렇게 행하다"(비. 7:1; 24:9), *men oun*[이제] 그리고 완곡어법 *ouk oligoi*[적지 않다](비. 4절)과 같은 표현들은 뒤에 편집자가 있음을 가리킨다. 기독교 복음과 구약성경의 연관성은 누가적인 자리(Topos)이다. 4절의 변형된 형태인 이 두 절에서는(비. 단락 1-15절에 대한 들어가는 말) 데살로니가 유대인들의 거부하는 태도와 비교하여 베뢰아 유대인들의 긍정적인 태도가 이야기적인 대조로서 강조되고 있다. 이 전체는 누가의 이야기 기술에 소급된다. 귀부인들의 회심에 관한 편집적 제한에 대하여는 4절을 보라.

Elliger 1978는 베뢰아에서의 귀부인들의 회심을 역사적으로 가능한 것으로 만들고자 한다. "다른 지역보다 베뢰아의 여자들이 더 큰 역할을 했다는 증거들"(116)이 묘비에서 발견된다. 하지만 이로부터 결코 17:12의 역사적 정확성이 따라 나오지는 않는다.

III 전승

1a

이 부분은 바울의 여정에 관한 전승을 포함하고 있다.

4절

바울이 이방인들에게 행한 설교의 성과에 관한 기록은 비록 문장구성이 편집적으로 이해될 수 있는 여지가 있지만 전승에 소급시킬 수 있다(하나님을 경외하는 이방인들 가운데 많은 사람들이[*plethos*, 군중- 누가적 언어에 주목하라] 회심했다는 진술은 단지 몇몇의 유대인들만 회심한 것과 분명한 대조를 이룬다). 끝으로 역사적 고찰은(아래 단락 IV를 보라) 4절이 전승을 전제하고 있음에 동의한다.

5-9절

여기에는 하나의 전승단편이 놓여 있다. 본문의 이야기 전개상의 긴장들은 이러한 가정으로 이끈다: 문학적으로 이 절들은 앞의 본문에 단지 느슨하게 연결되어 있다. 바울과 실라는 어디에도 명백하게 언급되지 않는다. 그들은 단지 *autous*[그들](5절 -비. 7a) 뒤에 서 있는데 *autous*[그들](9절)는 바울과 실라가 아닌 야손과 그 밖의 사람들(형제들)을 의미한다. 다시 말하자면 바울과 실라는 누가에 의해 단지 형식적으로만 이 장면과 결합되어 있다(비. 병행으로서 19:32-40의 장면 -그곳을 보라). 따라서 내용적인 근거들은 5-9절에서 전승의 존재에 관한 가정을 지지해 준다: 1) 동사 *ochlopoiein*[소동하다]은 단수이다. 2) 야손이라는 이름이 갑자기 소개되고 있다(비. 비슷하게 소스데네 [18:17]와 알렉산더 [19:33]의 소개). 첫 눈에는 야손이 단지 그리스도인들(형제들)을 숙박시키고 있기 때문에 그리스도인 인지가 명확하지 않다. 하지만 그도 공동체에 속해 있다고 전제해도 좋다. 이와 더불어 그는 롬 16:21의 야손과 동일시 될 수 있다. 3) "군중 앞으로 끌어내다"(*proagagein eis ton demon*)라는 표현은 법적 용어이다(Conzelmann 1972: 103; 비. 25:26). 4) 여기서 도대체 누가 그리스도인들을 대적하는 소요를 일으키고 있는지가 불분명하다. 문법적으로 판단하자면 유대인들이지만(그러나 9절에서는 유대인들이 주어인 것으로 보인다) 문맥상으로는 폭도들이다. (물론 유대인들은 누가에 의해서 기록되어졌다는 것은 분명하다, 위 단락 II를 보라.) 5) 관원들(*Politarchen*)은 전승을 암시한다:

> "이 관리들의 가장 중요한 임무는 판결이다. 이를 넘어서 그들은 도시 회의를 소집했고 여기에서 의장의 역할을 수행했다. 그들은 이 회의에서 처리된 원안들을 군중 모임에서 발표하여 결정되도록 했다. 이 직의 특수한 위치는 년도의 이름이 관원, 즉 *archon eponymos*('이름을 주는' 관리)에 따라 정해졌다는 사실로부터 비롯된다. 관리들은 그들의 직책이 끝난 후에도 여전히 큰 명성을 누렸다"(Elliger 1978: 93).

6. "보석금을 받다"(*lambanein to hikanon*)라는 표현은 매우 구체적이어서 전승에 소급시키지 않을 수 없다. (물론 이것은 하나의 소설-모티브[Roman-Motiv]이기도 하다.)

만일 우리가 열거된 여섯의 개별요소들을 더하더라도 하나의 완성된 일화를 얻을 수는 없지만(데살로니가 공동체[?]) 전승의 핵심은 분명하게 볼 수 있다(비. 마지막으로 유사하게 Schille 1983: 352 이하). 이 전승은 다음과 같은 내용을 가지고 있었다: 데살로니가의 그리스도인 야손과 다른 동료 그리스도인들은 그들의 이웃들에 의해 쫓김을 당하고 군중 모임에 끌려 나갔으며 관원들 가운데 한 사람의 명령에 의해 보석금을 내고 풀려났다.

다음의 질문들이 열려진 채 남아 있다: 1) 야손의 집에서의 모임은 전승의 일부였는가? 2) 폭도들의 소요는 어떤 역학을 했는가? 3) 어떤 고발에 근거하여 야손과 형제들에게 조치가 취해졌는가? (6b-7절에서 언급된 두 개의 고발사항은 누가적 의미에 잘 부합된다, 위 291쪽을 보라 [Schille 1983: 351 이하는 7절의 두 번째 고발을 권위 있는 것으로 본다.])

베뢰아에서의 선교와 실라와 디모데의 여정에 관해서는 아래 단락 IV를 보라.

IV 역사성

바울의 암비볼리와 아볼로니아로부터 데살로니가로의 여행경로는 누가에 의해서 역사적으로 잘못 배열되었다 하더라도 확실하게 역사적인 것이다. 바울은 그리스에서의 자신의 처음 선교중에 비아 에그나티아를 통하여 빌립보로부터 암비볼리와 아볼로니아를 거쳐 데살로니가로 여행하였다. 다음 여행지는 베뢰아였다.

데살로니가에서의 바울의 체류는 보도보다 훨씬 더 길었음을 전제로 한다(비. Lüdemann 1980: 203 이하). 그것을 위한 근거로는: 바울은 데살로니가에서 아무에게도 폐를 끼치지 않기 위하여 일을 했다(살전 2:9). 그는 거기서 여러 번 빌립보로부터 재정적인 도움을 받았었다(빌 4:16). 당연히 편집자 누가는 바울이 단지 3-4주 그 도시에서 머문 것으로 전제한다.

많은 이방인들에 대한 전도의 성과에 대한 보도는 데살로니가전서의 보도를 통하여 역사적인 것으로 증명된다. 거기에 야손에 대한 폭동 또한 일어난 사실로 보인다. 데살로니가전서는 이방기독교인인 데살로니가 사람들이 그들의 동족으로부터 어려움을 당한다는 것을 전제로 한다(살전 2:14). 또한 '보석금'에 대한 유일한 보도는 이 전승이 역사적인 것이라는 것을 말하도록 한다.

10절은 베뢰아에 있는 기독교 공동체의 존재를 반영한다. 비록 거기에 바울의 개인적인 증거가 결여되어있다 하더라도 그 역사성은 의심되지 않는다. 20:4의 전승에 따르면 바울의 동행자 중 한사람은 베뢰아 출신의 소바더(비. 롬 16:21: 소시바드로)였다. 아마도 그곳의 공동체는 마케도니아의 교회에 속했었고, 연보에 함께 동참했었다(비. 고후8:1).

14절 이하의 디모데(와 실라)의 여행경로는 바울의 보도와 일치하지 않는다(즉, 바울은 베뢰아에서 아덴으로, 디모데와 실라는 베뢰아에 머묾, 바울이 아덴에서 그들을 기다림). 데살로니가전서 3:2에서는 바울은 디모데를 아덴으로부터 데살로니가로 보낸다(그리고 이들은 바울을 고린도에서 다시 만난다). 그 결과 그는 바울과 함께 아덴으로 여행한다. 디모데와 실라의 사명은 한편으로는 마케도니아의 공동체를 굳게 하는 것이었고, 다른 한편으로는 바울을 위해 빌립보로부터 가져온 연보를 가져오는 것이었을 것이다(고후 11:9; Lüdemann 1980: 140 이하).

사도행전에서 디모데와 실라의 여행경로의 과정이 어떻게 이루어지게 되었을까? Conzelmann 1972: 104 (Roloff 1981: 253도 마찬가지)은 그것을 단순화경향으로 간주한다. 그럼에도 여전히 그것으로는 편집적인 의미가 재연되지 못하고 있다. 아마도 누가는 전승의 단계에서 수정되어 재연된 바울 동역자들의 여행경로를 변경시켰을 것이다. 왜냐하면 그는 바울의 아덴에 관한 그 단락을 유지하려고 했기 때문이다(비. Schille 1983: 352). 이러한 이유로 인해 그는 바울이 아덴으로 오기 전의 두 명의 여행경로를 다루는데(14-15절), 이것은 위에서 표기한 개별적인 사항의 변경을 초래한다.

사도행전 17:16-34

I 목차

- 16-20절: 바울의 아덴 도착과 철학자들과의 만남
  16a: 짧은 여행 메모
  16b: 도시에 가득한 우상에 관한 바울의 격노
  17-18절: 회당과 시장에서의 바울. 스토아와 에피쿠로스학파의 반응
  19-20절: 아레오바고에서의 바울. 그의 가르침의 내용
- 21절: 독자를 위한 아덴에 관한 설명
- 22-31절: 아레오바고에서의 바울의 연설
  22-23절: 서론
  24-25절: I. 창조주인 하나님은 성전을 필요치 않는다
  26-27절: II. 하나님에 의해서 주어진 계절과 인간의 운명과 경계
  28-29절: III. 하나님과 인간의 친밀성
  30-31절: 회개에로의 가능성과 미래의 심판
- 32-34절: 청중들의 반응: 거절과 수용

II 편집

16-20절

이 절들은 전체적으로 누가에 의해 구성되었다. 아테네의 우상들에 대한 바울의 분노를 보고하고 있는 16절은 23절을 준비하고 있다. 이 절은 누가적인 연결구절이다. "그의 영이 그 안에서 분노하다"라는 표현에 관해서는 비. 15:39.

이 표현은 "3배 강화된 동양적인 그리스어이다. 이와 같이 누가는 여기서 쓰고 있다. 그는 사도행전 20:10에서 *he psyche autou en auto*[그의 영이 그의 안에서]라고 쓰고 있는데 그는 가능하다면 인간의 *pneuma*[영](*psyche*[혼])를 인간 자체로부터 구별한다"; 비. 눅 1:46 이하; 23:46; 행 7:59; 19:21; 눅 8:55(Harnack 1913a: 13 이하).

17절은 누가적인 연결공식을 포함한다. 하지만 주목할 만한 사실은 다른 곳과는 다르게 여기에서는 회당에서 유대인들에게 그리고 시장에서 이방인들에게(보다 정확하게는: 지나가는 사람들에게) 동시적으로 행해진 사도의 설교행위가 보고되고 있다는 점이다. *dielegeto*[변론하다]는 시장에서의 설교와 마찬가지로 소크라테스를 연상시킨다(비. Schille 1983: 354). 18절은 장면들에 지방색을 덧입혀 주는데(비. 19:23-40) 이것은 문필가적인 묘사로 볼 수 있다. 여기에서 두 학파의 대조는 단지 창조된 배경이다(비. Conzelmann 1972: 105). 누가는 다시금 소크라테스에 대한 가상적인 병행을 만들고 있는 것을 보인다. 소크라테스는 지금의 바울처럼 그에게 새로운 신들을 끌어들였다고 비난했던 학파들의 대표자들과 논쟁을 했었다(비. Plümacher 1972: 19).

> "바울은 -소크라테스처럼- 시장에서 아무에게나 말한다. 사람들은 그가 -소크라테스처럼- 새로운 신들을 소개하고 있다고 생각한다. 그리고 그 때문에 소크라테스는 법정에 갔고 사형을 언도 받았다"(Haenhen 1977: 507; "소크라테스와 기독교"에 관한 전체 질문에 대하여 비. E. Fasher ZNW 45.1954, 1-41쪽[Lit.]).

누가는 32절에서처럼 18절에서도 청중들 가운데 두 그룹을 대조시키고 있다. 이 두 그룹 모두는 바울의 선포에 대하여 유보적이었다(비. 마찬가지로 2:12). 누가는 선포의 주제로서의 "예수와 부활"이 신들의 부부(Götterpaar)라는 의미에서의 기독교적 선포에 대한 이방인들의 오해를 반영하도록 의도하고 있다(비. Haenchen 1977: 497 A5). 19-20절: 누가는 "그의 이야기의 효과를 위하여, 바울의 설교를 위해 가치 있는 장면을 얻기 위해… 누구나 알고 있는 아테네의 법정"을 언급하고 있다(Overbeck 1870: 277). "아레오바고"(비. Elliger 1978: 173-179)는 두 가지 의미를 가지고 있다: 1) 아레스의 언덕, 이곳은 본문의 장면을 위해서는 지나치게 작다. 2) 법원. 이 법원은 *en meso*[가운데서](17:22), *epilabomenoi*[붙들다](누가가 즐겨 사용하는 단어) 그리고 *ho Areopatites*[아레오바고 관리](17:34)를 통해 암시된다. 바울은 그의 새로운 가르침에 대해 해명하도록 끌려 간다. 하지만 이어지는 "설교"는 변호의 연설이 아니고 21절에서 고발의 상황이 아님이 완전하게 드러난다. 그밖에도 20절에서는 문필가가 다시 등장해서 이전 모티브(18절)의 도입을 통해서 소크라테스에 대한 고발을 떠올리게 하고 있다: 바울은 낯선 것들을(*xenizonta tina*) 소개하고 있다고 비난 받는다-18절의 *xenon daimonion dokei kataggeleus einai*[낯선 신들을 전하는 자처럼 보인다]을 받아들이면서:

21절

이 절은 직접적으로 독자들을 향한다(비. 8:26; 16:12; 23:8). 아테네 사람들의 호기심은 잘 알려져 있다; 비. Conzelmann 1972: 106의 증거들과 Chariton I 11:6-7에 대한 언급(같은 책, 105). 아테네 사람들의 호기심이라는 주제(Topos)를 받아들임으로써 이 절은 전체 장면에 다시 한 번 지방색을 가미한다. 비. 편집적인 아테네 풍의 언어(*spermologos*[말쟁이, 18절], *kainoteron*[새로운 것, 21절], *legein...e akouein*[말하고 듣는 것, 21절] -이에 관해 Norden 1913: 333-336과 Plümacher 1974: 243의 제한적인 설명들을 보라).

22-31절

이 절들은 18절의 설교 기록에 대한 신학적 설명으로써 사도행전에서 이방인들 앞에서 행해진 유일한 연설이다(비. 14:15 이하). 22절: 연설의 출발점은 자주 아테네를 칭송하기 위해 사용되는 일반적인 입장, 즉 아테네가 그리스의 가장 경건한 도시임을 알리는 수많은 제의적 형상들과 축제들에 근거한 주장이다(비. Weiser 1985: 464의 증거들). 23절: 제단의 비문에 대한 연결은 어떤 경우건 누가에게로 돌릴 수 있다. 그는 아테네에서 잘 알려진, 그러나 지금까지 고고학적으로는 증명되지 않은 비문의 형태를 도입해서 하지만 이것은 17:23과는 달리 알지 못하는 신들에게 바쳐진 비문들에 관해 말하고 있다) 그것을 그의 목적(유일신론)을 위해 복수형(*theois*[신들])을 단수형(*theo*[신])으로 대체함으로써 변형시키고 있다(비. 증거들과 함께

Conzelmann 1972: 106 이하). 편집적 측면에서 이 설교는 신의 유사성과 창조사역의 모티브를 통해서 기독교적인 하나님에 대한 기존의 지식에 연결하고자 시도하고 있다(비. 28절의 Aratos-인용). 아레오바고 연설은 전혀 설교가 아니기 때문에, 누가는 그가 바울로 하여금 연설하도록 하고 있듯이 그렇게 적절한 이방인 설교를 생각하고 있지는 않았다(Dibelius 1951: 74 A1에 반대하여). 하지만 이 연설을 비롯한 사도행전의 모든 연설들이 누가 시대의 연설형태와 어떤 관계가 있는지에 관한 질문은 열려진 채 남아 있으며 이 연구의 대상이 아니다 (이에 대하여 주석서들을 참고하라); 비. 단락 III의 모티브의 역사적 발전에 관한 의문제기.

때때로 아레오바고 연설이 사도행전에 대한 두 번째 개작작업에서 비롯되었다는 주장이 제기되어 왔다(Norden 1913: 37-55. 311-332 -Norden의 저서는 행 17장의 분석을 위해서 필수적이다). 하지만 Harnack 1913a에 의해 관찰된 이 연설과 누가의 누가-행전 사이의 내용적인 병행들은 이를 지지해주지 않는다.

아래에서는 아레오바고 연설의 편집적 요소들이 더 분명해지도록 Harnack을 따라서 연설의 독자적인 양상들과 더불어서 이 병행들을 제시한다:

1. 하나님, 창조자(24절) -비. 사도행전 4:24; 14:15. 70인역

2. 하나님, 주(24절) -비. 사도행전 10:36: "이분은 모든 자들의 주이시다". 70인역

3. 하나님은 성전에 계시지 않는다(24절) -비. 사도행전 7:48. 70인역

4. 하나님은 무엇도 필요하지 않으시기 때문에 인간들에 의해 제의적으로 섬김을 받지 않으신다(25절) -누가의 이중작품(누가-행전)에서는 이런 형태의 병행이 없다(스토아적이며 70인역).

5. 하나님, 존재와 모든 선물의 수여자(25절) -비. 유사하게 사도행전 14:17(스토아적 배경과 70인역).

6. 모든 인간들이 한 사람으로부터 기원함(26절) -비. 예수가 누가복음 3:23-38에서 아담에게로 소급된 것처럼.

7. 하나님, 민족들의 역사를 이끄시는 자(26절) -비. 유사하게 사도행전 14:16.

8. 인간에게 주어진 임무는 하나님을 찾는 것(27절) -비. 사도행전 14:17.

9. 하나님은 모든 사람들 가까이 계신다(27절) -비. 사도행전 10:35.

10. 범신론(28절) -누가의 이중 작품에는 이에 대한 병행이 없다. 범신론은 스토아적이다; 그러나 역시 비. 70인역

11. 인류의 신적인 *genos*([소생], 28절 이하) -그리스적인 시, 누가의 이중 작품에는 병행이 없음.

12. 우상숭배의 불허(불합리하기 때문에)(29절) -누가의 이중 작품에는 병행이 없음; 그러나 비. 70인역.

13. 하나님을 인정하지 않고 간과했던 인간들의 지금까지의 무지(30절) -비. 사도행전 3:17; 13:27; 14:16.

14. 현재 새로운 하나님의 계시가 모든 인간들에게 전해졌다(30절) -비. 누가복음 2:10(모든 민족에게).

15. 새로운 설교는 회개로 시작된다(30절) -비. 사도행전 2:38; 3:19; 13:24; 20:21; 26:20.

16. 다가오는 심판(31절) -비. 사도행전 24:25.

17. *aner horismenos*(경계를 정한 사람, 31절) -비. 사도행전 10:43.

18. 그리스도의 부활(31절) -사도행전에서 자주.

이 18 가지 사항들 중에 14개는 누가의 누가-행전에서 증명될 수 있다. 단지 네 개만이(4, 10, 11, 12번) 증명될 수 없다. 하지만 이들은 연설의 특징, "즉, 누가가 이방인들에 대한 장엄한 가르침의 설교에서 말해야만 했던 것"을 이루고 있고, "이들은 그의 잘 알려진 사고와 조화롭게 연결된다"(Harnack 1913a: 25; 같은 곳에서 아레오바고 연설과 누가의 이중 작품 사이의 문체적 유사성이 제시되고 있다).

23절: 비. 위의 18절에 관한 설명들: 청중들 가운데 두 그룹이 바울의 선포에 대해 유보적인 입장을 취한다(2:12를 보라). 33절: 비. 누가복음 4:30. 34절: 이 절은 언어적으로 누가적 색채를 띠고 있다; 비. 특별히 *kollethentes*[합류하다], *onomati*[이름을 가진], *heteroi syn autois*[그들과 및 다른 사람들](눅 24:33; 8:3).

III 전승

16-20절

16a: 바울의 데살로니가로 부터 아테네에의 도착은 전승을 반영하고 있다(아래 단락 IV를 보라). 16b-20절: 전승적 기반이 더 이상 인식될 수 없다.

22-31절

Nauck 1956는 아레오바고 연설에서 서로 다른 세 모티브 그룹: 창조(24-26a.27-28절), 보존(26b, 구속 31절)을 발견하고 그는 헬라적 유대교의 선교문학에서 동일한 모티브 구성을 증명할 수 있었다(Orac. Sib. 단편 I와 III [Nauck 1956: 26-28{본문분석}. 32-34{아레오바고 연설과의 비교}. 51 이하{독일어 번역으로 본문인쇄}]). 이외에 그는 초기 유대교와 초기 기독교 문서들에서 동일한 구성이 등장함을 보여 준다; Nauck 1956: 46-52에서 제공되는 본문들 (1Clem 19:2-21:1; 33:2-6; ApConst VII 34; VIII 12; EpAp [Introitus]; 열여덟 간구의 기도[Achtzehnbittengebet]; 므낫세의 기도를 보라).

그의 결론: "이와 같은 전승에서 흔하게 사용되고 있는 구성은 아레오바고 연설에서의 세 모티브들을 누가의 신학적 구상에 대한 표현으로 평가해서는 안 된다는 것을 충고해 준다. 왜냐하면 누가가 이 선교연설의 기초를 만들어 낸 것이 아니라 선교활동으로 부터 알게 되었을 가능성이 있기 때문이다"(30). 우리는 이 판단에 이어서 다음을 추가할 수 있다: 문체비평이 아닌 종교사적 비교 및 모티브 분석(비. Nauck의 저서의 소제목)이 전승의 존재에 관한 가정으로 이끈다.

Haenchen 1977은 Nauck에 대해 다음과 같이 비평한다: "우리는 창조

(creatio)-보존(conservatio)-구속(salvatio)의 구도에 관해서… 말할 수 없다; 이것은 '어떤 곳에서도 엄격한 구성계획으로 사용되지 않았다'(Conzelmman 29). 이는 그 이야기 전개가 창조에서부터 심판에까지 펼쳐져 있는 아레오바고 연설의 경우도 마찬가지이다"(503 A4). 하지만 Nauck의 주장에 대한 이 이의제기는 적절하지 않다. Nauck에 따르자면 이 구성이 단지 근저에만 놓여 있는 아레오바고의 연설에서 뿐 만 아니라 어느 정도의 제한적인 정확성으로만 이 구성을 반영하고 있는 인용된 -다양한 장르의- 본문들에서도 엄격한 구성계획은 기대할 수 없다. 가벼운 변형 및 어느 정도의 유동성이 고려되어야만 한다. 이와 더불어 주의해야 할 점은 Nauck이 그가 발견한 구도를 다시 한 번 보다 온건한 형태(아리스토불, 아레오바고의 연설)와 날카롭게 고발하는 형태(바울 [바로 아래를 보라])로 구분하고 있다는 사실이다. 첫 번째 형태는 이방인들의 무지를 용서하고 있지만 두 번째 형태는 그렇지 않다. 이런 차이는 아래에서 고려되지 않은 채로 남아 있을 것이다.

32-34절

34절: 아레오바고의 재판관 디오누시오(Dionysius Areopagita)라는 이름은 다분히 전승적이다. 이런 전제 하에서 바울이 아레오바고의 법정에 등장했다는 편집적 진술이 가장 잘 설명된다. 비. Baur 1866: "그가(아마도 디오누시오) 아레오바고의 재판관으로서 회심을 했다면, 사도가 소집된 법정에 등장했다는 것도 역시 가정되어야만 한다"(194).

마찬가지로 다마리(Damaris)라는 이름도 전승적이다. 이에 대한 증거는 다마리가 -다른 어디에서도 여자의 이름으로 증명되지 않는다(비. Bauer 1963: 338)- 아레오바고에서 혹은 아레오바고 법정에서 행해진 연설의 문맥에 어울리지 않는다는 점이다. "당연히 한 경건한 유대인 여자 혹은 공동체의 한 여자가 아테네에서 공공연하게 남자들과 함께 있지 않았을 것이다"(Jervell 1984: 188 A30). Schille 1983는 34절의 진술이 설립보고들로부터 비롯된 것으로 본다. 그에 따르면 "이로 부터는 바울이 공동체를 세웠

다거나 또는 공동체가 이 여행 중에 세워졌다는 사실이 따라 나오지 않는다"(360).

Ⅳ 역사성

데살로니가로부터 아덴에 이르기까지의 바울의 여행은 역사적인 것이다. 전승 속에 근거를 둔 아레오바고 연설은 바울 역시 다양한 표현들을 통하여 데살로니가전서 1:9 이하와 로마서 1:18-2:10[21]의 케리그마적인 형식을 전제로 하고 있음을 강조한다(비. Wilckens 1974: 81-91; 이와는 달리 Holtz 1978: 461-463)). 제한적으로 먼저 알아야 할 것은, 보존의 동기는 1:9 이하에도 로마서 1:18-20에도 명확하게 나타나지 않는다는 사실이다. 그럼에도 그것은 창조에 관한 묘사의 연장으로서 전제된다. 뿐만 아니라 바울의 표현과 아레오바고 연설의 전승 사이의 현저한 차이점은 밝혀졌다.

후자는 자연적인 인간이 어떻게 하나님을 인식하는 지에 대한 두 개의 증거를 제시한다. 1) 창조 작품으로 부터의 증거들 2) 하나님의 자녀됨으로부터의 증거들. 후자는 바울에게 있어서 그의 하나님으로부터 인간의 소외에 대한 생각 때문에 상상할 수 없다(롬 1:21). 전자는 바울에게 있어서도 역시 등장하지만(롬 1:20), 그것은 단지 사라진 가능성으로써(비. 롬 1:20b 그리고 롬 1-3장의 관계) 이다. 그럼으로 우리는 이 연설의 이러한 두 가지 특징을 비역사적인 것으로 인정해야만 한다. 그러나 동시에 바울과 사도행전 17장 안에서 가공된 전승 때문에 하나의 가능성이 있게 되는데, 그것은 만약 바울이 아덴에서 단지 이방인들을 대상으로만 선교하였다는 것이 전제되어진다면, 후자는 아덴에서 바울에 의하여 행하여진 연설과의 발생학적인 관계 속에 놓여지게 된다. 비록 그 이방인들이 알려지지 않은 신과 연계되어 있지도 않고, -그러한 기술은 어디에도 존재하지 않는다(298쪽 참조).

---

21) 창조(1:20. 25), 하나님 인식(1:19 이하), 하나님 경외(1:23. 25), 회개(2:4), 심판(2:5 이하. 8) 그리고 구원 (2:7. 10)

더 나아가 제단은 위에서 편집적인 것으로 이해되어진 역사적 바울의 주장과는 아무런 상관이 없이 존재한다-바울이 아레오바고에서 연설을 행하지 않았어도 말이다. 그럼에도 받아들여지는 것은, 사도 바울이 아덴에서 선교할 때에 이방인들에 대하여 하나의(또는 여러 개의) 연설을 행했으며, 그것의 기초가 되는 것은 아마도 사도행전 17장의 전승 속에서 보존되어 지는 것으로 보인다는 사실이다. 또 다른 하나의 가능성은 누가와 바울이 서로서로 다른 그러나 비슷한 형태의 이방선교에 관한 설교를 알고 있었을 가능성이다. 그렇다면 그것은 위에서 증명한 유사성에 있어서 어떠한 계보도 갖지 않는 것이다.

그러한 설교가 행해질 가능성이 있는 다양한 장소가 있다: 회당, 시장, 바울의 "작업장"(비. Hock 1980: 37-42). 위의 설명은 마치 바울이 단지 하나의 기본설교를 행하였다는 식으로 이해가 되어서는 안된다. 사람들은 오히려 각각 위에서 제시한 동일한 동기를 포함하고 있는 다수에 대하여 생각할 것이다. (선교사 바울에 대하여는 비. Meeks 1983: 26-28.)

다디오누시오와 다마리 이 두 사람은 아마도 역사적인 인물이었을 것이다. 그럼에도 이 두 사람을 바울의 초기선교와 연결하여서는 안 되는데, 그 이유는 고린도 출신의 스데반 가정이 아덴에서 바울의 체류 기간 동안 바울의 첫 열매인데 아직 바울이 그들을 만나지 않았기 때문이다(고전 16:15). 덧붙여서 역사적인 것으로 말할 수 있는 것은, 바울이 아덴에서 큰 성과를 거두지 못하였다는 것이다. 왜냐하면 아덴의 공동체는 사도 바울의 선교계획, 여행계획, 그리고 연보계획 등에 큰 역할을 보이지 않고 있기 때문이다. 이것에 관해서는 우리는 주후 170년 아덴에 있는 기독교 공동체로부터이다(유세비우스, KG IV 23, 2 이하: 아덴의 공동체에 보내는 고린도에 있는 디오니시우스의 편지[그는 아덴의 첫 번째 감독이었다고 한다]).

사도행전 17:16-34이 간직하고 있는 전승들의 토대 위에서 역사적인 성과는 상대적으로 적다. 그러나 이러한 결과에 대하여 아덴이 사도행전에서 바울이 핍박을 받지 않고 설교한 유일한 도시였다는 것을 간과해서는 안된다. 그렇기 때문에 이 모든 이야기는 하나의 좋은 역사적인 전승으로 간주되어져야 할 것이다(Lake/Cadbury, Beg. IV: 208). 왜냐하면 '핍박 모티브'가 없었다는 것은 이 장(章)에서 바울은 거의 전적으로 이방인들에게만 향하고, 유대인들은 단지 주변에 있는 것으로 보인다는 것을 설명하기 때문이다. (아덴의 교육받은 이방인들은 논쟁하지만, 그러나 구체화되지 않는다.) 그러나 E. Meyer에 의하여 제기된 주장 역시 거부된다: "아덴에서의 경과에 대한 누가의 보도가 갖는 신뢰성은 절대로 이 편지(데전)를 통하여 보다 더 잘 확인 될 수 없다"(III: 108). 왜냐하면 데살로니가 전서에서 바울은 아덴에서의 경과에 대하여 언급하고 있지 않기 때문이며 그리고 이것과 관련하여 어떠한 암시도 하지 않기 때문이다.

사도행전 18:1-17

I 목차

- 1절: 아덴으로부터 고린도로의 여행
- 2-3절: 아굴라와 브라스기라의 집에서의 천막 만드는 자/가죽기술자로서의 바울
- 4절: 바울이 안식일마다 회당에서 설교함
- 5-8절: 강화된 바울의 선교활동
- 9-10절: 그리스도 환상
- 11절: 시간표현(18개월)
- 12-17절: 갈리오 앞에서의 바울

II 편집

1절

meta tauta[이 후에]에 관하여 비. 누가의 병행들 7:7(인용); 13:20; 15:16(인용); 누가복음 5:27(마가와는 다름); 10:1; 12:4(마가와는 다름); 17:8; 18:4.

2-3절

이 절들은 언어적-문장론적으로 누가적 색채를 띠고 있다: 비. *onomati*[이름을 가진], *to genei*[태어난](비. 4:36; 18:24), *dia*[통하여]에 의해 유도되는 AcI(목적격+부정사); *chorizesthai*[떠나다]는 *choristheis*[떠나다](1절)를 받아들이고 있다. 빈번한 분사용법은 마찬가지로 편집적이다. 하지만 *kei heuron*[그리고 발견하다]로 시작되는 문장은 기형(畸形)이 되었다(이에 대한 설명을 위해 비. 아래 단락 III). "모든 유대인들"은 누가적인 일반화이다(비. 눅 2:1; 행 11:28; 21:30 그리고 빈번히. 또한 Lüdemann 1980: 31 A33과 더불어). 이 구절은 세계사와 구속사를 서로 중첩시키는 누가적 경향에 잘 들어맞는다. 주의해야 할 것은 로마 황제 글라우디오가 11:28 이후에 여기에

서 두 번째로 구속사와의 연관 속에 등장하고 있다는 점이다. 그럼에도 불구하고 이런 편집적인 상호조화 때문에 브리스길라와 아굴라가 글라우디오에 의해 유대인 칙령이 내려진 해에 고린도로 와서 바울을 만났다는 관련 보고의 전승적 성격이 반드시 배제되어야만 하는 것은 아니다.

Hyldahl 1986은 *prosphatos*[최근에](2절)가 바울의 고린도 도착과 관련되어 있음을 적절하게 지적했다. "그가 그곳에 도착하기 조금 전에… 아굴라와 브리스길라가 로마로 부터 왔다"(124). 이어서 그는 계속 말한다: "후에 쓰여진 사도행전의 저자의 관점에서 본다면 이를 통해서 바울 역시 이미 그 당시 고린도에 왔었다는 것이 절대로 암시되고 있지 않다"(같은 책). 나의 견해로는 마지막 문장은 논란의 여지가 있다. 그러나 비록 이 문장이 적절하더라도 사도행전 18장에 근거해서 제기된 Hyldahl의 주장, 즉 브리스길라와 아굴라가 기원후 41년 글라우디오가 유대인 칙령을 선포한 해(아래 315쪽을 보라)에 그리고 바울이 기원후 49년에 고린도에 왔다는 가정(같은 책)은 부적절하다. 왜냐하면 전승의 단계에서 글라우디오 칙령, 아굴라와 브리스길라 그리고 바울이 서로 결합되었기 때문이다. *prosphatos*[최근에]를 통해서 누가는 브리스길라와 아굴라 및 바울의 도착이 앞뒤로 이루어진 것으로 구체화하고 있다 -이에 덧붙여 Hyldahl 1986: 122-124는 사도행전 18장에 한 번 이상의 고린도 체류에 관한 전승들이 합쳐져 있다는 것을[이에 관하여 위 17-19쪽을 보라] 거부하는 잘못을 저지른다.

4절

이 절은 누가의 연결구성으로 부터 유래했다. 이 절은 다음의 본문단위인 5-8절을 예견하면서 바울 설교의 두 목표 그룹들: 유대인과 이방인을 지칭하고 있다는 점에서 편집적이다. 또한 이 절은 누가적 언어로 (Lüdemann 1980: 175 A48) 사도의 강화된 선교활동을 보고하고 있는 5절로 연결하는 기능을 가진다. 이 선교활동을 위해서 4절은 안식일 마다 의 설교를 단지 매주 한 번만 행해지는 사소한 선교활동으로 보고하면서 내적인 전제를 제시하고 있다.

5-8절

5b는 4절의 첫 번째 부분에서 언급된 유대인들에 대한 설득을 더 자세하게 전개하고 설명하고 있다. 이것이 실패했을 때 바울은 상징행위와 함께(비. 행 13:51; 느 5:13) 유대인으로 부터 돌이켜서 이방인에게로 향한다(6절: "너희들의 피는 너희의 머리도 돌아갈 것이다! 나에게는 잘못이 없다; 지금부터 나는 이방인들에게로 간다"). 이로써 4절의 두 번째 부분인 그리스인들에 대한 설득이 자세하게 펼쳐진다. 5절 이하의 다음과 같은 부분들은 언어적으로 누가적이다:

5절: *diamartyromenos*[증언하다](예수가 그리스도라는 설득의 내용에 관해서 비. -편집적인- 9:22; 17:3; 18:28; 28:31), 6절: 절대속격을 사용한 구성, *eipen pros*[~에게 말하다], *apo tou nyn*[지금부터], *poreusomai*[가다]. 비록 유대인들의 거부하는 태도와 그에 대한 그들의 저주(*blasphemeo*[욕, 모독하다])가 전형적인 것일지라도 *antitassomai*[대적하다]는 누가에게서 단 한 번만 등장한다. 7절: (*tis*[어떤]와 결합된) *onomati*[이름을 가진]는 편집적이다(비. 2절). 8절: *syn holo to oiko autou*[그의 집에 있는 모든 사람과 함께]는 Weiser 1985에 따르면 *Oikos*[집]형식(16:15.32.24)처럼 "누가적인 구성의 강조적인 요소들에"(424) 포함된다. 그럼에도 불구하고 역시 전승이 근저에 놓여 있을 가능성이 있다(아래 단락 III의 311쪽을 보라).

9-10절

누가적 묘사방식으로서의 *horama*[환상]에 관하여 비. 16:10에 대한 설명. 그리스도 환상은 장면의 극적 성격을 높인다. 이것은 적절한 편집적 의미를 산출한다. 왜냐하면 이 환상은 첫째로 바울이 고린도에서 오랜 동안 머문 이유를 설명해주고, 둘째로 누가 시대의 고린도 공동체의 의미를 제시하며(비. 클레멘스전서), 세째로 무엇보다도 바울에게 어떤 고난도 닥치지 않으리라는 예언적인 선언을 통해서 이어지는 갈리오 일화를 연결해주는 성격을 가지고 있기 때문이다.

11절

아래 단락 III을 보라.

12-17절

갈리오 앞에서의 "소송"에 관한 보고는 역시 편집적 양상을 포함하고 있다. 바울은 유대인들의 고발을 방어하기 위해서 한 마디의 말도 할 필요가 없었다. 그가 말을 하기 전에 갈리오가 유대인들의 고발을 거부하고 이를 통해 그리스도인들과 유대인들 사이의 다툼에 관여하기를 원하지 않는 이상적인 총독으로 등장한다(비. 23:29; 25:18). 개별적으로 누가의 편집활동에 관한 다음과 같은 흔적들이 발견된다: 12절: *homothymadon*[한 마음으로], *egagon*[데리고 가다]… *epi*[앞으로], 바울에 대한 유대인들의 조치(비. 13:45.50; 14:2 그리고 빈번하게). 13절: 바울이 '율법에 어긋나게'(*para ton nomon*) 하나님을 섬기라고 가르쳤다는 고발은 내용적으로 16:20 이하; 17:6 이하; 21:28; 24:5 이하의 사도에 대한 비난들과 일치한다(비. Conzelmann 1977: 133-135). *sebesthai ton theon*[하나님을 경외하다]은 *sebomenou ton theon*[하나님을 경외하는](7절)을 상기시킨다. 14절: *mellontos anoigein to stoma*[입을 열려고 할 때], *eipen pros*[~에게 말하다]는 언어적으로 누가적이다. 15절: *onomata*(=명칭, 사람들)에 관하여 비. 1:15. 16절은 어떤 편집활동도 반영하고 있지 않다(*apelauno*[쫓아내다]는 신약에서 단지 이곳에만 나온다). 17절: *pantes*[모든 사람들]은 누가적인 일반화로 소급된다(비. 2절).

Elliger 1978는 현재 단락에서 다음과 같은 역사적 정보를 끄집어낸다: "고발당한 자가 의견을 개진할 수 있는 아무런 기회도 갖지 못했다는 것은…(원문대로!) 갈리오가 처음부터 소송을 벌이는 유대인들을 자신으로부터 떨어뜨리려는 의도를 가지고 있었다는 가정 하에서만 이해될 수 있다. 이 때문에 그는 아마도 유대인들의 고발을 그것이 가진 본래의 의도와는 다른 의미에서 해석을 하고 있다. 바울이 공식적으로 어긴 *nomos*[율법]는 다른 경우와 마찬가지로 유대인의 율법이 아닌 로마의 법을 의미했다. 하지만 갈리오는 이를 전자로 이해하는데, 그렇지 않다면 그는 처음부터 다툼을 유대인 내적인 문제로 처리할 수 없었을 것이다. 이렇게 그는 선한 양심에 관한 문제를 내버려 둘 수 있었다. 왜냐하면 이 문제는 공적인 안전에 어떤 위험도 야기하지 않기 때문에 그의 관할 범위 안에 들어오지 않는다. 다시 말하자면 갈리오는 총독으로서 아마도 흠 없이 행동했다. 하지만 고발에 대한 거부가 결코 바울을 위한 입장표명을 의미하지는 않는다. 바울은 나머지 유대인들과 함께 법정에서 쫓겨나고(16절) 계속해서 그의 동족들의 적대행위에 노출된 상태에 있게 된다. 그 무엇도 우리로 하여금 갈리오의 결정 후에 터져 나온 주변 군중들의 반유대적 감정표출이 -회당장 소스데네가 구타를 당한다- 갈리오 자신에게도 낯설지 않았다는 의심을 멈추게 할 수 없다: 로마에서 그는 글라우디오 때 벌어졌던 유대인들의 소요를 목격했고 그의 동생 세네카도 *gens sceleratissima*(가장 사악한 종족)에 관해 이야기한 바 있다. 갈리오에게는 바울도 역시 유대인에 불과하다"(236 이하).

저자의 지능적인 이런 전개를 통해서 역사화하는 주석(historisierende Exegese)의 당혹스러움이 눈앞에 드러난다. 이 주석은 근거 없이 편집사적 관점을 거부함으로써 역사적 어려움들 가운데 빠진다. 왜냐하면 바울이 아무 것도 말할 수 없었다는 것은 생각할 수 없는 것이기 때문이다! 이외에도 16절에서 바울도 역시 쫓겨났는지는 공중에 떠 있다. 끝으로 16절에 대한 17절의 긴장으로 부터(아래 단락 III을 보라) 본문이 무엇보다 먼저 편집적 측면에서 읽혀져야 한다는 것이 분명하다(갈리오가 유대인들을 쫓아냈음에도 불구하고 여전히 한 유대인이 구타를 당하는 것은 역사적으로 불가능하다).

III 전승

1절

고린도에로의 바울의 여행은 편집적이다.

2-3절

부부 아굴라와 브리스길라의 집에서 천막을 만드는 자 및 가죽 기술자(*skenopoios*의 번역에 관해서 비. 아래 316쪽을 참조)로서의 바울의 직업적 활동은 이 부부가 글라우디오의 유대인 칙령 때문에 로마로부터 왔다는 것과 함께 전승을 반영하고 있는 것으로 보인다. 여기에는 바울의 고린도 도착이 전승 단계에서 글라우디오의 칙령 근처에 직접적으로 위치하게 되었다는 것도 동시에 전제되어 있다(Hyldahl의 다르게 표현된 주장을 위하여 위의 307쪽을 보라). 우리는 위 단락 II에서 글라우디오 기록이 편집적이고 누가의 누가-행전에서 세계사와 구속사를 서로 결합시키고 있는 구절들에 속할 가능성에 대해 언급했다. 하지만 비록 여기에 누가적인 의미가 분명하게 나타나지만 다음과 같은 근거들은 2-3절의 전승적인 기원을 지지해 준다: 1) 2-3절 문장들의 간결함은 다양한 전승들이 여기에 들어와 있다는 가설을 통해서 가장 잘 설명될 수 있다. 2) 바울이(우선적으로 동일한 믿음이 아닌) 동일한 직업 때문에 아굴라와 브리스길라에게 받아들여졌다는 것은 독특하며 아무런 의도가 없는 보도이다(따라서 여기에는 -Roloff 1981: 270와는 반대로- 누가적 연결구성이 적용되지 않았다). 3) 누가는 아굴라와 브리스길라를 기독교 교사로 소개하고 있는데(26절에서 그들은 아볼로에게 기독교적인 "도"[Weg]에 관해서 도움을 준다) 이 절들에서는 이에 관한 흔적을 찾을 수 없다. 이런 사실도 역시 2절 이하(그리고 18절 이하)가 전승에서 비롯되었음을 지지해 준다. 4) 아굴라가 본도 출생이라는 진술(비. 행 2:9)은 목적이 없는 보고이다.

5-8절

실라와 바울이 마케도니아로 부터 왔다는 기록은(5절) 전승으로 돌릴 수 있을 것이다(비. 고후 11:9; 빌 4:15). 바울이 디디오 유스도의 집에서 가르쳤다는 기록과(7절) 회당장 그리스보의 회심에 대한 기록(8절)도 마찬가지이다. 이 모든 경우에 있어서 목적이 없는 구체적인 진술이 문제시 된다. - 그리스보의 집의 회심에 관한 보고는 역사적 근거에서도 마찬가지로 전승일 가능성이 매우 높다(아래 318쪽을 보라).

9-10절

이 절들은 전승 안에서 어떤 발판도 가지고 있지 않은 것 같다(위 308쪽을 보라).

11절

"18개월"이라는 시간표현은 누가에게서 비롯된 것이 아니며 따라서 전승적이다.

12-17절

이 단락에 포함되어 있는 전승요소들은 갈리오 앞에서의 "재판"에 관한 기록과 회당장 소스데네의 이름이다. 누가가 갈리오 앞에서의 (무)재판(Nicht-Prozess)을 창조한 근거였던 이 전승이 어떤 모습이었는지는 대답하기가 어렵다; 하지만 나는 나의 이전 제안을 반복하고 싶다: "누가는 바울의 고린도 방문을 갈리오라는 인물과 연결시킨 한 전승을 가지고 있었고 이것을 -그의 신학의 의미에서- 갈리오 앞에서 진행된 바울에 대한 무재판의 일화로 구성하였다. 아마 누가는 무재판에 이어서 고린도 사람들에 의해 구타를 당한 소스데네라는 인물도 같은 전승으로 부터 알게 되었을 것이다. 이것은 문학비평적으로 보았을 때 소스데네라는 인물이 도대체 누가에 의해 구성된 유대인들의 고발과 갈리오의 대답을 묘사하는 장면에 잘 맞지 않으며 이 장면은 법정으로부터 유대인들을 쫓아내는 것으로(16절) 종결되었을 것 같다는 관찰로 부터 그 가능성을 부여 받는다. 이와 반대로 이어지는 17절은 소스데네의 구타에 관한 보고를 통해서 약간의 엇박자를 내고 있고 16절과 긴장을 이루고 있는데 그 이유는 이 절에서 회당장이 쫓겨나지 않았음이 분명하게 전제되어 있기 때문이다-그렇지 않다면 백성들이 그를 법정에서 혹독하게 때릴 수 없었을 것이다. 따라서 나는 다음이 가장 가능성이 높다고 생각한다: 누가는 갈리오와 소스데네란 인물들을 바울의 고린도 체류와 결합된 동일한 한 전승으로부터 알게 되었고 이로부터 갈리오 앞에서 행해진 바울에 대한 유대인들의 "무재판"을 구성해 냈으며 회당장 소스데네가 당한 구타에서 유대인들에 대한 징계를 예시화했다"(Lüdemann 1980: 179).

Weiser 1985는 이 제안에 반대하여 다음과 같이 주장했다:
"'무재판에 대한 의도된 기술'(Lüdemann)이… 문제시 된다는 것으로부터 바울이 이 사건에 참여하지 않았다는 결과가 유도되는 것은 아니며, 오히려 일관성이 있는 누가의 구성의도에 따르면 바울 자신이 22-26장의 재판보고에서 처음으로 발언할 기회를 얻어야만 한다는 결과가 도출된다"(487). 누가적 편집작업의 많은 부분이 "예를 들어, 16:19-24의 빌립보 장면에서처럼 총독 앞에서의 바울에 대한 고발을 거부하는 논쟁으로 이끌지는 않는다"(487). 때문에 다음과 같이 가정할 수 있다: "유대인들이 갈리오 앞에서 바울을 고발했다. 이 고발은 그의 관할영역에 속하지 않는다는 선언과 함께 거부되었다. 이어서 유대인에게 적대적인 군중들이 유대인의 대변자 소스데네를 구타했다"(487).
반론: Weiser는 그에 의해 마지막으로 묘사된 역사적 과정을 근저에 놓여 있는 전승요소들에 고정시킬 수 없다(특별히 그가 488쪽에서 그 편집적 성격을 적절하게 강조하고 있는 유대인들의 고발의 경우). 이외에도 하나의 역사적인 혼란이 남아 있다: 왜 유대인에게 적대적인 군중이 유대인 바울이 아닌 유대인 대변자(본문대로! -Weiser는 여기서 암묵적으로 한 회당장에 관해 말했던 사도행전 본문의 변형을 시도한다) 소스데네를 때렸는가? 끝으로: 16:19-24의 빌립보 장면의 경우는 바울이 편지를 통해서 그곳에서 벌어졌던 사건들을 발하고 있기 때문에 판단을 위한 출발점이 다르다.

위에서 결정된 전승요소들은 서로 어떤 관계를 가지고 있는가? 내 견해로는 그들은 1-11절과 12-17절의 두 그룹으로 나눠질 수 있다. 이 가정은 a) 문학적인, b) 언어적인, 그리고 c) 연대기적인 근거들을 가지고 있다.

a) 1. 18개월이라는 시간표현은(11절) 2-8(10)절에서 보고된 시기와 연관되는 것이 분명하다. 2. "갈리오가 아가야 지방의 총독이 되었을 때…"라는 문장이 갑자기 시작되어서 마치 이전에는 바울의 고린도 체류에 관해 이야기되지 않았던 것처럼 보이게 한다. 이전에는(18개월 동안에 [11절]) 누가 총독이었는가에 관한 질문도 열려 있다. 3. 12-17절은 그 자체로 완전히 이해될 수 있으며 양식비평적으로 "극적인 일화"로서 1-11절과는 분명하게 구분된다.

b) 8절에는 회당장이 그리스보라고 불리고 17절에서는 소스데네로 불리고 있다. 유대 공동체들에는 단지 한 명의 회당장이 있었다(비. Lüdemann 1980: 177 이하). 때문에 두 명의 회당장들의 이름은 서로 다른 시기를 반영하고 있을 가능성이 높다.

이러한 결론에 대하여 고린도에서 방금 새 회당장이 이전 회당장의 자리에 임명되었을 것이고 이 회당장은 그리스보와 마찬가지로 새 믿음을 받아들였을 것이라고 반박할 수 있다. 하지만 이러한 확정은 누가가 목격자였거나 아니면 그가 전체 장의 핵심내용을 바울의 동반자의 일기장으로부터 가져왔을 경우에만 가능하다. 하지만 이러한 가정들은 받아들여질 수 없기 때문에 문학적 분석이 견지되어야 하고 위의 이의제기에 대해서는 잘못된 대상에 대해 역사화를 시도했다는 비판이 가해져야 한다(비. Lüdemann 1980: 177 이하 A52).

c) 1. 로마로 부터의 유대인들의 추방은 아마도 글라우디오 치세의 첫 해인 기원후 41년에 일어났다(비. Lüdemann 1980: 183-195). 최근의 주석서들은 이런 사실을 무시하거나(Schneider, Schiller) 혹은 간단하게 기록은 하지만 바울 연대기와의 불일치 때문에 기원후 49년을 41년 보다 더 가능성이 높은 것으로 간주하거나(Weiser 1985: 489 -Orosius의 자체로 모순적인 진술들이 은밀하게 Dio Cassius의 진술들과 동일한 가치를 획득하고 있다, 어떤 주석도 불필요한 과정) 혹은 이 사실을 객관적으로 잘못되었다고 본다(비. Roloff 1981: 270는 Suetonius를 따라서 추방 연대를 기원후 49년으로 잡는다). 최근에

올바르게 이에 반대하는 저자들의 목록이 Lüdemann 1984: 192쪽(A99)과 292쪽에 제시되어 있다; 비. 마찬가지로 Hyldahl 1986: 124, A26과 함께. T. Holtz(데살로니가 전서, EKK XIII, 1986, 18 A48) 를 통한 Orosius의 진술의 "권리 회복"은 방법론적으로나 객관적으로 불충분하다("유대인에게 적대적인 정치" 대신에 같은 곳에서 "유대인에게 호의적인 정치"로 읽으라). 2. 갈리오는 51-52년에 아가야의 총독이었다(비. Lüdemann 1980: 181-183).

IV 역사성

1. 1-11절의 전승들에 관하여

선교를 목적으로 한 아테네로 부터 고린도로의 바울의 여행은 바울 서신들과 조화를 이룬다(비. 살전 3:1 이하.6).

브리스길라와 아굴라가 고린도에 도착한 것에 관한 전승은 바울의 증언들에 의해 확증된다. 우선 바울 서신들은 글라우디오가 유대인 칙령을 내린 해가(=기원후 41년) 고린도에서 바울이 공동체 설립 설교를 했던 시기와 일치할 가능성을 지지해 준다(Lüdemann 1980: 195-198). 이에 따라 부부 브리스길라와 아굴라는 고린도전서 16:19와 로마서 16:3에 등장한다. 고전 16:19에서는 이 둘의 집에 모이는 교회가 고린도 사람들에게 인사를 하고 있는데 이는 고린도 사람들이 이 둘을 알고 있다는 사실이 전제되어 있다(물론 이것은 Schille 1983: 363에 의해 거부된다). 아굴라와 브리스길라가 바울의 수행자로 에베소에 있다면 그들은 바울이 공동체 설립을 위해 고린도를 방문했을 때 그를 알게 되었을 가능성이 가장 높다.

아굴라와 브리스길라가 고린도에 왔을 때 이미 그리스도인들이었는가, 혹은 바울이 그들을 회심시켰는가? 누가는 암묵적으로 첫 번째 가능성을 가정하고 있는 것처럼 보인다(비. 18:26). 이와 달리 전승은(2절 이하) 이 부부가 기독교 교회에 소속되어 있음을 전제 하지 않고 대신에 동일한 직업에 대한 지적을 통해서 바울과의 연관관계를 위한 동기부여를 하고 있다. 따라서 부부가 바울과의 만남을 통해서 그리스도인이 되었다는 역사적 결론은 어느 정도의 근거가 있다(이와 달리 Weiser 1985: 490). (아굴라와 브리스길라는 고린도에서의 첫 번째 회심자들이 아니다. 왜냐하면 바울은 스데바나 집안 사람들을 *aparche tes Achaias*[아가야의 첫 열매]로 지칭하고 있기 때문이다[고전 16:15].)

te kat' oikon auton ekklesia[그 집에 있는 교회]라는 표현(고전 16:19)은 아굴라와 브리스길라 주변에 모였던 가정교회를 가리킨다. (바울 서신에 나오는 가정교회에 관해서는 비. Klauck 1981: 21-47. 바울 시대의 고린도 지역의 집의 구조에 관해서는 비. Murphy-O'Connor 1983: 153-155; 식사하는 방[triclinium]은 41m²의 넓이였다.) 이 표현은 이 부부의 부유함에 관한 첫 번째 정보를 전해 준다. (그들의 여행들도 이를 지지해 준다; 바울 서신들로부터 고린도-에베소-로마로 이어지는 여행경유지를 재구성 할 수 있다.) 이 부부가 가진 부(富)로 그들은 다른 사람들을 고용했고 그 가운데 바울이 들어 있었을 것이다. 바울이 고린도에서 수공업 일을 했다는 사실은 그 자신의 진술에 의해서도 확인된다(고전 4:12 그리고 빈번하게). 그가 아굴라와 브리스길라처럼 천막을 만드는 자 및 가죽 기술자(*skenopoios*) (토론을 위해서는 비. Hock 1980: 20-25; Weiß 1917: 135; Bauer 1963: 1496)였다는 사도행전의 또 다른 보고는 서신서들에서는 확인할 수 없다. 2-3절에 있는 다른 진술들의 역사적 신뢰성 때문에 이 보고를 의심해서는 안된다.

바울은 로마서 16:3에서 이 부부에게 인사하고 있다. 16장의 근저에 에베소 서신이 놓여 있다는 가정은 더 많은 새로운 어려움들을 야기하기 때문에 16장이 로마서에 속한다는 사실로부터 출발해야 하며 로마서 저술 당시 이 부부는 로마에 있었다고 가정해야 한다. 이들 부부의 로마 거주는 그들이 41년에 추방된 후 글라우디오 치세의 마지막 무렵에 다시 로마로 되돌아왔다고 가정한다면 잘 이해될 수 있다. (롬 16:5에 따르면 여기서 이 부부는 다시 그들 주변에 가정교회를 모았다.)

이 부부가 바울을 위해 그들의 생명을 걸었기 때문에 바울이 롬 16:4에서 이들을 찬양하고 있다면, 이 행위는 바울이 에베소 주변 및 에베소에서 겪은 위험들과 연관되어 있을 것으로 추정할 수 있다(비. 고전 15:32; 고후

1:8 이하). 이 도움과 고린도전서 16:19에서의 이 부부에 대한 언급은 바울이 고린도를 세 번째 방문하기 조금 전까지 이 부부가 고린도에 있었음을 전제하는 것이기 때문에 이들 부부의 로마로의 이주는 그렇게 오래 전의 일이 아닐 것이다. 예전 거주지로의 귀환은 바울의 선교계획에 중요한 의미를 갖는다. 분명히 그들은 -인사목록에 언급된 바울이 잘 알고 있는 그리스도인들과 함께- 장래의 스페인 선교사역의 전진기지이며 로마에 있는 공동체로서 사도가 오는 것을 준비하고 그곳에게 그에게 기꺼운 환대를 베풀었을 것이다(위의 내용은 Lüdemann 1980: 200 이하를 따름).

실라와 디모데가 마케도니아로부터 고린도로 왔다는 전승은 역사적으로 믿을 만하다: 디모데와 실라가 공동체 설립을 위한 방문 때에 고린도에 있었다는 사실은 첫 번째 설교와 관련되어 있는 고린도후서 1:19의 기록을 통해서 확증된다. 이외에도 두 바울의 동반자가 고린도에 있었다는 것은 고린도에서 쓰여진 데살로니가 전서의 서두(1:1)를 통해서도 증명된다. 디모데와 바울이 고린도에 같은 시간에 오지 않았다는 것은 데살로니가전서 3:6로부터 이끌어 낼 수 있는데 여기서는 바울의 고린도 체류와 데살로니가로 부터의 디모데의 도착이 전제되고 있다. 이런 점에서 사도행전 12장의 첫 번째 부분에서 사건배열(우선 브리스길라와 아굴라에게서 일함, 그 다음 디모데의 도착)은 올바를 뿐 만 아니라 이 장은 디모데와 실라가 공동체 설립을 위한 방문 때 고린도에 있었다는 적절한 정보를 포함하고 있다.

바울서신들로 부터 바울이 공동체 설립을 위한 고린도 방문 당시 빌립보로부터 헌금을 받았다는 결론을 이끌어 낼 수 있다(비. Lüdemann 1980: 140 이하). 때문에 디모데가 바울에게 전할 선물을 가지고 고린도로 온 사절 속에 포함되었을 가능성이 어느 정도 있다. 디모데를 아테네에서 데살로니가로 보냈다는 사도의 진술(살전 3:1 이하)은 이것과 모순이 되지 않는데 디모데의 데살로니가 방문은 빌립보로 우회할 의도에서 이루어졌을 수 있다. 누가의 언어로 옷 입혀진 사도행전 18:5의 보고: 실라와 디모데가 마케도니아에서 고린도로 온 이후 바울은 "설교에만 힘을 썼다"는 보도는 디모데와 실라의 도착과 밀접하게 결합되어 있었고 빌립보 공동체의 헌금에 관해서 보고하던 전승을 개작한 것으로 볼 수 있다. 빌립보로부터 전해진 헌금의 배경과 목적은 서신들과 사도행전이 쓰여질 때 이 점에 있어서 새롭게 조명된다: 디모데는 헌금을 모으는데 있어서 적극적인 역할을 했음에 틀림없으며 헌금의 목적은 바울로 하여금 매일의 노동에서 벗어나 복음 설교에 매진할 수 있도록 하는데 있었다. 이 점에서 "그가 설교에만 힘썼다"(행 18:5)는 확증에 올바른 역사적 핵심이 보존되어 있다고 말할 수 있다.

바울이 디도 유스도의 집에서 설교사역을 했다는 전승은 바울서신을 통해서는 확증도 안되고 거부도 안된다. 이 전승은 내가 보기에 역사적으로 믿을만한데, 그 이유는 바울이 고린도에서 설교활동을 위한 장소가 필요했고 디도 유스도라는 이름을 지어낼 이유가 없기 때문이다. 다시 말하자면 바울은 아굴라와 브리스길라에게서 살았고 디도 유스도의 집에서 설교했다. (내가 생각하기에 적절하지 않은 또 다른 가능성은 7절에 거주지 이전이 반영되어 있다고 보는 것이다[이와 같이 Teißen 1979: 251; 비. 사본 D]).

바울을 통한 그리스보의 회심에 관한 전승은 18:8과 고린도전서 1:14의 그리스보가 동일한 인물이라고 한다면 -이에 관해 어떤 의심도 가능하지 않다- 서신들에 의해 확증된다. 바울은 1:14에서 그리스보의 세례에 관해서도 언급하고 있다. 18:8에서는 이에 대해 간접적으로만 암시되고 있다(8b). 반면에 18:8은 그리스보의 집의 회심에 대해 보고하고 있지만 바울은 이에 관해서 말하지 않는다. 하지만 사도행전의 보고를 역사적인 것으로 간주할 수 있다. 한 가정의 우두머리가 회심을 했다면 이는 모든 가족들에게도 적용된다. 가정들의 세례에 관한 진술들이 높은 연대를 가지고 있다는 사실에 대한 증거로서 비. 고린도전서 1:16(이 문제에 관해 비. Klauk 1981: 51-56). 회당장이라는 그리스보의 명칭은 바울 서신에서는 찾을 수 없다. 하지만 이것은 역사적으로 믿을만하다. 왜냐하면 회당장의 높은 명성은(이에 관해 비. Teißen 1979: 235 이하) 왜 바울이 이 경우에 새롭게 회심한 자들에게 세례를 주지 않는 그의 관례(고전 1:14)로 부터 벗어났는지를 잘 설명해 주기 때문이다. 그리스보가 회당장이었고(바울로 부터 세례를 받은) 그리스도인이었다면, 그의 회심은 고린도에서 신호의 효과를 가졌을 것이다.

때문에 8b("이 소식을 들은 많은 고린도 사람들이 믿고 세례를 받았다")은 역사적으로 신뢰할 만한 진술이다.

2. 12-17절의 전승들에 관하여

갈리오가 총독으로 있었던 동안에 바울의 고린도 체류는 바울 연대기에 의해 확인된다(Lüdemann 1980: 195-198). 하지만 위의 전승분석은 언급된 이유들 때문에 갈리오 앞에서 이루어진 바울의 재판에 관한 어떤 진술도 허용하지 않는다.

소스데네라는 인물은 고린도전서의 공저자와 동일시 될 수 없다. (여기에 덧붙여서 소스데네가 그리스도인이 되었다는 것에 대해 보고되지 않고 있다.) 아마도 소스데네는 이전 회당장인 그리스보가 바울의 공동체와 연결된 후, 대략 10년 동안 고린도에 있는 유대인 공동체의 회당장으로 있었던 인물의 이름일 것이다. 이 사실은 갈리오 때에 고린도에 바울의 공동체와 함께 유대인 공동체도 존속했었다는 결론을 허용한다.

사도행전 18:18-23

I 목차

- 18-19a: 고린도에서 에베소에로의 여행
- 19b-21a: 에베소 회당에서의 바울의 설교
- 21b-23절: 팔레스틴을 지나 안디옥으로 가는 바울의 여행. 브리기아와 갈라디아에서의 형제들을 굳건히 함

II 편집

18-19a

18절: 언어적으로 18a전체는 누가적인 색채(*prosmeinas*[머무르다], *hemeras hikanas*[여러 날], *tois adelphois*[형제들])를 띤다. "수리아"(비: 20:3; 21:3)라는 표현은 팔레스틴으로 가는 여행에 관한 것이거나 또는 그것의 종착점과 다음 여행의 출발점인 안디옥으로 가는 여행에 관한 편집적인 예견이다. -18b는 원본에 대한 누가의 편집을 보여주는 단절임이 분명하다. 구문상으로 본다면 *keiramenos*[깍다]는 아굴라와 밀접하게 관련이 있다. 그렇다면 아굴라는 서원을 했기 때문에(비. Wellhausen 1907:14) 고린도의 두 항구중의 하나인 겐그레아에서 머리를 깎았을 것이다. 그러나 그것은 문맥과 전혀 관계가 없으며, 진정 아무런 관련도 없다. 아굴라의 서원에 대해서 언급하고 있고 그밖에 어떤 곳에서도 나타나지 않는 출처의 잔여물로 18b를 보는 대신에 우리는 현재의 본문이 편집적인 의미를 가지고 있는지를 물어야 한다. 그리고 만일, 정말 가능한 것처럼, *keiramenos*[깍다]가 바울과 관계된다면 "(나실인의)서원은 칭찬받을 만한 일로 여겨졌다. 그것은 성전에서만 그것으로부터 자유로워질 수 있었다"(Conzelmann 1972: 117). 누가는 그 서원을 예루살렘으로 가는 길에 일어난 것으로 보았기 때문에(비. 18절에서 "수리아"에 대한 언급들), 바울이 서원 때문에 머리를 깎았다는 보도는 하나의 좋은 (누가에게)의미를 갖도록 했다. 바울은 예루살렘(성전)을 향해서 가

는 도중에 자신이 유대인의 율법(비. 21:23 이하)을 충실히 성취하는 자임을 입증한다. *keiramenos*[깍다]의 문체상 확실한 위치(만일 그것이 바울과 관계된다면)는, *keiramenos*[깍다]의 위치에 있어서 수리아 다음에 곧 바로 나오는 "브리스길라와 아굴라도 그와 함께 하더라"라는 문체상 확연하게 첨가임을 알 수 있는 사실을 통해서 설명될 수 있다. 방금 막 인용한 문장은 아마도 누가의 것일 수 있다. 왜냐하면 에베소에서 그 부부의 체류(비 19절)는 18:24-28을 전제하기 때문이다. 그러나 그것은 또한 전승을 반영할 것일 수 있다(이것은 더욱이 역사적인 숙고들로부터 더 확실한 것처럼 보인다, 아래를 보라. 326쪽).

19b-21a

전체적인 단락은 분명한 편집적인 특징을 갖는다. 이러한 결론은 내용적이고 형식적인(문학비평적인) 근거들로부터 나온다. "저희를 거기(에베소)에 머물러 두고 자기는 회당에 들어가서(19절)"라는 문장은 마치 에베소에는 회당이 없다는 인상을 준다. 이것이 의도된 것이 아니었다라는 것은 에베소를 떠나는 것에 관한 기사인 21b와 바울이 에베소로 돌아오는 것에 대한 예견인, "만일 하나님의 뜻이라면"(19:1 이하에서 실행된다), 그리고 21a가 보여준다. "만일 하나님의 뜻이라면" 뒤에 나오는18-19a의 여행보도는 에베소에서 바울이 출발하는 것과 함께 계속된다. 문학비평적인 방법으로 얻은 19b-21a의 편집적인 기원의 이러한 인식은 내용에 대한 관찰들을 통해서 계속 지지될 수 있다. 19b는 잘 알려진 누가의 연결도식을 포함하고 있다: 바울은 먼저 회당에서 설교한다. 21절은 가능한 바울의 귀환에 대해 예견하고 있다. 이것이 일어난 19:1은 단지 에베소에 바울의 "도착"에 대해서만 마치 그가 여기에 처음인 것처럼 언급한다. 그렇게 편집(19b-21a)과 원문(18. 19a. 21b 이하) 사이에 긴장이 보인다(아래 III를 보라).

우리는 이어지는 본문(24절 이하)으로부터 사도행전 18:19b-21a의 구성에 대한 이유를 이해할 수 있다. 그 본문은 바울이 도착하기 전에 에베소에 그리스도인들이 이미 있었다는 것을 보여준다. 그 다음 누가는 이러한 장면을 통해 바울이 "그 도시에서 첫 번째 그리스도 전도자였음을 보여주기를" 원한다(Conzelmann 1972:117).

21b–23절

23b의 *kathexes*[차례로]는 편집적이다. *mathetas*[제자](23c)도 마찬가지이다. 왜냐하면 누가에게 이러한 표현은 제자들을 위해 선호하는 용어이기 때문이다. 같은 분사의 재사용은 누가 문체의 특징이다.

III 전승

단락 21b-23절은 해석자들에게 그의 간결성 때문에 커다란 문제로 여겨진다. "그 구절들은… 일종의 개요(Epitome)라는… 인상을 준다. 그 세부적인 것들은 더 이상 독자들이 아니라 개요의 저자만 이해할 수 있다…"(Conzelmann 1972:117). 누가가 직접 여행 전체에 대한 보도들을 여기저기 흩어 덧붙였다는 다른 가능성은(Conzelmann으로부터 고려된) 그렇기 때문에 확실하지 않다. 왜냐하면 여행의 편집적인 의도가 밝혀진 것이 아니기 때문이다. 누가의 창작인 바울의 소위 두 번째 예루살렘 여행(11:27-30; 12:25)은 사도행전 18:22과 편집적으로 조화를 이루지 않는다. 그것은 또한 18:22과 다르게 전혀 개요적인 특징을 가지고 있지 않다. 불가능한 또 하나의 것은, 여행 경로에 있어서 소위 우회로들에 의하여 개연성이 있는 것처럼 보이는 "지형적인 편집에 대해서 말하는 것"이다(Schille 1983: 368). 도대체 편집이 어디에 존재하는가? 오히려 누가는 여기에서 예루살렘으로 가는 여행을 포함한 전승의 경유지들의 목록을 사용하는 것처럼 보인(비. Lüdemann 1980: 161). 이렇게 그는 여기에서 18-19a과 21b-23절을 포함하는 전승을 연결시켜 작성하고 있다(비. 경유지들에 대해서는 349쪽을 보라).

IV 역사성

 전승적인 경유지 목록은 바울이 실제로 헬라에서 팔레스틴/수리아로 여행을 했다는 점에서 역사적이다. 그 후 그는 예루살렘 총회에 참석했다. (한편으로 예루살렘으로 가는 마지막 여행과 회담방문 사이에, 예루살렘을 향한 출발과 마찬가지로 안디옥을 향한 출발이 분명히 있다 -Weiser 1985: 502; 비. 또한 주의사항은 21쪽 위). 그러한 가설이 적합하다는 전제하에 가능성 있는 경로가 두 개 있다:

A) 바울이 가이사랴에서 곧 바로 예루살렘으로 갔다(행 18:22b). 그때 디도는 이미 그 여행에서 헬라에서부터 그를 동행했다. 갈라디아서 2:1에 따르면 바울은 바나바와 함께 예루살렘으로 갔기 때문에, 그는 더 이상 발견할 수 없는 한 장소에서 이 사람을 만났다(바나바가 헬라나 에베소로부터 바울과 함께 팔레스틴으로 갔다는 것은 제외시킬 수 있다.). 이러한 제안은 18:21b-23에 있는 각 경유지들을, 바울서신에서 얻을 수 있는 여행지들과 조화시킬 수 있는 장점이 있다(비. Lüdemann 1980: 169-173). 약점은 바나바를 분류하는 문제이다. B) 바울은 디도와 함께 헬라에서 가이사랴로 여행했다. 그 다음 안디옥으로 그리고 여기에서 디도를 데리고 바나바와 함께(회담을 하러) 예루살렘으로 간다. 그리고 이어서 다시 소아시아와 헬라로 돌아간다. 이러한 제안은 다음과 같은 장점들이 있다:

1) 그것은 18:21b-23에 있는 안디옥으로 가는 여행을 묘사한 여행보도의 인물을 만족시킨다. 2) 짐작컨대 안디옥 회담 직전에 방문해야만 하고, (이럴 경우에)바울과 함께 안디옥에서 예루살렘으로 갔을 바나바는, 바울의 여행에 의미있게 분류될 수 있다(행 15:1 이하; 갈 2:13). 3) 안디옥의 에피소드는 설득력있게 회담의 원인으로 귀속될 수 있다(Lüdemann 1980: 105). 이러한 가능성의 단점은, 사도행전 18:23이 안디옥에서 예루살렘으로 가는 여행에 대해 전혀 보고하고 있지 않다는 점과, 18:22b(*aspasamenos ten ekkesian*[교회에 인사를 하다])가 편집적 메모로 간주될 수 있을 것이라는 점에 있다(안디옥에서 예루살렘으로 가는 [언급되지 않은]이후 여행의 편집적인 예견으로서). 하지만 만일 누가가 하는 보고의 직접성을 떠올린다면, 그 두 가지 어려움들은 극복하기 힘든 것만은 아닐 수 있다. (그는 바울이 아라비아로 간 여행에 대해서 보고하는 것이 아니라[갈 1:17], 그 사도를 다메섹에 머물도록 한다[행 9:19 이하]. 또한 그는 고린도를 중간에 방문한 것에 대해서도 보고하지 않는다. [비. Lüdemann 1980: 128 mit A165].)

사도행전 18:24-28

I 목차

- 24-26절: 에베소에서의 아볼로의 설교행위와 아굴라와 브리스길라를 통한 그의 가르침
- 27-28절: 아볼로의 아가야로의 여행과 유대인들을 향한 그의 설교

II 편집

24-26절

언어적으로 이 단락은 누가적이다: 비. 단지 서론적인 표현인 24절, "아볼로라고 하는 유대인이", 25절: *akribos*[주의 깊게], 26절: *parrhesiazesthai*[담대히 말하다]. 25절: 아볼로는 의도적으로 "반(半)그리스도인"으로 소개되는데, 그는 일찍 주의 도를 배워 예수에 관한 것을 자세히 가르쳤다(*ta peri tou Iesou*[예수에 관한 것] -비. 눅 24:19), 그러나 요한의 세례만 알았다(비. 편집적인 병행구인 19:3). 26절: 브리스길라와 아굴라는 그에게 주의 도를 더 자세히 풀어 일렀다. 즉 그들은 그에게 온전한 기독교의 가르침을 소개했다. "아볼로는 예수의 가르침을 정확히 알아야 한다. 그리고 그것을 이제 겨우 배워야 한다는 것에 놓여있는 불합리를 누가는 지각하지 못했다"(Meyer III: 113).

상기 설명은 누가적으로 이해된 바울의 기독교를 위하여 아볼로를 구원하려는, 그러나 다른 한편으로는 에베소에서 수반된 바울 이전 전승을 은폐하려는 누가의 편집적인 작업으로부터 유래한다.

27-28절

27절: *paragenomenos*[도착하다]는 언어적으로 누가적이다. 28절: 유대인들에 대한 아볼로의 설교는 편집적인 연결도식에 기초하고 있다. 설교내용(기독론적 성서증명)은 편집적이다(비. 18:5).

III 전승

유대인 아볼로의 인격에 관한 전통적인 특징은 사용하는 자료의 편집적인 작업의 긴장으로부터 생겨난다. 그리스도인 성령주의자 아볼로(비. 25절: "성령으로 불타오르는/zeon/) -비. 롬 12:11)의 인격은 분명하게 에베소에 기원한다. 이러한 전승 또한 아볼로를 아가야(고린도)(장소에 대해서는 19:1을 보라)로 가기를 권했던 바울 이전 기독교공동체에 속한다("그 형제들", 27절).

전승은 기독교인이 아닌 한 유대인에 관해 언급하는데, 그는 회당에서 열광적인 가르침을 전했으며, 아굴라와 브리스길라에 의하여 회심하게 되었다는 것을 부분적으로 대변하는 그러한 가정은 개연성이 있다. 에베소에 있던 바울 이전 기독교의 존재에 대한 사실은 이와 반대로 말한다. (아볼로의 회당설교는(26절) 게다가, II에서 분명히 했던 것처럼, 누가의 연결도식에 근거한다.) (단지)브리스길라가 아볼로를 가르쳤다는 가정은 거의 맞지 않다 (Schüssler-Fiorenza 1983: 179).

Schille 1983는 위에서 언급한 구절에 관한 전승의 특징에 대해 다음과 같이 반박한다: "바울 이전의 흔적을 여기에서 감지하는 자는 편집적 결합들에 역사적인 무게를 더하는 것이다."(395) 그것은 거의 옳지 않다. Schille(Meeks 1983:41 도 비슷하게)는 누가가(에베소에 있는 바울 이전의 기독교를 보면서) 곧 바로 8:19 이하를 가지고, (바울은 단지 회당에서 말했을 뿐이다) 에베소인들을 위해 바울이 한 처음 설교라는 것을 최소한 간접적으로 요구하고 있다는 사실을 간과하고 있다. 역사적인 아볼로의 질문에 대해 비. Weiser의 개요 1985: 505 이하.

역사적인 근거들로 부터 아굴라와 브리스길라 역시 에베소에 있던 전승의 일부분 일지도 모른다(비. 고전 16:19). 그러나 누가나 또는 이미 아볼로의 전승이 그 부부에게 서사적으로 편입시켰는지는 분명하지 않다; Weiser 1985: 508 는 후자를 지지함: 그 부부는 아볼로를 받아들였으나, 그렇지만 더 자세하게 가르치지는 않았다.

IV 역사성

바울서신으로부터 우리가 알 수 있는 것은, 아볼로가 에베소에서 바울과 함께 사역했다는 것이고(고전 16:12 "형제 아볼로에 대하여는 그에게 형제들과 함께 너희에게 가라고 내가 많이 권하였으되 지금은 갈 뜻이 전혀 없으나 기회가 있으면 가리라"), 고린도에도 역시 알려진 사실은 그가 바울이 떠난 뒤에 어디로 갔는지에 대한 것이다. 고린도전서 3:6에서도 바울은 다음과 같이 말한다: 그는 스스로 심었고, 아볼로는 물을 주었다. 고린도에 하나의 당파가 아볼로의 이름으로 불려졌다(고전 1:12). 그는 고린도로부터 에베소로 여행했고 여기서 고린도 공동체 또는 몇몇의 고린도 공동체 일원들이 희망했던 것처럼, 고린도로 갈 것인가를 망설인다(고전 16:12). 아볼로가 "열심으로" 말했다는 전승은 역사적인 것으로 간주해도 된다. 왜냐하면 이 전승은 고린도전서의 자료들과 거기로부터 추론할 수 있는 고린도의 열광주의자들과 아볼로 사이의 긴밀한 관계로부터 추론할 수 있기 때문이다. 그러므로 아볼로는 초기 기독교의 성령주의자였다. 형식으로 보면 그는 스데반, 빌립, 고린도의 성령주의자들과 파송 받은 순회 선교자들과 일치한다(비. Lüdemann. 1983: 111. 136 이하).

아마도 아볼로라는 인물(*Alexandreus to genei*[알렉산드리아 출신])은 40년경에 알렉산드리아에 있는 한 기독교 공동체의 존재를 증명한다.

즉, 에베소에 바울이 세운 공동체가 없다는 위의 전승은 서신을 통하여 간접적으로 확인된다: 1) 고전 16:8은 바울이 낯선 영역에 있다는 사실을 알려준다; 2) 에베소의 공동체는 바울이 세운 갈라디아, 아가야 그리고 마케도니아와 달리 연보에 함께 동참하지 않았다. 사람들은 마지막 주장에 대하여 사도행전 20:4에 근거해서는 안된다. 왜냐하면 그 명단에는 기대했던 공동체의 이름들이 빠져 있기 때문이다. 그 공동체의 이름으로부터 우리는 그들이 연보에 동참했고 동행자들을 보냈다(고린도, 빌립보)는 것을 확실히 알 수 있었을 것이다. 비. Ollrog 1979: 56 이하. 당연히 20:4에서 언급되는 바울의 동행자인 드로비모는 에베소 출신일 것이다(21:29).

사도행전 19:1-7

I 목차

- 1절: 에베소에서 요한의 제자들과 바울의 만남
- 2-4절: 성령과 세례에 관한 대화
- 5-6절: 바울을 통한 요한의 제자들의 세례와 그들에게 임한 방언과 성령의 은사
- 7절: 세례 받은 자의 수

II 편집

1절

1절은 1-7절의 역사를 앞선 18:24-28과 연결시킨다. 앞서 묘사했던 것처럼 에베소에서 아굴라와 브리스길라에게 가르침을 받았던 아볼로는 고린도로 가고, 반면에 바울은 에베소에 온다. (두 사람의 만남을 회피하고 있음을 주시하라.) 1절은 여기에 18:23에서 중단되었던 여행경로를 연결시킨다. 그 사도는 소아시아 내륙의 "고지대"(*ta anoterika mere*)인 갈라디아와 브리기아에 있고, 18:21에서 그가 기대했던 것처럼 그곳에서 에베소로 온다.

2-4절

2-3절: 요한의 제자들에게 성령을 받았는지를 묻는 바울의 질문은, 요한의 제자들이 그들의 현재 상태 때문에 당연히 알 수 없는 것, 즉 세례와 성령이 함께 속해있다는 것을 전제하며 구성되었다. "요한의 세례를 받았다"는 특별한 진술은 그의 이름으로 받는 세례에 대해서 누가가 정확히 언급하기를 원치 않는다는 결과를 가져온다(Conzelmann 1972:119). 4절: 편집자의 손은 누가복음 3:16(병행. 막 1:7 이하/마 3:11 이하)과는 다르게, 세례자 요한이 서슴없이 예수에 대한 믿음을 요구하고 있음을 가리키고 있다(행 13:24 이하는 다시 공관복음서의 전철을 밟는다).

5-6절

5절: 예수의 이름으로 요한의 제자들이 받았던 세례는 4절에 의해 준비되었다. 6절: 방언을 말함은 오순절 이야기(행 2장)와 연결된다.

7절

"열둘"이라는 수는 누가의 편집으로 생겨난 것이 틀림없다(비. "7"이라는 수, 행 19:14); "대략(*hosei*)"이라는 표현은 확실히 누가적이다.

19:1-7의 단락은 편집으로 알려진 18:24-28의 병행 구절들을 가리킨다: 두 경우에 있어서 단지 요한의 세례는 참여한 자들에게만 알려져 있다. 아볼로가 그리스도의 도에 관해 정확하게 알았다면, 또는 에베소에 있는 요한의 제자들이 세례를 받고 나서 바로 그 다음에 성령을 받았다면, 그것은 각각 다시금 재조명 받아야만 한다. 누가는 그 역사를 병행적으로 이야기함으로써 간접적으로 말하고 있다: 아볼로는 마찬가지로 먼저 가르침에 따라 성령을 받았다. 누가는 기독교의 비 바울적 형태들이 예루살렘-바울적인 것을 통해 승인을 필요로 한다는, 앞선 단락에서 언급했던 견해를 그것으로 뒷받침하고 있다(비. 8:14이하).

III 전승

요한의 제자들이 존재했다는 것에 관한 이야기는 어떤 전승의 일부분이었을 것이다. 부활절 이후에 예수의 제자들과의 그들의 접촉은 아마도 마찬가지로 이러한 전승의 요소였을 것이다. 그렇지만 내 생각으로는 그 전승이 요한의 제자들의 회심에 대한 보도인지, 또는 그것이 에베소에 속한 것인지는 증명할 수 없다. 오히려 누가는 제자들을 아볼로와 함께 병행시키기 위해, 그리고 그것과 함께 아볼로의 열등함을 표현하기 위해서 에베소를 위한 전승이 필요했다. 누가는 그 밖에 요한의 제자들에 대한 어떤 독자적인 관심도 없다.

 세례자의 선포의 내용(19:4)은 편집적으로 고친 것(즉, 요한이 예수에 대한 믿음을 요구했던 것)을 제외하고는 전승에 따른다. 그것은 이미 예수어록 원안(Q-Vorlage)에 있었으며, 마찬가지로 요한의 제자들의 전승에 속한 것은 아니었다.

VI 역사성

요한의 제자들과 관련된 전승의 역사적 핵심은 그들이 기독교 공동체들과 접촉을 했는가(비. 요 1:35-42), 아니면 누가가 요한의 제자와 한 기독교 공동체 사이에서 접촉을 꾸민 것인가 하는 것이다. 만약 첫 번째 가능성이 옳으려면, 우리는 요한 공동체로부터 비판당하는 요한의 제자들 안에서(비. 요1:20; 3:28), 그리고 후대의 클레멘트 서신의 정보에서 R I 54; 60(당연히 이것은 하나의 편집적인 구성일 것이다 -비. Lüdemann 1983: 239 이하) 그것을 위한 하나의 흔적을 갖고 있다. 사도행전 19장의 토대 위에서는 에베소에 요한의 제자들의 존재가 있었다는 것을 받아들이기에는 충분하지 않다.(비. W. Baldensperger, Der Prolog des vierten Evangeliums. Sein polemisch-aplogetischer Zweck, 1898, 93-99: 그는 아볼로를 요한의 제자로 간주하려함)

사도행전 19:8-22

I 목차

- 8절: 회당에서의 바울의 3개월 동안의 설교
- 9-10절: 회당으로부터의 전향과 2년 동안의 두란도 서원(학교)에서의 설교
- 11-12절: 요약: 바울의 기적행위
- 13-16절: 유대인 마술사와 특별히 대제사장 스게와의 일곱 아들의 실패
- 17-20절: 마술사의 실패와 그 주변인들에 끼친 영향
- 21-11절: 바울의 여행계획

II 편집

8절

이 구절은 누가의 연결도식에 기초한다. (그것은 여기에서 18:19에 따라 유대인들에게 하는 갱신된 설교에 관한 것이다. 그 설교는 먼저 그들을 분열로 이끌 것이다.) 유대인들에 대한 설교기간의 삽입은 편집에 따른 것이다. 왜냐하면 신약성서에서 단지 누가만 *basileia*[나라]를 전도와 연결시키고 있기 때문이다(비. 8:12). 비. 그 외에 8절에서 눈의 띄는 병행구들은 28:23, 31.

9-10절

그들의 잘못에 의한 결과로서 9절에서 유대인들로부터 바울이 떠난 것은 편집적이며, 상투적인 것이다. *hodos*[길, 도(道)]에 대해서는 비. 23절에 대한 아래. "아시아에 사는 자는 모두 하나님의 말씀을 들었다"는 진술은 누가적 동의어 반복에 해당한다. 설교의 대상인 "유대인이나 헬라인이나"(10절; 17절 등)는 그 외에 편집적으로 18:4에서 등장한다.

11-12절

이 구절들은 "(손수건이나 앞치마에 관한 남의 이야기를 들은 것에 근거하여)

기적 행위자 바울의 개괄적인 모습을 제공한다. 이후에 그 모습은 비. 5:12 이하 참조. 이러한 메모는 한 에피소드의 준비를 돕는다: 그것은 기적 행위자와 기적 실패자 사이의 대조를 이룬다" (Conzelmann 1972: 120).

13-16절 (단락의 편집적인 위치와 문맥에서의 그 의미에 대해 17-20절 아래를 보라):

13절은 이어지는 이야기의 도입부인데 편집적으로 보인다. 언어사용은 누가적이다; 비. 단지 *epecheiresan*[시도하다](신약성경에서는 단지 누가에서만[눅 1:1: 행 9:20]). 내용적으로 "내쫓는 주문에 있어서" 바울의 언급(Klein 1969:274)은 편집적인 것일 수 있다. 왜냐하면 15절은 귀신의 대답에 대한 필연적인 전제이기 때문이다. "그리고 그것은 또한 단일 에피소드의 설명 부재를 가능하게 한다"(Klein, ibid). 14절: "7" 이라는 수는 아마도 편집적이다(III 아래를 보라). 15절: *pneuma poneron*[악한 영]은 마태복음 12:45(Q)를 제외하고, 그밖에 누가에서만 또한 나타난다: 누가복음 7:21; 8:2; 11:26(=마 12:45); 사도행전 19:13,16. 16절은 마찬가지로 언어적으로 누가적인 특색을 띤다: *traumatizein*[상처를 입다]은 신약성경에서 *trauma*[상처](눅 10:34)와 똑같이 누가에서만 나온다. (비. 눅 20:12); *amphoteroi*[둘다]는 그 밖의 신약성경(6번)에서 보다 누가(8번)에서 더 자주 등장한다.

17-20절

이 구절들은 전체적으로 편집적인 의심을 받는다(비. 자세한 것은 Weiser 1985: 525 이하). 이것들은 요약문 형식으로 이전 이야기의 결과를 요약하고 있다. 17a는 13-16절과 명확히 관련이 있다. (아마도 그 구절은 게다가 일종의 합창의 끝맺음[Chorschluß]에 해당하며, 그렇다면 13-16절에 붙어야만 할 것이다; 비. Pereira 1983:182-187.) 17b(그들이 모두 두려워하며, 주 예수의 이름을 높이고)는 2:43에 상응한다; 비. 2:27과 병행인 20절(이와 같이 주의 말씀이 힘이 있어 흥왕하여 세력을 얻으니라.). 누가는 익살스런 요소(III 아래를 계속 보라)가 강한 앞선 이야기에 종교적 의미를 주고 있다. 그리스도인의 힘은(오직 그것으로) 18절 이하에서 보여준 것처럼 귀신들을 극복해야만 한다.

21–22절

이 구절들은 누가적인 특징들을 가진다(비. 특히 Radl 1975: 103 이하). 여기에서 가리키고 있는 바울의 여행은 예수 여행의 시작과 일치한다(눅 9:51). 신학적인 내용(비. 신적인 *dei*[~이 필요하다])과 두 명씩 파송하는 것 비. 334쪽 아래)이 누가적인 것처럼 어휘(*eplerothe*[마치다], *etheto*[결심하다], *en to pneumati*[영안에서])들도 누가적이다.

III 전승

9–10절

9절: 바울이 두란노 서원(*schole*)에서 2년 동안 가르쳤다는 진술 뒤에는 전승이 잘 가려져 있다. *schole*는 "회당, 이방인의 예배단체(Kultverein)의 회합장소, 또는 강당으로 불릴 수 있다"(Schille 1983:378).

13–16절

이 구절들은 익살스러운 요소에 기초를 둔 (전통적인)전설 내지는 해학으로서 간주되어야만 한다. II 아래에서 분명해졌던 것처럼, 확실히 이 단락은 누가에 의해 언어적으로 그리고 내용적으로 손질되었다. 그러나 그는 이 에피소드를 분명히 창작한 것은 아니다. 오히려 그는 독서의 결과로써 아마도 단 두 축귀자들(Exorzisten)에 대해서 말한 이방인의 일화(Anekdote)를 삽입한 것일 것이다(*amphoteroi*[둘 다, 16절을 보라]; 그러나 사도행전 23:8에서 이러한 진술은 [그러나 누가-행전에 나오는 구절들에서 보통은 둘을 가리키지만] 둘 이상을 가리킨다). 그것이 맞다면, 숫자 7은 누가에게서 유래한 것일 것이다. 토대가 되는 전승이 즐거움을 위한 것이었으며, 전혀 종교적이거나 개인적인 관심을 위한 것은 아니었다는 것에 대해 Dibelius는 13–16절과 관련하여 적절하게 설명하고 있다.

"진짜에게서 단지 주문만을 엿듣고 알아낸, 자격이 없는 축귀자들에 의해서 악령은 쫓겨날 수 없다. 이것이 익살스러운 요소를 가진 앞서 기술한 이야기의 의도이다. 옛날부터 내려온 잘못 사용된 주문이 기독교인들의 것이었는지는 분명하지 않다. 왜냐하면 그 일화는 하나의 요약보고인 19:11-13, 17-19에 삽입되었고, 그래서 그 시작을 알 수 없게 되었기 때문이다. 상황에 대한 묘사가 역시 빠져있어서 우리는 단지 끝에서 또한 매우 놀라면서 그 이야기가 발생한 집에 관해 듣게 된다. 비록 처음부터 주문이 그리스도인들의 것이었다고 할지라도, 그 이야기는 기독교인의 관심에 의해 그렇게 형성된 것은 아니었다"(Dibelius 1951: 23). Klein 1969: 275 이하는 Dibelius에 대한 그의 비평에서, 이러한 사도행전 19:13-16이(전승에 대해서 같은 곳에서 Klein이 생각하는 것처럼, 편집에 의해서가 아니라) 전승에 의한 것이었다고 오인하고 있다.

여기에서 강조되어야만 할 것은 언어가 아니라 내용적인 기준들이 13-16절의 토대로서 하나의 전승의 가정으로 이끌고 있다는 것이다.

21-22절

여행계획들은 그것의 상세함을 미루어볼 때 전승으로 소급된다(편집자인 누가는 그것을 바울 자신에게 일어난 것으로 표현했다). 디모데와 에라스도의 이름들도 마찬가지이다. 비. 후자에 대해서는 로마서 16:23; 디모데후서 4:20; 세 명의 에라스도라고 불리우는 바울의 동행인들의 (부분적으로)일치는 가능하다. 그러나 확실하지는 않다. 에라스도에 대한 요약적인 글은 Ollrog 1979: 50 이하, 53, 58을 보라. 에라스도와 고린도에서 나온 한 라틴어 비문에서 에라스도라고 알려진 그와 동일시하는 문제에 대해서는 비. Klauck 1981: 33 A42.

IV 역사성

10절에 메모 즉, 바울이 2년 동안 에베소에서 일하였다는 것은 역사적인 것으로 믿어도 좋다(Lüdemann 1980: 205). 왜냐하면 장소에 대한 정보는 시간에 대한 정보와 연결되어 있고, 시간에 대한 정보가 신뢰할 만 것이기 때문에, 사람들은 장소에 대한 정보 또한 역사적으로 옳은 것으로 규정하려는 경향이 있기 때문이다. *schole*[서원]는 두란노의 웅변/수사학을 위한 강의실을 지시하는 것으로 보인다. 즉 그 안에서 수사학자가 수업을 이끌고 바울이 그의 선교업무를 위하여 빌려 사용한 개인 강당이다. 이러한 정보는 바울의 사역 방식에 관한 우리의 지식을 풍부하게 한다.

9절에 관하여 역사적으로 중요한 고대의 서방 자료들은, 바울이 5-10시간 동안 가르쳤다고 한다. 즉 11-16시 까지. 이 시간은 낮 휴식 시간이다.

13-16절에서 설명하는 작은 이야기는 이미 양식사를 근거로 하여 볼 때 역사적이지 않다.

21-22절의 여행계획은 바울이 고린도전서 16:5에서 밝힌 바대로 실제로 마게도냐를 거쳐 아가야(고린도)로 떠나려 한다는 것에 근거하여 볼 때 역사적인 것이다.

21절에서 말하는 예루살렘 여행을 바울은 고린도전서 16:4에서 단지 고려만 한다. 그리고 로마여행에 관하여 우리는 몇 년 후에야 듣게 된다(롬 1:13), 즉 바울이 예루살렘으로의 여행을 확실하게 결정한 후(롬 15:25)에야 듣게 되는 것이다. 그러므로 누가는 여기서 역사적으로 확실한, 전통적인 여행 메모를 그렇게 간결하게 요약했다. 그래서 그 여행 메모는 더 이상 완벽하게 맞는 것은 아니다. 바울은 디모데를 실제로 마게도냐로 보냈다. 거기로부터 그는 계속해서 고린도로 갔다(고전 16:10[22]; 4:17). 에라스도가 그와 동행하였는가는 불명확하다. 비록 사람들이 고대에는 대부분 혼자 여행하지는 않았지만, 누가의 '두 명씩 보내는 파송'에 대한 관심 (눅 7:18; 행9:38; 10:7. 20- 비. Jeremias 1966)과 바울의 침묵은 서로 상반되는 것을 말한다.

---

22) "디모데가 이르거든 너희는 조심하여 그로 두려움이 없이 너희 가운데 있게 하라 이는 그도 나와 같이 주의 일을 힘쓰는 자임이라"

사도행전 19:23-40

I 목차

- 23절: 서론: "도로 인한" 소동(*tarachos*)
- 24-29절: 데메드리오라는 한 은장색이 바울에 대항하여 봉기를 일으킴
  - 24-25a: 데메드리오는 수공업자들을 모음
  - 25b-27절: 데메드리오의 연설
  - 28-29절: 군중들의 반응과 전 도시에 퍼진 소동 그리고 두 명의 바울 동행인들이 사로잡힘
- 30-31절: 군중들에게 가려는 바울의 등장이 제자들과 아시아의 관리들에 의하여 제지당함
- 32-34절: 군중들의 혼란
  - 32절: 모임의 이유에 대한 군중들의 무지
  - 33절: 유대인 알렉산더를 통한 변명의 시도
  - 34절: 유대인 알렉산더에 대한 군중들의 분노
- 35-40절: 서기장의 군중을 달래는 연설과 중재
  - 35절: 도시의 신전지기로서의 역할
  - 36절: 진정하고 소요를 그치라!
  - 37절: 끌려온 자들을 위한 변명
  - 38절: 법적인 절차를 거칠 것에 대한 충고
  - 39절: 민회에 건의할 수 있음에 대한 권고
  - 40절: 불법 집회에 관한 책망의 위험

II 편집

23절

egeneto de[그러나 ~이 발생했다]는, 시간에 대한 편집적인 진술이 뒤따르는(*kata to kailon ekeinon*[이 시간 이후에]) 누가의 도입공식이다(비. 4:5; 8:1; 9:32; 14:1; 16:16; 19:1). 누가의 곡언법(Litotes)인 *ouk oligos*[적지 않은](비. 17:4. 12)는 24절에서 다시 한 번 나온다. 기독교가 자신을 표현하는 용어인 *hodos*[길, 도(道)]는 절대형으로 다시 9:2; 19:9; 22:4; 24:14,22에서 나오는데, 편집적인 것일 수 있다(다른 관점은 Buchard 1970: 43 A10 [Lit.]). 왜냐하

면 이미 도(道)(+소유격)가 16:17(*hodos soterias*[구원의 길]), 18:25(*hodos tou kyriou*[주의 도]) 그리고 18:26(*hodos tou theou*[하나님의 도])에서 언급되었기 때문에, 절대형인 *hodos*[길, 도{道}](19:23)는 아마도 그것과 연결될 것이다. 동시에 23절은 그리스도인의 도(道)를 내용으로 가지는 갈등에 대해서 다루는 이어지는 에피소드에 대한 누가의 도입문이다.

24-29, 30-31절

24-25a: 제일의 주인공인 더메드리오의 소개는 누가의 *tis onomati*[이름을 가진 어떤 사람]와 함께 이어진다. *ergasia*[이익, 돈벌이]의 모티브는 이미 16:16에서 드러났다. 그곳에서 그것(벌이)은 수입을 가져다주는 예언을 하는 소녀였고, 여기에서 그것은 아데미의 은으로 된 신전을 제작하는 것이다. 25b-27절: *epistathe*[알다]는 언어적으로 누가적이며, *hikanon*[많은](26절)도 마찬가지이다. 거의 모든 아시아에서 바울이 많은 백성들을 설득했던 것에 대한(26a) 더메드리오의 주장은 누가가 자주 사용하는 동의어 반복(Pleonasmus)에 해당한다. 바울 설교의 내용은 17:29에 기인하며, 그곳에서 이미 손으로 만든 신들을 반대하는 주장을 했었다. 비록 그러나 모든 아시아(26절[거의 모든 아시아가 바울을 통해 설득되었다]과의 대조를 주의하라)와 전 세계가 아데미 여신을 숭배함에도 불구하고, 그가 아데미 성전의 파괴의 가능성을 지적함으로써 27절에서 바울의 위험성이 고조되고 있다. 28-29절은 장인들이 흥분하고 있는 반응을 묘사하고 있으며, 그들의 반응은 아데미의 환호로 이어지고 있다. 장인들의 소요가 온 도시로 번진다(29a)는 진술은 누가의 각색이다. 그 언어는 편집적이다(비. *eplesthe*[가득 차다], *hormesan*[내닫다], *homothymadon*[한마음으로]). 소요의 그러한 절정은 바울의 동행인들인 가이오와 아리스다고가 붙잡혀서 극장으로 끌려가는 것에 있다(29절). 하지만 이야기가 진행됨에 따라 그들은 전혀 어떤 역할도 하지 않는다(비. 그러나 37절). 23절의 "표제"에 의하면 누가의 인위적인 소개에 의해 그 갈등이 그리스도인의 전도에 대한 분쟁으로서 묘사되기를 원한다는 인상을 받는다. 똑 같은 인상이 30-31절에서 심화된다: 마

침내 계획대로 영웅이 등장한다. 그리고 그는 당연히 사람들이 모여 있는 곳으로 가려고 한다. 그러나 제자들(*mathetai*[제자]-누가의 용어)이 그를 만류한다. 그리고 심지어 바울과 친분이 있는 아시아 관원들 중의 일부는 그가 가서는 안된다는 사실을 알리려 한다. 그로 인해서 바울은(그의 동행인들과 똑같이) 이야기가 진행됨에 따라 더 이상 어떤 역할도 하지 않는다. 그는 또한 분명히 형제들과 아시아 관원들의 요구에 따랐다. 그 행동은 32절에서 29절과 연결되는데, 그 사이에 바울의 동행인들의 붙잡힘과 바울에게 하는 충고에 관한 두 에피소드가 가로놓여 있다(삽입이 덧붙여진 핵심어 *theatron*[극장, 29절]은 31절 끝에서, 즉 삽입문의 끝에서 다시 등장한다). 29절에서 도출된 결론은 다음과 같은 사실이 진실임을 증명한다: 23절의 "표제"에 의하면 갈등을 그리스도인의 전도에 관한 분쟁으로서 묘사하기 위해서, 누가가 바울의 동행인들뿐만 아니라 또한 바울도 그 행동에 끼워 넣었다.

전체 단락의 총체적 의미와는 상관없이 아시아 관원의 행동에 화자의 부차적인 목적이 숨어있다: 아시아 관원들(그들에 관해서는 비. L. R. Tayler, Beg. V: 256-262)은 아시아에 있는 로마의 행정구역에서 상당히 신분이 높은 가문 출신들이었다. 그들은 아시아 도시연맹의 대제사장이나 대표자들로서 '1년직 관직'을 차지했으며, 절반은 종교적이고, 절반은 정치적인 그들의 임무는 로마 국가와 법에 대한 충성심을 확실히 하는 것이었다. 이 동맹은 로마 여신과 그 당시에 다스리는 황제에게 하는 제의에 관한 대중들의 평판에 대해 책임을 지는 서명을 했다; 이러한 목표에 대해 연방 성전이 세워졌고 유지되었다. 사도를 위해서 아시아 관원과 그들의 개입의 이러한 기능의 조명에 따라, 누가는 30-31절을 통해서 변호적인 의도를 가지고 다음 사항을 강조할 수 있었다: 정치적 생명에 있어서 중요한 대표자들이 바울의 입장을 지지했고, 그래서 그를 상하지 않도록 보호했다. 왜냐하면 그들은 그가 죄 없다는 것을 확신했기 때문이다.

하지만 이때 아시아 관원이 관여한 이유가 있었던 것이 아니라, 누가가 아시아 관원이 바울과 친분이 있었음을(31절) 부수적으로 언급한 것이다. 이러한 이유 때문에, 누가가 아시아 관원들과의 친분을 가지고, 기독교의 세계화를 강조하고 있다는 변증적인 설명이 보강되어야만 한다. 바울은 또한 다른 고위 인사들을 알고 있었다(비. 그것에 대해서 Lüdemann 1980: 42 이하). 그가 몇몇과 더군다나 친했다면(30절 이하에서 그 표현은 이러한 관점에서 유례가 드물다 -비. 27:3), 기독교를 이끌었던 대표자인 사도 바울이 로마 국가를 이끄는 대표자들과 똑 같은 위치였다는 것은 처음부터 확실하다.

32-34절

32절: 폭동의 묘사는 누가의 화법에서 기인한다. 비. 부분적으로 단어가 일치하는 21:34과 유사. *ekklesia*[교회]로서의 '모임'의 표시는 편집적인 변수로 소급될 수 있다. 동일한 개념이 한번 더 39절 이하에서 사용된다. 반면에 30절과 33절에는 *demos*[백성]가 나오고, 33절과 35절에서는 *ochlos*[무리]가 나온다. (비슷하게 누가는 폭동을 변화를 주며 묘사한다: *tarachos*[소동, 23절], *sygchysis*[혼돈, 29절], *stasis*[소요, 40절], *systrophe*[불법, 40절].) 33절은 이해하기 어렵다: "유대인들이 무리 가운데서 알렉산더를 권하여 앞으로 밀어내니 알렉산더가 손짓하며 백성에게 변명하려 하나" 유대인들이 폭동으로 인해 바울(!)에 대해 위협을 느꼈으며, 그렇기 때문에 유대인들을 바울(=기독교)로부터 거리를 두려고 알렉산더를 앞으로 보냈다: 알렉산더가 유대인이라는 인식은 28절로 돌아가 그곳에서 보았던 아데미 여신에 대한 환호로 이어진다. 두 시간이라는 시간 경과의 언급은 극적인 장면을 더욱 고조시킨다. 바울로 인해 일어난 폭동은 한 유대인(이것은 거리가 먼 갈리오-에피소드[18:12-17]를 기억나게 한다. 바울이 화자를 통해 그 장면에서 사라진 후에, 그곳에서 백성의 분노는 똑같이 한 유대인을 향했다.)을 대항해서 일어났다. 그 이면에는 사도행전 16:20 이하처럼 유대인과 그리스도인 사이를 갈라놓으려는 바램이 있는 것 일까?

35-40절

 서기장의 연설은 누가에 의해서 모습이 갖추어진다: 35절에서 연설자는 그 시의 신전지기를 가리킨다. 그리고 그것으로 36절에서 언급한 평안과 신중함에 대한 요구의 근거를 세운다. 37절은 바울의 두 동행자들을 대항했던 29절과 관계된다. 연설자가, 그들은 성전도둑도 아니고 신을 모독하는 자들도 아니라고 강조함으로써 그리스도인들은 그러한 비난으로부터 보호된다. (유대인 알렉산더가 보호받지 못했기 때문에 그를 대항한 대응방식의 정당성은 [어떤 이유에서건 항상]지속된다.) 38-40절은 더메드리오(24-29절)의 연설과 관계된다. 그 연설자(서기장)는, 사건의 묘사에 따르면 그것(더메드리오가 고발하는 주장)에 대해 전혀 알 수 없는 그러한 사태에 대해 질책을 하고 있다. 왜냐하면 더메드리오의 연설이 자기들 끼리만의 모임에서 행해졌기 때문이다. 더메드리오 자신은 더 이상 등장하지 않는다. 그리고 군중들은 그들이 왜 모였는지도 모르고 있다. 그럼에도 불구하고 연설자는 정확하게 알고 있다. 39절은 32절로 소급 연결된다(*en te ennomo ekklesia*[합법적인 모임]는 *he ekklesia sygkechymene*[모임이 무질서하다]를 반영한다). (더메드리오의) 연설이 폭동을 야기시켰던 것처럼, 터져 나온 갈등요인들을 순서에 따라 다루는 (서기장의)다른 연설을 통해서 그것은 잠잠해진다: 기독교인들과 관련해서 그 연설은 사람들을 군집하게 만든 것에 대해 무죄를 증명하는 것을 단념한다(그들의 무죄는 37절에서 간결하게 전제되어 있다). 더메드이로와 그의 장인들은 미결정 재판권 행사에 대해, 그리고 에베소인들은 정식 민회에 대해 주장한다. 연설의 진짜 주제는 소요의 합법성을 다투는 것이다. 그러므로 *stasis*(소요)로 인한 위협적인 고발에 대한 경고로 끝난다(40절).

III 전승

편집분석은 에베소에서 일어난 소요에 관한 이야기에서 바울과 그의 두 동행인(두 이름은 그가 전승으로부터 얻은 것이다. IV 아래를 보라.)의 모습을 그들에게 그리스도인의 특징을 주기 위해 누가가 인위적으로 삽입했다는 것을 보여준다. 그래서 그는 그 에피소드가 "도(道)"에 관한 갈등을 묘사하도록 해야만 했다(23절). 그래서 이 작업단계의 처음에서 그 이야기의 전승적인 토대가 세속적이라는 것을 강조해야 했다. 따라서 처음부터 현재의 이야기에 대한 몇몇 전승분석들은 배제된다: 예를 들어, 19:24-40은 공동체설립의 전승으로 소급된다는 Schille의 주장(1983: 382 이하, 390 etc). 우리가 다루는 구절들의 특징을 고려하지 않도록 하기 때문에, 그 주장은 확실하지 않다. 같은 구절은 Roloff의 제안에 대해서 반대한다. 그의 제안은 우리가 다루는 단락에 대해서 다음 사항을 인식하고 있다:

> "공동체의 초기시절부터 비판적인 상황에 대한 기억을 견지했고, 그것에서 얻게 된 결정적인 경험을 핵심으로 고정되었던, 에베소의 지역전승이 아마도 기본요소를 형성토록 했다: 다신교에 반대하는 그들의 싸움에서 그리스도인들은 합법성의 한계를 넘지 않았다; 그러므로 그들은 적법하게는 공격이 가능하지 않았다(37절) (1981: 291)."

아리스다고(29절)는 누가 이전 전승의 일부분이었다(1985: 543)는 Weiser의 제안은 받아들이기가 어렵다. 왜냐하면 관련된 구절이 인위적으로 삽입되었기 때문이다. 빌레몬서 24절에서 "아리스다고가 에베소에서 구금되어있는 바울과 밀접한 관계를 가지고 있었다"는 언급의 지적은 이러한 관계에 있어서 Weiser의 제안과 그의 이론(더메드리오 에피소드와 에베소에서 바울의 구금은 기원적으로 함께 속해 있었다)이 바울이 에베소에서 구금되어 있었다는(논쟁의 여지가 있는) 이론의 적합성에 따라 흥하기도 하고 망하기도 한다. 그 밖에 빌레몬서 24절에서 아리스다고는(에바브라처럼) 분명히 함께 구금되어 있던 자는 아니었으며, 오히려 마가, 데마 그리고 누가와 함께) 동역자로 불리고 있다. (그러나 Weiser에 의하면 전승은 특히 아리스다고에 관한 것이었다[그와 가이오에 관한 것은 계속해서 IV 아래를 보라].)

그 이야기는 다음과 같은 주목할 만한 지방색을 보여주고 있다(행 17:16-34 이전 보도와 똑같이). 그것에 속하는 것들은 1) 데메드리오의 모습. 그는 아데미 신전의 기념품 제작을 통해서 생활비를 번다. 2) 에베소에 있는 아데미 제사(비. Elliger 1985: 113-136). 그것은 세계적으로 유명했으며,

아데미 신전은 당시 세계에 있던 일곱 개 기적중의 하나로 간주되었다(비. 그것에 대해서는 E. Ekschmitt, 일곱 개의 기적, Mainz 1984). 3) 에베소 극장(비. 그것에 관해서는 Elliger 1985: 140 이하). 4) 서기장의 모습. 5) 도시의 성전지기(Tempelhütteramt). 6) 에베소에 반 유대감정이 있었다는 사실. 비. 요세푸스, 고대 XIV 225-230, 234, 237-240, 262-264. (요세푸스는 병역면제, 안식일 준수 등과 같은 유대인의 특권을 포함하고 있는 공적인 문서들을 재현하고 있다. 그들은 그것을 강력히 부인했다고 추론하는 것은 허용될 것이다; 비. Elliger 1985: 154 이하).

그 이야기가 또한 많은 전승의 요소들을 지적하고 있음에도 불구하고, 사도행전 19장에서 모든 이야기를 이끌어내는 것은 매우 어렵다. Wellhausen(1907:17)의 "해법"은 그 문제를 원래대로 바꾸었을 뿐이다. 반 유대주의로 인한 어떤 소요에 관한 보도를 읽고 난 것을 누가가 사도행전 19장에서 사용했다고 그는 생각했다(갑자기 등장하는 알렉산더는 가장 중요한 증거들 중의 하나였다). 그러한 폭동의 어떤 문학적인 비유도 갖다 붙일 수 없는 한(유대인과 아데미 신봉자들 사이에 발생한 돌발 사건에 대해서 기록하고 있는 어떤 지역의 이야기 모음집 중에서 어떤 것), 아무리 그가 자료의 세속적인 특징을 진지하게 취한다 하더라도, Wellhausen의 제안은 하나의 가능성 이상은 아니다. 아마도 더 확실한 것은 다음과 같은 가정이다: 누가는 사도행전 19장에서 에베소에 관한 그의 일반적인 지식에 기초하여 장식하는 기술을 직접 시도했으며, 그리스도인 신앙의 선교적 능력과 그리스도인들의 정치적 무해성에 대한 자신의 신학적 신념들을 잘 보여주었다(II 위를 보라).

비. 하지만 그것에 대한 반대 Conzelmann 1972: "누가는 아마도 배경을 구성하기는 하지만, 이야기들을 꾸며내지는 않는다. 알렉산더와 함께 하는 간주곡은 여전히 설명 없이 남아있다."(12:1). 그것에 대한 반대: 알렉산더와 함께 하는 간주곡은 하나의 이야기가 아니라, 아마도 그러한 서술의(언젠가는 결정적인?) 일부분이다. 바울의 적으로서 알렉산더는 또한 디모데전서 1:20; 디모데후서 4:14에서 등장한다. 그는 이 이야기에서 알렉산더와 어떤 관계가 있는 것인가? (비. 행 19:23-40에 있는 전승의 문제에 대해선 또한 Elliger 1985: 138-140)

다행히 사도행전 19장에 있는 전승들의 기원에 대한 미결상태의 질문은 역자적인 물음에 대해서는 아무런 의미도 없다.

IV 역사성

바울은 스스로 3번에 걸쳐 에베소에서 그가 위협당한 것에 대한 경험을 언급한다. 한번은 그가 "맹수"와 대항하여 싸웠고(고전 15:32), 다른 한번은 그는 이미 그의 죽음을 예견했다(고후 1:8) 마침내 로마서 16:4의 소식은 즉, 브리스길라와 아굴라가 그들의 목숨을 바울을 위하여 감히 던진 것은 바울의 생명이 위험에 놓인 것을 의미한다. 그러나 세 개의 사건들 중 어느 것이 누가의 사도행전 19:23-40에 적합한지는 알 수 없다.

바울의 동반자 가이오와 아리스다고라는 이름들은(29절에 의하면 둘 다 마케도니아 출신이다) 확실하게 역사적인 인물이었다. 가이오는 전승에 따르면 20:4로부터 더베 출신이다. 만약 누가가 가이오를 20:4로부터 19:29로 기입했더라면, 그에게 더 이상 더베 출신이라는 것을 빼놓지 않았을 것이다. 아리스다고는 20:4과 27:2에 등장한다.

종합: 사도행전과 그의 전승들은 우리에게 유감스럽게도 에베소에서의 바울의 사역에 대하여 역사적으로 매우 적은 도움만을 준다. 바울의 에베소에서의 사역에 대한 누가의 묘사에 대한 역사적인 문제는 그렇기 때문에 다음과 같이 말할 수 있다: "누가는 바울의 사역에 관한 장(章)에 가장 오랜 시간을 주고 있지만, 정작 그것을 위해서는 가장 작은 고대의 자료들을 소유하고 있다"(Schille 1983: 392).

사도행전 20:1-16

I 목차

- 1-3절: 에베소에서 마게도냐를 거쳐 헬라(아가야)로의 바울의 여행과 유대인들의 공모를 통한 마게도냐로의 회귀를 결정
- 4-5절: 바울의 동반자들의 명단과 드로아로의 그들의 여행
- 6절: "우리"라고 명명되는 바울의 동반자들과 사도의 빌립보로부터 드로아로의 여행
- 7-12절: 청년 유두고의 이야기
- 13-16절: 드로아로부터 밀레도까지의 여행메모

II 편집

1-3절

이 단락은 누가의 언어적 특징을 가리킨다(예. *metapempsamenos*[오게 하다], *mathetas*[제자들], *poreuesthai*[계속가다], *treis*[3], *hypostrephein*[돌아오다] ; 비. 또한 분사적 문체). 1절 이하는 19:21로 소급 관계된다. 바울은 그가 19:21에서 계획했던 그의 여행길을 계속 간다: 그는 마게도냐로 가고, 그 다음 헬라로 간다. 바울에 대항하여 일어난 유대인 폭동에 대한 보도인 3절은 누가의 도식에 해당한다.

4-5절

hemas[우리를](5절)는 이미 그 여행을 예상한다. 그것은 드로아와 관계된다. 반면에 "우리"라고 말하는 사람들은 바로 빌립보에 있다. 당연히 *houtoi*[이들은](5절)는 전에 언급했던 일곱 명의 바울 동행인들을 모두 포함하고 있다. *houtoi*[이들은]는 단지 아시아에서 온 바울의 동료들을 가리킨다라는 주장들은 성급한 역사적 이해이다(반대 Schneider 1982: 282 등등).

6절

그 그룹이 무교절 후에 떠났다는 진술은 아마도 누가적이다. 누가는 날짜를 적기위해 유대인 절기를 그의 작품에 삽입하는 것을 좋아한다(비. 16절).

7-12절

7절은 편집자에 기인한다: 그 구절에서 이음매가 분명히 보인다; 왜냐하면 *autois*[그들]가 매우 갑작스럽게 보이기 때문이다. (누가는 아마도 드로아에 있는 그리스도인들을 생각하고 있는 것이다.) 그 구절은 또한 다음과 같은 미래의 일들에 대한 예견을 포함한다: 빵을 나눔, 다음날 떠남, 자정까지 이어지는 설교. 그러므로 그것은 편집적이고, 다음 8절에서 시작하는(III 아래를 보라) 하나의 전통을 소개하고 있다. 7절에서 *dielegeto*[대화하다]는 언어적으로 누가적이다; 비. 또한 소유격 절대형. 8절에서 *hikanai*[많은] *tis ... onomati*[…라는 이름을 가진 어떤 사람]는 누가적인 것으로 보인다. 12절(*egagon*[이끌다])의 "그들"에 대한 반대인 "우리"도 마찬가지이다. 또한 19절 이하에 있는 누가의 여러 분사형들도 마찬가지이다. 11절은 이야기의 진행에 있어서 원래 맞지 않는다. 왜냐하면 그것은 유두고와 그것과 밀접한 관계가 있는 청중들의 반응에 관한 바울의 위로의 말을 중단하고 있기 때문이다. 그리고 그것은 편집적으로 7절에서 언급한 주제인 "성찬"에 해당한다. 다음과 같은 것에 대해 반대할 수 없다:

> "실제로 이미 원래의 전설들에서 그 이야기의 요점은 확실히 자명하다. 그 자명함을 가지고 바울은 죽은 자를 성공적으로 살린 후에 곧바로 예배를 계속했다. 왜냐하면 바로 여기에서 그의 권위가 명백해지기 때문이다. 한편 기적의 확인(12절)은 아주 부차적인 것으로 남는다(Roloff 1981: 297)".

반대: 12절에 큰 무게가 실려 있으며, 성찬에 관한 주제(그것의 기초에 대해서는 IV를 보라)는 이미 편집적인 7절에서 보이고 있다. 이 이야기의 삽입은 한편으로는 누가가 드로아에 대한 전통을 전혀 가지고 있지 않았으며,

다른 한편으로는 또한 그 시에 관해 어떠한 보고도 하지 않았다(비 16:8)는 것을 통해서 야기될 수 있다. 그밖에 누가는 이러한 이야기를 가지고 다시금 바울을 베드로(베드로에 대해서 이미 죽은 자를 살리는 보도[9:36-42: 다비다의 소생]에서 언급했다.)와 대비시키고 있다. 이것에 반해서 우리의 이야기의 인물이 어떤 다른(세속적인) 사람이었다는 것에 대해 이의가 제기될 수 없다. 왜냐하면 그것은 전승의 특징에 의해서 제기되기 때문이다. 그것은 누가가 분사형 문체를 통한 요약과 바울과 그의 동행자들(유사 19:23-40)의 삽입을 제외하고는 크게 변형시키지 않고 그것을 받아들인 것이었을 수 있기 때문이다.

13-16절

단지 여행을 서두르는 것(16절: 바울이 아시아에서 지체하지 않기 위하여 에베소를 지나 배를 타고 가기로 작정하였으니 이는 될 수 있는 대로 오순절 안에 예루살렘에 이르려고 급히 감이러라)의 이유가 편집에 따른 것처럼 보인다(6절을 또한 보라). 예루살렘에 도착함(21:17)에 대해 보고할 때 이러한 바램은 더 이상 고려되지 않는다. 게다가 서두름의 모티브는 바울의 이어지는 행동과 긴장관계에 있게 된다. 그는 밀레도에서 사람을 에베소 장로들에게 보낸다. 왜냐하면 그가 밀레도에서 그들과 함께 말할 수 있기 때문이다(17절). 그러나 그가 직접 에베소에서 그들과 함께 말을 했었다면, 보다 더욱 시간을 허비하는 것이었다. "에베소인들이 여기에 도착하기까지 최소한 5일은 걸린다(밀레도-에베소 최단거리는 대략 50 킬로미터; 육로는 더 멀다). 사모가 만나기 더 적절한 장소였다"(Conzelmann 1972: 125). 그러나 지체함과 서두름, 둘 모두 편집적인 모티브로서 이해되어 질 것이다.

> "서두름(기본 모티브로서)과 지연의 조합의 의미는 사형집행인에게 가는 순교자의 길을 자발적인 것으로 그리고 또한 어쩔 수 없는 것(비. 수난전승의 겟세마네-에피소드)으로 묘사하려는 것이다"(Schille 1983: 401).

III 전승

1-3절

여행 정보에 대한 배열의 편집 형태에도 불구하고, 이것들은 결국 전승에 기인한다(비. 19:21의 분석). 바울이 아가야로부터 수리아로 가기 위해 바다로 출항한 것이 아니라, 마게도냐를 넘어가는 우회로를 택했다는 19:21의 정보는 아마도 전승에 기인한다. 왜냐하면 그것은 편견이 없는 정확한 진술이며, 13-16절의 상세한 여행 묘사와 함께 속해있기 때문이다.

4-5절

바울 동행인들의 목록은 분명히 전승적이며, 또한 드로아로 가는 그들의 여행도 똑같다. 왜냐하면 그것은 또한 편견이 없는 상세한 묘사이기 때문이다.

6절

"우리"라고 기술된 바울의 동행인들과 빌립보에서 드로아로 가는 사도의 여행도 똑같이 전승적이다.

7-12절

이어지는 에피소드는 다양한 특징들을 갖는다. M. Dibelius는 그것을 다음과 같이 요약했다:

> "그 이야기의 형식은 평범하고 일상적이다. 이것은 특히 합리적인 기적 묘사에 있어서 나타난다. 사람들은 유두고가 창문에서 떨어져 죽고, 그 다음에 이어서 큰 기적이 있을 것이라는 기대를 해야 한다. 그러나 화자는 기적에 대한 질문에 대답하지 않은 채로 남겨둔다: "일으켜 보니 죽었더라." 바울은 그 위에 엎드려 그를 안는다. (영혼을 붙잡기 위해서 이거나 또는 의식이 없는지를 진단하기 위해서 그렇게 한 것인지는 미정이며, 바울이 기적행위자로서 확인하는 것이거나 의사로서 진찰한 것인 지는 똑같이 미정이다: "생명이 그에게

> 있다" … 회의적인 독자는 사실이 설명되지 않은 채 보도되었다는 것을 통해서 호기심을 느끼게 될 것이다: "사람들이 살아난 청년을 데리고 가서" … 그 이야기의 세속적인 장치는 세속적인 결말에 해당한다. 그리고 방에 있는 등불들은 또한 어떤 의미에 있어서 그러한 것에 속한다: 단지 사고가 일어남과 떨어진 높이만 묘사되어질 뿐이며, 그 안에서 어떤 교훈적인 모티브도 일어나지 않으며, 살아나게 하는 기도도, 또한 그 후 하나님에 대한 찬양도 언급되지 않다. "그들이 적지 않게 위로를 받았더라"라고 그 전체 이야기는 결론을 맺는다; 그러므로 위로가 놀람 뒤에 이어진다"(1951: 22 이하).

Dibelius는 그 이야기가 누가에게 기인하지 않는다고 결론 내린다.

> "분명하게 익살스러운 색깔을 가진, 또한 원래는 세속적인 일화에 관한 문제였다. 방이 환하게 비추었음에도 불구하고, 그 청년은 졸았다; 설교가 길어진 것이 그 잘못이었다! 설교자는 그러나 그가 야기한 것을 잘 처리했다. 그가 어떻게 성공했는지는 모른다. 이러한 문체에 있어서 문학적으로 훈련된 그리스도인이 바울의 행동에 대해서 이야기했다는 것이 아주 확실한 것은 아니다. 나는 오히려 다음과 같이 가정하고 싶다: 사람들이 바울에 대해 익히 알려진 일화를 전했으며, 누가는 그것들을 찾아내어 그의 이야기에 덧붙였다"(1951: 230).

또한 만일 Dibelius와는 다르게 누가가 직접 바울에 대한 이야기를 전하고 싶어 했다고 제안한다면, 우리는 유두고-일화의 특징묘사에 동조할 수 있다(다음을 보라).

이 구절에서 누가로부터 덧붙여진 전승은 어떤 특징을 가졌는가? 그것은, 고립되어 알려져 있던 바울에 대한 전설(Roloff 1981: 297)인 바울에 대한 누가 이전에 전해진 일화(Dibelius)나, 기적사화(Conzelmann 1972: 125)나 또는 일종의 선교사화(Schille 1983: 399)와 관련이 있는가? 내 견해로는 (Dibelius의 주장에 대한 예외를 가능케 하는) 이런 식의 모든 제안들은 확실한 것은 아니다. 왜냐하면 그것들은 그 이야기의 세속적인 특징을 충분히 고려하고 있지 않기 때문이다. 게다가 그것들은 내가 생각하기에 성급한 전제(바울은 그 이야기 전승의 일부분이었다)로부터 시작하고 있다. 이러한 어려움들은 가장 먼저 다음과 같은 가설을 통하여 제거된다: 전승은 누가의 폭넓은(세속적인) 독서의 결과이며, 그는 그것에 대해 언급했던 방식으로 기독교화 했다. (바울행전에 있는 청년 유두고의 이야기에 대한 모방에 대해서는[거룩한 사도 바울의 순교 1] Hennecke II, 265를 보라.)

13-16절

이러한 여행 메모들은 그것들의 간결함과 단순함 때문에 아마도 전승적이다.

> "만일 그가 여행경로의 기록을 가지고 있지 않았다면, 누가가 여행 묘사에 있어서 관계가 없거나 중요하지 않은 장소들을 포함시켰다는 것은 생각할 수 없는 일이다. 서방본문이 두드러지게 선교행위를 보충한 14:25에 있는 앗달리아와 사모드라게와 네압볼리, 17:1에 있는 암비볼리와 아볼로니아, 18:22에 있는 가이사랴와(틀림없이) 예루살렘에 대한 언급은 증거로서 언급되어야 한다; 바울의 전기처럼 선교사화에 관해 전혀 중요하지 않은 문장 20:13, 14(우리는 앞서 배를 타고 앗소에서 바울을 태우려고 그리고 가니 이는 바울이 걸어서 가고자 하여 그렇게 정하여 준 것이라. 바울이 앗소에서 우리를 만나니 우리가 배에 태우고 미둘레네로 가서)이 또한 여기에 속한다"(Dibelius 1951: 167).

Conzelmann 1972: 125은 다음과 같은 가정에 반대한다: 그것은 순수한 경유지 목록이다. 이것은 또한 여기에서 출처의 재연이 아니라, 저자에 의한 구성을 증명하고 있다; 그래야 경로가 밀레도까지 나아간다는 것을 이해할 수 있다. Conzelmann에 반대해서 특히 14절과 같이 별로 중요하지 않는 문장은 이해할 수 없다(비. Conzelmann의 주장에 대해서는 또한 Georgi 1965: 88 A38). 그러므로 Dibelius의 가설이 더 낫다.

IV 역사성

1-3절

에베소로부터 마게도냐를 거쳐 고린도로 가는 바울의 여정은 역사적인 것이다. 반면 의심스러운 것은 전승에 반대되는 다음의 내용이다. 즉 바울이 예루살렘으로의 여행을 마게도냐와 소아시아를 우회하여서 갔다는 것이다. 왜냐하면 로마서 15:25에 의하면 바울은 마게도냐와 아가야에서 모은 연보를 -우리의 지식의 공백을 자백하지만- 아마도 고린도로부터 직접 팔레스틴/시리아로 배를 통해 운송한다. 만약 이 추측이 옳다면, 이 가설은 옳게 여겨져도 된다: 1-3절 안에 있는 여행 경로의 전승은 바울이 팔레스타인/시리아로 갔을 때 그리고 예루살렘의 공회에 참석했을 때 정박하였던 곳들을 알려준다.

4-5절. 6절

널리 알려진 생각에 의하면 4절의 명단은 공동체의 대표와 관련된 것인데, 이들은 연보를 위탁 받았다. 이 추측은 고린도전서 16:3 이하; 고린도후서 8:19로부터 그 근거를 댈 수 있다. 각각의 절(節)들로부터 다음과 같은 사실이 추론되는데, 즉 마게도냐와 아가야 두 도시와 관계하는 공동체가 그들의 일원들 중에서 연보를 운송하기 위하여 대표를 선출했다는 것이다. 그 이름들을 연보의 운송함에 있어서 함께 했던 형제들과 동일시하는 것에 있어서 역사적인 어려움은 다음과 같은 곳에서 나타난다: 사도행전 20:4에는 각각의 공동체로부터 선출된 이름들이 빠져있다. 그 공동체는 우리가 확실하게 연보에 동참했던 것으로 알고 있는 공동체들이다: 즉 고린도와 빌립보이다. 나는 그렇기 때문에 연보와 관련된 그 명단의 조합은 옳지 않은 것으로 여긴다.

그 명단은 일반적으로 바울이 드로아의 주변에서 선교했을 때 도움을 주었던 바울의 동반자에 역사적인 근원을 둔다(고후 2:13).

7-12절

유두고의 이야기가 왜 역사적이지 않은지에 대하여는 특별하게 근거를 둘 필요는 없다(비. 위 전승에서 한번 이미 언급하였다). 7절의 "그 주간의 첫 날"은 반대로 역사적인 가치를 갖고 있다. 왜냐하면 이것은 기독교의 주일 기념축제에 대한 첫 번째 '기록'이기 때문이다. 거기로부터 누가는 *klasai arton*[빵을 떼다]을 성만찬과 관계시킨다는 강한 추측을 낳는다.

13-16절

전승은 바울이 여행 경로를 드로아로부터 밀레도(경우에 따라서는, 에베소)로 향했음을 전해준다. 그곳은 바울이 계속하여 팔레스틴/시리아로 떠났던 곳이다. 이것은 역사적으로 가능한 여행 경로이다.

사도행전 20:17-38

I 목차

- 17-18a: 바울은 밀레도로부터 에베소로 장로들을 보냄
- 18b-35절: 밀레도에서의 연설
  - 18b-27절: 바울과 그의 행동
    - 18b-21절: 아시아에서의 그의 사역에 대한 회고
    - 22-24절: 개인적인 운명에 관한 예견
    - 25-27절: 결백함에 관한 설명
  - 28-35절: 직접적인 훈계
    - 28-31절: 연장자들에 대한 지시
    - 32절: 하나님께 공동체를 위탁함
    - 33-35절: 예수의 말씀과 바울 자신의 경험을 통한 모본
- 36-38절: 이별의 장면

II 편집

밀레도 설교는 사도행전에서 그리스도인들에게 하는 바울의 유일무이한 연설이다. 그밖에 그것은 바울의 이별/죽음 후에 생겨난 상황에 대해 언급한다는 점에서 독특하다. 그런 점에서 그것은 누가 교회에 하는 연설이다.

> "20:18-35에서 바울의 입을 통해서 언급된 것이 조심스럽게 검토된다.…그곳에서 각 문장은 누가가 그의 누가-행전에서 교회에 대해서 말하려고 했던 모든 것의 종합이고, 요약이다. 그러므로 만일 그때 사도행전에서 처음이자 마지막으로 *ekklesia tou theou*[하나님의 교회]라는 개념이 사용된다면, 그것은 커다란 중요성을 가진다"(Lofink 1975 b: 89).

밀레도 설교의 이런 표현을 가지고 우리는 이미 언급했고, 그 인사말을 편집적인 것으로 묘사했다(비 Prast 1979: 28-38). 장르에 따라 그것은 고별

설교 내지는 언약(Testament)으로 불려야 한다. 여호수아 23장에 있는 구약 성서적-유대교적 배경을 보라; 사무엘상 12장; 마카비상 2:49-68. 비. 그밖에 세속적인 유사점의 소개에 관한 양식비평적인 질문에 대해서는 75-80.

다음 요소들은 분명히 누가에게 기인한다(선택: 이 단락에 있어서 넓은 누가적인 언어특징들에 대해서는 비. Lambrecht 1979: 325; Prast 1979: 39-156):

17-18a절

장로들의 존재는 누가 교회의 구성을 반영한다(비. 14:23; 15:2, 4, 22 이하; 21:18); *paregenonto*[오다, 도착하다]는 언어적으로 누가적이다.

18b-35절

19절: *peirasmon*[시험]는 독자들에게 예수의 *peirasmoi*[시험]에게로 주의를 돌리도록 한다(눅 22:28). 유대인들의 후기(Nachstellung: 뒤에 위치시키는 것)는 누가의 도식에 해당한다. 20절은 27절과 긴밀한 병행을 이룬다(구성에 대해서는 비. 10:47). 21절: "유대인-이방인" 쌍(비. 18:4)과 증인 모티브(비. 23, 24, 26절 문맥에서)는 편집적이다. 22절: *kai nyn*[그리고 이제]은 *kai nyn*[그리고 이제](25절)과 똑같다. 그리고 *kai ta nyn*[그리고 지금](32절)은 누가의 목차표시이다. 22절 이하는 성령 모티브를 포함하고 있으며, 19:21의 예로 인용하고 있다. 24절: *dromos*[경주]는 바울의 활동을 하나의 여행으로 보는 것에 일치한다(Lüdemann 1980: 37 이하). 25절: *kerzsson ten basileian*[나라를 선포하다] 비. 누가복음 8:1; 사도행전 8:12; 19:8; 28:23, 31. (Conzelmann 1977: 104-111). 26절: 잘못 없음에 대한 해명은 18:6에서 눈에 띄는 병행을 이룬다. 27절: 비. 20절.

28-35절: 28절은 누가의 성령 모티브를 포함한다. 31절은 19:8, 10의 2년 3개월을 더한 것이다: 32절: *to logo tes charitos autou*[그의 은혜의 말씀에]는 단어적으로 14:3에 상응한다; 비. 32b 사도행전 26:18, 33절: 비 3:6(베드로-바울-비교). 35b는 누가복음을 가리킨다(비. 상세한 것들은 Horn 1883: 236쪽을 보라).

36절: 기도 모티브와 기도의 행위는 누가적이며(비. 21:5과 Radl 1975: 159-162), 엄숙한 전송 모티브(비. 21:5)도 마찬가지이다. 38절은 25절을 가리키고 있다.

밀레도의 설교는 사도행전에서 누가교회에게 하는 바울의 유언이다. 누가는 그것을 사건의 전환점이라는 의도를 가지고 배치했다(비. Dibelius 1951: 151). 왜냐하면 바울은 그가 체포될 것을 향해 가고 있기 때문이다. 그것은 그것을 계획하신 분의 완전함을 강조하고 있다: 이것은 복음전도에 있어서 어떠한 오점으로도 남아있지 않다(그것은 두 번이나 언급된다: 20, 27절). 그러한 확언의 모습은 바울의 죽음 이후에 생겨난, 영지주의 자들이 누가의 규범에 의문을 제기했던 교회의 상황을 형성한다. 바울이 직접 그들에 반대하여 나선다. 이미 그는 미래의 상황을 알고 있었다. 정말로 그것은 예언되었고, 그것으로 누가의 규범은 안전해졌다. 십중팔구 29절에서 위협하는 교사들은 바울의 가르침에 있어서 자신들의 해석을 고집했다. 우리는, 그들이 단지 완전함에 도달할 수 있는 바울의 비밀스러운 가르침을 가지고 있었고(반대입장 20, 27절), 에베소 그리고/또는 주변(그렇기 때문에 에베소의 장로들은 그 연설의 수신자가 되었다- Madoxx 1982: 69는 에베소와의 관계에 이의를 제기한다)에서 출몰했다(비. 암시 딤후 1:15[딤전 1:3을 보라])고 가정할 수 있다. 그런 점에서 그 설교는 누가의 바울 이해를 공고히 하는 것에 기여하고 있다.

원래 32절과 함께 끝나는 그 설교에 누가는 훈계적인 목적을 덧붙이고 있다: 바울은, 다른 사람에게 어떻게 경제적으로 부담을 주지 않을지, 그리고 연약한 자를 어떻게 돌봐야만 하는지, 그 공동체에게 그것을 위한 예를 들었다. (분명히 반론은 반영된다: 만일 일하지 않는다면, 그는 연약한 자를 후원할 수 없다.) 바울의 육체노동은 그의 설교에서 장로들이 그들의 교회에 있는 가난하고 병든 교우들을 어떻게 도와야 하는지(Lambrecht 1979: 321), 그것을 위한 예로 드는 임무를 가지고 있다. 연약한 자들에 대한 후원은 예수의 말씀(III 아래를 보라)에 기초하고 있다: "주는 것이 받는 것보다 복이 있다."

그것으로 누가는 독자들에게 2:45, 4:34 그리고 특별히 누가복음서를 보도록 지시하고 있다: 그것은 순종할 만한 가치가 있는 선행에 관한 훈계를 포함한다. 누가적인 바울은 그것으로 그의 공동체에게 복음의 윤리를 명심할 것을 엄하게 말하고 있다(비. Horn 1983: 50-53).

II 전승

이러한 작업 단계에 있어서 두 가지 질문은 구분되어야 한다: 1) 그 설교의 전승적 토대에 대한 질문, 2) 에베소에서 밀레도에 온 장로들과의 만남과 바울의 여행 경유지에 대한 관련에 대한 전승적 토대에 대한 질문.

1. 설교의 전승적 토대에 대해

28절: *ekklesia tou theou*[하나님의 교회]는 신약성서에서 단지 바울전집(Corpus Paulinum)에서만 나타난다. 그 구절의 뒷부분은 어려운 문제들을 포함하고 있다: 주어가 누구인가? *idiou*[보라]를 어떻게 이해해야만 하는가(형용사적으로 또는 명사적으로)? 예수의 피가 누가의 구원론에 있어서는 전혀 중요하지 않으며, 그러므로 누가는 이 구절 앞부분에서 이미 언급한 것처럼 바울화 되었다는 것이 확실하다. 위에서 언급한 불명료성들은 단지 누가가 상투적인 표현들을 늘어놓는 것(비. Conzelmann 1972: 128 이하), 즉 바울의 선교지역에 대한 개별 전승들의 사용에 찬성하고, 그리고 바울의 서신들의 사용에 반대하는 계속적인 주장에 기인할 수 있다.

29-31절은 아마도 마가복음 13:21-23을 전제하고 있다(비. Lambrecht 1979: 327 이하).

34절: 바울이 육체노동으로 먹고 살았다는 진술은 바울 서신들(비. 살전 2:9; 고전 4:12 등등)에 대한 누가의 인식이나 이전 바울의 구전전승으로 소급된다(비. 행 18:3). 바울의 육체노동은 기독교회에서 일반적으로 알려져 있었을 것(Lambrecht 1979: 321)이라는 고려는 후자의 주장을 지지한다.

35절: "주는 것이 받는 것보다 복이 있다"는 예수의 말씀은 정경화된 복음서들이나 또는 초기 기독교 문학에서는 나타나지 않는다. 그것은 페르시아의 법칙에 확실히 가깝다. 그 금언은 투키디데스(Thukydides II 97, 4)로부터 구성될 수 있다: *didonai mallon e lambanein*[주는 것이 받는 것보다 복되다], 그리고 그 것은 흥미롭게 클레멘트전서 2:1(1Clem 2:1)와 병행을 이루고 있다: *hedion didontes e lambanontes*[주는 것이 받는 것보다 더 기쁘다](저자는 고린도 공동체의 긍정적인 특징들을 칭찬한다.). 원래 세속적인 금언이 기독교화된 것(격언?)이 누가나 그의 공동체에 의해서 틀림없이 35절 예수의 말씀에 존재하게 된 것이다(비. 유비로서는 26:4). 그때 기독교적인 *makarion*[복되다]이 원래있던 *hedion*[기쁘다]을 대체한 것이다. 비교급에 대해서는 5:29을 보라(비. 35절에 대한 토론에 대해서는 특히 Haenchen 1977: 569 이하 A5[Lit.]).

Schmithals 1982는 아주 다른 전승분석을 발표했다. 그것은 그것의 생소함 때문에 여기에서 다루어야만 한다. 밀레도의 고별설교는 그것의 기본 구성에 있어서 20:18b, 19a, 25a, 26-32에 포함되어 있는 전승적인 설교와, 사도행전 13-28이 토대를 이루고 있는(15) 바울-원전(Paulus-Quelle)의 일부분으로 소급된다. 위에서 언급된 전승적인 설교는 "우리가 후기 바울 목회서신에서 발견하는 것과 똑같은 상황을 전제한다(190)". 공통적인 적대자는, 신화적인 사변에 정통해 있으며(딤전 1:4; 4:7; 딛 1:13 이하; 3:9), 구약성서의 율법을 증거로 삼고 있고(딤전 1:7), 육체를 혐오하고(딤후 2,18), 금욕적이며(딛 1:13 이하), 또한 오직 영지주의자들을 위한 구원에 정통해 있는(딤전 2:4; 4:10) 이원론적인 영지주의(딤전 6:20; 딛 1:16)이다. 바울의 원본 텍스트에 있는 현재의 설교에 있어서, 누가가 사용한 바울-원전(Paulus-Quelle)에 있는, 바울의 유일한 설교와 그것의 중심적인 단락이 문제이다. 이 원전은 목회서신과 똑 같은 목적을 추구한다. 즉 바울 공동체에 침입해 들어온 영지주의 거짓교사들과의 싸움이 그것이다. 그리고 동일한 저자로부터 기원했을 수도 있다(191)." 누가는 영지주의자들을 반대하는 설교로부터 누가 공동체를 위협하는 과도한 바울주의자들에 대해 설교를 했다(190).

비평: 1) 사도행전만을 토대로 해서 여행경로를 재구성하는 것에 반대하는 것과 똑같은 근거들이, 누가 문맥의 도움만으로 바울-원전을 재구성는 것에 반대한다(Lüdemann 1980: 54-57). 2) 원래의 밀레도 설교에 대한 Schmithals의 이론은 3등급 정도의 가설이며, 그러므로 아주 불확실하다. 3) 그의 재구성의 주춧돌들 중의 하나인 Schmithals의 영지주의 이론은 매우 불확실한 것으로 드러났다(비. Lüdemann, 1975: 24-26; 1980: 221-226; 1983: 103-161). 그러나 사도행전에 대해 Schmithals로부터 쟁점화된 목회서신과의 관계는 그 이상의 주목을 끌만한 가치가 있다.

2. 에베소에서 밀레도에 온 장로들과 바울의 만남의 전승적 토대에 대해 매우 분명한 가정은 그 전승이 밀레도에서 바울이 머물렀다(통과?)고 전했다는 것일 것이다. Roloff 1981는 다르다. 그는 "전승적인 여행보도가 바울과 에베소 공동체의 대표자들의 만남에 대한 정보를 포함한다"(301)는 것이 가능하다고 생각한다; Conzelman 1972은 누가가 밀레도에서의 만남에 대한 정보를 가지고 있는 것처럼 보인다고 생각한다(126).

IV 역사성

바울의 연설은 위에서 열거한 것처럼 역사성에 대한 증거를 갖고 있지 않다. 바울이 에베소에서 온 사람들을 만났다는 것 또한 큰 의혹이 드는 점이다. 왜냐하면 그것을 위한 전승의 토대가 빠져있기 때문이다. 그럼에도 불구하고 밀레도로의 여행은 역사적인 것으로 봐도 무방하다. 그러나 거기에도 역시 역사적으로 정확하게 배열된 수단은 빠져있다. 밀레도는 바울이 예루살렘으로 가는 마지막 여행지였거나(누가에 의하면), 아니면 바울이 거기서 그의 팔레스틴/시리아로의 여행을 중단했을 것이다(18:22). 그 이후에 그는 예루살렘의 회의에 참석했다.

사도행전 21:1-36

I 목차

- 1-16절: 밀레도로부터 예루살렘으로의 여행
  1-3a: 밀레도로부터 두로까지
  3b-6절: 두로에서의 제자들과의 정착, 그들의 경고들, 즉 예루살렘으로 가지 말라는 그리고 작별의 장면
  7a: 두로로부터 돌레마이까지
  7b: 돌레마이의 형제들과의 정착
  8a: 돌레마이로부터 가이사랴까지
  8b-9절: 가이사랴의 빌립의 집에 유함. 그는 4명의 예언하는 젊은 딸을 두었다
  10-14절: 아가보의 예언과 바울과 그의 동반자("우리")의 반응
  15절: 가이사랴로부터 예루살렘
- 17-36절: 예루살렘의 바울과 수감까지
  17-19절: 형제들을 통한 바울과 그의 동반자의 영접
  다음날: 야고보와 장로들앞에서의 바울의 선교보고
  20-21절: 기독교적인 열심당들과 바울에 관한 소문
  22-26절: 바울에게 주어진 충고
  27-36절: 아시아로부터 온 유대인에 의한 성전에서의 선동. 바울이 잡힘

II 편집

1-16절

이 단락은 여행메모와 그리스도인 형제들의 집에 체류하는 것에 관한 간략한 보고를 교대로 포함한다(목차를 보라). (비록 모든 체류묘사가 전승에 속한다는 가능성을 완전히 배제할 수 없음에도 불구하고, -III 아래를 보라) 그것은 편집적인 형태의 인상을 불러일으킨다. 아마도 그 도식을 통해서 바울의 여행에 대한 팔레스틴 교회의 관여가 표현된 것이다.

언어적으로 그 단락에서 여기저기 흩어져 있는 몇몇 전형적인 누가의 표현들이 발견된다(선별): 2절: *anechthemen*[항해하다] 4절: *mathetas*[제자] 5절: *eporeuometha*[가다], *propemponton*[먼저 가다] 6절:

hypestrepsan[되돌아가다]: *aspasmenoi*[인사하다] 10절: 도입적인 분사구문과 그 사용 *tis... onomati*[…이름을 가진 어떤 사람](비. 10절에 대해서 또한 Radl 1975: 137 이하).

내용적으로 다음 구절들에서 편집적인 형태가 분명하다: 4절: 성령을 통한 경고(예루살렘으로 가지 말라는); 유사 21:12(10-14절에 대한 편집적인 분석을 보라). 5절: 극적인 고조의 목적에 대한 고별 장면의 인상 깊은 묘사; 기도모티브(비. 20:36). 8절: 빌립이 일곱(집사)중의 하나였다는 언급은 독자들의 기억을 위해 사도행전 6장을 돌아보게 한다. 11절: 바울이 예루살렘에서 유대인으로부터 결박되어 이방인에게 넘겨지리라는 뒷부분의 진술은 21:31에서 화법적으로 성취된다. 12절: 바울은 그의 수행원과 가이사랴에 있는 그리스도인들에 의해서 그 위험(예루살렘에 가는 것)이 경고된다. 바울에게 반복적으로 하는 경고들은 누가의 편집적인 작업에 기인한다. 그 경고는 성령모티브와 밀접하게 연결되어 있다. 상기 경고들은 한편으로는 성령에 기인하며, 다른 한편으로는 이 성령이 사도에게 실제로 예루살렘에 가도록 지시한다(비. 20:22; 19:21). 13절: 바울은(예수처럼) 예루살렘에서 죽는 것(비. Haenchen 1977: 578)이 준비되어있다. "주 예수의 이름을 위한" 죽음은 20:33을 떠올리게 한다. 그곳에서 바울은 환난을 받아야 함에 대해 연설하고 있다. 15-16절: 숙박 모티브는 자주 누가에게서 발견된다(비. Cadbury 1926).

17-36절

17-19절: 17절은 누가의 어휘를 포함하고 있다(비. *apedexanto*[기쁘게 영접하다], *adelphoi*[형제들]). 동시에 이 구절에서 (편집적인)연결이 분명히 보인다. 바울이 그의 수행원과 이미 예루살렘에 있음에도 불구하고(16절은 거룩한 도시에서 나손의 집에 머무는 것을 묘사한다 -그러나 Kodex D에 의한 지리의 변화에 대해 보라; 비. 문제점에 대해 Weiser 1985: 596), 사도행전에 종종 나오는 소유격 절대형(Genitiv abs.)의 형태속에 있는 분사구문의 도움으로, 바울과 그의 동행인들은 다시 한 번 그곳으로 보내진다. 그 외에 17절은 22절

과 긴장을 이룬다: 17절에서 그 모든 공동체(=그 형제들)가 그 사도를 영접한다. 반면에 22절에 따르면 공동체의 (그)교우들은 바울이 그 도시에 머문다는 것을 들었을 것이다(Suhl 1975: 290은 Haenchen 1977: 581 A3[Lit.]과 연결지어 생각한다. 바로 22절 때문에 17절[*hoi adelphoi*, 그 형제들]은 전 공동체를 가리키지 않을 수 있다. 그러나 *hoi adelphoi*[그 형제들]는 그것에 반대한다; 그 외에 Suhl은 현재의 전승적인 요소들을 묻는 대신에, 매우 빠르게 역사화한다.) 22절이 전승에 기인한다면(비. III 아래), 17절은 편집으로 가장 잘 이해될 수 있다. 18절은 15절에 있는 장로들처럼 예루살렘 공동체의 동일한 실행위원회를 나타낸다. 19절은 명백하게 15:4. 12에 기인한다.

누가는 편집적으로 형성된 구절 17-19절을 가지고, 마지막까지 바울에 대한 예루살렘 공동체의 좋은 태도를 보여준다. 그러한 견해의 신학적인 필연성 하에서 다음과 같은 서투름들이 그에게 나타난다. 그는 그 사도를 두 번이나 예루살렘으로 보낸다(16[5]절과 17절) 그리고 비록 많은 "형제들"이 그 시에서 사도의 도착에 관해 단지 처음 들었을 것임에도 불구하고, 그는 모든 형제들이 바울을 영접하도록 한다.

20-21; 22-26절: 이 단락에 있어서 다음 구절에서 누가의 개입을 인식할 수 있다: 그 구절의 첫 부분은 (편집적인)바울의 보고에 대한 반응을 포함한다(비. 11:18). *myriades*[십만](20b)는 누가의 강조하려는 경향에 기인한다(비. 1:15; 2:41; 4:4). 23-24b, 26절: 바울이 유대교 의식에 대한 참여의 실행은 모순된다. 만일 그 이야기가 그곳에 기록된 것과 같다면, 그것은 먼저 바울의 나실인(24a, 26절)됨에 대해서, 그리고 두 번째로 그 사도가 네 명의 나실인들의 해방을 위해서 비용을 담당했다는 것(24b절; 비 27절)에 대해 보고할 것이다. 하지만 나실인은 최소한 30일의 기간을 요하며, 누가가 생각한 것처럼(27절) 일주일은 아니다. 그러므로 그 추정은 바울의 나실인에 대한 실행이 바로 누가에게로 소급되며, 반면에 24b가 전승을 반영하고 있다는 것을 보여준다(III 아래를 보라). (누가는 21:24에서 어쩌면 18:18의 서원에 대해서 생각하는 것인가? 그렇다면 바울이 마지막으로 겐그레아에서 그의 머

리를 잘랐다면, 그 후 그 모든 여행 중에 서원상태로 있었을 것이다). 25절은 15:20에 대한 독자들의 (편집적인)회상이다.

우리가 누가의 의도를 따라 본문을 읽는다면, 그렇다면 다음과 같은 생각들이 생겨날 것이다: 수많은 그리스도인의 열심들과 바울이 디아스포라 유대인들에게 율법을 지키지 않도록 가르친다는 소문들의 존재에 대해, 야고보와 장로들은 바울이 자신의 율법의 신실함을 보여주기 위한 행동을 하도록 요구했다. 그는 네 명의 나실인들과 함께 정결해야 했으며, 그들의 머리를 자르는 것에 대한 비용을 부담해야만 했다. 그 이유는 바울이 신실하게 율법을 지키고 있다는 것을 모두가 알도록 하기 위함이다. 사도는 예루살렘 공동체 지도층에게 처음부터 분명했던 이러한 충고를 따른다. 왜냐하면 그들은 바울이 신실하게 율법을 준수하고 있다는 것을 의심을 하지 않았기 때문이다.

이 단락의 편집적 의도는 분명하다: 바울은 마지막까지 유대주의 안에서 걸어왔다. 그는 어떠한 율법위반에 대해서도 전혀 책임이 없다. 반대로, 그는 디모데에게 할례를 행했고(16:3), 자신이 직접 맹세에 복종했다(18:18). 그리고 그의 마지막 예루살렘 방문 동안에도 또한 율법을 준수했다.

27-36절: 27절: "그를 붙들고"라는 표현은 또한 4:3; 5,18; 12:1에서 나온다. 28절은 바울의 설교가 이전 스데반(6:13)과 똑같이 유대인에 의해서 율법과 성전에 반대하는 것으로 잘못 여겨졌다는 점에서 누가적이다. 30-34절은 폭동에 대한 누가적 묘사를 포함한다(비 유사 19: 29, 32-34). 31절 이하는 그 외에 알려진 도식에 따라 유대인과 그리스도인들 간의 싸움에 대한 국가적 개입을 보여준다.

전체 단락의 편집적인 의도는 그가 예언 성취의 결과를 가져온 것에 있다: 바울은 유대인들에 의해 이방인에게 넘겨졌다(21:11). 그것으로 바울의 이어지는 변호적인 연설을 위한 전제를 형성한다. 그 설교는 그리스도인과 유대인간의 싸움에 대한 모든 잘못을 유대인들에게 전가하며, 로마인들에게 기독교를 간절히 권하고 있다.

III 전승

1-6절

밀레도에서 예루살렘으로 가는 바울의 여행을 포함했던 원자료는 그러한 보고의 토대가 된다. (그것이 회담여행[*Konferenzreise*]이거나 헌금여행[Kollektenreise]이 문제인지에 관한 질문에 대해서는 364쪽 아래를 보라.) 하지만 "우리-문체"가 이러한 주장에 대한 증거를 보여주기보다는 오히려 그 보도의 꼼꼼하고-정확한 특성을 보여주고 있다.

Schille는 다르다: "경유지들은 여행목록으로부터 베낀것이 아니라, 오히려 현명한 여정묘사에 대한 감사이다"(1983: 407).

이어서 여행활동에 관한 보도들이 전승에 기인하는지, 만약 그렇다면 어느 정도인지, 그리고 그것들이(긍정적인 경우에 있어서) 언급한 원자료(밀레도에서 예루살렘으로 가는 바울의 여행에 관해 보도했던)의 구성부분이었는지에 대한 질문이 설명되야 한다.

8b-9절: 빌립의 집에서의 체류 특징들은 원자료의 구성부분이었을 것이다. 누가는 이야기를 만들어낸 것이 아니라, 오히려 전승에 연결해서 보고한다. 빌립의 네 명의 처녀로서 예언하는 딸들에 대한 보도는 전통적으로 매우 확실하다. 왜냐하면 그녀들은 그녀들에게 성령의 충만한 활동에 대해 보고했던(164쪽 위를 보라) 헬라파 그리스도인들의 전통에 어울리기 때문이고, 의도가 담겨있지 않은 흥미로운 사건이기 때문이다(누가 시대의 처녀성에 대해서는 아마 여전히 어떠한 일반적 교회적인 모범은 없었다[비. 그것에 대해서는 Harnack 1924: 233 A1].). 그러나 그것이 원자료의 구성부분이었는지는 분명치 않다.

빌립과 히에라폴리스(내지는 에베소)에 있는 그의 세(원문에) 처녀 딸에 대하여는 에베소의 폴리크라테스(유세비우스, 교회사 III, 313)가 보도하고 있다. 비록 그가 빌립을 12사도 중의 한 명이라고 보기는 하지만, 예언하는 딸들에 대한 언급은 전승이 여기에서 원래 복음 전도자 빌립을 의미했다는 것을 증명할 것이다(비. 아마도 이러한 의미에서 유세비우스[Euseb, KG III 31, 4]에 있는 몬타누스 주의자 프로클루스[Proklus]). 그밖에 빌립이 히에라폴리스에 있는 그녀의 딸들에게 머물렀던 것에 대한(유세비우스 [Euseb, KG III 39,9]에 있는) 파피아스의 이야기를 보라. 그도 폴리크라테스(비. Körtner 1983: 144-146)처럼 복음주의자(빌립)를 사도 빌립과 똑같이 혼동하고 있다.

10-14절: 아가보 이야기는 누가가 가지고 있는 현재 전승의 구성부분이었을 것이다. 그러나 편집적인 특징들이 간과되어서는 안된다(위를 보라). 그러나 아가보라는 이름과 그의 예언적 활동은 분명히 하나의 전승에 기인한다. 게다가 아가보가 사도행전에 있는 이 구절에서 시간적으로 옳게 삽입되었는지는 분명하지 않다. 왜냐하면 11:27 이하에서 그는 바울의 예루살렘 여행과 관련해서(하지만 그것은 본보기여행[Modellreise]으로 간주되어야 한다) 마찬가지 처럼 보이기 때문이다. 그 본보기 여행은 바울의 예루살렘 여행과 관련 있는 개별전승들을 사용해서 누가가 완성한 것이다. 그러므로 아가보 이야기는 언급된 원자료의 구성부분이었을 것이다.

16b: 나손의 집에 체류함에 대한 보도는 전승에 기인한다. 그것을 지지하는 것들은 1) 17절 이하의 편집적 특징(위를 보라), 2) 나손의 이름, 3) 가이사랴에서 온 그리스도인들이 바울을 예루살렘에서 숙박을 마련해주었을 흥미로운 개별보도들이다. 그것과 함께 16b가 원자료에 속한다는 것이 동시에 분명하게 된다.

17-36절

17-19절: 야고보가 바울의 헌금방문 때에 예루살렘 공동체의 수장이었다는 보도는 전승에 기인할 것이다.

20-26절: 다음 전승의 요소들이 눈에 띤다. 1) 많은 유대인들 즉, 율법에 열심 있는 자들이 예루살렘 공동체에 속해 있다(비. 상기 358쪽은 17절[편집적]과 22절 사이의 긴장을 보여준다). 2) 바울이 유대인들에게 모세의 율법

을 지키지 않도록 가르쳤고, 그들 자녀들에게 할례를 행하지 않도록 조언했다(21절)는 소문들이 퍼져 있었다. 이러한 소문들은 사도행전에서 지금까지의(유대적인) 사도에 대한 묘사에 따르면, 쉽게 연상되어지지 않기에, 그러므로 전승에 기인할 것이다. 3) 바울은 유대교의 의식에 참여하고 있으며, 네 명의 나실인들이 의무에서 벗어나게 하기 위해 비용을 부담한다. 그러한 행동은 경건한 일로 여겨졌다(비. 요세푸스, 고대사 XiX 294). 그리고 나실인을 부담하는 것은 전혀 관련이 없다. 결국 "칠 일"의 언급은 전승에 기인한다. E. Haenchen처럼 이러한 언급은 전승의 단계를 바울의 성전방문과 연결 짓도록 한다: 바울은 해당 제사장과 함께 (나실인)의무에서 벗어나는 비용의 부담에 대해서 협정해야 했다. 그러나 동시에 그는 외국에서 온 자로서 정결례를 다시 행해야 했다.

> "바울은 해당하는 자들에게(…) 4명의 나실인과 함께 성전에 갔다. 그리고 그곳에 다음 사항을 신고했다. 1) 그 자신의 속죄에 대해, 2) 그러나(4명의 나실인들의) *ekplerosis ton hemeron tou hagnismou*[정결의 날의 만기]. 그것과 함께 해당되는 희생제물(그가 그 값을 치뤘다.)을 드려야만 하는 정보가 정해질 수 있다. 그것은 그가 직접 속죄해야만 하는 7일 간이었다"(Haenchen 1977: 586).

27절: 전승의 구성부분으로서 "일곱"에 대해 비. 방금 말한 것.

29절에 있는 이방인이며 바울 동행인의 이름인 드로비모는 우리의 단락에서 마찬가지로 전승적이다(비. 행 20:4에 있는 명단). 그에 대해 바울에게 적의가 있는 유대인들은 그가 그를 성전 안으로 들여 놓았다고 말한다(하지만 비난은 아마도 전승적이다 -누가는 그를 거짓증인으로서 스데반을 고소했던 것과 똑같이 선언한다)(131쪽 이하와 139쪽을 위를 보라).

사람들은 게다가 35절이 전승을 반영하고 있는지를 물을 수 있다.

> "계단에 바울이 왔을 때, 그는 몰려드는 군중들의 폭력에 대해서 보호받을 수

있도록 군인들로부터 옮겨진다. 그러나 만일 사람들이 미움을 받는 사람을 어깨에 걸친다면, 그들은 군중들의 쇄도로부터 그를 지키지 못하게 된다: 지금 그는 이제 정말로 각자의 돌팔매에 방치되어 있다. 실제로 쇄도하는 군중들은 다른 방식으로 효과 있게 차단될 수 있다. 바울이 군중들의 테러시도 후에 계단을 올라가는 것이 더 이상 가능하지 않기 때문에, 그는 옮겨져야만 한다. 그러나 누가는 그것을 보고할 수 없었다(그에 의하면 정말로 바울은 곧 바로 이 계단에서 설교를 할 것이다)"(Haenchen 1977: 591).

그것과 함께 원자료에 대해 다음과 같이 요약할 수 있다: 바울은 밀레도에서 가이사랴를 지나 예루살렘으로 동행인들과 함께 여행을 한다. 그는 가이사랴에 헬라파 그리스도인 빌립의 집에서, 그리고 예루살렘에서는 헬라파 그리스도인 나손의 집에서 손님으로 영접받는다. 그의 인격은 율법을 신실히 준수하는 야고보가 이끄는 예루살렘 공동체에서 논란이 있다. 왜냐하면 바울이 율법을 반대하는 자로 나타나서, 유대인 아이들의 할례에 대해 반하여 말하고 있다는 소문이 퍼져있기 때문이다. 바울은 네 명의 나실인을 의무로부터 해방시키는 부담을 지는 것으로 대응한다. 자신을 속죄하기 위해 갔던 성전에 바울의 나타남과 함께 틀림없이 원자료는 끝난다. 그러한 내용으로부터(비. 특히 야고보의 지위) 그것은 단지 바울의 세 번째 그리고 마지막 예루살렘 방문에 적합하다는 것이 추론된다.

바울의 동행인 드로비모의 인격과 그의 인격으로 인해 불타오르는 사도에 대한 비난은("바울이 성전에 이방인을 들였다"[28절]) 더 이상 분명하지 않는 방식으로 그 원자료에 속해있다(비. 380쪽 이하). 아마 바울의 체포(35절에 대해 위를 보라)의 특징의 묘사도 역시 마찬가지이다. 그러나 그것은 매우 불 분명한 것으로 남아야 한다.

방금 보여줬던 사고의 과정은 원자료의 가정을 위한 최상의 논증이다. 왜냐하면 그 보도는 솔직하며 어떤 종류의 긴장도 도약도 없기 때문이다.

IV 역사성

우리가 위 자료의 역사적 신뢰성에 대하여 질문한다면, 그 대답은 긍정적으로 생각해 볼 수 있다. 개별적 요소들은 사도행전 21장의 독립적인 보도들을 통하여 확증되거나 증명되어진다:

헬라인 빌립(가이사랴)이 사는 장소에 관한 보도는 그의 딸들의 예언 행위에 관한 보도처럼 믿어도 된다. 왜냐하면 그것은 헬라인의 영적이고 종말론적인 선포의 성격과 잘 들어맞기 때문이다(비. 욥의 유언[TestHiob] 48-50[욥의 세 딸들의 예언적 행동에 대한 묘사]).

헬라인(나손)의 집에서 묵었던 사도의 행적은 바울과 헬라인의 초기의 친분관계를 볼 때 충분히 가능한 이야기이다. 야고보의 지도적 위치와 50년대 예루살렘 공동체의 율법주의적인 성격은 다른 자료들을 통하여 확인된다(비. Lüdemann 1983: 92 A99). 바울이 정결 예식에 참여한 것은 그의 자유에 대한 이해를 볼 때에 개연성이 있는 것으로 간주된다.

결론적으로 21절에 보이는 바울에 대한 비난은 역사적인 것이고 사도에 대한 예루살렘의 그리스도인들이 갖은 의구심은 옳은 것이다.

어쨌든 21절의 비난은 적어도 바울의 공동체 안에서 부분적으로 일어났던 일들에 대한 근거를 보여준다. 비록 바울 서신 어디에도 사도행전 21:21의 비난에 대한 뒷받침하는 보도들이 나오고 있지 않는다고 하여도, 21절에 놓여진 정세는 바울 공동체 안에서 살았던 유대인들에게 가능한 현상들이다.

21절은 그렇기 때문에 바울의 설교에 뒤따라서 있을 법한 결과들에 관한 역사적으로 신뢰할 만한 정보를 준다. 만약 율법(Tora)이 그리스도 안에서의 새로운 창조에 비하여 기껏해야 임시적인 것이었다면(고전 7:19; 갈 6:15), 나면서부터 유대인인 사람은 율법을 행하여야 한다는 의무로부터 멀어지고, 그들의 자녀들은 더 이상 할례를 행하지 않아도 된다는 그러한 것은 중단 될 수 없었다(비. Hengel 1985: 97). 21절은 그렇기 때문에 유대인들 사이에서의 실천과 아울러 바울 설교의 가능한 결과에 대한 그리고 바울에 대한 예루살렘 공동체의 유보(留保)에 대한 역사적으로 신뢰할 만한 정보를 재연해 준다.

이제 우리는 자연스럽게 바울의 개인적인 증언으로부터 그 마지막 예루살렘 여행이 목적을 갖고 있었다는 것, 즉 바울이 공동체의 연보를 예루살렘으로 가져다주어야 하는 목적을 갖고 있었음을 알게 된다. 왜 누가는 각각의 장(章)에서 연보에 대한 온갖 흔적들을 삭제하는 것일까? 이 질문의 절박성은 사도행전 24:17이 바울의 마지막 예루살렘 여행의 의미에 관한 하나의 메모일 경우에 더 높아지게 된다. 이 질문에 대하여 유일하게 가능한 대답은 누가가 사도행전 21장에서 의도적으로 연보에 관한 주제를 피하려고 한다는 것일 것이다. 왜냐하면 그에 의하여 사용된 자료는 그 연보를 전달하는 것의 실패와 그들의 거절에 관하여 보도하기 때문이다. 누가는 그의 교회이해 때문에 바울의 통일된 사역의 실패에 대하여 이 장에서 보도하는 것을 꺼려하는 것이다(비. Lüdemann 1983: 96-98). Hengel은 누가를 바울의 마지막 예루살렘 방문에 있어서 목격자로 간주한다. 그리고 헌금의 출발점에 대한 그의 현학적인 기고문 속에서 유감스럽게도 자신의 입장을 밝히지 않으며, 21장의 야고보에 대한 누가적 표기를 역사적으로 신뢰할 만한 것으로 간주한다(Hengel 1985: 95 이하). 그럼에도 수수께끼로 남는 것은 왜 "목격자"인 누가는 바울이 잡힌 후에 바울에 대한 야고보의 도움에 대하여 아무것도 보도하지 않는가 하는 것이다.

사도행전 21:37-22:29

I 목차

II 편집

21:37-40

이 단락은 전체적으로 편집적이다. 그것은 로마 장교와의 첫 만남을 가능케 하며, 선천적으로 바울이 *stasis*[소요]로 인한 비난을 받을(그것은 예루살렘에서 그에게 부담이 되었을 것이다.) 어떤 이유도 없음을 강조하고 있다. 그 사도는 거짓으로 드러난 것과 같이 봉기를 일으켰던 한 이집트인이 아니다(38절; 이집트인에 대한 언급은 연대기적인 예측들을 위해 관련시켜서는 안된다[비. 시대착오적인 것 5: 36 이하]: Jewett에 대해 1982: 75 이하). 39절: 비. 편집적인 곡언법(曲言法: Litotes) *ouk aemou*[사소하지 않은]. 40절: 이 절은 다음에 나오는 설교를 준비한다. 설교자의 행동에 대해서는 비. 12:17; 13:16; 26:1.

22:1-21

1절: 시작은 스데반 설교의 소개(7:2)에 해당한다. 거기에서 누가적 바울은 이 점에 있어서 인사말의 목적을 정확하게 표현하다. 그것은 "여러분에게 변명하는 말"이다. 2절은 21:40b에 기원한다. 바울은 아람어로 백성들에게 이야기 한다(그는 장교와 함께 또한 헬라어로 말했다). 3-5절: 3절에서 (누가적)바울은 세 가지 도식(비. 7:20-33[모세에 관한])을 그의 성장과정을 묘사하기 위해 사용한다: 그는 다소에서 '났고'(*gegennemenos*), 이 성에서(즉, 예루살렘) '자랐고'(*anatethrammenos*), 가말리엘의 문하에서 조상들의 율법의 엄한 '교육을 받았다'(*pepaideumenos*). 이 세 가지 도식은 헬라 문학에서 교육과정을 나타나기 위해 사용하는 일반적인 것이었다(비. Lüdemann 1980: 42 [Lit.]). 누가적 바울은(사도행전의 저자를 포함하여) 또한 교양있는 세계에 속해있다. 4-5절은 이미 7:58 이하; 8:1-2; 9:1-2에서와 같이 바울의 핍박자로서의 행위를 묘사한다. 6-16절: 이러한 단락은 또한 사도행전 9장에서 토대가 되는 "회심보도"를(상세한 것은 그곳을 보라) 바꾼다. 세 가지 회심보도에 대해 위에서 시도한 공관적인 비교에 있어서 우리는 22:15이 9:15과 다르게 강조하고 있음을 보았다: 바울은 모든 사람 앞에서 그가 보고 들은 것에 증인이 되어야 한다. 다음 구절을 통해 완전히 분명해질 것을 가지고, 누가는 그 회심을 소명으로 해석했다. 17-21절: 성전환상은 소명으로서의 회심을 해석한다(비. 특히 21b: "떠나가라. 내가 너를 멀리 이방인에게 보내리라!"). 17-21절은 언어적으로 누가의 것이다: 17절: *hypostrepsanti*[되돌아오다], *ekstasei*[황홀경] 18절: *speuson*[서두르다], *en tachei*[빠르게] 19절: *epistantai*[황홀경] 21절: *exapostelo*[앞으로 보내다]. 20절은 편집적으로 7:58에 기인한다. 19절에서 이미 예루살렘 외에서 바울의 추적자로서의 행위는 20절에서 예루살렘에 있던 어떤 사람을 묘사한 문맥과 긴장관계를 이룬다. 그리고 후에 성공한다. 이것에 대한 최고의 설명은 누가가 원안을 각색했다는 것이다(비. III 아래).

22-23절

"소리 질러"의 표현은, 신약성서에 있는 여기 우리의 구절(22절)외에 단지 누가-행전에서만 나온다(눅 11:27; 행 14:11). 화가 난 유대인들의 반응은 그 장면의 스타일에 따른 구성부분이다. 바울을 세상에서 없애자는(22절) 요구는 21:30에서와 똑같이 부당한 유대인들의 요구와 관련된다. (25:24은 그렇다면 현재의 장면을 가리킬 것이다.) 바울의 설교는 또한 성공하지 못했다. 바울이 이방인들에게 보냄에 대해서 설교할 때, 유대인들은 유별나게 바울을 중단시켰다.

24-29절

이 구절은 바울이 로마 시민권에 항소하는 것을 묘사한다. 그 사도의 로마 시민권에 대한 보도는 누가-행전의 변호적인 경향에 잘 어울린다(비. Lüdemann 1980: 41 이하[Lit.]). 게다가 편집과 전승이 항상 대립될 필요는 없다(III 아래를 보라). 16:19-40에 대한 이 장면의 병행적 관계는 교훈적이다. 두 구절들은에서 로마 시민권에 항소하는 것은 지연된다(비. 22:25과 16:37). 그리고 바울은 강압적으로 로마 관청에 의해서 인도된다(비. 22:24과 16:22 이하). 로마 관료들이 바울의 로마 시민권에 대해서 알고 난 후에, 그때마다 그들의 무자비한 행위(마지막으로 언급된 구절들을 보라)는 그들의 두려움과 함께(비. 22:29과 16:38) 대조를 이룬다. 그 모든 것은 아마도 바울의 로마 시민권을 강조하고, "그 사도를, 유대인의 폭력행위 앞에서 로마제국의 피보호자 보다도 더 뚜렷하게 보이게 하기 위한" 이야기적인 의도를 가진다(Overbeck 1870: 395; 비. 16: 19-40에 대한 이 이야기의 태도에 대해서는 또한 394 같은 곳).

III 전승

21:39

다소 출신의 바울과 그의 다소 시민권의 기원의 전승에 대해서는 371쪽 아래를 보라.

3-5절, 6-16절

바울의 추적자로서의 행위와 다메섹 사건에 대한 전승에 대해서는 사도행전 9장에 대한 설명을 보라.

17-21절

이 단락은 20절이 없는 기본 구조속에 있는 누가적 언어요소들에도 불구하고 전승적이다. 비록 9:17이 바울 앞에 있는 예수의 현현에 대해서 가리킨다 할지라도, "누가는 마치 17절 이하에서 언급하는 것처럼, 그렇게 강력한 예수의 현현을 거의 스스로 창작할 수 없었을 것이다"(Buchard 1970: 163). 그 전승은(반대 9:28; 26:20) 아마도 예루살렘에서의 어떠한 바울의 설교도 전제하지 않는다(비. 18절: "그들은 [즉, 예루살렘에 있는]네가 내게 대하여 증언하는 말을 듣지 아니하리라"). 그 전승은 이방인 선교사로의 바울의 소명이 다메섹이 아니라, 예루살렘 성전에서 나타났다고 제한하고 있다는 점에서 독특하다. 게다가 바울의 증언을 수용하는 것에 대해 예루살렘 유대인들이 처음부터 확실하게 준비되어있지 않았다는 사실을 통해서 이방인을 향한 걸음은 바울 자신의 증언과 다르다.

24-29절

바울이 로마 시민권을 가지고 있었다는 진술을 포함한 이 단락은, 위에서 본 것처럼 누가적 경향이 잘 삽입된 것이다. 그러나 각각의 보도는(24-29절에 있는 전체 장면이 아니라) 매우 확실하게 전승에 기인한다. 왜냐하면 사도의 로마 시민권은 역사적인 것으로 보이기 때문이다(비. IV아래).

부록으로 Stolle 1973가 (근거 없이) 23-29절을 누가 이전의 "체포보도"의 구성부분이라고 생각하고 있다는 것은 생각해 볼 여지가 있다(265 이하).

IV 역사성

바울의 핍박과 다메섹 사건에 대한 역사적 질문에 대하여는 사도행전 9장을 살펴보라.

바울의 성전환상은 확실하게 비역사적이다. 우리는 그것을 바울이 예루살렘의 성전에서 이방인의 사도로 불려진 그의 소명을 받았다는 진술을 통해 알 수 있다. 왜냐하면 갈라디아서 1:15에 의하면 바울은 다메섹에서 이방인의 사도로 부름을 받았기 때문이다. 어디서, 언제 그리고 왜 그러한 전승이 형성되었는지는 사람들이 바울의 고유한 보도(고후 12:1-5)를 받아들이는 한 하나의 미해결된 질문이다. 왜냐하면 고린도후서 12:1-5은 동시에 a) 하나의 황홀경에 관한 b) 환상에 대한(*idein*[보다, 행 22:18]-*optasiai*[환상, 고후 12:1])과 c) 듣는 것에 관한(*auton logonta*[그가 말하다, 행 22:18(21.)]-*arrheta rhemata*[말로 표현할 수 없는, 고후 12:4]) 것을 보도하기 때문이다.

부설: 바울의 로마 시민권에 대하여

다음에서 바울이 로마 시민권을 가지고 있었다는 것은 긍정적으로 설명되어야 한다. 그러나 우선 다음과 같은 가정에 반하는 몇몇 불충분한 논증들은 비판적으로 언급될 것이다. 1) 바울은 그의 로마 시민권을 어떤 구절에서도 언급하지 않았었다. 반대: 그것에 대해 또한 어떠한 가능성도 없다-또한 고린도후서 11:23 이하에 나오는 '우여곡절 목록'에도 없다(Wengst 1986: 95, 215, 그는 고후 11:25에서 그 시민권에 대해 전혀 언급이 없기 때문에 바울이 최소한 어떤 가치도 그것에 두지 않았다는 것을 추론할 수 있다고 생각한다). 2) 바울은 세 번씩 태장으로 맞았다(고후 11:25). 반대: 율리아 법(Lex Julia)은 로마 시민에게 하는 태형의 벌을 허용하지 않았다(상세한 것은 Scherwin-White 1963: 57-60; Mommsen 1901: 89을 보라). 그러나 그 법률이 종종 위반되었으며(비. H. Windisch, 고린도후서, 1924, 356쪽), 바울의 태형의 경우에는 자기 로마 시민권에 항소했을 지 분명치 않다. 도대체 그가 그것을 어떻게 증명할 수 있었는지 각각 문제가 있다. 3) 바울의 육체노동(그것은 바울이 중간층 이하 출신임을 증명한다)과 그의 로마 시민권(그것은 상류층에 속함을 가리킨다) 사이의 반론은, 전자가 이론의 여지가 없기 때문에 후자에게 부담을 준다(Stegemann 1985: 483-485). 반대: 그 시민권은(초기 황제시대에) 어떤 경우도 신분이 높은 시민에게 빌릴 수 없었다(비. 자유민에 대해선 372쪽 아래를 보라). 그 외에 바울의 수공업은 아마도 그의 랍비교육을 가지고 근거를 댈 수 있지만, 그의 사회적 지위를 확정하기 위해 강제적으로 사용될 수는 없다(Hock 1980: 22-25[Lit.]는 달리 생각함. 그러나 Stegemann 1985: 483은 토라연구와 수공업이 짝을 이루고 있는 것에 대한 랍비적 본문들이 2세기 중반에야 비로소 나타난다는 정확한 근거를 가지고 주장함).

바울의 로마 시민권의 긍정적 증거에 대해: 사도는 바울이라는 로마식 이름을 지녔다. 바울은 성이거나, 첫 번째 이름(Cadbury 1955: 69 이하의 증거들을 보라)이다. 그 이름은 동방에서는 드물며, 신분이 높은 기원을 가리킨다(Mommsen 1901: 82 A3). 그것의 사용은 두 가지 방식으로 설명된다: a) 라틴어식 이름 바울은 사회적 접촉 또는 또한 로마 관청과의 교류를 쉽게 하기 위한 조화에 기원한다(Juster 1914 [시리즈 II]: 224 등 유대인의 의한 헬라식과 라틴어식 이름의 가정에 대해 보라). 그 외에 바울은 사울의 음성학적 등가물(Äquivalent)일지도 모른다(그러나 이름 바울은 Dessau [1910: 352]에 따르면, 결코 히브리어 Scha'ul을 헬라어나 로마어로 바꾼 음성학적인 번역어가 아니다[반대: Scherwin-White 1963: 153 이하]; S. Safarai/M. Stern[편집], 1세기 유대인들 II, 1976, 1052쪽에 실려 있는 G. Mussies에 따르면 *Scha'ul*에 해당하는 헬라식 이름은 *Aithetos*이다); 비. 로마에 있는 유대인들의 로마식 이름과 셈어식 이름 사이의 음성학적 등가물에 관한 Leon[1960: 120]의 개요를 보라. 아마도 심지어 누가는(그 사도가 이미 이전에 바울이라는 이름을 지녔다라고 하는 행 13:9에도 불구하고) 바울이 먼저 총독 서기오 바울을 만난 이후로 이 이름을 덧붙였다는 암시를 주려고 한다. b) 바울이라는 이름은 그 사도가 로마 시민권자 였다는 것에 기인한다. 로마 시민은 로마식 이름을 가질 권리와 의무가 있다(Juster 1914 [시리즈 II]: 221). 유대인들이 로마 시민권자(가) 되었다면/였다면, 그들은 또한 로마식 이름을 받았어야 한다. 바울이 자유민의 후손으로 시민권을 가졌다는 것은 숙고할만한 가치가 있는 것처럼 보인다(비. Cadbury 1955: 74-76)와 Sherwin-White 1963: 151 이하의 제한). 왜냐하면 "로마 시민에 의한 법률적으로 유효한 노예의 해방은 그것에 국가의 인가가 반드시 필요했던 것이 아니라, 그러한 자에게 갑자기 로마 시민권을(즉, 마련해 주었기 때문이다.)"(Meyer 1961:186). 게다가 자유민과 (그의 자녀들)은 곧 바로 제약없이 그 시민권을 상속했다. 그래서 그는(그들은) 실제적으로는 단지 이등급 시민으로 여겨질 수 있었다(비. Meyer 1961: 186 이하). 결국 바울의 로마 시민권의 역사성에 대한 다음 두 가지 근거가 또한 보인다: 1)만일 예루살렘에서 바울의 체포가 하나의 사실이라면, 사람들은 바울의 로마 시민권에 의해 로마 황제에게 항소함에 의해 로마로의 이송을 설명할 수 있다(393쪽 아래를 보라). 2) 바울은 종종 식민지화된 지역을 통해 여행을 했다(빌립보, 고린도). 그리고 스페인으로 가고자 했던 그의 바램은 또한 그가 로마 식민지들을 여행했다는 사실을 확신할 수 있다는 것을 통해 설명될 수 있다(Meyer 1961: 319 이하를 보라).

요약: 바울은 매우 틀림없이 로마 시민권자였다. 그가 동시에 다소의 시민권을 가졌는지(행 21:39) 결정하는 것은 확실하지 않다. 아무튼 다소의 시민권을 가졌다고 해서 로마의 시민권을 배제할 필요는 없다. 왜냐하면 다른 도시의 시민권이 로마의 시민권과 함께 가질 수 없다는 규정이 이미 공화정 말기와 로마 초기 원수정치에서 완화되었기 때문이다(Sherwin-White 1963: 182).

사도행전 22:30-23:35

I 목차

22장
- 30절: 천부장에 의한 산헤드린 공회의 소집

23장
- 1-9절: 공회앞에 선 바울과 바리새인과 사두개인의 반응
  1절: 무죄에 대한 진술
  2-5절: 대제사장 아나니아와 바울간의 작은 사건
  6절: 바울의 책략
  7절: 사두개인과 바리새인 간의 다툼
  8절: 양당(兩黨)에 대한 해명
  9절: 바울을 위한 바리새인들의 가담
- 10절: 병영으로 바울을 호송함
- 11절: 바울은 밤에 주의 음성을 듣는다:
  바울은 로마에서도 또한 증인이 되어야 할 것이다
- 12-35절: 가이사랴로 바울을 이송함 그리고 그것의 경위
  12-15: 바울에 대한 유대인의 공모
  16-22: 바울의 조카가 벨릭스에게 그 공모를 알림
  23-35: 천부장 글라우디오 루시아의 소개장과 가이사랴로 이송함

II 편집

22:30

이 구절은 산헤드린 앞에서 한 바울 연설을 위한 편집적인 준비이다. (역사적 분석은 예측적으로 로마 장교에 의한 산헤드린 공해의 소집이 아마도 비역사적인 것이다라고 말할 수 있다. 회의에 대한 그의 가담(23:10); Schürer, 1979: 223에 반대; 비. R. Stählin 1980: 288)

23:1-9

 이 장면은 이차문학에서 성급한 역사적 이해 때문에 지금까지 주목

받지 못해던 몇몇 특징들이 있다; 비. 예를 들면 Meyer III: 66; Haenchen 1977: 572; Radl 1975: 184. 천부장의 존재는 22:30; 23:10과는 달리 전제되어 있지 않다. 바울은 대제사장의 형벌권에(보호받지 못한 채로) 넘겨진 것처럼 보인다(2절). 그 단락에서 산만하고 분주한 특징은 주목할 만하다. 바울은 실제 연설을 계속 이어가지 못하고 여러 번 다시 시작한다. 게다가 2-5절에 있는 대화구조는 누가를 위한 세 명의 연설자들과 함께 일반적이지 않다. 또한 대제사장에 대한 바울의 모욕적인 언사는 5절에 있는 사과와 함께 독특한 특징이다: 누가는 여기에서 그 사도를 후회가 가득한 율법의 위반자로서 증거한다(게다가 바울은 율법을 단지 무의식중에 범했다). 아무리 누가가 그 다음 단계가 무엇을 가리키는지 그 경계에 그의 신학적 도장을 찍었다고 하더라도, 이 장면의 특징은 그가 특히 첫 번째 부분에서 전승을 결합하여 표현했다고 추측하도록 만든다.

1절은 다시 한 번 무죄를 설명한다("형제들아 오늘까지 나는 범사에 양심을 따라 하나님을 섬겼노라"). 반 바울적 비난들(비. 21:21, 27-29)에 반해 바울은 진정한 유대인으로 살았다. 4절 이하는 율법에 신실한 바울을 보여준다; 그는 만일 그가 그의 대제사장의 지위에 대해서 알고 있었다면, 그는 아나니아에게 그렇게 말하지는 않았을 것이다. 6-9절에서 바울은 결단력을 가지고, 유대교 양 당파(黨派)인 사두개인과 바리새인이 서로 반대하는 역할을 하도록 하여, 그의 재판관을 마비시킨다. "그는 바리새인이요 죽은 자의 부활로 말미암아 심문을 받노라(6절)"의 문장은 가담한 양 당파의 분열을 의도해서 곧 바로 성공을 가져온 현명한 포석이다. "그 말을 한즉"(7a)의 표현은 문학적인 중단의 기술에 해당한다. 원래 이미 모든 것이 말해졌음에도 불구하고, 그것은 마치 연설이 폭력으로 인해 중단된 것처럼 보인다(비. 10:44). 몇몇 바리새인들의 문장: "우리가 이 사람을 보니 악한 것이 없도다. 혹 영이나 혹 천사가 그에게 말하였으면 어찌하겠느냐(9절)"은 가말리엘(5:38 이하)의 편집적인 충고를 상기시킨다. 반대의 증명이 있기까지 바울은 "독실한" 유대인이다.

전체 에피소드 7-9절은 꾸민 것처럼 작용한다. 그리고 어떤 전통도 알 수 없다. 그것은 "사도행전의 저자에 의해 붙여진 하나의 장면"이다(Baur 1866: 236). 그 밖에 바울에 대한 몇몇 바리새인들의 공감은 그 사도가 성전 안으로 이방인을 들였다는 고소에 대한 주목할 만한 오해에 있다. 왜냐하면 어쨌든지 바리새인들에게 바울의 위험성을 분명하게 보여 주어야만 하기 때문이다. 그 오해는 내 생각으로, 23:7-9은 편집적이며, 반면에 상기 비난은 전승에 기인한다는 가설에 의해 만족할 만하게 설명된다(위를 보라).

언급된 가설은 사람들이 서기 70년 이전 바리새인의 신학을 어떻게 평가하고 싶어 하는지와는 독립적으로 진실임이 입증된다(비. 논쟁 Rivkin 1978-Neusner 1971); 왜냐하면 여하튼 여기에서는 이방인에 의한 성전모독이 문제였기 때문이다. 또한 바리새인의 생각에 따르면 그것은 사형이다; 비. 예루살렘에 있는 헤롯 성전의 경고문: "다른 나라 시민(allogene)은 성전에 둘러져 있는 난간과 울타리 안으로 들어올 수 없다. 그러다 붙잡힌 자는 "죽음"이라는 결과를 자기 탓으로 돌려야만 한다."(Deißman에 의한 번역 1923: 63, 같은 곳에 또한 경고문의 그림이 있다); 비. 게다가 또 다른 증거들과 함께 Strobel 1980: 22-24.

10절

이 절은 22:30과 연결된다. 그것은 다음 장면(12-35절)으로 연결된다. 10절과 12-35절을 누가는 결합한다:

11절

바울은 예루살렘에서와 똑같이 로마에서도 증거 할 것이다. 그것으로 로마체류가 예언되며, 커다란 연관성이 제시된다. 바울의 행위는 그의 임무(22:15)와 조화를 이룬다. 그의 길은 하나님 *dei*[~이 필요하다]의 보호 아래 있다.

12-35절

 이 단락은 다음 구절들에서 언어적 그리고 내용적으로 누가에 의해

특징 지워진다: 12절: 소유격 절대형 14절: *hoitines*[관계대명사, 그들은], *heos hou*[~할 때까지 않겠다]을 가지고 관계대명사의 문장연결. 15절: *nyn oun*[이제], *akribesteron*[더 자세히](비교급은 신약성서에서 단지 여기에서와 18:26, 24:22과 함께 23:20과 관련해서 나온다; 그것은 23장에서 시작된 것의 연속으로서 엉터리 심문을 보여주는 기능을 한다), *ta peri*[관하여], *autou*[그의] + 부정사. 16절: *paragenomenos*[도착하다]. (비. Jeremias 1980: 152 이하). 18절: *men oun*[이제]. 19절: *epilabomenos*[잡다, 취하다]. 20-21절: 바울의 조카의 보도는 12-15절의 이야기를 다시 시작한다(비. 유비로서 11:4-17에서 10:30-32의 반복). 22절: 1:4; 17: 3 등에 있는 것과 같이 직접적인 연설로 넘어감과 *men oun*[이제]. 23-25절: 23절: 호위대의 숫자적인 규모(보병 200명, 기병 70명, 창병 200명)는 비밀 임무를 행하는 그의 임무에 대한 오해를 보여준다. 누가는 그전과 마찬가지로 여기에서 과장해서 말한다. 그래서 반박(비. 11:27-30) 이야기에서 뒤죽박죽이 된다. 24절은 직접적인 연설에서 간접적인 것으로 편집적으로 넘어가는 과정을 포함한다. 26-30절: 글라우디오 루시아(Claudius Lysias)가 벨릭스(Felix)에게 보내는 편지는 전체적으로 편집적이다: 편지서언인 26절은, 형태에 있어서 15:23 이하에 있는(누가) 편지의 서언에 해당한다(비. 마카비하 11:16, 22, 27, 34). 27절은(눅 22:54; 행 1:16; 12:3절 처럼 "잡혀"의 의미에 있어서) 누가의 *syllambanein*[잡히다]을 포함한다[비. Schneider 1982: 339 A36]). 바울의 체포에 관한 편지의 진술은 21:30-38; 22:22-29과 완전히 일치하지는 않는다. 이 편지에 따르면 천부장은 로마 시민을 유대인들에게서 구원했고, 21:33. 38절에 따르면 그는 그를 주모자로 체포한다. 그리고 바로 나중에 그 사도의 로마 시민권에 대해서 알게 된다. 편지에 따르면 천부장은 바울을 고소한 자들에게 가이사랴에 있는 총독에게 의논할 것을 권했을 것이다. 그것에 대하여 우리는 아무것도 앞선 이야기에서는 듣지 못한다. 이러한 긴장은 전승의 가정을 위해 활용되어서는 안된다. 왜냐하면 여기에서 누가는 다시 한 번 단지 대략적으로 일치하는 내용을 가지고 똑같은 이야기들을 자유롭게 사용하기 때문이다(비. 10:5, 32에 대한 11:14과 10:44에 대한 11:15의 관계와 비슷). 그리고 그

는 천부장이 그의 '현재의' 지식으로부터 알고 있는 것에 대하여 논쟁하게 하고 22:24에서 잘못 구금한 것처럼 관대하게 잊게 한다. 29절: *zetemata tou nomou*[율법의 논쟁]의 표현은 18:15과 비슷하게 보인다. 30절: 벨릭스 앞에 고발하는 유대인 고소인들에게 하는 초대는 먼저 바울의 이송을 성공적으로 완수한 후에야 생각할 수 있다.

Conzelmann은 편지 26-30절에 대해서 적절하게 상술한다:

> "그것은 로마인의 입장으로부터 그 상황을 더 이상 조명하지 못하게 한다(누가가 이것을 이해한 것처럼): 그 법적인 무죄는 그것과 관련이 있던 '첫 번째 로마인 일원'(von ersten römischen Funtionär: 황제)에 의하여 확인될 것이다. 그 견해는 갈리오-장면(Gallio-Szene)에서와 똑같다: 그 로마인은 기독교가 유대교와 동일하다는 것을 규명하지 않고, 오히려 그 전체 사건이 로마와 아무런 관련이 없다는 것을 규명한다"(Conzelmann 1972: 139).

31절은 23절에서 묘사하고 있는 명령의 수행에 대해서 보고한다. *dia nyktos*[밤에]는 *apo trites horas nyktos*[밤 제3시](23절)를 다시 계속 이어간다. 그밖에 누가는 안디바드리에 밤 사이에 갈 수 있다는 것을 전제하고 있다(비. 정당하게 Weiser 1985: 625). Hengel 1983은 다르다: "밤에 함께 호위하고 가는 행군에 있어서 군대는 예루살렘으로부터 약 60Km 떨어진 안디바드리에 도착한다"(173). 그러나 이 점에서 누가의 불 명료한 표현방법을 전제하고, 동시에 팔레스틴 지리에 대해 일반적으로 정확한 이해를 전제할 때에만 그러한 해석이 가능하다.

III 전승

23:1-9

누가는 1-5절에서 전승의 유입하에 본문을 구성했다는 상기 주장은 근거가 있다. 그것은 이제 누가가 바울이 대제사장을 모욕한 것에 대하여 알았고(비. Schwartz 1963: 166 이하), 이것은 정확하게 반복되었으며(3절), 그러나 5절에 의해 그 자신의 신학의 의도에 있어서 약간 변형된 것으로부터 상술될 수 있다. 게다가 전승은 바울이 대제사장의 형벌권에 넘겨졌다고 보고했을 것이다.

23:12-35

이 보도는 1-9절로부터 그것의 상대적인 넓이와 구체성에 의해 뚜렷이 대조된다: 바울을 죽이려는 계획, 사도의 조카에 의한 적발, 예루살렘으로부터 가이사랴로 바울을 이송함, 이름들(글라우디오 루시아, 벨릭스)-상세한 것들은 전승에 기인할 것이다. "어떻게 저자에게 이 모든 세부적인 것들이 그렇게 정확하게 알려질 수 있었을까?"(1854: 287)라는 Zeller의 질문에 저자가 이러한 점에서 나열한 세부적인 것들을 내용으로 가졌던 전승을 사용한다는 가설을 통해 가장 잘 대답될 수 있다.

Schmithals 1982는 완전히 다르다: "현재의 단락에서 원자료의 흔적은 전혀 찾을 수 없다. 우리는 어떤 역사적인 정보들에 근거하지 않고, 누가의 작가적 경향으로부터 그것을 완전히 이해하여야 한다."

명확하게 그 전승은 앞선 법정 심리를 전제로 하지 않았다. (편집적인 15절은 [*akribesteron*{더 자세히}에 대해서는 II 위를 보라] 그에 대한 엉터리 심리를 1절의 연속으로 시작하는 것처럼 보일 수 있다.) 이미 전승에서 공모와 그들의 폭로가 연결되어 있었다는 것은 추측될 수 있다.

Hengel 1983: 173-175은 사도행전 23장이 정확한 지리적 지식을 전제하고 있으며(안토니아 성, 안디바드리, 가이샤랴), 현대사의 조명하에 그 사건의 진행이 설득력 있다는 것을 지적하였다. 요세푸스는 글라우디아 루시아의 행동을 더 적합하게 묘사할 수 없었다. 그러므로 "마지막으로"라는 보고는 한 증인(=누가)에 의한 것이다(175). 그러나 사람들이 그러한 판단을 자기 것으로 삼을 수는 없을 것이다. 누가는 구체적으로 예루살렘에서 안디바드리까지의 거리를 잘못 계산했다(그는 60Km라는 거리가 하룻밤 안에 여행할 수 있다고 전제하고 있으며[378쪽을 보라], 그리고 더 중요하게는 일반적으로 적절한 한 지방색이 한 장면의 역사성을 억지로 증명하는 것은 아니다(비. 행 19:23-40). "Karl-May-규칙"에 대해서는 또한 23쪽 위를 보라.

그 보도는 최종적으로 누가의 증언에 기인한다는 Hengel의 해석은 정확히 작가 누가가 도달하려고 했던 것 바로 그것이다: 그 보도는 증거를 위한 실천적인 어떠한 여지도 주지 않는다. 왜냐하면 가려져 있는 모든 사건(공모, 모반, 바울의 이송)들이 실제로 일어나기 때문이다. 그러나 곧 바로 누가는 언급한 비밀모티브를 통해 독자에게 왜 그 에피소드가 지금까지 알려지지 않은 채로 있었는지, 그리고 바로 지금 그것으로부터 직접 공개적인 빛으로 오게 되었는지를 이해시키려 하고 있다.

IV 역사성

다음의 역사적 사실들은 전승의 토대로서 이 장에서 가정적으로 받아들여질 수 있다:

1. 바울은 대제사장의 형벌권에 넘겨졌고, 그에게 모욕을 주었다. 근거: 내 생각으로는 그런 전승의 형성에 대해 어떤 명백한 모티브도 말해지지 않았다.

2. 글라우디오 루시아 때문에 예루살렘에서 가이사랴 벨릭스 총독에게 바울을 이송한 것. (이송의 세부적인 것들은 불명료하게 남는다. 그리고 부분적으로는 강한 단편소설 풍[novellistisch]의 느낌이 난다.)

3. 그 이송은 심리와 관련된 기술적인 이유와(가이사랴는 그 주의 최고 재판관인, 총독이 있던 곳이다.) 더군다나 바울의 유대인 적에 의한 위협에 담겨 있는 모티브를 가지고 있었다. (전승의)이러한 세부사항은 그 사도의 마지막 예루살렘 체류의 전체관련으로부터 확인되었다: 바울은 그에게 대항하는 유대 폭동에 관련되어 붙잡혔다. (내지는 보호를 받기위해 잡혔다.) E.

Schwartz와 관련해 바울이 이방인을 성전 안으로 끌어들였다는 비난에 있어서 체포의 이유를 깨닫게 될 것이다(21:28; 24:6).

> "성전 안뜰을 밟은 비 유대인은 법률의 보호를 받지 못했다. 만일 유대인들이 그를 쓰러뜨린다 하더라도, 로마 관청은 당연히 개입하지 않는다: 그러나 바울에게 그 죄를 돌렸듯이 태생부터 유대인인 자는 이방인에게 넘어서지 못하도록 해야 했다. 그래서 이것이 유대인들을 폭동을 일으키도록 자극했다. 그래서 그는 틀림없이 *seditio*[모반]때문에 고발될 수 있었고, 사형판결을 받을 수 있었다"(1963: 165 이하).

유대인들의 비난은 십중팔구는 예루살렘에서 정말로 일어난 것에 대한 근거를 전혀 가지고 있지 않았다. 유대인의 관습이 이방 그리스도인들의 존재를 위협하지 않았고, 유대 그리스도인들을 이방 그리스도인으로 만들려는 것을 의식적으로 단념했던 것에 의하면, 바울은 유대인의 관습을 존중했다. 언급한 비난은 그러나 유대 그리스도인의 반(反)바울적 논쟁으로서 잘 이해될 수 있다(비. 21:21의 주해).

4. 전승이 공모와 바울의 조카에 의한 적발에 관한 세부사항을 역사적으로 적절하게 묘사하였는지에 관한 질문은 아마도 어떤 대답도 없을 수 있다. (그 공모에 산헤드린의 가담은 당연히 편집적인 조화를 고려해 누가에게 기인한다.) 관련있는 장면들은 노벨레 풍으로 구성되었고, 그리고 예를 들어, 그 조카에게 그렇게 갑자기 천부장이 귀를 기울였을 것이라는 것은 있음직하지 않다. 틀림없는 역사적인 사실은 아마도 바울이 마지막으로 예루살렘에 체류할 때, 머물 수 있는 바울의 조카와 누이가 예루살렘에 있었다는 것이다(Schille에 의해 강렬히 비판받고 있다. 1983:428 이하).

사도행전 24장

I 목차

- 1절: 예루살렘에서 파견단이 가이사랴에 도착함–대제사장 아나니아, 몇 명의 장로들 그리고 변호사 더둘로로 구성됨
- 2–6절: 더둘로의 고소연설(6b–8a는 본문비평적으로 이차적이다)
- 9절: 유대인들을 통해 고소를 확증함
- 10–21절: 바울의 방어연설
- 22–23절: 벨릭스에 의해 결정이 연기됨
- 24–26절: 벨릭스와 바울
- 27절: (2년이 경과한 후에:)베스도에 의해 벨릭스가 교체됨

II 편집

이 장면은 아마도 전체적으로 누가에 의해서 구성되었다.

1절

이 절은 23:30에서 서사적으로 계속된다. 유대인들은 장교 글라우디오 루시아의 지시에 따라 바울에 대항하는 고소인들을 가이사랴 벨릭스에게 보낸다.

2–6a, 8b

웅변가 더둘로의 고소연설이 청중의 뜻에 영합하려는 언동(바울의 변호연설[10–21절]에서 같은 것이 발견될 것이다[10절])과 함께 시작된다(2–4절). 바울에 대항하는 두개의 고소이유는 이미 앞선 에피소드에서 알려져있다: 1) 바울이 천하에 유대인들을 다 소요케 하는 자다(5절); 2) 바울은 성전을 모욕하려고 했다(6절). 첫 번째 고소는 이미 17:6에서 바울에 대항하는 유대인들의 비난으로 보인이며, 그 두 번째 것은 21:28과 관련된다.

9절

유대인들에 의한 비난들의 확증은 극적으로 고조된다; *houtos echein*[그렇게 행했다]은 누가적 표현이다(비. 7:1; 17:11).

10–21절

바울의 방어연설은 고소와 밀접하게 관련된다. 10절 청중의 뜻에 영합하려는 언동(Capitatio benevolentiae)은 2-4절에 부합한다. *pollon*[많은]은 *polles*[많은](3절)을 다시 이어간다. 그와 동시에 벨릭스가 이미 "여러 해 전부터 이러한 백성에 대한 재판관…"이었다, 즉 유대의 총독이었다는 거짓 진술이 생겨났다. (벨릭스가 있었던 것은 기껏해야 단지 짧은 시간이었다. Lake/Cadbury와 IV 아래를 보라, 병행경우는 Beg. IV: 3000). 11절: *dynamenou sou epgnonai*[당신은 알 수 있다]는 *dynese... epignonai*[알 수 있다](8절)를 다시 이어간다. 바울이 12일전에 예루살렘에 왔었다는 진술은 21:27로부터 7일과 24:1로부터 5일을 더한 합계에서 얻었다. 12절은 고소이유와 관련되는데, 우선은 제일 마지막에 언급한 것(성전모독에 대한 고소)이고, 그 다음은 폭동을 유발한 비난과 관련된다. 14-15절은 누가의 방식안에서 바울의 기독교를 긍정적으로 묘사한다: 그것은 성서에 대한 믿음(14절)과 내용적으로 의인과 의롭지 못한 자의 부활의 기대에 있는 하나님에 대한 희망(15절)에 있다. 16절은 다시 한 번 누가에 의한 바울의 무죄증명을 포함한다:

> "이것으로 말미암아 나도 하나님과 사람에 대하여 항상 양심에 거리낌이 없기를 힘쓰나이다"(비. 23:1; 13:46; 18:6; 20:26).

17절은 마지막 예루살렘 방문에 대한 바울의 목표가 "내가 내 민족을 구제할 것과 제물을 가지고 와서 드리는 중에"에 있다는 것에서 놀라게 한다(그것에 대해서는 III 아래를 보라). 18-19절은 바울이 폭동을 불러일으켰다는 비난에 대해 다시 한 번 부인하면서 21:27을 반복한다. (18절 *ochlou*[군중]은 12절 *ochlou*[군중]와 관련된다.) 20-22절은 다시 한 번 바울의 무죄를

강조한다: 아시아에서 온 유대인(21장)들도 또한 현재 있는 유대인들도 바울의 불법행위를 증명할 수 없다. 21절은 산헤드린 공회 앞에서의(맨 처음의) 심리와 관련된다. 이미 그때(23:6) 바울은 그가 부활 때문에 고발되었다고 말했다.

22-23절

이 단락은 다음 에피소드(24-26절)로 이어진다. 기독교의 도(道)에 관한 벨릭스의 지식(22절[*hodos*{길, 도}에 관해 비. 14절과 18:25]은 24b에서 서사적으로 설명된다. 천부장 글라우디오 루시아가 도착할 때까지 벨릭스가 결정을 유보한 것은, 다음에 묘사한 바울과 벨릭스와 사도와 베스도의 만남에서 시간상으로 가능하게 하는 목적에 기여한다. 벨렉스의 권유에 바울의 구금을 완화시킨 것은 누가의 모티브이다(비. 27:3).

24-26절

누가의 언어적인 것으로서 눈에 띄는 것들: 24절: *paragenomenos*[도착하다], *metepempsato*[소환하다], *tes eis Christon...pisteos*[그리스도를 믿는 것]. 25절: *dialegomeonou*[강론하다], *metalabon*[나누다], *metakalesomai*[초대하다]. 26절: *metapempomenos*[소환하다], *homilei*[대화를 나누다].

내용적으로 이 절은 바울이 벨릭스와 드루실라에게서 호기심 많은 청중을 발견한다는 점에서 누가의 변호를 반영한다(24절). "고위층의 기독교에 대한 관심은 누가적 모티브이다"(Conzelmann 1972: 143). 그 다음에 25절은(바울이 의와 절제와 장차 오는 심판을 강론하니) 상황에 대해(벨릭스의 방탕은 악명이 높았다.) 윤곽을 보여주는 누가적 기독교의 특징묘사를 포함한다. 그것은 누가가 원래의 초기기독교와 관련을 더 적게 가지고 있다는 것을 증명한다(Weiß 1897: 60). 26절은(요세푸스와 타키투스로부터) 전승되어 온 벨릭스의 인격-묘사와 일치한다(비. Meyer III: 46-54; Schürer 1973: 460-464). 그것은 이러한 점에서 22절 이하와 어떤 긴장이 있으며, 그것은 벨릭스의 긍정적 모습을 묘사하고 있다. 하지만 벨릭스가 바울의 석방을 위해 뇌물을 기대했다는 진술(26절)은(당연히 25절의 설교 후에 바울을 위한 기회로써 문제가 될 수 없는 것) 바울이 무죄가 증명되었음에도 불구하고 왜 석방되지 않았는지를 설명해 준다. 추가적으로 그 외의 경우는 누가에 의해서(16:16-24과 19:23-27절에 따르면; 비. 이전 3:6; 5:1-11; 8:18-20) 돈-복음의 갈등이 기록된다(비. Horn 1983: 55).

27절

"2년"이라는 진술은 누가에 의한 바울의 구금 기간을 보여준다. *pleroun*[만기 후]은 누가가 좋아하는 단어이다(마찬가지 *charis*[은혜]). 벨릭스가 그래서 바울을 석방하지 않았다. 왜냐하면 그가 유대인의 마음을 얻고자 했기 때문이다라는 지적(27b)은 12:3을 기억나게 한다. 그리고 왜 바울이 석방되지 않았는지에 대한 이유를 기록하고 있는 26절과 긴장관계를 이루면서, 그 이상의 암시를 주고 있다. 천부장 글라우디오 루시아가 온다면, 그 사건을 결정하겠다던 22절의 의도는 잊혀진다.

III 전승

많은 구절들에서 전승의 요소들은 명백하다.

1절: 변호사 더둘로와 대제사장 아나니아. (1b절[고소]이 전승에 속함의 가능성에 대해, 비. 22절 이하 아래)

17절: 누가는 21장에서 편집적인 이유에서 진술했던 헌금에 관해, 그가 알고 있던 다른 원자료를 여기에 덧붙여 삽입하도록 했다.

게다가 누가가 예루살렘으로 순례여행을 할 때, 구제금을 가져가는 유대 관습을 알고 있었다는 다른 가능성은 그의 손에 의해 완전히 제시될 필요는 없다. 그것은 누가의 좋은 의도를 또한 밝힌다면 가능하다. 이런 경우에 있어서 그 언급을 강제적으로 헌금과 관련시킬 수는 없다(비. Pereira 1983: 225-227).

22-23절: 아무리 그 절들이 현재의 틀 안에서 하나의 의도를 가지고 있

다고 하더라도(그것들은 다음 장면 22-26절을 준비하고 있다), Schwarz의 다음 관찰은 근거가 있는 그 전승이 사실임을 증명하고 있다:

> *anebaleto autous ho phelix*[벨릭스는 이것을 연기하였다]와 *diagnosomai ta kath'hymas*[나는 너희들에 관한 것을 결정하겠다]에서 "그 대명사들로 두 당파를 통합할 수는 없고 오히려 벨리스에 대해 무엇인가를 원하는 어떤 자들(그 청원자들)을 묘사하는 것일 수 있다; 그리고 그것은 바로 유대인들이었다. (1963: 161 A2). 게다가 누가의 문맥에 있어서 그것들은 유대인 및 바울과 관계있을 수 있다(바울은 10절 이하로부터 연설자였다)."

그러므로 그 전승은 유대 관청(아나니아, 더둘로)이 가이사랴에서(비. 1b) 벨릭스에게 바울에 대해 행한 고소에 관한 보도를 포함했다(실제로는: Festus-262쪽 이하 아래를 보라). 21:28에 관한 363쪽 위에 있는 것은 고소 이유로, 그리고 380쪽 일반적인 고찰들에 있어서는 전승적으로 밝혀진 성전 목독의 비난으로 대체할 수 있다.

24-26절: 벨릭스에 대한 특징묘사의 전승적 특징에 대해서는 비. II 아래.

27절: 벨릭스와 베스도의 관직 교체를 누가는 하나의 전승으로부터 알고 있다. 그것은 관직 교체가 있었을 때(비. 글라우디오 시대에 바울의 고린도 체류에 관한 비슷한 전승), 바울이 가이사랴에 구금되어 있었다는 것에 대해서 보고했던 것이다. "2년"의 기간에 대한 진술은 또한 전승에 기인한다(비. Haenchen 1977:83).

> Schmithals 1982는 말하기를: "2년이라는 기간은 28:30절(비. 19:10)에서도 나타난다… 누가적인 경향을 가진…(즉, 기독교의 정치적 무해성에 대한 판명)"(215). Schmithals에 반대: 왜 2년이 여기에서 정치적 무해성을 표현하는 것이어야 하는가?

 역사적인 이유들로 인해 "2년"은 벨릭스의 임직기간과 관련될 수 있다:

아래를 보라.

IV 역사성

전체적으로 재구성한 전승적 요소들은 역사적 사실성에 있어서 높은 정도를 가지고 있을 수 있다.

1절: 대제사장 아나니아(서기 47-49년경의 대제사장[비. Schürer 1979: 231])과 변호사 더둘로(다른 원전에서는 알려지지 않은)의 이름.

17절: 헌금에 대한 보도. 왜냐하면 그것은 바울 서신들로부터 확인된다(비. 그러나 III 아래에 있는 제한들).

22-24절: 벨릭스에게 한 유대인들의 고소는 바울을 가이사랴로 이송한 것에 따르면 설득력이 있다. 하지만 그것은 실제로 벨릭스의 후임 베스도의 임기 시작에 일어났을 것이다(392쪽 아래를 보라).

27절: 벨릭스의 2년 동안의 총독직에 관한 언급은 타키투스(Ann XIII 14: 네로는 로마에서 55년 말 황제의 재무행정관인 벨릭스의 형제 팔라스를 파면했고, 그로부터 어떤 영향력도 행사하지 못하도록 만들었다.)와 요세푸스(Ant XX 182: 베스도에 의한 벨릭스의 교체 후에 황제 네로 때에 가이사랴의 유대인들 지도자들은 벨릭스를 고소했다. 그것은 그 당시 네로가 아주 높이 평가했던 팔라스가 대변해주었기 때문에[*malista de tote dia times agon ekeinon*-주의: *tote*] 그 고소는 명백히 거절되었다.)의 진술을 종합한 것과 일치한다. 요세푸스에 의해 전해진 그 진술은 아마도 전적으로 험담만은 아니다(Schwarz와 연계해서 Conzelmann 1972: 139). 오히려 네로가 팔라스를 높이 평가했을 때(불변화사 *tote*를 보라), 그가 한 때 그의 형제를 지지했다는 것은 적절하다. 그러나 그의 폐위 이후에는 더 이상 그렇지는 않았다. (팔라스-문제의 다른 이해는 Jewett 1982: 77-80[Lit.]가 지지한다. 이것에 대하여는 새로운 포괄적인 연구가 필요하다.)

신뢰할만한 것으로 알려진 전승의 요소들로부터 다음 역사적인 결론이 도출된다: 바울은 가이사랴에 있는 로마 감옥에 있었다. 대제사장 아나니아가 이끄는 유대인 관청은 벨릭스 관할 하에 있는 바울에 대한 심리를 성공하기 위해서 가이사랴로 갔다. 그리고 로마와 유대인 법에 있어서 경험이 있는 변호사 더둘로를 함께 데리고 갔다. 아마도 유대인 관청이 벨릭스 앞에 나타나기까지 2년 임기의 벨릭스 총독직 하에서는 그 심리에 대한 것은 일어나지 않았다. 바울이 벨릭스의 임기 말에서야 처음으로 가이사랴에 왔기 때문에(55년 -비. 자료에 대해서는 Lüdemann 1980: 197 이하 A101) 틀림없이 심리는 일어나지 않았다. 또는 벨릭스가 알려지지 않은 이유들 때문에 그 심리를 연기시켰다.

Schwartz는 드루실라를 동반한 벨릭스와 바울 사이의 대화를 틀림없이 역사적인 것으로 생각한다. 바울은 즉, 예루살렘으로 구제금을 가지고 왔다. 그리고 벨릭스는 그에게 잘 알려진 이 사실을, 바울이 돈이 없는 것이 아니라 교회 형제들에 의해 후원을 받을 수 있었다는 가정에 대한 근거로 삼을 수 있었다(1963: 160-162). 하지만 24-26절 단락에 있는 완전히 편집적인 특징에 있어서 이것은 실패한다.

사도행전 25장

Ⅰ 목차

- 1–5절: 예루살렘에서의 유대인 지도자들과 베스도
  1절: 베스도가 가이사랴에서 예루살렘에 옴
  2–3절: 대제사장과 바울에 대항하는 유대인중 높은 사람들과 바울을 예루살렘으로 옮기려는 그들의 바램(그가 오는 도중에 매복하기 위해)
  4–5절: 베스도가 이 바램을 거절하고, 그가 가게 될 가이사랴에서 고발하라고 유대인들에게 권함
- 6–12절: 가이사랴에서 베스도의 심문
  6절: 예루살렘에서 가이사랴로 재판을 열기 위해 베스도가 감
  7절: 유대인들의 고발
  8절: 바울의 방어
  9절: 예루살렘으로 바울을 옮기려는 것을 가능하게 하기위한 베스도의 '의미 없는 질문'(Scheinfrage)
  10–11절: 황제에게 베드로가 항소함
  12절: 베스도가 바울의 항소를 들어주다
- 13–22절: 베스도가 바울에 대해 아그립바에게 이야기하다. 바울의 말을 듣고 싶어하는 아그립바의 바램
- 23–27절: (다음날:) 아그립바와 버니게의 위엄을 갖춘 입성. 베스도에 의한 바울의 소개, 아그립바의 도움을 받아 바울 체포의 이유를 기록한 (황제에게 보낼) 첨서(添書)를 작성하려는 베스도의 바램

Ⅱ 편집

1–5절

다음과 같은 구절들에서 누가적인 언어가 분명히 보인다(선별): 1절: treis[3] 3절: *metapempsetai*[소환하다]. 4절: *men oun*[이제]. 내용적으로 2절 이하는 23:15에서 알려진 생각을 변경한다: 유대인들은 바울을 한 매복 장소로 유인하려고 한다. 그 때문에 그들은 여기에서 베스도에게 바울을 예루살렘으로 보낼 것을 부탁한다. 유대인들의 요구에 대한 베스도의 거절은 9절에 있는 긴장감에서 보인다. 하지만 9절에 있는 의미없는 질문에 대

해 기대했던 대답은 결과적으로 4절 이하와 똑 같은 대답이 된다. 그 긴장감은 또한 편집적으로 이해할 수 있게 해주지만, 자료비평적인 작업들에는 사용되어서는 안된다.

이 단락은 24장과 한 쌍처럼 보인다. 그곳에서처럼 여기에서 바울을 고발하기 위해 유대인들(지도자들)은 총독 앞에(일찌기 가이사랴에서, 그 다음에는 예루살렘에서) 나타난다. 누가가 두 장면의 유사성에 대해 알고 있었다는 것은 분명하다. 편집적인 의도와 이러한 관찰의 판단에 대해서는 비. 392쪽 아래.

6-12절

다음의 단어들은 언어적으로 누가적인 것으로 확연히 드러난다.: 6절: *diatripsas*[머무르다]. 7절: *paragenomenou*[도착하다], *katapherontes*[내려오다], apodeixai[증명하다]. 7절: 소유격 절대형. 10절: *eipen*[말하다]. 11절: *axion thanatou pepracha*[죽을 만한 일을 행하다](비. 눅 23:15; 행 25:25; 26:31), *men oun*[이제] 12절: *syllalesas*[상의하다].

이 단락은 1-5절 보다 더욱 더 분명하게 24장과 짝을 이루는 특징(Dublettencharakter)을 가지고 있다. 7절은 24:2 이하의 반복이다. 하지만 우리는(그곳과는 다르게) 유대인들의 비난의 내용에 대해서 전혀 아는 것이 없다(독자들은 정말로 잘 알고 있다). 비슷한 상응점이 바울의 변명을 묘사하고 있는 8절과 24:10 이하 사이에 있다. 또한 8절에서는 바울의 변명에 대해 단지 개괄적으로 되어있으며, 그럼에도 불구하고 유대인들의 비난들과는 다르게(7절), 8절은 사도의 변명을 상세히 보여준다:

> "유대인의 율법이나 성전이나 가이사에게나 내가 도무지 죄를 범하지 아니하였노라"(비. 누가의 의도에 대해서 Conzelmann 1977: 133 이하).

9절은 총독이 유대인들의 마음을 얻고자 했다는 24:27의 생각을 변경한다. 이러한 목적을 위해서 누가는 베스도에게 그가 바울을 예루살렘으로 이송할 것인지, 그리고 그곳에서 재판 받도록 해야 하는지, 무의미한 질문을 하게 한다. 그러한 생각은 편집적이다. (4절과 9절의 "반대"에 대해서는 4절 위를 보라). 10-11절과 12절을 위해 기대되었던 대답 즉, 로마로 갈 것이라고(19:21; 23:11) 독자들과 바울에게 이미 오래 전에 말했던 것에 대한 대답이 이야기를 전개하는 과정 속에서 필요하게 된다. 10절은 황제에게 이후에 말했던 항소에 대한 누가적 예견이다. "바울의 말들: *epi tou bematos Kaisaros hestos eimi, hou me dei krinesthai*[나는 가이사의 재판 자리 앞에 섰다, 나는 거기서 심문을 받을 것이다]는 뒤에 더 간단하게 말한 것을 언급하고 있을 뿐이다. *Kaisara epikaloumai*[나는 가이사에게 상소한다]"(Mommsen 1901: 94 A6).

게다가 Wellhausen은 10절과 11절 이하 사이에 있는 긴장을 제시할 수 있다고 생각했다: 10절은 총독의 재판과 관련되며, 11절은 황제의 재판과 관련된다. 그는 다음과 같이 쓴다: "어떻게 그가(즉, 바울이) 결국… 총독으로부터 황제에게 상소할 수 있었는지, 정확히 말하면 예를 들어 한 재판이 다른 재판을 반대하지 않고, 오히려 어떻게 그것으로부터 결론이 나오는지를! 그럼에도 불구하고 만일 10절이 누가의 예견으로 이해한다면, 그 어려움들은 해결된다."

바울은 11절에서 황제에게 상소한다. 그리고 베스도는 12절에서 이러한 항소를 들어준다: "네가 가이사에게 상소하였으니 가이사에게 갈 것이라"

13-22절

아그립바에게 하는 바울에 관한 베스도의 보고는 이미 알려진 것을 반복하고 있으며(비. 행 10장 이하에 있는) 비슷한 설명기술, 그리고 다음 장면을 준비하게 된다.

23-27절

언어분석에 대해서는 비. Radl 1975: 200 이하. 바울과 아그립바와 버니게의 만남(비. 13절)은 22절에서 말한 아그립바의 바램(바울과 안면을 갖는 것)을 성취한다. 24-27절은 바울이(베스도에 의해) 다시 한 번 소개되고, 그리고 25절에서 다시 한 번 확인한다: 바울은 사형을 받을 만한 어떤 일도 하지 않았다. 아그립바와 버니게 앞에서의 장면은 벨릭스와 드루실(24:24-26) 앞에서의 장면과 한 쌍이다. 그것은 편접적으로 누가적 바울의 세계 역사적 권리를 강조하는 데 기여한다. 아그립바 왕 앞에 바울의 등장과 함께 또한 9:15이 성취된다.

III 전승

24장과 25장에 관한 위에서 지적한 한 쌍으로서의 특징(Dubletten-charakter)은 (24장의 분석 결과의 처리에 따라) 다음처럼 판단될 수 있다: 누가는 25장을 위해 이미 24장에 있는 편집적 이유들에 근거하고 있고, 양 당파의 연설로 장식하고 있는 베스도 앞에서 이루어진 심문의 보도를 가지고 있었다. "예루살렘에 있는 산헤드린 공회 앞이든, 산헤드린 공회원이 참석한 가이사랴 로마 총독 앞이든"(Wellhansen 1914: 51), 25장에서 가공한 전승은 아마도 이미 이전에 바울을 대적해 공개적으로 심리했었다.

그 전승은 황제에게 한 상소에 관한 진술을 포함하고 있었을 것이다. 왜냐하면 그것은 보통 로마 시민들에게만 가능했기 때문에, 황제에게 한 바울의 상소의 전승은 그의 로마 시민권에 관하여 말했었을 것이다. 한편으로 누가는 황제에게 한 상소의 가능성을 분명히 로마인으로 제한하지 않는다(비. 25:10 이하; 28:18 이하). 그는 이런 점에서 전승과는 달리 그가 디모데에게 할례의 필연성을 잘못 주장했던 16장에서와 똑같이, 근본적인 관련을 산산조각 내버렸다(275쪽 위를 보라).

23-27절: 우리는 그 장면이 아마도 전승에 기인한다라고 판단하고 싶어한다. 아마도 24:24-26에서 그것들이 다시 반복되어 묘사된다는 사실이 그것을 말한다. 하지만 전승의 윤곽을 확정할 가능성은 전혀 없다(아마도 바울의 형제자매 부부의 만남-그러나 무엇 때문에?).

IV 역사성

십중팔구 바울에 대항하는 예루살렘 유대인들을 지휘하는 자의 참여하에 베스도 앞에서 한 재판이 있었다. 결국은 바울이 그의 로마 시민권을 증거로 대면서 황제에게 상소하게 되었다(적법성에 대한 질문에 대해 비. Mommsen 1901; Cadbury, Beg. V: 297-338; Stolle 1973: 266 A97; Haenchen 1977: 638 이하 A3; J. Bleicken, 원로원의 재판과 황제 재판, AAWG. PH 53, Göttingen 1962). 이것에 대해 직접적인 근거는 분명하지 않다. (그 사도가 폭동을 선동했기 때문에 사형을 언도 받았는가? 또는 그가 그런 판결을 두려워했는가?) 그러나 로마제국의 수도에서 헌금 모금활동을 마친 후에 (선교)여행을 하려고 했던 그의 계획의 실행이 그만큼 안전해졌다고 말할 수 있다.

사도행전 26장

I 목차

- 1절: 소개
- 2-23절: 바울의 연설
  2-3절: 청중의 뜻에 영합하려는 행동(Captatio benevolentiae)
  4-8절: 바울의 삶과 그를 고소한 것에 대한 개괄적인 회상
  9-23절: 공동체의 적극적인 핍박행위로부터 유대인에 의한 그 자신이 받는 핍박까지의 바울의 생애
- 24-29절: 베스도와 아그립바와의 바울의 논쟁
- 30-32절: 아그립바와 베스도에 의한 바울의 무죄선언

II 편집

전체 장은 알려진 것을 변경하고, 추가적으로 다시 한 번 기독교의 공개적인 권리를 증명할 목적을 가진 편집적인 구성이다. 바울의 변호연설(2-23절)은 사건의 전개에 있어서 더 이상 어떠한 의도도 없다. 왜냐하면 황제에게 한 상소와 베스도의 동의에 의해 로마여행은 이미 확실하기 때문이다.

2-23절

2-3절(비. 24:10)에서 청중의 뜻에 영합하려는 행동(Captatio benevolentiae) 후에, 4-8절은 바울의 생애와 그에게 한 고소에 대한 개괄적인 회상을 준다. 그 중 8절은 이전 24:15처럼 바울의 신실한 유대적 신앙을 강조하고 있다: 하나님이 죽은 사람을 살리신다(비. 23절). 바울은 이스라엘의 기대 때문에 심판받게 된다(6절 이하: 비. 28:20; 23:6; 그것에 대해서는 Haaker 1985 [Lit.]를 보라: 누가적 바울은 이스라엘의 기대에 대한 고백과 함께 그리고 누가는 직접 그것으로 이스라엘과 함께 그리고 또한 그것으로 누가의 당대에 살아있는 유대인

들과 함께 연결하고 있다; 하지만 비. 행 28:28[409쪽을 보라]).

9-23절은 9장과 22장의 회심 보도들을 변경한다(비. 행 9장의 세부 분석에 대해). 그 병행구절들의 몇몇 차이는 누가의 진술의도를 두드러지게 한다: 14절은 "사울아 사울아 네가 어찌 하여 나를 박해하느냐 가시채를 뒷발질하기가 네게 고생이니라." 이 구절의 뒷 부분은 헬라어 격언(비. 주님의 말씀으로서 20:35c) 이거나 에우리피데스(Euripides; Bacch 794 이하)에 기인한다(비. 주석). 누가는 그것으로(다시 한 번) 그의 교육수준에 대해 증거하며, 신학적으로 그것을 표현한다. 하나님에게 저항하는 것은 헛되다. 사도행전 5:38 이하에 있는 편집적인 가말리엘의 말에 유사점이 있다. 16b은 바울 앞에 나타난 예수의 현현에 대해(ophthen soi[내가 네게 나타나다]) 언급한다. 그것은 역사적인 바울에게 나타난 그리스도 현현을 생각나게 한다(비. 고전 15:8과 이미 행 9:17[바울의 회심에 관한 이야기의 구성부분으로서가 아니라, 아나니아의 연설의 부분으로서]). 16-18절은 그리스도 현현에 근거하고 있는 바울을 이방인에게 파송함을 명확하게 묘사하고 있다. 20절은 독자들에게 하는 인사말이다. 즉 회개하고 하나님께로 돌아오라(비. Conzelmann 1977:90-92). 21절은 분사형인 *syllabomenoi*[잡다]와 함께 23:27에 기인한다. 22절 이하는 형식적인 언어로 기독교의 케리그마를 상술하고 있다. 바울은 "선지자들과 모세가 반드시 되리라고 말한 것밖에 없으니 곧 그리스도가 고난을 받으실 것과 죽은 자 가운데서 먼저 다시 살아 나사 이스라엘과 이방인들에게 빛을 전하시리라"라고 한 것만을 전했다(22절 이하-비. 6절 이하).

24-29절

24절에서 이방인 베스도는 우연치 않게 "부활"이라는 주제를 가진 바울의 연설을 중단시켰다(비. 17:31 이하). 25절은 바울의 설교를 *sophrosyne*[합리적인](완전히 그리고 전혀 비바울적인 용어!)와 연결시킨다. 베스도가 바울을 질책한 말 *manias*[미친 짓]은 바울이 가지고 있던 *sophrosyne*[합리적인]의 헬라적인 덕(Tugend)과는 대립관계에 있다. "그는 말한다. '내가 참되고 온전한 말을 하나이다'. 그것들은 그것에 관하여 객관적 진리를 말하고 있다"(Haenchen 1977: 658). 26절은 누가적 기독교의 공개적 권리를 강조하고 있다: "그것은 몰래 일어난 것이 아니다"(비. Wengst 1986: 112-131). 27절은 아그립바를 28절에 따르면 회심의 문턱까지 갔던 신실한 유대인으로 묘사한다.

30-32절

이 단락은 아그립바와 베스도로 하여금 말하게 한다: 바울은 죄가 없다: 여기에서 변증(Apologetik)이 이야기 전개상 그 정점에 달한다.

단락 III(과 또한 그것에 적절한 IV)은 여기에서 제외되어야만 한다. 왜냐하면 사도행전 26장은 회심의 전승적인 요소들을 제외하면, 25:13-27과 똑같이 회심/소명의 이야기[179쪽 위를 보라]는 누가의 편집적 구성이기 때문이다. (그렇지만 26:16-18을 "성직수여형식[Ordinationsformel])"으로 동일시하는 Schille를 참조하라[450 이하].) 비. Wellhausen 1914: "25:13-26:32의 결과는 없다; 과거와 변한 것이 없다. 그래서 Weizäcker는 전체 단락을 하나의 종양처럼 불필요한 것으로 여긴다"(53).

사도행전 27장

I 목차

II 편집

1-5절

1절: "이달리야"는 18:2과 27:6처럼 여기에서 로마를 가리키고 있다. *tou*[정관사]+부정사와 *onomati*[이름을 가진]는 언어적으로 누가적이다. 2: *epibantes*[승선하다], *anechthemen*[항해하다]. 3절: *katechthemen*[갖다 대다]도 마찬가지이다. 백부장 율리오가 그의 친구들이 그를 돌보아 주는 것을 허락했다는 진술은 24:23을 생각나게 한다. 로마인들은 그리하여 바울에 대해 정중히 대한다. 친절한 마음의 생각은 28:2과 비슷하게 보인다(비. 또한 19:31). 4a: 전치사(여기에서는 *dia*[통하여, 때문에])+AcI(=Akkusativ mit Infinitiv: 부정사 목적격)의 구조는 누가에게서는 빈번하다. 5절: *katelthomen*[내려오다]은 언어적으로 누가적이다.

6-44절

편집비평분석은 다음 관찰로부터 시작되어야 한다: 본문의 많은 부분들이 기술적인 항해의 진술들을 돕고 있느라, 본문이 바울의 항해와 그의 동행인들의 보도와 관련된다는 사실을 잊게 한다. 게다가(그것과 관련되어) 흥미로운 사실은, 그 본문이 바울을 단지 네 구절에서만 언급하고 있으며, 이 네 구절들은 어려움 없이 그 줄거리로부터 제외된다.

> 이제 여러 번 언급된다: "사도행전 27장에서 바울이 인용문들에서만 특별한 역할을 한다는 것은 그 상황과 완전히 일치한다: 바울은 죄수 이송선을 타고 사느냐 죽느냐의 문제가 걸린 피고인의 신분으로 로마를 향해 떠났다… 또한 27장에서 항해적인 것이 특히 두드러진다는 것은…최적의 시기에 다른 여행들이 성공을 하였고, 그런 까닭에 어떤 특별한 항해 수단들이 요구되지 않는다는 것을 말해준다"(Kratz 1979: 336 이하).

하지만 이러한 고려들은 너무 성급하게 역사화하는 것이다. 이러한 의혹을 불식시키려면, 먼저 본문의 문학적인 형태를 살펴봐야한다.

언급된 4개로 제한할 수 있는 구절들에서 다음 절들이 중요하다:

9-11절; 21-26절; 31, 33-36; 43절

9-11, 21-26절에 대해

언급한 구절들은 바울을 그의 충고가 받아들여지지 않는(9-11절) 재난의 선지자로 묘사한다. 그리고 바울이 하나님의 계획(*dei*[~이 필요하다])에 따라 로마에 있는 황제 앞에 가야만 하고(비. 25:11이하, 21, 25-27, 26:32), 하나님이 그에게 모든 배에 탄 사람들을 주셨기(24절; 비. 44b절) 때문에 일어나야 하는 최종 구원의 선지자로 묘사한다. 바울 사도는 21절과 26절에서 분명하게 그 재난에 대해 경고했던 충고를 상기 시킨다 (21b: "여러분이여 내 말을 듣고 그레데에서 떠나지 아니하여 이 '타격'[*hybris*-비. 10절]과 '손상'[*zemia*-비. 10절]을 면하였더라면 좋을 뻔하였느니라." 비. 게다가 22절에 있는 *parainein*[권하다, 9절]과 *psyche*[혼, 10절]의 수용). 동시에 26절은 28:1을 앞서 가리키고 있다.

31, 33-36절에 대해

바울은 선원들의 도망계획이 그에 의해 좌절된 후에(31절), 배의 모든 탑승자에게 음식을 먹을 것을 요구한다(33-36절). 앞과의(37절 이하) 관련은 적절하지 않다: 37절은 먹고 배불렀던 동승인들의 수가 276명으로 주어졌다. 이러한 숫자는 분명히 바울과 관련이 없는 옛 보도의 잔여물이다. 그 가운에 식사 장면을 삽입(31, 33-36절)한 이유는 아마도 누가가 38절에서 보도한 식사로부터 생겨난 것이다.

43절

아무도 도망치지 못하도록 하기위해 파선 때문에 군인들은 죄수들을 죽이려고 한다(42절). 백부장은 그러나 바울을 살리려고 계획한다(비. 이미 3절에서 보여주었던 바울에 대한 그의 친절). 그리고 명령하기를 우선 수영할 줄 아는 자들은 갑판 위에서 물에 뛰어내리고, 수영할 줄 모르는 자들은 배의 널조각을 잡고 육지로 나아가도록 했다. 백부장이 그를 위해 위에 말한 지시들을 했던, 그 바울에게 어떤 일이 일어났는지 우리는 분명히 알 수 없기 때문에 다음과 같이 결론지어야한다:

> "백부장의 현명한 결정에 대한 이야기는 …바울과 아무 관계가 없다; 그것은 항해의 묘사에 속한다. 그리고 그것은 바울-보도에 4개의 말들을 삽입하는 것을 통하여 만들어졌다"(Dibelius 1951: 173).

누가는 4개의 삽입물로 다음과 같이 표현하였다:

1. 바울은 -비록 그가 수감자 임에도- 그의 손에 운명을 쥐고 있는 사람이며, 유일하게 마음이 평온한 사람이다. 그의 첫 번째 연설(10절)이 여전히 거절당하고 있지만, 그의 두 번째 연설 (21-26절)에는 어떠한 반응도 보이지 않으며, 드디어 세 번째 연설(31.33-34)에는 긍정적인 반응을 경험한다(32, 36절). 바울은 모든 사람의 모범이 되며, 하나님께 축사하고 식사하는 (35절)것은 이 장면의 절정이다(비. Reicke 1948:410; Kratz 1979:331 이하).

2. 배의 난파는 누가를 위해서는 로마로의 여행이 하나님의 계획에 일치하는 것임을 설명하기 위한 하나의 도구이다. 자연의 재난은 하나님의 계획을 멈추지 못한다.

3. 풍랑으로부터의(모든 동행자들과) 바울의 구조는, 독자들의 눈에 바울이 다시 한 번 잘못이 없음을 증명해 준다(비. D. Ladouceur, HThR 73. 1980, 435-449쪽[로마 법정 앞에서 아마 어떤 인정도 받을 리 없을 이러한 대중적인 견해를 위한 원전과 문헌])

4. 이제 바로 이어지는 내용이 정당하다는 전제하에, 27장에서 누가는 헬라적인 문학에 다시 한 번 정통하고 있음을 보여준다. 그는 원안의 인용을 통해 헬라적인 독자들의 취향을 고려하고 있다(Plümacher 1972: 14).

III 전승

1-5절

아우구스도 부대 백부장의 이름 율리오(1절)는 데살로니가의 그리스도인의 이름 아리스다고와 똑같이 전승을 반영한 것일 것이다(2절). 그가 이미 마지막 예루살렘 여행에서 바울의 동행인이었기 때문에(19:29; 20:4), 이 여행의 시작에서 그가 등장하는 것은 더욱 더 주목할 만한 가치가 있다. 가이사랴로부터 시돈을 지나 구브로를 따라 무라 시로 가는 여행은(바울행전[ActPau]에 따르면 사도는 여기에서 기적을 행하는 선교사로서 행동한다[Hennecke 3II, 229쪽 이하, 251쪽 이하를 보라]) 전승에 기인할 수 있다. 왜냐하면 그것은 다음 에피소드와의 관계에서 직접적이며, 간결하고, 전문적으로(5절) 말해지기 때문이다(이 차이는 특히 1-5절은 이후의 여행보도의 구성부분이었다는 바이저의 주장에도 불구하고 받아들여질 수 있어야 한다[1985: 659-661]). 하지만 그것은 그 다음에 그것을 가지고 이후의 여행을 준비했을 누가에 똑같이 기인할 수 있다.

6-44절

 이후의 파선에 관한 보도는 편집적인 부가물들을 제외시킨 다음에 포함된다. 8절("…미항이라는 곳에 이르니 라새아 시에서 가깝더라")은 12절에 의해 수용된다("그 항구가 겨울을 지내기에 불편하므로 거기서 떠나 아무쪼록 뵈닉스에 가서 겨울을 지내자 하는 자가 더 많으니…"). 바로 9-11절을 제외하는 것이 최초의 관련을 다시 이해할 수 있도록 만든다고 솔직하게 말할 수 있다.

20절("여러 날 동안 해도 별도 보이지 아니하고 큰 풍랑이 그대로 있으매 구원의 여망마저 없어졌더라")은 27절에 의해("열 나흘 째 되는 날 밤에 우리가 아드리아 바다에서 이리 저리 쫓겨 가다가 자정쯤 되어 사공들이 어느 육지에 가까워지는 줄을 짐작하고") 직접적으로 계속 이어진다.

43절에 대해: 399쪽 위를 보라.

31. 33-36절: 유일한 이 구절들은 완전히 문학적으로 제외될 수는 없고, 단지 어느 정도일 뿐이다. 도망(30절)이 소설의 모티브라는 것은 고려해 볼 수 있다. (전승에 있어서)사건의 경과는 물론 당연하다: 배는 육지에 가까이 있다. 그리고 그 때문에 276명의 행선객들은 배를 가볍게 하기 위하여 곡식을(또는 저장식품들을-비 18절 이하) 바다에 던진다.

찾아낸 전승은 항해에 대한 상세한 지식을 통해 두드러진다. 그리고 상세함과 항해에 관한 기술적 용어에 의해 사도행전 20:1-21:16 항해 보도들로부터 벗어나고 있다(행 20:1-21:16에 있는 두 구절에서 뱃사람들이 사용하는 전문적인 표현들을 발견할 수 있다: 21:1: *euthydromein*[곧바로 가다]과 21:3 *anaphainein*[{항해}보다, 발견하다]; *apophortizesthai*[하역하다]). 그 이야기는 고대 문학의 항해 이야기에 있는 다양한 유사점들에 부합한다(비. Plümacher 1972: 14 이하 A43; Robbins 1978). 그리고 그 항해이야기는 우리-보도에서 그것이 이야기하는 것과 비슷하며, 부분적으로는 3인칭 복수(비. 27:17)로 바톤을 넘겨받는다. (많은 경우에 오디세이의 항해들이 영향을 주었다[OdIX 이하].) 그것은 가이사랴에서 미라로 가는 여행의 보도와 아마도 전혀 발생학적인 관계를 가지고 있지 않으며, 또한 증인의 보도가 아니라("우리"는 장르에 따르면 항해 이야기에 속한다.), 누가가 위에서 언급한 구절에서 바울의 모습에 관해서 풍부하게 했던 독서의 결과인 일종의 문학적인 크기이다. 마지막에 Weiser 1985: 660가 예를 들었던 풍부한 증거에 따르면(비. B.E. Perry, 고대의 소설, Berkeley 1967, 326쪽), 그것에 관해 더 이상 오랫동안 논쟁이 되지는 않을 것이다. 특별히 흥미로운 것은 "삶의 자리"에 관한 루키안의(De Mercede, 1이하) 설명 양식이다: 많은 사람들이 신의 친구로서 여겨지고, 보호받도록 하기 위해 배의 재난으로부터 그들의 구조 이야기를 만들어 낸다. 다만 누가가 완전한 원자료를 인용했는지, 아니면 혹시 직접 헬라적인 본보기들을 모방해서 구성했는지에 대한 질문은 미정이다(Schille 1983: 469). 여하튼 마지막 경우에는 왜 바울의 모습이 그렇게 흔적도 없이 깔끔하게 잘려나갈 수 있었는지에 대하여 대답이 없다.

IV 역사성

1-5절

1-5절 뒤에 있는 정박지가 전승에 기인할 경우, 그 정박지는 바울의 마지막 여행에 관한 하나의 역사적으로 신뢰할 만한 정보를 준 것이고, 그것은 아마도 아리스다고의 보도에 기인할 것이다. 그럼에도 의심이 드는 것은, 만약 정박지가 전승에 기인하지 않는다면, 그 전승의 요소(아리스다고, 율리오)가 누가에 의하여 역사적으로 정확하게 잘 배열 된 것인지 아닌지는 확증할 수 없다.

6-44절

누가가 자신이 읽은 자료를 인용한 것으로 보이는 이 절들은 어떠한 역사적인 근거도 갖고 있지 않아 보인다. 그렇기 때문에 Dibelius의 다음과 같은 가정은 "바울의 이탈리아로의 (파선당하는)운항에 대한 기억은 고유의 목격담에 의존하거나, 저자가 갖고 있었던 낯선 전승에 의존한다"(1951, 14) 불필요한 것이며, 이러한 (배)운항에 대한 절대적인 확신에 이를 수도 없다. 바울은 로마로의 그의 마지막 여행길에서 아마도 말타(멜리데)까지는 어떠한 항해의 어려움도 겪지 않았을 것이다. 그러나 그는 거기서 배를 탔을 것이다. 왜냐하면 28:11 이하의 보도는 말타(멜리데)에서 로마로 가는 여행에 대한 신뢰할 만한 전승을 전해주고 있기 때문이다.

사도행전 28:1-10

I 목차

- 1-2절: 말타에서의 구조와 우호적인 영접
- 3-6절: 독사에게 물린 바울과 그의 무사함
- 7-10절: 바울의 계속되는 기적
  7절: 바울이 섬에서 가장 높은 사람인 보블리오에 의하여 영접받음
  8절: 바울이 보블리오의 아버지를 고쳐줌
  9절: 요약: 기적을 행하는 자로서의 바울의 영향력
  10절: 말타 사람들의 존경과 계속되는 항해를 위한 준비

II 편집

1-2절

언어적으로 누가적인 것에는 1절: *diasothentes*[구조되다](비. 27:44), 2절: *pareichon*[제공하다]이 있다. 파선 후에 친절하게 대접을 받은 것은 여행보도의 보답의 주제(Topos)에 속한다(비. Robbins 1978: 229 이하). 누가는 그런 후에 이 장면을 구성할 때, 문학적인 본보기에 집중하였다. 바울과 그의 동행인들에게 원주민들이 말한 "*philantropia*[친절함]"는 백부장 율리오가 바울에게 한 친절을 생각나게 한다(27:3; *Philantrophos*[친절히]). 덧붙여 말하면 비 그리스도인에 관한 파선의 운명은 계속 다루어지지 않는다. 왜냐하면 그것은 그 다음 행동을 위해서는 쓸모가 없기 때문이다.

3-6절

명백히 편집적인 특징들에는 분사집합(3절), 직접화법(4절), *men oun*[이제](5절), 그리고 소유격 절대형(6절)이 있다. 누가는 이러한 세속적인 기적(예수와의 관련이 빠져있는)을 가지고 신적인 사람 바울의 뛰어난 능력을 보이고 싶어 한다. (현저하게 14:11-18과는 반대로 "바울은 신이다"라는 생

각이 거절된다.) 그리고 나서 누가는 이러한 이야기로 (다음사항을)묘사한다: 그 어떤 것도(사람을 죽일 수 있는 독사가 물었다 하더라도) 영웅이 하나님에 의해 정해진 목표에 도달하는 것을 방해할 수 없다(비. 눅 10:19).

7-10절

다음 구절들에서 누가의 언어사용이 분명하게 드러난다: 7절: *hyperchen*[있다, 존재하다], *choria*[토지], *onomati*[~라는 이름을 가진], *anadexamenos*[환영하다], *treis*[3], *exenisen*[머물게하다]. 8절: *egeneto de*[일어나다, 발생하다] + 부정사, *pros hon*[그에게로], *eiselthon*[들어가다], *proseuxamenos*[기도하다], *epitheis tas cheiras*[손을 얹다](비. 10절). 9절: *hoi loipoi*[나머지 사람들], *proserchonto*[오다]. 10절: *hoi kai*[그리고 이들은], *anagomenois*[항해하다], *ta pros*[~을 가지고].

8-9절의 기록에서 누가는 누가복음 4:38-41을 염두에 두고 있는 것처럼 보인다. 이러한 전제하에서 다음의 유사점들은 이해할 만하다. 누가복음 4:38: *synechomene pyreto megalo*[큰 열병에 걸리다](마가복음은 다르다)는 *pyretois kai dysenterio synechomenon*[열병과 이질에 걸리다](행 28:8)에 상응한다; 누가복음 4:40a: *asthenountas*[병에 걸리다](마가복음은 다르다)는 *astheneias*[병](행 28:9)에 상응한다; 누가복음 4:40b: *tas cheiras epititheis*[손을 얹다](마가복음은 다르다)는 *epitheis tas cheiras*[손을 얹다](행 28:8)에 상응한다. 한번은 어떤 어머니의 치료가 문제였고(눅), 그 다음은 한 아버지의 치료가 문제였다(행).-게다가 (다음과)똑 같은 순서가 위의 주장을 지지한다: 기적(눅 4:38-39/행 28:8/요약문(눅 4:40-41/행 28:9). 이것은 마가복음 1:29-34에 의해 먼저 주어진다. 사도행전 28:8-9은 그러므로 누가복음 4:38-41의 기초에 대한 아마도 누가의 구성으로서 고려된다(Kirchschläger 1979: 521는 28:8-9에서 하나의 "전승"을 가공한 것으로 본다).

7-10절의 편집적인 의도는 3-6절과 상응한다: 신적인 사람으로서 바울의 능력이 보인다. 동시에 그 섬의 "가장 높은 사람"과 바울의 교제는 다시 한 번 기독교의 사회적 능력 내지는 세계화를 강조하고 있다(비. 사도행전에

서 그 밖의 고위직 사람들과의 교제).

III 전승

독사에 대한 바울의 극복 이야기는 누가에 의해 삽입된, 세속적인 기적 이야기들 속에 하나의 전승적 기초를 가지고 있는(비. 주석) 하나의 독서의 결과(비. Dibelius 1951: 15 A1)이거나, 또는 후기에 생겨난 개인전설에 기인한다(비. Schille 1983: 471 이하[Aretalogie]).

보블리오(로마식 성(姓) 푸블리우스[Publius]의 헬라식 형태)라는 이름과 똑같이 보블리오가 '그 섬에서 가장 높은 사람'(*protos tes nesou*)이었다는 설명은 아마도 전승을 반영하고 있다. 왜냐하면 이러한 명칭은 말타에 대해 또한 그 밖에서도 입증되기 때문이다(비. Wikenhauser 1921: 343-346). 누가는 또한 바울의 말타섬 체류를 그 섬의 가장 높은 사람 보블리오와 함께 연결시켰던 하나의 전승을 사용했을 수 있다(비. 유사점으로서 행 18:12-17). 이러한 판단을 매우 낙관적으로 생각할 수 있고, 언급한 전승적 요소들은 누가의 일반적인 지식에 기인할 수 있다. 그럼에도 불구하고 이러한 경우에는 어떻게 누가가 "그 섬에서 가장 높은 사람"에 대해서 적절하게 말할 수 있었는지 거의 설명하기가 어려울 것이다.

IV 역사성

말타섬에서의 바울의 행적에 대한 전승은 그의 연대기적인 정렬 순서처럼 역사적인 것으로 받아들여도 된다. 그는 로마로 가는 길에 압송당하는 죄인의 모습으로 묘사된다. (전에는 말타에서의 바울의 정박에 대한 어떠한 가능성도 주어지지 않았었다). 섬의 가장 높은 사람이 보블리오에 관하여는 어떠한 정보도 주어지지 않는다.

사도행전 28:11-31

I 목차

- 11-16절: 말타에서 로마로의 항해와 기독교 형제들을 통한 영접. 로마에서의 바울의 특권: 그를 지키는 군인과 함께 유할 수 있는 집에 머뭄
- 17-28절: 로마에 있는 유대인들과 바울의 만남 그리고 그의 설교
- 30-31절: 바울의 2년여의 설교행위

II 편집

11-16절

다음의 언어적 요소들은 누가적이다: 11절: *treis*[3](비. 12), *anechthemen*[항해하다]. 14절: *adelphous*[형제들](비. 15절).

14-16절은 하나의 긴장이 분명하게 드러난다(비. 병행의 경우로서 21:15-18과 Weiser의 주석[Weiser 1985: 672]). 14b은 바울과 그의 동행인들이 로마에 도착하는 것에 대해서 보고한다(*kai houtos eis ten Rhomen elthamen*[그래서 우리는 로마로 갔다]). 반면에 16a는 또 한 번의 로마 도착을 묘사하고 있다(15a는 16a와는 조화시키고, 14b와는 긴장감을 조성시켜 기독교 공동체가 바울에게 보내는 자들을 압비오 광장[Forum Appii=로마로부터 44마일 떨어짐]과 트레이스 카베르네[Tres Tabernae=로마로 부터 33마일 떨어짐]로 보냈다고 보도한다). Conzelmann 1972: 158은 다음과 같이 그 긴장을 설명했다: 누가는 14b을 통해 로마에 도착함을 예측했다. 하지만 (또한 Conzelmann이 입을 다물고 있는) 그 근거는 이것에 대해 완전히 분명하지는 않다. (또는 14b는 *Hysteron-Proteron*[후에-전에]으로 이해될 수 있을 것인가? 어떤 것이 궁극적인 여행 목적지를 예측하게 하며, 동시에 언어적으로 적합한 연결 *kakeithen*[오다, 15절]을 가능하게 하는가?) 14b는 여행보도의 한 부분이고, 누가는 무엇이 문제였는가? 21:17에 있는 예루살렘 교회를 통한 영접과 비슷하게, 로마 공동체를 통해 바울을 영접하는 문제에 대해 15절은 편집적으로 자세히 부가한 것이라

는, Haenchen 1977: 687에 의해 제안된 다른 가능성이 더 확실하게 보인다. 게다가 누가는 이후에 더 이상 그것으로 돌아오지 않는다. 왜냐하면 그 기독교 공동체의 존재가 유대인과의 대화에 방해가 되었을 수 있기 때문이다(비. 행 22-26장에 예루살렘 공동체가 언급되지 않음). 16절: 로마인들이 일반적으로 바울에게 친절하게 하려고 했다는 그 구절은 누가의 편집적 시각에 대해 잘 들어맞는다(비. 16절과 행 22-26장에서 로마인들이 유대인들로부터 바울을 보호함에 대한 유사점들로서 27:3). 그럼에도 불구하고 편집과 전승은 항상 서로 충돌할 필요는 없다.

17-28절

이 구절들은 전체적으로 누가적이다(비. 마찬가지로 Roloff 1981: 370, 그는 이러한 판단에 있어서 또한 30-31절을 포함시키고 있다.). 그 단락은 특히 수많은 누가적인 언어의 특징들에 의해 두드러진다; 비. 단지 17절: *egeneto de*[되다, ~이 발생하였다]+부정사, *treis*[3], *sygkalesansthai*[부르다], *synelthonton*[함께오다], *andres adelphoi*[형제들아], *enantion*[반대하여], *lao*[백성], *ethesi*[풍습], *patroois*[아버지의]. 그러므로 그 단락에 대한 누가적 언어의 계속적인 연구는 필요 없다.

내용적으로 누가는 마지막으로 유대인에 대한 바울의 태도를 다루며, 이전에 말했던 것을 반복한다. 17절: 바울은 그의 백성을 대항하거나, 또한 선조들의 관습에 반하여 행동하지 않았다(비. 25:8; 21:21). 18절 이하: 로마인들이 그를 석방하려고 했던 그 후에 유대인들이 그로 하여금 마지못해 황제에게 상소하게 했다(비. 25:9-12). 20절: 바울은 이스라엘의 소망 때문에 갇혔다(비. 23:6; 24:15 이하; 26:6). 21절 이하는 15절과 모순이다. 15절은 21절과 반대로 로마 기독교 공동체를 전제하고 있다. 그것은 누가가, 바울을 로마에서의 첫 번째 설교자로서, 그가 여기 로마시의 유대인들과의 대화를 시작하게 하기 위해 필요했기 때문에, 21절 이하에서 아마도 언급되지 않는다. (Roloff 1981는 다름: 누가는 그 공동체에 대해서 침묵한다. 왜냐하면 그는 바울에 대한 그의 태도가 일치하지 않음을 알고 있기 때문이다[372]). 똑같은 곳에서 언급한 그의 생각(누가는 위의 견해가 사실인 경우에, 15절에 있는 로마 공동체의 존재를 마찬가지로 침묵해야만 하도록 한다)은 분명하지 않다. 15절에 대해서는 위를 보라. 23절: *basileia*[나라]와 선포에 해당하는 동사의 연결은 누가적이다(비. 19:8과 31절에 대해서). 유대인들에게 하는 설교는 다시 한 번 누가적 케리그마를 요약하고 있다. 24절 이하: 유대인들의 반응은 그들 중 대다수에게 소망이 없다는 인상을 일깨우기 위해 편집적으로 묘사된다.

A. Harnack은 게다가 24절:"그 말을 믿는 사람도 있고 믿지 아니하는 사람도 있어"은 28절의 결론에 어울리지 않는다고 생각했다: "그런즉 하나님의 이 구원이 이방인에게로 보내어진 줄 알라 그들은 그것을 들으리라 하더라". 그러므로 24절은 전승의 한 구성부분이다. 24절은 "그럼에도 불구하고 이사야 - 인용의 끔찍한 저주에 적합하지 않는 하나의 반응을 보여준다; 그것은 권총에서 발사 되는 것처럼 나온다"(1906: 93 A3). 하지만 17:4과 19:9은 바울의 설교에 대한 유대인들의 편집적으로 비슷한 반응을 보여준다. 그런 다음에 내용적으로 바울의 설교가 유대인들 사이에서는 싸움을 일으켰다는 것을 강조하고 있다. 24절은 그러므로 다음의 편집적인 준비로서 잘 이해될 수 있다(비. Roloff 1981: 374).

30-31절

30절: 다음의 언어들은 누가적인 것이다(*enemeinen*[머물다], *apedecheto*[기쁘게 받다], *eisporeuomenous*[오다]). 31절은(편집적으로) 바울이 로마에서 방해받지 않고 복음전파 한 것을 묘사하고 있다. 그 뒤에 변호적인 노력이 숨어있다. 로마 제국에 말하기를: 그것은 그렇게 되어야 한다!

III 전승

말타에서 로마로 가는 여행은 전승적일 수 있다. 아마도 보고자로서 아리스다고는 고려할 필요가 있다. (Weiser 1985: 673는 그 여행보도를 게다가 행

27장에 있는 삽입한 항해이야기에 대한 것으로 간주한다).

로마 공동체의 대표자들을 통해 바울을 영접한 것에 관한 이야기(15절)는 더 이상 전승의 구성부분이 아니다(그 장면의 편집적 형태에 대해서는 407쪽을 보라). 만일 누가가 전혀 로마에서 누가-행전을 기록하지 않았을 경우에도, 물론 그는 로마 공동체의 존재를 알고 있었다(새로운 주석자들 중에서는 Roloff만 이 주장을 지지함 [Roloff 1981: 5 "이탈리아"]).

로마에서의 바울의 구금에 대한 언급들(16절, 30절)은 전승에 기인할 것이다. 왜냐하면 누가가 16절(코이네-독법은 이차적이다. 비. Conzelmann 1972: 159)과 30절에 있는 그 특별한 언급들을 왜 했는지 정확하게 이해할 수 없기 때문이다. *enemeinen*[머물다]… *en idio misthomati*[자기의 셋집에서]는 거의 "자기 셋집에"와 일치하게 번역된다. 하지만 *misthoma*[빌린 집]의 이러한 번역에 대한 증거는 없다; 똑같은 권한를 가지고(다음 사항은) 번역으로서 고려할 필요가 있다: "그는 자신의 돈으로 살았다"(비. Bauer 1963: 1036; Lake/Cadbury, Beg. IV: 348; 이것의 논쟁에 대해서는 Schneider 1982: 420 A95 의 문헌).

빈번한 "2년"이라는 언급으로부터 저자는(Paulus' Martyrium -20:18-38을 보라) 그 후에 삽입된 변형에 대해 알고 있었고, 그것을 변호적인 이유에서 침묵했다고 이해한다(비. Haenchen 1977: 692; Conzelmann 1972: 160; Schneider 1982: "누가의 개념에 대해 바울의 2년 간의 구금은 그의 죽음 직전에 있다."[412]). 하지만 그것은 지나친 해석이다. 왜냐하면 우리의 이야기가 재판의 부정적인 출발을 강제적으로 기대하게 해서는 안되기 때문이다(비. 정당하게 Weiß 1917: 294).

20:18-38 등의 변경 때문에 누가는 바울의 순교적 죽음에 대해 알고 있었지만, 그에 관해서 보고하지 않는 것을 더 선호했다고만 말할 수 있을 뿐이다. 언제 이것이 일어났는지는 본문의 전승적인 요소들이나 편집적인 문맥으로도 해명할 수 없다.

IV 역사성

바울이 말타에서 로마로 압송당한 것은 역사적인 사실이고 또한 전승이다. 바울의 감금에 관한 그리고 그의 이송에 관한 자료들은 역사적으로 신뢰할 만한 것들이다. 바울의 경우는 경비병의 감시하에 여러 가지 일들을 할 수 있었다. 그는 그의 전세 집에서 그의 수공업을 연마하고 개인 사업도 할 수 있었다. 그리고 그를 감시하는 병사와 수입을 나누었을 것이다.

바울은 로마에서 순교자로서 죽음을 맞이한다(우리는 이와 같은 사실을 클레멘스전서 5:5-7 이하에서 알 수 있다).

클레멘트전서 5:5-7: 5. "바울은 시기와 싸움 때문에 받을 인내의 상급을 보여준다. 6. 일곱 번 쇠사슬에 묶였고, 추방당하고, 돌에 맞고, 동쪽과 서쪽에서 포고자로서 그는 그의 신앙을 위한 진정한 명성을 얻었다. 7. 그는 전 세계에 의를 가르쳤고, 서쪽의 경계(*terma tes dyseos*)까지 갔고 권력자 앞에서 증거를 했다; 그래서 그는 세상과 헤어지게 되었고 거룩한 곳에 이르게 되었으니, 인내의 가장 큰 모범이다."

이 텍스트는 이미 심하게 양식에 맞도록 가공되었고 "수사적으로 양식화된 찬가의 요소를 포함하고 있다. 이러한 찬가는 영혼의 투기장에서 싸우는 전사자로서의 참된 지혜자에 관한 고대의 모티브를 하나의 본보기로서 사용한다"(Bornkamm 1969: 119). "서쪽의 경계"(*terma tes dyseos*)라는 용어의 사용은 저자가 로마서 15:24 이하. 28절로부터 스페인선교의 수행을 추론했거나(비. 고후 11:23-33의 사용역시), 아니면 서쪽의 경계로서 로마를 표시하는 것에서 유래한다(저자에게는 서쪽 끝의 지점과 순교의 장소가 동일하다[비. Lüdemann 1979: 78]). 사도의 죽음에 관하여 아무것도 말하지 않는다는 그러한 현상과 같은 앞서 언급한 양식화에도 불구하고, 로마(클레멘트전서는 로마 공동체의 문서이다)에서의 그의 잔인한 죽음의 사실은 의심 없이 받아들여진다. 왜냐하면 "그는 권력자 앞에서 증언하였다"(*martyresas epi ton hegoumenon*)라는 말은 순교를 상징하는 말이기 때문이며(비. 딤전 6:13; Mpol 1:1; 19:1. 21 이하), 직접적으로 다음의 문장을 통하여 강조되는 하나의 해석이기 때문이다: "그리고 그는 세상을 떠났다"(*kai houtos apellage tou kosmou*). 비. Bornkamm 1969: 119.

바울 죽음의 정확한 연대는 우리의 지식의 한계를 넘어선다. 사람들은 타키투스가 상세하게 기록하고 있는 64년경의 네로의 기독교인 핍박의 해를 생각했다(Ann XV 44). 그럼에도 불구하고 그 전에 바울이 죽었을 가능성도 제기되는데(비. Sueton, Caes Nero 16), 그것은 바울이 황제에 의하여 소환되고, 재판을 통해 그가 죄인으로 인정되었다면 그는 그 이전에 순교했을 가능성도 있다(비. Weizsäkker 1902: 457 이하.) 이것에 관한 모든 연대기적인 고려는 수긍이 가능한데, 바울이 로마에 60년 전에 도착했을 것으로 생각되며, 예루살렘에 도착과 감금이 52년 또는 55년이기에, 거기로부터 54년 또는 57년에 로마에 도착한 것으로 추측할 수 있다. (다른 연대 측정에 관하여는 Jewett 1982: 81 이하: 61년을 바울이 로마에 도착한 해로 본다.)

빌립보서가 로마에서 기록됐을 경우(새로운 사도행전 주석가들에 의하여 특히 Roloff 1981: 372), 적어도 이 편지는 베일에 싸인 바울의 로마에서의 '사역'에 한줄기 빛을 줄 것이다. 이러한 경우 빌립보서 1:15-17은 로마의 상황에 대한 것을 알려주는 것이며, 사람들은 그 상황을 더 이상 바울에 대적하는 자들에 관한 것으로 이해하지 않을 수 있다(비. Lüdemann 1983: 152-158; 그리고 비. 로마 공동체 안에서의 반대들의 표시를 위한 빌립보서[골로새서와 빌레몬서 역시]와의 관련성을 위해서는 Weiß 1917: 292-298 그리고 Meyer III: 490-500). 그러나 유감스럽게도 빌립보서(빌레몬서와 골로새서 역시)의 작성이 로마에서인지는 확실하지 않다.

여기에 사용된 참고문헌들은 처음부터 축약해서 사용하였다. 즉 사용된 문헌의 저자 이름과 출판년도에 대한 것만 언급하였다. 일반적으로 문헌에 대한 정보는 사용된 그곳에서 완전하게 소개되지만, 목록에는 기재되지 않는다. 마찬가지로 RAC, TRE, ThWNT 그리고 EWNT등의 사전으로부터 인용한 기사(Artikel)들은 목록에 기재되지 않는다.

Aejmelaesu, Las: Wachen vor dem Ende, Schriften der Finnischen Exegetischen Gesellschaft 44, Helsinki 1985.

Aune, David E.; Prophecy in Early Christianity and the Ancient Mediterranean World, Grand Rapids 1983.

Barrett, Charles Kingsley: Luke the Historian in Recent Study, London 1961.

——: Light on the Holy Scripture from Sinmon Magus (Acts 8:4-25), in: J. Kremer (Hrg.), Les Actes des Apôtres, BEThL 48, Gembloux-Leuven 1979, S.281-295.

Bauer, Walter: Griechisch-deutsches Wörterbuch zu den Schriften des Neuen Testaments und der übrigen urchristlichen Literatur, Berlin-New York 1958=(1963).

Bauernfeind, Otto: Die Apostelgeschichte, ThHK 5, Leipzig 1939; Nachdruck in: ders., Kommentar und Studien zur Apostelgeschichte, hrg. v. V. Metelmann, WUNT 22, Tübingen 1980.

Baur, Ferdinand Christian: Paulus, der Apostel Jesu Christi, Stuttgart 1845; 2. Aufl. hrg. v. E. Zeller, I.II, Leipzig 1866. 1867.

The Biginnings of Christanity I-V, edd. by F.J.F. Jackson – K. LAKE, London 1920-1933 (abgekürzt: Beg. I-V).

Benz, Ernst: Die Vision, Stuttgart 1969.

Berger, Klaus: Formgeschichte des Neuen Testaments, Heidelberg 1984.

Bernheim, Ernst: Lehrbuch der historischen Methode und der Geschichtsphilosophie I.II, Leipzig 1908; Nachdruck New York 1960.

Beyschlag, Karlmann: Simon Magus und die christliche Gnosis, WUNT 16, Tübingen

1974.

Bihler, Johannes: Die Stephanusgeschichte im Zusammenhang der Apostelgeschichte, MThS.H 16, München 1963.

Bornkamm, Günther: Paulus, UB 119, Stuttgart u.a. 1969 (1983).

Bovon, François: Tradition et rédaction en Actes 10:1-11,18, in: ThZ 26. 1970, S.22-45.

—— : Luc le théologien, Neuchâtel-Paris 1978.

—— : Lukas in neuer Sicht, Biblisch-Theologiesch Studien 8, Neukirchen-Vluyn 1985.

Brinkman, John A.: The Literary Background of the "Catalogue of the Nations" (Acts 2:9-11), in: CBQ 25. 1963, S. 418-427.

Bruce, Frederick Fyvie: The Acts of the Apostels, London 1952.

Bultmann, Rudolf: Exegetica, hrg. v. E. Dinkler, Tübingen 1967.

—— : Das Evangelium des Johannes, KEK 2, Göttingen 1968.

—— : Die Geschichte der synoptischen Tradition, FRLANT 29, Göttingen 1979.

—— : Theologie des Neuen Testaments, hrg. v. O. Merk, UTB 630, Tübingen 1984.

Burchard, Christoph: Der dreizehnte Zeuge, FRANT 103, Göttingen 1970.

—— : A Note on RHEMA IN JosAs 17:1f; Luke 2:15,17; Acts 10;37, in: NT 27. 1985, S. 281-295.

Buss, Matthäus F.-J.: Die Missionspredigt des Apostels Paulus im Pisidischen Antiochien, fzb 38, Stuttgart 1980.

Busse, Ulrich: Die Wunder des Propheten Jesus, Stuttgart 1979.

Cadbury, Henry Joel: Lexical Notes on Luke-Acts I, in: JBL. 44. 1925. S.214-227.

—— : Lexical Notes on Acts III, in: JBL 45. 1926, S. 305-322.

—— : The Making of Luke-Acts, New York 1927; Nachdruck zuletzt London 1968.

—— : The Book of Acts in History, London 1955.

—— : Four Features of Lucan Style, in: L.E. Keck-J.L. Martyn (Hrgg.). Studies in Luke-Acts (FS P.Schubert), Nashville-New York 1966; Nachdruck Philadlphia 1980, S. 87-102.

Camphenhausen, Hans von: Das Bekenntnis im Urchristentum, in: ZNW 63. 1972, S. 210-253.

Cohen, Shaye J. D.: The Temple and the Synagogue, in: T.G.Madsen (Hrg.), The Temple in Antiquity, Religious Studies Monograph Series 9, Provo, Utah 1984, S. 151-174.

—— : Was Timothy Jewish (Acts 16:1-3)? Partistic Exegesis, Rabbinic Law, and Matrilineal Descent, in: JBL 105. 1986, S. 251-268.

Conzelmann, Hans: Die Apostelgeschichte, HNT 7, Tübingen 1972.

—— : Theologie als Schriftauslegung, BEvTh 65, München 1974.

—— : Die Mitte der Zeit, BHTh 17, Tübingen 1977.

—— : Geschichte des Urchristentum, GNT 5, Göttingen 1978 (1983).

Dauer, Anton: Johannes und Lukas, fzb 50, Würzburg 1984.

Deißmann, Adolf: Licht vom Osten, Tübingen 1923.

Dessau, Hermann: Der Name des Apostels Paulus, in: Hermes 45. 1910. S. 347-368.

Dibelius, Martin: Herodes und Pilatus, in: ZNW 16. 1915, S. 113-126=in: ders., Botschaft und Geschichte I, Tübingen 1953, S. 278-292.

—— : Rezension zu E. Meyer, Ursprung und Anfänge des Christentums, in: DLZ 45. 1924, Sp. 1635-1643.

—— : Aufsätze zur Apostelgeschichte, hrg. v. H. Greeven, FRLANT 60, Göttingen 1951 (1968)

—— : Die Formgeschichte des Evangeliums, hrg. v. G. Bornkamm, Tübingen Dietrich, Wolfgang: Das Petrusbild der lukanischen Schriften, BWANT 94, Stuttgart u.a. 1972.

Dietzfelbinger, Christian: Die Berufung des Paulus als Ursprung seiner Theologie, WMANT 58, Neukirchen-Vluyn 1985.

Dinkler, Erich: Philippus und der ANER AITHIOPS (Apg 8:26-40), in: E.E. Ellis - E. Gräßer (Hrgg.), Jesus und Paulus (FS W.G.Kümmel), Göttingen 1975, S. 85-95.

Droysen, Johann Gustav: Historik: Vorlesungen über Enzyklopödie und Methodologie der Geschichte, hrg. v. R. Hübner, München=Darmstadt 1958.

Dunn, James D.G.: Jesus and the Spirit, London 1975.

Dupont, Jacques: Les Sources du Livre des Actes, Bruges 1960.

—— : Etudes sur les Actes des Apôtres, LeDiv 45, Paris 1984.

—— : Nouvelles Etudes sur les Actes des Apôtres, Paris 1984.

Easton, Burton Scott: The Pastoral Epistels, New York 1947.

Elliger, Winfried: Paulus in Griechenland, SBS 92/93, Stuttgart 1978.

—— : Ephesos: Geschichte einer antiken Weltstadt, UB 375, Stuttgart u.a. 1985.

Ellis, Edward Earle: Prophecy and Hermeneutic in Early Christianity, WUNT 18,

Tübingen=Grand Rapids 1978.

Emmelius, Johann-Christoph: Tendenykritik und Formengeschichte: Der Beitrag Franz Overbecks zur Auslegung der Apostelgeschichte im 19. Jahrhundert, FKDG 27. Göttingen 1975.

Friedrich, Gerhard: Lukas 9:51 und die Entrückungschristologie des Lukas, in: P. Hoffmann - N. Brox - W. Pesch (Hrgg.), Orinentierung an Jesus (FS J. Schmid), Freiburg - Basel - Wien 1973, S. 48-77=in: ders. Auf das Wort kommt es an, hrg. v. J.H. Friedrich, Göttingen 1978, S. 26-55.

——: Die Verkündigung des Todes Jesu im Neuen Testament, Bibllisch-Theologische Studien 6, Neukirchen-Vluzn 1982 (1985).

Gasque, W. Ward: A Historiy of the Criticism of the Acts of the Apostels, BGBE 17, Tübingen 1975.

Georgi, Dieter: Die Geschichte der Kollekte des Paulus für Jerusalem, ThF 38, Hamburg 1965.

Goldstein, Jonathan A.: I Maccabees, AncB 41. Garden City, New York 1976.

Goltz, Eduard von der: Das Gebet in der ältesten Christenheit, Leipzig 1901.

Gräßer, Erich: Das Problem der Parusieverzögerung in den synoptischen Evangelien und in der Apostelgeschichte, BZNW 22, Berlin - New York 1977.

——: Die Pausieerwartung in der Apostelgeschichte, in: J. Kremer (Heg.). Les Actes des Apôtres, BEThL 48, Gembloux-Leuven 1979, S. 99-127.

Haacker, Klaus: Das Ffingstwunder als exegetisches Problem, in: O. Böcher - K. Haaker (Hrgg.). Verborum Veritas (FS G. Stählin), Wuppertal 1970, S. 125-131.

——: Dibelius und Cornelius: Ein Beispiel formgeschichtlicher Überlieferungskritik, in: BZ NF 24. 1980, S. 234-251.

——: Das Bekenntnis des Paulus zur Hoffnung Israels nach der Apostelgeschichte des Lukas, in: NTS 31. 1985, S. 437-451.

Haenchen, Ernst: Die Apostelgeschichte, KEK 3, Göttingen 1977.

Hanh, Ferdinand: Die Himmelfahrt Jesu: Ein Gespräch mit Gerhard Lohfink, Bib. 55. 1974, S. 418-426.

——: Das Problem alter christologischer Überlieferung in der Apostelgeschichte unter besonderer Berücksichtigung von Act 3:19-21, in: J. Kremer (Hrg.), Les Actes des Apôtres, BEThl 48, Gembloux-Leuven 1979, S. 129-154.

Harnack, Adolf (von): Geschichte der altchristlichen Literatur bis Eusebius I.1.2 II.1.2, Leipzig 189. 1893. 1897. 1904.

——: Beiträge zur Einleitung in das Neue Testament I: Lukas der Arzt, Leipzig 1906.

——: Beiträge zur Einleitung in das Neue Testament III: Die Apostelgeschichte, Leipzig 1908.

——: Beiträge zur Einleitung in das Neue Testament IV: Neue Untersuchungen zur Apostelgeschichte und zur Abfassungszeit der Synoptischen Evangelien, Leipzig 1911.

——: Ist die Rede des Paulus in Athen ein ursprünglicher Bestandteil der Apostelgeschichte?, in: TU 39.1, Leipzig 1913 a, S. 1-46.

——: Judentum und Judenchristentum in Justins Dialog mit Trypho, in: TU 39.1, Leipzig 1913 b, S. 47-92.

——: Die Mission und Ausbreitung des Christentums in den ersten drei Jahrhundrten I.II, Leipzig 1924; mehrere Nachdrucke.

Hedrick, Charles W.: Paul's Conversion/Call: A Comparative Analysis of the Three Reports in Acts, in: JBL 100. 1981, S 415-432.

Hengel, Martin: Maria Magdalena und die Frauen als Zeugen, in: O.Betz-M. Hengel-P.Schmidt (Hrgg.), Abraham unser Vater (FS O. Michel), AGJU 5, Leiden-Köln, 1963, S. 243-256.

——: Proseuchen und Synagoge: Jüdische Gemeinde, Gotteshaus und Gottesdienst in der Diaspora und in Palästina, in: G. Jeremias u. a. (Hrgg.), Tradition und Glaube (FS K.G. Kuhn), Göttingen 1971, S. 157-184.

——: Jundentum und Hellenismus, WUNT 10, Tübingen 1973.

——: Zwischen Jesus und Paulus: Die "Hellenisten", die "Sieben" und Stehphanus (Apg 6:1-5; 7:54-8:3), in: ZThK 72. 1975, S. 151-206.

——: Die Zeloten, AGJU 1, Leiden-Köln 1976.

——: Der Historiker Lukas und die Gegraphie Palästinas in der Apostelgeschichte, in: ZDPV 99. 1983, S. 147-183.

——: Jakobus der Herrenbruder - der erste "Papst"?, in: E. Gräßer - O. Merk (Hrgg.), Glaube und Eschatologie (FS W.G. Kümmel), Tübingen 1985, S. 71-104.

Hock, Ronald F.: The Social Context of Paul's Ministry, Philadelphia 1980.

Holtz, Traugott: "Euer Glaube an Gott": Zu Form und Inhalt von 1Thess 1:9f, in: R.

Schnackenburg u.a. (Hrgg.), Die Kirche des Anfangs (FS H.Schürmann), EThSt 38, Leipzig-Freiburg-Basel-Wien 1978, S. 459-488.

Holzmann, Heinrich Julius: Die Apostelgeschichte, HC 1.2, Tübingen-Leipzig 1892 (1901).

——: Harnacks Untersuchungen zur Apostelgeschichte, in: DLZ 29. 1908, Sp. 1093-1099.

Hommel, Hilderbrecht: Neue Forschungen zur Areopagrede Acta 17, in: ZNW 46. 1966, S. 145-178,=in: ders., Sebasmata II, WUNT 32, Tübingen 1984, S. 83-113.

Horn, Friedrich Wilhelm: Glaube und Handelin in der Theologie des Lukas, GTA 26, Göttingen 1983.

Hyldahl, Nils: Die paulinische Chronologie, AThD 19, Leiden 1986.

Irmscher, Johannes (Hrg.): Lexikon der Antike, Leipzig=Bayreuth 1985.

Jcquier, Eugéne: Les Actes des Apôtres, EtB 17, Paris 1926.

Jeremia, Joachim: Paarweise Sendung im Neuen Testament, in: ders., Abba, Göttingen 1966, S. 132-139.

——: Jerusalem zur Zeit Jesu, Göttingen 1962; Nachdruck 1969.

——: Neutestamentliche Theologie I, Göttingen 1980.

Jervell, Jacob: The Unknown Paul, Minneapolis 1984.

Jewett, Robert: Paulus-Chronologie, München 1982.

Judge, Edwin A.: Christliche Gruppen in nichtchristlicher Gesellschaft, Neue Studienreihe 4, Wuppertal 1964.

Juster, Jean: Les Juifs dans l'Empire romain I-II, Paris 1914.

Kirchschläger, Walter. Fieberheilung in Apg 28 und Lk 4, in: J. Kremer (Hrg.), Les Actes des Apôtres, BEThL 48, Gembloux-Leuven 1979, S. 509-521.

Klauck, Hans Josef: Hausgemeinde und Hauskirche im frühen Christentum, SBS 103, Stuttgart 1981.

——: Gütergemeinschaft in der klassischen Antike, qumran und im NT, in: RdQ 11. 1982, S. 47-79.

Klein, Günter: Die zwölf Apostel, FRLANT 77, Güttingen 1961.

——: Rekonstruktion und Interpretation, BEvTh 50, München 1969.

Knox, John: "Fourtenn Years Later": A Note on the Pauline Chronology, in: JR 16. 1936, S. 341-349.

——: The Pauline Chronolgy in: JBL 58. 1939, S. 15-29.

——: Chapters in a Life of Paul, New York-Nashville 1950=London 1954.

——: Acts and the Pauline Letter Corpus, in: L.E. Keck-J.L. Martyn (Hrgg.), Studies in Luke-Acts (FS P. Schubert), Nashiville-New York 1966; Nachdruck Philadelphia 1980, S. 279-289.

Koch, Dietrich-Alex: Geistbesitz und Wundertmacht: Erwägungen zur Tradition und zur lukanischen Redaktion in Act 8:5-25, in: ZNW 77. 1986, S. 64-82.

Körther, Ulrich H.J.: Papias von Hierapolis, FRLANT 133, Göttingen 1983.

Kraabel, A. Thomas: The Disappearance of the "God-Fearers", in: Numen 28. 1981, S. 113-126

Kränkl, Emmeram: Jesus, der Knecht Gottes, BU 8, Regensburg 1972.

Kratz, Reinhard: Rettungswunder, EHS.T 123, Frankfurt 1979.

Krauss, Samuel: Talmudische Arcäologie III, Leipzig 1912; Nachdruck Hildesheim 1966.

Kremer, Jacob: Pfingstbericht und Pfingstgeschehen, SBS 63/64, Stuttgart 1973.

Kümmel, Werner Georg: Römer 7 und die Bekehrung des Paulus, UNT 17, Leipzig 1929; Nachdruck München 1974.

——: Einleitung in das Neue Testament, Heidelberg 1973 (1983).

Kürzinger, Josef: Papias von Hierapolis und die Evangelien des Neuen Testament, Eichstätter Materialien Abt. Philosophie u. Theologie 4, Regensburg 1983.

Lambrecht, Jan: Paul's Farewell-Address at Miletus (Acts 20:17-38), in: J. Kremer (Hrg.), Les Actes des Apôtres, BEThL 48, Gembloux-Leuven 1979, S. 307-337.

Leon, Harry J.: The Jews of Ancient Rome, Philadelphia 1960.

Lesky, Albin: Geschichte der griechinschen Literatur, Bern-München 1963.

Lindars, Barnabs: New Testament Apologetic, London 1973.

Lindemann, Andreas: Paulus im ältesten Christentum, BHTh 58, Tübingen 1979.

Linton, Olof: The Third Aspect, in: StTh 3. 1951, S. 79-95.

Löning, Karl: Die Saulustradition in der Apostelgeschichte, NTA NF 9, Münster 1973.

Lohfink, Gerhard: Eine alttestamentliche Darstellungsform für Gotteserscheinungen in den Damaskusberichten (Apg 9; 22; 26), in: BZ NF 9. 1965, S. 246-257.

——: Paulus vor Damaskus, SBS 4, Stuttgart 1967.

——: Die Himmelfahrt Jesu, StANT 26, München 1971.

——: Der Losvorgang in Apg 1:26, in: BY NF 19, 1975a, S. 247-249.

——: Die Sammlung Israels, StANT 39, München 1975b.

Loisy, Alfred: Les Actes des Apôtres, Paris 1920; Nachdruck Frankfurt 1973.

Lüdemann, Gerd: Untersuchunggen zur simonianischen Gnosis, GTA 1, Göttingen 1975.

——: Paulus, der Heidenapostel I: Studien zur Chronologie, FRLANT 123, Göttingen 1980.

——: Paul, Apostele to the Gentiles: Studies in Chronology, Philadelphia 1984.

Luz, Ulrich-Smend, Rudolf: Gesetz, Biblische Konfrontation 15, Stuttgart u.a. 1981.

Maddox, Robert: The Purpose of Luke-Acts, FRLANT 126, Göttingen 1982.

Marshall, Ian Howard: The Acts of the Aposteles, TNTC 5, Grand Rapids 1980.

Mattill, Andrew Jacob: Luke as a Historian in Criticism since 1840, PhD Vanderbilt 1959.

Meeks, Wayne A.: The First Urban Christians. The Social World of the Apostle Paul, New Haven-London 1983.

Metzger, Bruce M.: Ancient Astrological Geography and Acts 2:9-11, in: W.W.Gasque-R. F.Martin (Hrgg.), Apostolic History and the Gospel (FS F.F.Bruce), Exeter 1970, S. 123-133

Meyer, Eduard: Ursprung und Anfänge des Christentum I-III, Stuttgart-Berlin 1921-1923 (abgekürzt: Meyer I-III).

Meyer, Ernst: Römischer Staat und Staarsgedanke, Zürich=Darmstadt 1961.

Mönning, Bernd H.: Die Darstellung des urchristlichen Kommunismus nach der Apostelgeschichte des Lukas, thelo. Diss. Göttingen 1978.

Mommsen, Theodor: Die Rechtsverhältnisse des Apostels Paulus, in: ZNW 2, 1901, S. 81-96.

Muhlack, Gudrun: Die Parallelen von Lukas-Evangelium und Apostelgeschichte, TW 8, Frankfurt u.a. 1979.

Murphy-O'Connor, Jerome: Saint Paul's Corinth, Good News Studies 6, Wilmington, Delaware 1983.

Nauck, Wolfgang: Die Tradition und Komposition der Areopagrede. Eine motivgeschichtliche Untersuchung, in: YThK 53. 1956, S. 11-52.

Nestle, Wilhelm: Legenden vom Tod der Gottesverächter, in: ders., Griechische

Studien, Stuttgart 1948; Nachdruck Aalen 1968, S. 567-596.

Neudorfer, Heinz-Werner: Der Stephanuskreis in der Forschungsgeschichte seit F.C. Baur, Gießen-Basel 1983.

Neusner, Jacob: The Rabbinic Traditions about the Pharisees before 70 I-III, Leiden 1971.

Norden, Eduard: Agnostos Theos, Berlin-Leipzig 1913 (1923); mehrere Nachdrucke.

Ollrog, Wolf-Henning: Paulus und seine Mitarbeiter, WMANT 50, Neukirchen-Vluyn 1979.

O´ Neill, John Cochrane: The Theology of Acts in its Historical Setting, London 1970.

Overbeck, Franz: Kurze Erklärung der Apostelgeschichte von Dr. W.M.L. deWette, vierte Auflage bearbeitet und stark erweitert von lic. th. F. Overbeck, Leipzig 1870.

——: Über das Verhältnis Justins des Märtyrers zur Apostelgeschichte, in: ZWTh 15. 1872, S. 305-349.

——: Über die Christlichkeit unserer heutigen Theologie, Leipzig 1903; Nachdruck Darmstadt 1963.

Pereira, Francis: Ephesus: Climax of Universalism in Luke-Acts, Jesuit Theological Forum Studies 10.1, Amand, indien 1983.

Petersen, Norman R.: Literary Criticism for New Testament Critics, Philadelphia 1978.

Pfleiderer, Otto: Das Urchristentum I.II, Berlin 1902.

Plümacher, Eckhard: Lukas als helleinistischer Schriftsteller, StZNT 9, Göttingen 1972.

——: Lukas als greichischer Histroriker, PRE.S 14 (1974), Sp. 235-264.

——: Acta-Forschung 1974-1982 (Fortsetzung und Schluß), in: ThR 49. 1984, S. 105-169.

Prast, Franz: Presbyter und Evangelium in nachapostolischer Zeit, fzb 29, Stuttgart 1979.

Preuschen, Erwin: Die Apostelgeschichte, HNT 4.1, Tübingen 1912.

Radl, Walter: Paulus und Jesus im lukanischen Doppelwerk, EHS.T 49, Bern-Frankfurt 1975.

Reike, Bo: Die Mahlzeit mit Paulus auf den Wellen des Mittelmeers Act 27:33-38, in: ThZ 4. 1948, S. 401-410.

——: Glaube und Leben der Urgemeinde, AThANT 32, Zürich 1957.

Remus, Harold: Pagan-Christian Conflict over Miracle in the Second Century, Patristic Monograph Series 10, Cambridge (Mass.). 1983.

Rengstorf, Karl-Heinrich: "Geben ist seliger denn Nehmen", in: O. Michel-U.Mann (Hrgg.), Die Leibhaftigkeit des Wortes (FS A. Köberle), Hamburg 1968, S. 23-33.

Rese, Martin: Alttestamentliche Motive in der Christologie des Lukas, StNT 1, Gütersloh 1969.

Riddle, Donald W.: Paul: Man of Conflict, Nashville 1940.

Rivkin, Ellis: A Hidden REVOLUTION, nASHVILLE 1978.

Robbins, Vernoc K.: By Land and by Sea: The We-Passages and Ancient Sea Voyages, in: C.H. Talbert (Hrg.). Perspectives on Luke-Acts, Special Studies Series 5, Danville-Edinburgh 1978, S. 215-242.

Roloff, Jürgen: Das Kerygma und der historische Jesus. Historische Motive in den Jesus Erzählungen der Evangelien, Göttingen 1973.

——: Die Apostelgeschichte, NTD 5, Göttingen 1981.

Ropes, James Hardy: An Observation on the Style of S. Luke, in: HSCP 12. 1901, S. 299-305.

Rüsen, Jörn: Historische Vernunft: Grundzüge der Histiorik I, KVR 1489, Göttingen 1983.

Sanders, Ed Parish: Jesus and Judaism, London 1985a.

-: Paulus und das palästinische Judentum, StUNT 17, Göttingen 1985b.

Sanders, Jack T.: The Salvation of the Jews in Luke-Acts, in: Ch. H. Talbert (Hrg.), Luke-Acts. New Perstpectives from the Society of Biblical Literature Seminar, New York 1984, S. 104-128.

Schaff, Adam: Geschichte und Wahrheit, Wien-Frankfurt-Zürich 1970.

Schenk, Wolfgang: Die Philipperbriefe des Paulus, Stuttgart u.a. 1984.

Schiffman, Lawrence H.: At the Crossroads: Tnnaitic Perspectives on the Jewish Christian Schism, in: E.P. Sanders - A. I. Baumgarten - A. Mendelsohn (Hrgg.), Jewish and Christian Self-Definition II, Philadelphia-London 1981, S.115-156. 338-352.

Schille, Gottfried: Die Apostelgeschichte des Lukas, ZBK.NT 3.2, Zürich 1982.

Schneckenburger, Matthias: Über den Zweck der Apostelgeschichte, Bern 1841.

Schneider, Gerhard: Das Evangelium nach Lukas I.II, ÖTK 3, Gütersloh-Würzburg

1977 (1984).
——: Die Apostelgeschichte I.II, HThK 5, Freiburg-Basel-Wien 1980. 1982.
——: Lukas, Theologie der Heilsgeschichte, BBB 59, Königstein-Bonn 1985.
Schottroff, Luise: Frauen in der Nachfolge Jesu in neutestamentlicher Zeit, in: W.Schottroff-W. Stegemann (Hrgg.), Tradtitonen der Befreiung II, München-Gelnhausen u.a. 1980, S. 91-133.
Schrottroff, Luise-Stegemann, Wolfgang: Jesus von Nazareth-Hoffnung der Armen, UB 639, Stuttgart u.a. 1978 (1981).
Schürer, Emil: Rezension zu A. Harnack, Lukas der Arzt, in: ThLZ 31. 1906, Sp. 405-408.
——: The History of the Jewish People in the Age of Jesus Christ (175 B.C. - A.D.135) I.II, edd. by G. Vermes-F. Millar-M. Black, Edinburgh 1973. 1979.
Schüssler-Fiorenza, Elisbeth: In Memory of Her, New York 1983.
Schwartz, Eduard: Gesammelte Schriften V: Zum Neuen Testament und zum frühen Christentum, Berlin 1963.
Schwegler, Alberg: Das nachapostolische Zeitalter in den Hauptmomenten seiner Entwicklung II, Tübingen 1846.
Schweizer, Eduard: Zu Apg 1:16-22, in: ThZ 14. 1958, S. 46.
Seccombe, David: Was there Organized Charity in Jerusalem befort the Christians?, in: JThSt NS 29. 1978, S. 140-143.
Sherwin-White, Adrian Nicholas: Roman Society and Roman Law, Oxford 1963.
——: The Roman Citizenship, Oxford 1973.
Siegert, Folker: Gottesfürchtige und Sympathisanten, in: JSJ 4. 1973, S. 109-164.
Solin, Heikki: Juden und syrer im westlichen Teil der römischen Welt, in: ANRW II.29.2. Berlin-New York 1983. S. 587-789. 1222-1249.
Stählin, Gustav: Die Apostelgeschichte, NTD 5, Göttingen 1980.
Stegemann, Wolfgang: Zwei sozialgeschichtliche Anfragen an unser Paulusbild, in: EvErz 37. 1985, S. 480-490.
Stolle, Volker: Der Zeuge als Angeklagter, BWANT 102, Stuttgart u.a. 1973.
Storch, Rainer: Die Stephanusrede Apg 7:2-53, theol. Diss. Göttingen 1967.
Strobel, August: Die Stunden der Wahrheit, WUNT 21, Tübingen 1980.
Suhl, Alfred: Paulus und seine Briefe, StNT 11, Güttersloh 1975.

Talbert, Charles H. (Hrg.): Perspectives on Luke-Acts, Danville-Edinburgh 1978.

—— : Luke-Acts. New Perspektives freom the Society of Biblical Literature Seminar, New York 1984.

Theißen, Gerd: Urchristliche Wundergeschichten, StNT 8, Gütersloh 1974.

—— : Studien zur Sozialogie des Urchristentums, WUNT 19, Tübingen 1979 (1983).

Trilling, Wolfgang: Zur Entstehung des Zwölferkreises: Eine geschichtliche Überlegung, in: R. Schnackenburg u.a. (Hrgg.), Die Kirche des Anfangs (FS H. Schürmann), EThSt 38, Leipzig=Freiburg-Basel-Wien 1978, S. 201-220.

Trocmè, Etienne: Le "Livre des Actes" et l'histoire, EHPhR 45, Paris 1957.

Vielhauer, Philipp: Zum Paulinismus der Apostelgeschichte, in: EvTh 10. 1950, S.1-15=in: ders., Aufsätze zum Neuen Testament I, ThB 31, München 1965, S. 9-27.

Vogler, Werner: Judas Iskarioth, ThA 42, Berlin 1983.

Vogt, Joseph: Tacitus und die Unparteilichkeit des Historikers, in: H.Hommel u.a. (Hrgg.), Studien zu Tacitus (FS C. Hosius), Stuttgart 1936, S. 1-20.

Walker, Willian O.: Acts and the Pauline Corpus Reconsidered, in: JSNT 24. 1985, S. 3-23.

Walter, Nikolaus: Die Philipper und das Leiden: Aus den Anfängen einer heidenchristlichen Gemeinde, in: R. Schnackenburg u.a. (Hrgg.), Die Kirche des Anfangs (FS H.Schürmann), EThSt 38, Leipzig-Freiburg-Basel-Wien 1978, S. 417-434.

—— : Fragemente jüdisch-hellenistischer Historiker, JSHRZ I.2. Gütersloh 1976 (1980).

—— : Apostelgeschichte 6:1 und die Anfänge der Urgemeinde in Jerusalem, in: NTS 29. 1983, S. 370-393.

Weinreich, Otto: Religionsgeschichteliche Studien, Darmstadt 1968.

Weinstock, Stefan: The Geographical Catalogue in Acts 2:9-11, in: JRS 38. 1948, S.43-46.

Weiser, Alfons: Die Apostelgeschichte I.II, ÖTK 5, Gütersloh-Würzburg 1981. 1985.

—— : Das Urchristentum, hrg. v. R. Knopf, Göttingen 1917.

Weizsäcker, Carl Heinrich: Das apostolische Zeitalter der christlichen Kirche, Tübingen-Leipzig 1902.

Wellhausen, Julius: Noten zur Apostelgeschichte, NGG.PH 1, Berlin 1907, S. 1-21.

—— : Einleitung in die drei ersten Evangelien, Berlin 1911.

—— : Kritische Analyse der Apostelgeschichte, AGG.PH NF 15.2, Berlin 1914.

Wendt, Hans Hinrich: Die Apostelgeschichte, KEK 3, Göttingen 1913.

Wengst, Klaus: Pax Romana: Anspruch und Wirklichkeit, München 1986.

Wikenhauser, Alfred: Die Apostelgeschichte und ihr Geschichtswert, NTA 8, Münster 1921.

——: Doppelträme, in: Bib. 29. 1945, S. 100-111.

Wikgren, Allen P.: The Problem in Acts 16:12, in: E.J. Epp-G.D. Tee (Hrgg.), New Testament Textual Criticism (FS B.M. Metzger), Oxford 1981, S. 171-178.

Wilckens, Ulrich: Die Missionsreden der Apostelgeschichte, WMANT 5, Neukirchen Vluyn 1974.

Wilcox, Max: The "God-Fearers" in Acts - A Reconsideration, in: JSNT 13. 1981, S. 102-122.

Wrede, William: Vorträge und Studien, hrg. v. A. Wrede, Tübingen 1907.

Zahn, Theodor: Die Apostelgeschichte des Lucas II, Leipzig 1921.

Zeller, Eduard: Die Apostelgeschichte nach ihrem Inhalt und Ursprung kritisch untersucht, Stuttgart 1854.

Zimmermann, Alfred F.: Die urchristlichen Lehrer, WUNT 2.12, Tübingen 1984.

Zimmermann, Heinrich: Neutestamentliche Methodenlehre, bearb. v. K.Kliesch, Stuttgart 1982.

Zingg, Paul: Das Wachsen der Kirche, OBO 3, Freiburg-Göttingen 1974.

Zuntz, Günther: Opuscula Selecta, Manchester 1972.